桥梁结构诊断与加固

陈旭勇　刘　杰　编著

科学出版社

北京

内 容 简 介

本书阐述桥梁结构诊断与加固方面的系统知识，主要内容包括：绪论、桥梁结构典型病害分析、桥梁结构诊断、基于非概率理论的桥梁可靠性评估、梁桥上部结构加固、拱桥上部结构加固、下部结构加固、支座与桥面系加固。书中包含大量桥梁结构病害分析、检测、评定与加固工程实例，具有较强的实用性。

本书可作为土木工程、道路桥梁与渡河工程、工程管理、交通工程等专业的本科生和研究生教材，也可供从事桥梁结构诊断与加固的技术人员参考使用。

图书在版编目（CIP）数据

桥梁结构诊断与加固/陈旭勇，刘杰编著. —北京：科学出版社，2024.3
ISBN 978-7-03-078274-8

Ⅰ.① 桥…　Ⅱ.① 陈…　②刘…　Ⅲ.① 桥梁结构-加固　Ⅳ.① U443

中国国家版本馆 CIP 数据核字（2024）第 060820 号

责任编辑：孙寓明　刘　畅/责任校对：高　嵘
责任印制：彭　超/封面设计：苏　波

科学出版社 出版
北京东黄城根北街 16 号
邮政编码：100717
http://www.sciencep.com

保定市中画美凯印刷有限公司印刷
科学出版社发行　各地新华书店经销
*
开本：787×1092　1/16
2024 年 3 月第 一 版　印张：18
2025 年 2 月第三次印刷　字数：461 000
定价：108.00 元
（如有印装质量问题，我社负责调换）

前言

近几十年来,我国交通基础设施建设取得举世瞩目的成就。至 2022 年末,我国公路桥梁达 103.32 万座,里程达 8 576.49 万 m,稳居世界第一。然而,经过长年的运营,我国近 1/3 的公路桥梁存在结构性缺陷或不同程度的功能失效隐患,危桥数量也已超过 10 万座,少数桥梁甚至发生垮塌事故,造成人员伤亡和资金的巨大浪费。随着时间的推移,后续还有大量桥梁将要进入老化期。面对桥梁服役过程中"生、老、病、死"的客观现象,如何对旧桥进行检测、评定与加固,以保障其健康及安全服役,并发挥出最大的社会经济效益,已成为目前桥梁工程界的巨大挑战。

为满足对桥梁管理养护工作的需求,交通运输部组织编写了《公路桥涵养护规范》(JTG H11—2004)、《公路桥梁加固设计规范》(JTG/T J22—2008)和《公路桥梁技术状况评定标准》(JTG/T H21—2011)等规范,这为桥梁检测、评定与加固提供了依据。而新规范《公路桥涵养护规范》(JTG 5120—2021)、《在用公路桥梁现场检测技术规程》(JTG/T 5214—2022)的颁布实施,对我国的桥梁结构诊断与加固工作提出了新的要求。此外,随着智能建造的兴起,目前涌现出基于机器视觉、电磁波、机械波、电磁传感器、放射射线等技术的桥梁病害检测方法。本书正是在吸收这些新规范与新技术的基础上编写而成。

本书遵循"内容简洁、脉络清晰、案例丰富"的撰写原则,先介绍桥梁结构典型病害,以此为基础,再介绍桥梁结构诊断技术(含检测与评定),最后介绍桥梁结构加固技术(含上部结构加固、下部结构加固、支座与桥面系加固)。为提升实用性与可读性,本书在保证篇幅增幅较小的前提下,介绍较多的计算示例与工程实例。

本书由陈旭勇、刘杰编著,武汉工程大学研究生张梦、高鹏、易俊杰、曾文轩、吴玉顺、吕隆、吴阳、张龙飞和万安宁等参加了本书的例题核算和插图绘制工作。同时,本书的出版得到了国家自然科学基金项目(编号:52178301、52278210)的支持,在此表示感谢!

限于编者水平,本书难免会有疏漏之处,诚挚希望专家同行与读者不吝赐教(liujie@wit.edu.cn),对此深表谢意。

陈旭勇

2023 年 9 月

目 录

第1章 绪 论

公路交通是社会生命线工程的重要组成部分，公路桥梁作为公路交通的基础设施，在公路运输系统中发挥着至关重要的作用。一方面，我国公路桥梁数量早已位居世界第一，截至 2022 年末全国公路桥梁 103.32 万座、8 576.49 万延米，比上年末分别增加 7.2 万座、1 196.27 万延米，其中特大桥 8 816 座、1 621.44 万延米，大桥 15.96 万座、4 431.93 万延米（中华人民共和国交通运输部，2023）。另一方面，由于勘探、设计、施工、环境作用及使用过程中诸多因素的影响，桥梁结构不可避免地出现各种不同程度的隐患、缺陷或损伤，进而导致桥梁结构的安全性、适用性和耐久性的降低，并最终导致桥梁结构的失效，造成人员伤亡和资金的巨大浪费。近年来，国内外桥梁坍塌事故时有发生，造成重大的经济损失和恶劣的社会影响。随着时间的推移，后续还有大批桥梁将要进入老化期，如果不加以处理，将产生极大的安全隐患。

桥梁作为人造结构物，在其服役过程中也存在"生、老、病、死"的客观规律，如果能够科学地揭示这种损坏规律并采取有效的处理措施，则可保证桥梁结构的健康及安全服役，以使其发挥最大的社会经济效益。因此，桥梁结构的检测、评定、加固一直以来都是国内外桥梁界关注的热点问题。

1.1 国内外桥梁发展现状

1.1.1 国内桥梁发展简介

我国桥梁历史可以追溯到距今约三千年的周文王时期，那时就已在宽阔的渭河上架设过大型浮桥。后陆续涌现了一大批以石料、铁为建材的桥梁建筑，其中以赵州桥（跨度 37.02 m，约公元 605 年建成，图 1-1）、泸定桥（跨度约 100 m，公元 1706 年建成，图 1-2）等为代表，体现了古代桥梁的伟大成就，也显示了古代中国的强盛。

图 1-1 赵州桥　　　　　　　　　　　图 1-2 泸定桥

新中国成立后，我国交通事业空前发展，尤其是改革开放以来，国家对高等级公路投入巨大，一大批结构新颖、技术复杂、设计和施工难度大、现代化品位和科技含量高的大跨径预应力混凝土（prestressed concrete，PC）梁桥、拱桥、斜拉桥、悬索桥在祖国大地建起。我国桥梁事业的发展积累了丰富的桥梁设计、施工、养护管理的经验，在大跨径桥梁建设方面已居世界领先地位。

现代化梁桥的建成增强了我国桥梁建设的信心，也为后续桥梁建设水平的提升打下了牢固的基础。1957 年，第一座长江大桥——武汉长江大桥（图 1-3）胜利建成，结束了我国万里长江无桥的历史状况，毛泽东主席欣然写下"一桥飞架南北，天堑变通途"的豪迈诗篇。大桥主桥为 3 联 9 孔，每孔计算跨度为 128 m 的钢桁梁，上层为公路桥，下层为双线铁路，包括引桥在内，桥梁全长 1 670 m。上层公路桥面宽 18 m，两侧各设 2.25 m 人行道，包括引桥全长 1 670.4 m。1968 年建成的南京长江大桥（图 1-4）是我国自行设计施工，并使用国产高强钢材的现代化大型梁桥。南京长江大桥的建成，标志着我国的自主桥梁建造技术提高到新的水平。

图 1-3　武汉长江大桥　　　　　　　　　　图 1-4　南京长江大桥

从拱桥的发展来看，20 世纪 60 年代拱桥成为我国公路桥梁的主要桥型；70 年代我国建成轻型钢筋混凝土桁架和钢筋混凝土箱型拱桥。目前世界最大跨径的拱桥是 2009 年建成的重庆朝天门长江大桥（图 1-5），主跨长 552 m，全长 1 741 m，若含前后引桥段则长达 4 881 m，主跨为世界跨径最大的拱桥，超越上海的卢浦大桥；2015 年建成的世界最大跨径的钢筋混凝土拱桥——北盘江特大桥（图 1-6），主桥跨径为 445 m。

图 1-5　朝天门长江大桥　　　　　　　　　图 1-6　北盘江特大桥

斜拉桥因其结构合理、跨越能力大、用材指标低和外形美观等优点而发展迅速。我国自 1975 年在四川云阳建成第一座主跨为 76 m 的斜拉桥后，40 多年来，在改革开放的新形势下，至今已建成各种类型斜拉桥近 200 座。2008 年建成通车的苏通长江公路大桥（图 1-7）主桥采用主跨 1 088 m 的双塔双索面钢箱梁，目前为世界跨径第二的斜拉桥。2020 年通车的沪苏通长江公铁大桥（图 1-8），全长 11 072 m，大桥采用主跨 1 092 m 的钢桁梁斜拉桥结构，是世界上最大跨径的公铁两用斜拉桥，也是世界上首座超过千米跨度的公铁两用桥梁。多年来，

图 1-7　苏通长江公路大桥　　　　　　　图 1-8　沪苏通长江公铁大桥

我国在斜拉桥设计、施工技术、施工控制、斜拉索的防风雨振等方面，积累了丰富的经验。我国斜拉桥建设水平已迈入国际先进行列，部分成果已居国际领先地位。

悬索桥的跨越能力在各类桥型中是最大的。2007 年建成的舟山西堠门大桥（图 1-9），主跨 1 650 m，在当时的跨度为世界第二。2019 年建成的武汉杨泗港长江大桥（图 1-10）采取一跨跨越长江的方案，跨度长达 1 700 m，成为目前世界上工程规模最大的双层悬索桥，其悬索桥跨度在国内排名第一、世界排名第二。

图 1-9　舟山西堠门长江大桥　　　　　　图 1-10　武汉杨泗港长江大桥

我国桥梁建设事业近年来有了长足的进步，而且发展的势头是强劲的。据交通运输部数据，目前世界排名前 10 位的跨海长桥中，中国占据 6 座，分别是港珠澳大桥、杭州湾大桥、东海大桥、青岛海湾大桥、舟山大陆连岛工程、嘉绍大桥。世界排名前 10 位的斜拉桥，中国占据 7 座；世界排名前 10 位的悬索桥中，中国占据 6 座。"纵观世界桥梁建设史，20 世纪 70 年代以前要看欧美，90 年代看日本，而到了 21 世纪，则要看中国"，这已是世界桥梁工程领域公认的观点。

1.1.2　国外桥梁发展简介

18 世纪以后，欧洲率先进入工业社会，从根本上改变了 200 年西方文明的历史，促进了大规模的桥梁建设。其中，以美国布鲁克林大桥（跨度 486 m，1883 年建成，图 1-11）及英国福斯桥（跨度 520 m，1890 年建成，图 1-12）为典型代表。

进入 20 世纪，西方工业社会获得空前发展，日趋发达，结构力学的弹性内力分析方法普遍用于超静定承重结构，为桥梁的跨度增长提供了理论依据，建筑材料与技术也迅猛发展，此阶段，钢桥和钢混桥开始被大量应用。美国纽约华盛顿桥（跨度 1 067 m，1931 年建成，

图 1-11　美国布鲁克林大桥

图 1-12　英国福斯桥

图 1-13）、旧金山金门大桥（跨度 1 280 m，1937 年建成，图 1-14）为代表，显示出美国当时在桥梁领域的垄断实力。1940 年，美国华盛顿州塔科马悬索桥的风毁成为桥梁风工程研究的关键事件，并由此创立了桥梁风振动理论和大跨度桥梁抗风设计的基本框架，为更大跨度的悬索桥和斜拉桥设计和建造创造了新的理论依据。

图 1-13　美国纽约华盛顿桥

图 1-14　美国旧金山金门大桥

国外桥梁的发展主要在第二次世界大战以后。第二次世界大战期间，大量钢桥被破坏，预应力混凝土梁桥和斜拉桥开始崭露头角。1928 年，法国的工程师弗雷西内（Freysinet）发明了预应力钢筋混凝土。这种材料克服了钢筋混凝土易产生裂纹的缺点，改进了桥梁的施工方法，有效提高了桥梁的跨径。

20 世纪 50 年代，世界土木工程结构大师林同炎对预应力进行了更深入的研究，创造了"预应力学说"理论体系。预应力理论的完善使预应力钢筋混凝土桥梁得到了飞速发展。同一时期，德国著名桥梁设计师迪辛格（Dishinger）在 1938 年提出的现代斜拉桥设计构思得以实现。斜拉桥在 50 年代开始崭露头角，与预应力钢筋混凝土梁桥一起成为第二次世界大战后桥梁发展史上两个最伟大的创新成就。

20 世纪 60 年代是斜拉桥发展的第一个高峰期。其间，斜拉桥的技术创新主要体现在两个方面：一是从稀索体系发展到密索体系，更方便拼装；二是桥面从钢桥面发展到预应力混凝土桥面，以及两种材料的结合，提高了桥面的性能。这些创新使斜拉桥在很大跨径范围内成为最有竞争力的桥梁类型。同样是在 60 年代，英国于 1966 年建成的塞文桥（Severn Bridge）采用流线型扁平钢箱桥面，用钢筋混凝土桥塔替代钢塔，新一代英国式悬索桥诞生，并成为以后悬索桥结构形式的主流。风洞试验证明：这种流线型扁平钢箱桥面具有很好的气动性能，而且由于自重轻，不仅节省造价，还便于施工安装。

20 世纪 70 年代，预应力技术与斜拉桥的结合产生了采用预应力混凝土桥塔和桥面的预应力混凝土斜拉桥。其中，最著名的是法国穆勒（Muller）设计的布罗托内桥（Brottone Bridge），其主跨为 320 m，最大的拉索达到 1000 t 级的索力，并创造了另一种刚梁柔塔的法国风格 PC

斜拉桥。同一时期，瑞士著名工程师克里斯蒂安·门恩（Christian Menn）教授创造了斜拉桥和连续刚架桥。在施工技术上，顶推法施工工艺获得成功。所有工作都在桥头工作中完成，在运输和安装条件比较困难的山谷地区是一种经济合理的施工方法。20世纪80年代，预应力桥梁在发展过程中也暴露出不少问题。预应力索在水泥灌浆防腐的管道内发生严重锈蚀，引起了国际桥梁界的普遍关注。采用体外预应力索能有效地解决这一问题，同时因为体外预应力索具有可检查、易更换的优点，用它替代体内预应力索还能减薄壁厚和减轻结构自重，所以体外预应力索得到了快速发展。沿用水泥灌浆防腐工艺的斜拉桥拉索内，因为水泥收缩和荷载作用发生断裂而使防腐失效的问题也得到了重视。日本采用完全工厂生产的聚乙烯防腐索套解决这一问题，得到了施工单位的肯定，为推动斜拉桥的发展做出了贡献。我国在20世纪80年代正值改革开放初期，率先起步的广东省也出现了桥梁建设的高潮，吸引了全国各地同行的积极参与。中国在引进国外先进技术的同时认识到与国外技术存在的巨大差距，在这段时间，中国桥梁应该是一种跟踪性的发展和提高。20世纪90年代，国外桥梁在新材料和新工艺上取得了一些技术创新，如法国诺曼底桥的平行钢绞线拉索和施工控制技术；丹麦大海带桥（图1-15）的塔墩防撞技术；日本明石海峡大桥（图1-16）的1 800 MPa高强度钢丝、塔墩深水基础和钢桥塔减振技术；日本多多罗大桥的长拉索防雨振措施。

图1-15　丹麦大海带桥　　　　　　　　　图1-16　日本明石海峡大桥

至此，国外的桥梁发展已经进入了新的阶段。在未来，桥梁将向着跨径不断增大、桥型不断丰富、结构不断轻化的趋势发展。

1.1.3　桥梁发展中存在的主要问题

我国的基础设施建设在国民经济快速发展的带动下得到了越来越快的发展，这也为我国的交通道路建设带来了更多发展的机遇，而在这个快速发展过程中，道路桥梁的质量安全事故也处于不断增加的趋势。尽管在桥梁的设计和建造阶段采用各种措施保证结构工程质量，但与其他建筑物一样，桥梁的生命周期也分为三个阶段：建造期、使用期和老化期。随着时间的推移，桥梁在自然环境作用和交通荷载作用下，逐渐发生损伤和缺陷，出现各种病害，导致结构承载能力和耐久性降低。

病害按不同部位主要分为三类：①上部结构：混凝土剥落及孔洞、钢筋外露及锈蚀、跨中与构件变形及结构位移和桥面板裂缝等；②下部结构：桥梁基础的不均匀沉降、倾斜、滑移等；③桥梁附属设施：支座的老化、裂缝、剪切超出限度、脱空，滑动面凹凸不平、锈蚀，伸缩缝的内部被杂物填满，止水条受损，锚固处开裂，钢构件损坏等。

根据2016年年底的统计资料，属于四、五类技术状况桥梁的数量约7.65万座，约占当年桥梁总数的9.8%。其中，按跨径分类，中小跨径危桥约占危桥总数的95.9%；按材料分类，配筋混凝土桥约占危桥总数的85%。造成桥梁结构可靠性降低的主要原因有以下4个方面。

（1）设计标准的演变。随着桥梁设计规范的不断发展，公路桥梁的设计荷载已由汽-6级、汽-8级、汽-13级发展到汽-15级、汽-20级及汽-超20级，再到当前的公路-I级荷载、公路-II级荷载，并且仍有继续增大的趋势。然而，我国现有的许多公路桥梁是根据20世纪60年代末到80年代初期颁布的设计标准建造的，设计荷载均较低。

（2）交通量不断增大。我国在20世纪60~70年代修建的桥梁大部分仍在服役，由于年久失修、欠缺养护，许多桥梁已经不能适应日益增长的交通量需要。

（3）结构的老化和病害。由于设计与施工的缺陷及各种不利环境（如混凝土碳化、氯离子侵入、酸侵蚀、碱集料反应冻融、盐害等），桥梁结构的混凝土及钢筋耐久性能下降，结构承载力降低。

（4）超载、超限等外界不利荷载的影响使得桥梁结构安全性下降。

1.2　典型桥梁坍塌事故简介

由于在桥梁的施工及运营过程中，人类缺乏理性的认识、设计施工不当、结构病害发展及加固维修措施不当，国内外桥梁垮塌事故屡见不鲜，这些桥梁的灾难性事故常造成巨大的人员伤亡和财产的损失，带来了严重的社会影响，引起了世界各国的政府部门、专家和学者的高度重视。为了更好地分析桥梁垮塌事故的原因，以及进行桥梁加固维修的方案设计，本节列举一些国内外典型桥梁的垮塌事故案例。

1.2.1　设计原因

1. 加拿大魁北克大桥

加拿大魁北克（Quebec）大桥坍塌（图1-17）事故发生于1907年8月29日下午5点32分，正当投资修建这座大桥的人士开始考虑如何为大桥剪彩时，人们忽然听到一阵震耳欲聋的巨响——主跨悬臂已悬拼至接近完成时，南侧一下弦杆由于缀条薄弱等原因而突然压溃，导致悬臂坠入河中。19 000 t钢材及当时正在桥上作业的86名工人落入水中，由于河水很深，工人们或是被弯曲的钢筋压死，或是落水淹死，共有75人罹难。

事故调查分析：凤凰城桥梁公司在计划制订、施工及构件加工中均保证了良好的质量，此次事故主要问题源于设计。设计师库珀过分自信而忽略了对桥梁重量的精确计算，设计低估了结构恒载，施工中又没有进行修正，导致了这场事故。

2. 四川宜宾南门大桥

四川宜宾南门大桥主桥系中承式钢筋混凝土肋拱桥，矢跨比1/5，是当时国内跨径最大的钢筋混凝土拱桥，中部180 m范围为钢筋混凝土连续桥面。2001年11月7日凌晨4点，从四川南部宜宾进入云南的咽喉要道宜宾南门大桥发生悬索及桥面断裂事故，桥两端同时塌陷，造成交通及市外通信中断。事故使连接拱体和桥面预制板的 4 对 8 根钢缆吊杆断裂，北端长约 10 m、南端长 20 余米的桥面预制板发生坍塌（图 1-18）。

图 1-17 加拿大魁北克大桥坍塌

图 1-18 四川宜宾南门大桥坍塌

事故调查分析：据有关部门调查分析认为，该桥梁垮塌的直接原因是吊杆受力复杂，桥面体系依靠吊杆悬挂于拱肋之上，而桥梁伸缩缝的存在使吊杆在承受拉应力的同时，随"飘浮式"结构的"晃动"承受较复杂的额外应力，复杂的受力状态造成吊杆断裂，一侧垮塌后，桥面的支撑状态发生变化，造成另一侧也垮塌。

1.2.1　施工原因

1. 韩国圣水大桥

韩国圣水大桥是横跨汉江的一座桥梁，大桥全长 1 160 m。圣水大桥 1977 年开工建造并于两年后落成。1994 年 10 月 21 日，随着一声巨响，竣工通车 15 年的韩国圣水大桥上一块长达 48 m 的桥板从大桥中段落入江中（图 1-19），6 辆汽车包括 1 辆载满学生及上班族的巴士和 1 辆载满警员前往庆祝会场地的客货车坠入汉江，导致 32 人死亡，17 人受重伤。

事故调查分析：第一，东亚建筑公司没有按图纸施工，在施工中偷工减料，利用疲劳性能很差的劣质钢材，这是事故的直接原因；第二，当时韩国缩短工期及汉城（现为首尔）市政当局在交通管理上疏漏也是大桥坍塌的主要原因，大桥设计负载限制为 32 t，建成后交通流量逐年增加，超常负荷，坍塌时负载为 43.2 t。

2. 贵州小尖山大桥

贵州小尖山大桥位于两座大山之间，全长 155 m，桥墩高 47 m。2005 年 12 月 14 日 5 时 30 分左右，小尖山大桥突然发生支架垮塌（图 1-20），横跨在 3 个桥墩上的两段正在浇筑的桥面轰然坠下，桥面上施工的工人也同时飞落谷中。事故共造成 8 人死亡、12 人受伤。

图 1-19 韩国圣水大桥坍塌

图 1-20 贵州小尖山大桥支架垮塌

事故调查分析：事故的直接原因是支架搭设时基础施工不符合相关规范要求，部分支架钢管壁厚不够，部分支架主管与枕木之间缺垫板；部分支架预压时，预压范围不充分，每跨都有部分区域未压到。

1.2.3 养护原因

1. 美国 I-35W 密西西比河大桥

美国 I-35W 密西西比河大桥是由明尼苏达州运输部于 1967 年建成的。1990 年，美国联邦政府以 I-35W 密西西比河大桥支座有严重腐蚀为由，将该桥评为"有结构缺陷"，当时全美总共有超过 7 万座桥梁被评为此等级。2001 年，明尼苏达大学土木系的一份报告指出 I-35W 密西西比河大桥纵梁已扭曲变形，还发现该桥桁架疲劳的证据；该报告同时指出：一旦桁架承受不了庞大车流，I-35W 密西西比河大桥恐将崩塌。但桥梁养护不足这一问题并未被政府所重视。2007 年 8 月 1 日下午 6 时 1 分，正值交通高峰时段，该桥突然坍塌（图 1-21），造成至少 8 人死亡，79 人受伤。据估计事故发生时桥上有 50～100 辆机动车，该事故是美国自 1983 年以来最严重的非天灾或外力因素所造成的桥梁崩塌事故。

事故调查分析：桥梁荷载相对于设计时已有大幅增加，事故当天车流量大，并在桥面存在较大的施工堆载，桥梁负载过大；事故现场打捞发现，L11W 和 U10W 节点板变形严重；桥梁垮塌归因于 U10W 节点板受压超过承载极限，导致节点板损毁，压力杆脱离节点板失去支撑作用，进而导致整体结构失稳。另外，该桥在垮塌前的检查中，检测单位发现了节点板扭曲和变形现象，但是未得到当地交通管理部门重点关注。该事故说明对于某些结构形式，桥梁整体结构的寿命是由桥梁中最薄弱部位决定的。

2. 重庆綦江区彩虹桥

重庆綦江区彩虹桥位于綦江区古南镇綦河上，是一座连接新旧城区的跨河人行桥。该桥为中承式钢管混凝土堤篮拱桥，桥长 140 m，主拱净跨 120 m，桥面总宽 6 m，净宽 5.5 m。1999 年 1 月 4 日下午 6 时 50 分，30 余名群众正行走于彩虹桥上，另有 22 名驻綦武警战士进行训练，由西向东列队跑步至桥上约三分之二处时，整座大桥突然垮塌（图 1-22），桥上群众和武警战士全部坠入綦河中，经奋力抢救，14 人生还，40 人遇难。

图 1-21 美国 I-35W 密西西比河大桥坍塌　　　　图 1-22 重庆綦江彩虹桥垮塌

事故调查分析：据有关资料，该桥在建设期间便有群众发现工艺、施工中存在的许多问题都未予以重视，如主拱钢绞线锁锚方法错误，主拱钢管在工厂加工中，对接焊缝普遍存在裂纹、未焊透、未熔合、气孔、夹渣等严重缺陷，质量达不到施工及验收规范规定的二级焊缝验收标准等。使用过程中，在大桥东端桥拱上发现一油漆剥落处露出了 6 cm 长的裂痕，还有人发现东端连接钢拱与桥面的拉杆下游侧断裂 3 根，上游侧断裂 2 根。但是面对该桥的警示，仍无人组织检查、维修。最终多根吊杆锚固失效，主拱结构整体垮塌破坏，造成了此次事故的发生。

1.2.4　车辆超载

1. 北京怀柔白河桥

北京怀柔白河桥上部为 4 孔净跨 50 m 的钢筋混凝土钢架拱，矢跨比 1/10，下部结构为实体墩台，嵌岩桩基础。该桥始建于 1987 年，2006 年上部结构加固，经检测为二类桥梁，设计荷载为汽车－20 级。2011 年 7 月 20 日凌晨 0 时 40 分，一辆重达 160 t 的严重超载砂石的 6 轴货车（车长 14 m、宽 2.5 m、高 2.2 m），通过北京怀柔区宝山寺白河桥第一孔时发生桥梁坍塌，而后 4 孔全部坍塌（图 1-23），无人员伤亡。

事故调查分析：根据《超限运输车辆行驶公路管理规定》，牵引车驱动轴为单轴的货车车货总重超过 46 t 不允许擅自上路，而该车已经重达 160 t，属于严重超载非法上路。车辆严重超载是导致该桥垮塌的直接原因。

2. 吉林锦江大桥

吉林省道朝长线抚松县境内锦江大桥建于 1972 年，桥长 52 m，为一孔拱桥。2010 年 6 月 8 日晚上 8 时 30 分左右，一辆装满沙子的大挂货车在通过吉林省省道 302 线朝长公路 194 km+100 m 处的锦江大桥时，桥体突然垮塌，货车连同桥面坠入江中（图 1-24）。一辆出租车其后行驶到垮塌大桥处时也坠入桥下。货车与出租车内共 7 人，其中 6 人受伤。

图 1-23　北京怀柔白河桥坍塌　　　　　　图 1-24　吉林锦江大桥坍塌

事故调查分析：这座大桥比较陈旧，2006 年就被设为危桥，桥边也有相应的警示提醒。按要求，过桥货车载重不得超过 5 t。但是之后一些货车无视警示，载货过重仍然通过该桥。事发货车载重 25 t，严重超过桥梁警示重量，这是造成锦江大桥垮塌的最直接原因。

3. 浙江钱江三桥南引桥

2011 年 7 月 15 日凌晨 1 时 45 分左右浙江杭州钱江三桥北向南离滨江转盘不到 800 m 处右侧车道部分桥面突然塌落（图 1-25），一辆重型半挂车从桥面坠落，又将下闸道砸塌。

事故调查分析：钱江三桥养护管理单位对日常保养工作重视不够，在南引桥桥面铺装层沿空心板梁铰缝位置处出现较高比例的纵向裂缝，部分开裂导致空心板梁出现"单板受力"的现象时，没能及时采取应急措施进行针对性的维修。长期以来，超载车辆频繁通过钱江三桥的现象未能得到有效遏制，对钱江三桥桥梁结构损坏严重，直接导致事故发生。事故的主要原因为超限超载货车对空心板梁产生的荷载效应超过空心板梁的承载能力。此外，超限超载车辆长期作用造成南引桥空心板梁铰缝损坏和相关单位对桥梁存在的安全隐患排查整治不及时、不彻底也是造成此次事故的相关原因。

4. 国道 312 无锡段锡港路上跨桥

国道 312 无锡段事故桥梁为锡港路上跨桥，全长 82 m，宽度 9.5 m，于 2005 年 5 月开工建设，2007 年 11 月通过竣工验收。2019 年 10 月 10 日下午 6 时，国道 312 无锡段锡港路上跨桥桥面，因严重超载半挂牵引车通行导致侧翻（图 1-26），造成 3 人遇难。

事故调查分析：该桥梁体完整，未见折断，未见跨中和墩顶严重横向开裂现象，设计符合相关规范要求，初步分析该事故原因为半挂牵引车严重超载导致桥梁发生侧翻。

图 1-25　浙江钱江三桥南引桥桥面塌落　　图 1-26　国道 312 无锡段锡港路上跨桥桥面侧翻

5. G50 沪渝高速沪渝向花湖互通 D 匝道

G50 沪渝高速沪渝向花湖互通 D 匝道于 2010 年 9 月 28 日建成通车，桥长 731.08 m，桥面宽 13 m，支座采用盆式橡胶支座，伸缩缝采用梳形钢板伸缩缝。上部结构为钢箱梁、连续现浇箱梁，下部结构为双柱式桥墩和单柱式桥墩，设计荷载公路 1 级 55 t。2021 年 12 月 18 日 15 时许，湖北鄂州市内 G50 沪渝高速沪渝向花湖互通 D 匝道桥梁发生侧翻事故（图 1-27）。截至 12 月 19 日上午，事故造成 4 人死亡、8 人受伤。

事故调查分析：高速公路大桥限重 49 t，事发时三辆货车同向行驶，且存在重达 198 t 的大货车，导致独柱墩上的匝道存在严重偏载而发生倾覆、车辆翻落地面，造成人员伤亡的特大道路交通事故。

6. 武汉市三环线长丰桥

2021 年 3 月 16 日 20 时 30 分，国道 312 武汉市三环线长丰桥汉口至汉阳方向，一辆满载砂石的货车通行至长丰桥惠安大道上方时，发生侧翻，造成桥梁一根架梁受损（图 1-28），现场无人员伤亡。

事故调查分析：长丰桥为空心板梁桥，限重 30 t，事故车辆满载砂石、超载上桥，导致事故发生。

图 1-27　G50 沪渝高速沪渝向花湖互通
　　　　　D 匝道桥面侧翻

图 1-28　国道 312 武汉市三环线
　　　　　长丰桥架梁受损

1.2.5　自然灾害等突发事件

自然灾害等突发事件包括洪水、泥石流、地震、爆炸及船舶撞击等，通常会造成桥梁的突然倒塌，导致极其严重的后果。

1. 广东九江大桥

广东九江大桥是国道 325 上的一座特大型桥梁，全长 1 675.2 m，采用塔、梁、墩固结体系，桥面净宽 16 m。2007 年 6 月 15 日晨，一艘大型运沙船撞向九江大桥桥墩，造成九江大桥 160 m 桥跨坍塌（图 1-29），事故造成 4 辆汽车坠江，肇事船上两人受轻伤，另有 8 人死亡，1 人失踪。

据有关部门调查分析：受撞击的桥墩防撞能力弱，船舶偏离航道，误入非通航孔，直接撞击桥墩导致九江大桥坍塌。

2. 河南伊河汤营大桥

伊河汤营大桥位于河南省栾川县潭头镇汤营村，全长 233.7 m，桥面净宽 7.0 m，设计结构类型为空腹式石拱桥，1987 年底竣工通车。因遭遇特大暴雨袭击，2010 年 7 月 24 日，伊河汤营大桥整体垮塌（图 1-30），桥上众多滞留人员不幸落入水中，造成至少 50 人遇难。

图 1-29　广东九江大桥坍塌

图 1-30　河南伊河汤营大桥垮塌

据有关部门调查分析：伊河汤营大桥的垮塌是由突发洪水所致，洪水来临时，杂物阻塞桥孔泄水断面，导致洪水冲击力急剧增大，桥梁瞬间垮塌。

1.3 桥梁诊断与加固研究现状

桥梁诊断与加固改造技术是对正在使用的旧桥进行检测、评价、维修、加固或改造等技术对策的总称，是当代土木工程最重要的课题之一。总体而言，当前国内外在桥梁加固理论研究深度与广度都有待加强，与旧桥加固相关的众多基本问题尚待深入研究、开发的加固技术较多，但各自对加固机理的认识亟待提高。本节就目前国内外在桥梁诊断与加固理论研究、加固技术开发和加固方案选择等方面的研究现状进行阐述。

1.3.1 桥梁诊断技术发展现状

桥梁诊断的前身即早期的结构损伤诊断，国外的结构损伤诊断研究工作一共经过了三个阶段：20 世纪 40~50 年代，通过目测和凭借经验判断，探索缺陷出现的原因和修复方法；20 世纪 60~70 年代，开始侧重于结构检测评价方法的研究，先后提出无破损检测、破损检测和物理检测等几十种检测方法，以及分项评价和模糊评价等一系列评估方法；20 世纪 80 年代以来，先后制订了许多的规范和标准；还将其列进了知识工程，结构损伤诊断也因此步入了综合诊断的深入发展阶段。随后桥梁结构健康监测系统的出现和应用则为桥梁诊断技术的发展奠定了坚实的基础，通过结构参数的在线采集、远程传输和计算机的计算处理，已经能够对结构的运行状态进行初步监测和诊断。近十年来，桥梁诊断更是得到世界各国的高度重视和广泛研究，已成为各国工程界和学术界的重要研究热点之一，也由此诞生了各种各样的桥梁诊断方法。

1. 非人工智能的诊断方法

非人工智能的诊断方法主要包括基于模型的诊断方法和无模型的诊断方法。基于模型的诊断方法通过使用结构的有限元模型对桥梁结构进行健康诊断，其采用的主要技术是实验模态分析，该技术在机械和航空航天领域的应用范围很广，集成了多项跨领域学科的综合知识和技术。就研究和应用来划分，有动力指纹法和模型修正损伤识别法，由于构建模型难度较大且容易出现模型误差，相关学者后来又研究出了无模型的基于统计分析的识别方法。

1）动力指纹法

动力指纹法主要原理是：发现与结构特征相联系的指纹变化，刚度、质量和阻尼等结构参数会在桥梁结构出现损伤时发生相应的变化，对应的动力指纹也会因此而发生变化。频率、振型、振型曲率、柔度矩阵等是比较常用的动力指纹，已有大量相关研究。

2）模型修正损伤识别法

模型修正损伤识别法采用对比方法，综合比较试验结构对象和原模型通过振动反应所得结果，如振型、振动频率、阻尼、振动加速度和频率响应函数等，进而构造约束条件下的优化问题模型，对原模型中的参数进行不断修正，使得最终原模型的振动反应结果接近比较试验结构对象的反应结果，通过该方法便可对损伤的位置及其程度进行识别。

3）基于统计分析的识别方法

该方法诊断桥梁结构健康状态的原理是：直接对比基准指标与量测指标之间的差异同预先设定的阈值，是一种非结构模型方法。其中，基准指标必须对未损伤结构进行重复多次试验获得。这种方法常用的有基于波形的识别方法和时序分析法等。前文所描述的动力指纹法，若它的基准是通过对结构反复多次试验，而不是通过结构模型计算确定，也可以算作基于统计分析的识别方法。

2. 基于人工智能的诊断方法

在土木工程中，人工智能（artificial intelligence，AI）出现时就有了将其应用于结构诊断的设想。经过几十年的发展，学者进行了大量的研究。目前，基于 AI 的桥梁诊断方法主要有神经网络方法、遗传算法和模糊方法。

1）神经网络方法

神经网络方法因为不需要所研究系统的特性信息，具有很好的容错能力；同时因为不需要所研究系统任何的先验知识，既可以用于线性系统，也可以用于非线性系统。诊断过程中可使用结构模型或采取试验的方法构建输入和输出之间参数与损伤的映射关系，最终实现桥梁健康诊断。

2）遗传算法

遗传算法的出现是受生物的自然进化机制启发，是一种高效的优化搜索算法。遗传算法是从问题初始解开始计算，通过复制、交叉和变异等训练操作，一步一步找到问题的全局最优解。该算法计算准确、高效，非常适合处理桥梁损伤识别问题中参数量较大的情况。遗传算法进行结构损伤识别的原理是：将结构损伤识别问题通过相应数学模型转化为相应的目标函数求解问题，通过复制、交叉和变异等一系列的操作，得到问题的最优解。

3）模糊方法

人工神经网络（artificial neural network，ANN）方法虽然在对数据进行处理时过程不明确，但是因为其独特的模糊逻辑方法在对数据进行表达时非常利于理解，所以在实际中有很广泛的应用。模糊方法适用于表达界限模糊、不清楚的概念，利用模糊集合对模糊关系进行理解和区分，常用于处理工程应用中的不确定性难题。模糊方法进行损伤诊断的步骤为：首先，把对损伤敏感的模态作为方法的输入，把损伤程度作为方法的输出；再确定有效的输入、输出隶属度函数；最后经过模糊化、模糊推理、反模糊化等操作对结构进行损伤判定。

综上所述，当前桥梁结构健康诊断的发展主要存在以下几个问题。

（1）缺少对数据的有效处理方法。以上提出所有方法中大部分都仅仅研究了损伤识别，而对结构健康监测系统中的大规模数据并没有给出实际有效的处理方法。

（2）缺少通用健康诊断指标。目前研究的大部分健康诊断方法只可以对桥梁结构进行损伤识别和定位，但是无法对具体的损伤等级做出诊断和判定。

除此之外，近年来，有许多专家学者提出了在可靠度这一基本理论基础上的评估方法。桥梁在建设过程中及建成后运营阶段，存在许多不确定性，如材料本身的特性、荷载条件、环境等因素的不确定性及施工误差造成的不确定性，而这些不确定性又是随机的，许多学者将这些不确定性因素与桥梁承载力相关的因素看成是随机变量，提出了基于非概率理论的在役桥梁评估方法。关于非概率理论在桥梁结构评估中的应用，本书将在第4章中专门详细介绍。

1.3.2 桥梁加固技术发展现状

在旧桥加固改造工程中，尽管每座旧桥的情况各不相同，具有各自不同的特点，但也存在一定的共性。应该遵循桥梁加固、改造工作的共性，结合具体桥梁的特殊性，在实践中发挥积极性和创造性，不断进取和探索，采用最先进的技术和材料，在旧桥利用、加固、改造过程中，创造和总结出多种切实可行的方法，使旧桥继续发挥固有的使用功能，以保证公路交通畅通无阻。归纳起来，对有缺陷和病害的桥梁，常用的加固、改造技术和方法有：减轻恒载、加固临界杆件、提供新补充杆件、改善原结构的受力体系等，提升桥梁承受活载的能力。此外，对下部结构、支座和车行道伸缩缝，应适当清洁，增加安全设施，这对改善服务性能和延长现有结构的使用寿命，都起着重要的作用。桥梁加固可细分为以下几种方法。

1. 桥梁上部结构常用的加固方法

1）增大截面加固法

增大截面加固法又称外包混凝土加固法，是采用同种材料即混凝土和钢筋增大结构物的截面面积以提高结构的承载力，当梁的强度、刚度、稳定性和抗裂性能不足时，通常采用该方法。根据荷载大小和净空条件不同，可分为以加大截面面积为主和以加配钢筋为主的两种加固方案。该方法施工工艺简单、适应性强，并具有成熟的设计和施工经验，广泛应用于梁桥及拱桥拱肋的加固。但现场施工的作业时间长，对生产和生活有一定的影响，且加固后的建筑物净空有一定的减小。

2）粘贴钢板（筋）加固法

粘贴钢板（筋）加固法是采用环氧树脂等黏合剂将型钢、钢板、玻璃钢等材料粘贴在结构构件的受拉边缘或薄弱部位，使之与结构物形成整体，从而提高结构承载能力的一种方法。当主梁出现承力不足或纵向主筋严重腐蚀，导致主梁产生严重的横向裂缝，常采用该方法以钢板代替增设的补强钢筋，达到提高桥梁承载能力的目的。这种加固方法施工工艺简单、施工简便、快速，质量较容易控制，且不影响结构外形、不减小桥梁净空，加固费用低，适用于构件尺寸受到限制但又必须提高结构承载能力的情况。

3）体外预应力加固法

体外预应力加固法是应用预加应力原理，采用外加预应力的钢拉杆，在原有构件上施加一定的初始应力对结构进行加固，对于钢筋混凝土桥、预应力混凝土梁桥或板桥，采用对受拉区施以体外预应力进行加固，可以抵消部分自重应力，起到卸载、减小跨中挠度、减小裂缝宽度或闭合裂缝的作用，从而较大幅度地提高桥梁的承载能力。该方法可以在自重增加很少的情况下，大幅度改善和调整原结构的受力状况，同时对墩台及基础受力状况影响很小，且对桥梁营运影响较小，可在不限制通行的条件下进行施工。但加固后对原结构外观有一定影响。该方法主要适用情况有：混凝土梁中预应力筋或普通钢筋严重锈蚀及其他病害造成结构承载力下降；需要提高桥梁的荷载等级；用于控制梁体裂缝及钢筋疲劳应力幅度高应力状态，尤其是大型结构的加固等情况。

4）改变结构受力体系加固法

改变结构受力体系加固法是通过增设附加构件或进行技术改造改变桥梁结构受力体系来减小承重构件的应力，达到提高桥梁承载能力的目的。该方法的途径主要有增加支点法和简支变连续法。增加支点法是通过减少结构的计算跨径从而减小最大弯矩值，如在简支梁下设置永久性支撑（如桥墩）或在主梁下设八字撑、加劲梁或叠合梁。简支变连续法是将原多跨简支梁的梁端翼缘在支座处连接起来，从而改善结构的受力状况，提高桥梁整体承载力。

5）增设纵梁加固法

在墩台地基安全性能好并具有足够承载能力的情况下，可采用增设承载力高和刚度大的新纵梁，新梁与旧梁相连接，共同受力。荷载在新增主梁后的桥梁结构中重新分布，使原有梁中所受荷载得以减小，由此使加固后的桥梁承载能力和刚度得到提高。

6）拱圈增设套拱加固法

当拱式桥梁的主拱圈为等截面或变截面的砖、石或混凝土等实体板拱，且下部结构无病害，同时桥下净空与泄水面积允许部分缩小时，可在原主拱圈腹面上增设一层新拱圈，即紧贴原拱圈底面浇筑或锚喷混凝土新拱圈，外形上就像在原拱圈下套做了一个新拱圈。

7）粘贴纤维增强复合材料加固法

粘贴纤维增强复合材料（fiber reinforced polymer，FRP）加固桥梁结构技术是 20 世纪 80 年代末 90 年代初在国际上新兴起的一项新型、高效、便捷的结构加固技术，它利用树脂类材料将纤维材料粘贴在混凝土表面，形成复合结构，通过与混凝土之间协同工作，对构件或结构起到加固及改善受力性能的作用。近年来，利用 FRP 对桥梁柱进行修复加固已经在中国、美国、日本和欧洲一些国家得到了较为普遍的应用。加固方法主要有三种：直接粘贴预制好的板壳、现场绕丝后用树脂浸渍及粘贴 FRP 布。

纤维增强复合材料的种类主要有碳纤维增强复合材料（carbon fiber reinforced polymer，CFRP）、玻璃纤维增强复合材料（glass fiber reinforced polymer，GFRP）和芳纶纤维增强复合材料（aramid fiber reinforced polymer，AFRP）等。它们的主要特点有抗拉强度高、抗腐蚀性能好、抗疲劳强度良好、非磁性和非导电性能好、耐磨、易于裁剪、密度小等。FRP 材料具有这些优异的性能，因此在土木工程各领域得到了广泛的应用。粘贴 FRP 加固法的原理与粘钢板法类似，且具有更多的优点：施工时无须采用重型施工机械；施工空间不受限制，不影响结构的正常使用；FRP 具有较强的耐腐蚀性，维护费用较低，加固结构具有良好的防水效果，可以抑制钢筋锈蚀和混凝土裂化；FRP 现场剪裁比较简单，质量较易保证。采用粘贴 FRP 加固桥梁结构技术在国内外的试验研究和工程应用中已相当广泛，但相对于传统的加固方法研究和应用历史较短，在许多方面还需深入研究。

2. 桥梁下部结构常用的加固方法

桥梁下部结构常用的加固方法除增大截面加固法、体外预应力加固法和粘贴纤维增强复合材料加固法等与上部结构类似的加固方法外，还存在如下几种常见的加固方法。

1）钢套管加固法

钢套管加固法是在桥墩周围外包钢套管，在钢套管内部与桥墩之间填充高性能砂浆或混凝土的一种加固方法，钢套管仅承受横向力，对钢筋混凝土墩柱施以横向约束。由于能够对核心混凝土进行有效约束，使用钢套管加固可以大大提高桥墩的抗剪强度、延性和轴向承载力。该方法特别适用于大跨桥梁的加固，以及使用上不允许增大原始构件截面尺寸，却又要求大幅度地提高截面承载力，增加延性和刚度的构件。该方法的优点是施工简便，现场工作量较少，受力可靠；缺点是用钢量较大，维修费用较高，不宜用在具有腐蚀介质的环境中。

2）钢筋混凝土套箍加固法

桥梁墩台由于基础埋置深度不够，或施工质量控制不严等原因，墩台开裂破损，有时会出现贯通裂缝，可采用钢筋混凝土围带或钢箍进行加固。当墩台损坏严重，如有严重裂缝及大面积表面破损、风化和剥落时，可采用围绕整个墩台设置钢筋混凝土护套的方法进行加固。

3）墩台拓宽法

利用旧桥基础，可加宽墩台盖梁挑出的悬臂部分，以便安装加宽的上部结构。此种情况只加宽墩台上部的盖梁，墩台身和基础则无须加固。采用该法加宽墩台时，旧桥墩台基础必须完好、稳定，且须经过承载力验算后才能采用。否则，应在老桥的墩台旁重新浇筑拓宽部分的墩台及基础。

4）扩大基础加固法

扩大基础加固法是利用扩大桥梁基础底面积达到加固桥梁下部结构的目的。该方法一般适用于基础承载力不足或基础埋深太浅，而墩台又是刚性实体结构的情况。当构造物基础具有较大的不均匀沉降，且地基土质比较坚实时，可采用扩大基础法进行加固，这种加固方法施工较简单，但由于要求新老基础良好结合以承受上部荷载，所以维护费用较高。

5）增补桩基加固法

桥梁墩台基础下部承载力不足，墩台发生沉陷，或墩台采用的桩基深度不足，或因水流冲刷等原因使得桩倾斜，直接影响桥梁结构的正常使用和服务年限，对此增补桩基加固法是一种常用而且有效的方法。该方法是在原桩基的周围补加钻孔桩或打入钢筋混凝土预制桩扩大原承台，以此提高基础的承载力，增强基础的稳定性。

6）高压旋喷注浆加固法

高压旋喷注浆加固法是先利用钻机把带有喷嘴的注浆管钻入土层的预定位置，将浆液或水以高压流的形式从喷嘴里射出，冲击破坏土体，使其呈颗粒状分散并与浆液搅拌混合，组成具有一定强度和抗渗能力的固结体，从而对地基进行加固的一种方法。该方法加固地基的质量可靠、效果好、成本较低，目前已逐渐成为我国常用的桥梁墩台基础处理方法之一。

3. **桥梁结构加固新方法**

上述加固方法与技术各有优点和不足，都已在世界范围内广泛应用并取得了一定的经济、社会效益。在现有加固技术的基础上，经过土木工程界的学者同仁多年努力，大批新型加固方法不断涌现。

1）聚合物浸渍混凝土加固法

聚合物浸渍混凝土是指以普通混凝土为基材，以有机单体为浸渍液渗入混凝土内部并且聚合而成的一种有机-无机复合材料。聚合物浸渍混凝土与混凝土基材的性能试验对比结果表明：聚合物浸渍混凝土对混凝土基材的性能改善是显著的，强度可提高数倍，抗渗性及抗化学腐蚀性也有大幅度提高。由于有机单体渗入混凝土内部，并且聚合后基本填满了混凝土原有的空隙，可以极大地改善混凝土的微观力学结构。因此，浸渍混凝土能够显著地提高原混凝土基材的力学性能。

聚合物浸渍混凝土加固法是一项纯粹的化学加固法，优点有：①施工过程完全不损伤原混凝土构件，不削弱原构件承载力，安全可靠；②加固材料渗入混凝土内部，不存在应力滞后问题；③不影响原构件外形尺寸。该方法主要用于提高混凝土强度及耐久性，适用于配筋无误，但混凝土质量达不到要求的混凝土构件。

2）高性能复合砂浆钢筋网加固法

高性能复合砂浆钢筋网（high-performance ferrocement，HPF）加固法是在混凝土构件表面绑扎钢筋网，用复合砂浆作为保护和锚固材料，使其与原构件共同工作整体受力，以提高结构承载力的一种加固方法。它实质是一种体外配筋，提高原构件的配筋量，从而提高结构构件的刚度、抗拉、抗压、抗弯和抗剪等方面性能的方法。类似于增大截面加固法，但增大的截面不大，因而结构外观及净空影响不大。该方法工艺简单，适用于梁、板、柱、墙等混凝土结构的加固。根据构件的受力特点和加固要求不同，可选用单侧加厚、双侧加厚、三面和四面外包等。

3）绕丝加固法

根据混凝土三向受压可以提高其单轴抗压强度的原理，对受压柱用$\phi 4$退火钢丝横向缠绕构件，可以提高其强度。根据梁的受剪区斜向箍筋受力优于竖向箍筋的特点，可根据需要在梁外进行斜向绕筋或竖向绕筋，以提高其抗剪强度。一般采用$\phi 4$冷拔钢丝退火后进行绕丝，中距为 5～40 mm。试验证明，这一方法不仅对圆柱、方柱有效，对长方形柱也有效。为了提高效果可在长方形柱四个侧面的中点纵向设置$\phi 25$圆钢，并将四角凿去少许。

上述各种常见加固方法可综合运用，优化组合，更能体现出加固效果及经济效益。

第 2 章   桥梁结构典型病害分析

引起桥梁产生病害的因素很多，包括设计、材料、施工、作用（荷载）、工作条件和所处的环境条件等（叶见曙，2012）。很多情况下，桥梁结构病害往往是这些因素中某几个因素共同作用的结果。因此，在桥梁现场检查中，为了正确识别桥梁各种病害和判别其对桥梁结构安全性、使用性及耐久性的影响，除应具备完善的检查作业方法外，更需要对桥梁常见病害的表现特征和成因有一个清楚的认识，以在具体的检查工作中提高技术质量和工作效率，进而为桥梁结构技术状况和承载力评定、维修加固方案的选择等提供正确的病害资料。桥梁结构典型病害分析是现场检测、状况评定和维修加固的基础。本章系统介绍公路与城市道路桥梁常见的、典型的病害，为后续章节的学习提供基础。

2.1   混凝土梁桥

2.1.1   梁体混凝土表观缺陷与病害

1. 蜂窝

梁体混凝土表面局部酥松，水泥浆少，骨料之间存在空隙而没有有效地填满水泥浆，形成蜂窝状的孔洞，通常梁体表面的蜂窝往往还伴随着钢筋外露（图 2-1）。

出现蜂窝现象表明梁体混凝土局部不密实且强度低，空气中的水及二氧化碳等易通过蜂窝进入混凝土内部，促使混凝土碳化及钢筋锈蚀，加速构件混凝土劣化，影响梁体混凝土耐久性，当有露筋现象时情况更严重。

2. 麻面

梁体混凝土表面局部缺水泥浆且仅有细骨料、粗骨料的粗糙面，或者表面有许多麻点小凹坑。一般情况下，钢筋未外露（图 2-2）。

图 2-1   梁体混凝土蜂窝与露筋

图 2-2   麻面

混凝土麻面为混凝土表面的缺陷，对结构受力影响不大，但局部混凝土内缺水泥浆，影响其耐久性和混凝土梁体外观。

3. 空洞

混凝土空洞是指深度超过钢筋的混凝土保护层且没有骨料和水泥浆的内部空穴。从外观上看，其表面可能与其他密实混凝土无多少差异，其中有的是在施工中已经修补过的（图2-3），但用小铁锤敲击时会有空洞声。另外，深度较浅的空洞可能会出现外壳混凝土剥落，使混凝土空洞露筋（图2-4）。混凝土空洞存在削弱了结构的有效截面，对结构耐久性和受力有影响。

 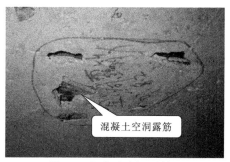

图2-3　混凝土空洞　　　　　　　　　图2-4　混凝土空洞露筋

4. 梁板体渗水

梁板体渗水表现为钢筋混凝土及预应力混凝土空心板、箱梁表面有水渗出，较多地出现在空心板下表面和箱梁的顶、底板表面（图2-5）。

这种现象预示梁板体在相关部位存在较宽的裂缝或缝隙，且空心板和箱梁体内有积水，影响结构的耐久性。

5. 预制板间企口缝混凝土脱落

预制板间企口缝混凝土脱落表现为预制装配式钢筋混凝土和预应力混凝土空心板板缝混凝土脱落（图2-6）。企口缝是空心板横向传力的重要构造。企口缝混凝土的脱落表面实际强度不够、质量差，因而造成空心板横向连接薄弱，很容易造成空心板的单板受力过大，破坏空心板梁桥上部结构横向整体受力性能，同时，使桥面铺装层产生沿企口缝（纵桥向）的裂缝，甚至破坏。而桥面水易由桥面铺装上的裂缝进入企口缝混凝土，进一步损坏企口缝内混凝土，往往可以在空心板底面观察到企口缝混凝土渗出的游离石灰。

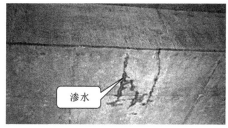 

图2-5　梁板体渗水　　　　　　　　　图2-6　板缝混凝土脱落

6. 混凝土超方

混凝土超方表现为浇筑构件混凝土实际量超过设计值，表现在截面某些尺寸超过规定的正误差值。混凝土超方易在整体现浇混凝土箱梁施工或节段悬臂现浇施工箱梁中发生，在桥梁现场检查中，可通过箱梁截面尺寸实际量测并与设计尺寸比较得到（图 2-7）。

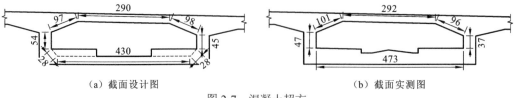

（a）截面设计图 　　　　　　　　　（b）截面实测图

图 2-7　混凝土超方

数据单位：cm

图 2-7（a）为箱梁截面设计图，其箱梁各部分尺寸已知。在实际工程中，箱梁的外部尺寸，例如箱梁底板宽度、高度等一般会在施工误差内，但箱内尺寸会误差较大，造成混凝土超方。图 2-7（b）为箱梁截面实测图，由于箱梁腹板内侧实测高度小于设计值很多（70～80 mm），箱梁底板的厚度实际增加了 70～80 mm。

与设计相比，混凝土超方增加了构件的恒载作用，可能使构件产生受力裂缝。美国公路桥梁设计规范 *LRFD Bridge Design Specifications*（AASHTO LRFD，2020）规定，箱梁混凝土超方应控制在 3%以内。

7. 预制 T 形梁横隔梁连接错位

预制 T 形梁之间的横隔梁平面位置相差较大[图 2-8（a）]，或横隔梁底不在一个水平面上[图 2-8（b）]。

 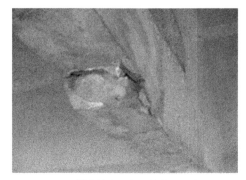

（a）横隔梁平面位置相差较大 　　　　　　（b）横隔梁底不在一个水平面上

图 2-8　预制 T 形梁横隔梁连接错位

对于多梁式的梁桥，其上部结构是由多根主梁及端横梁、中横梁组成的一个整体结构，承受车辆荷载作用。横隔梁连接错位无法正确后焊连接钢板，成为横隔梁受力的薄弱截面，会导致上部结构整体受力的削弱，甚至是主梁的单梁受力过大。

8. 混凝土保护层厚度过小或过大

混凝土保护层是指构件截面的最外钢筋外表面与截面边缘之间的混凝土层，其厚度是钢筋外缘与混凝土表面之间的距离。

混凝土保护层厚度过小的外观表现往往是表面露筋（图 2-9），或者说由构件外表混凝土明显能看到钢筋位置（图 2-10），仅在外表有一薄层的水泥砂浆。

图 2-9　保护层厚度过小导致表面露筋　　图 2-10　保护层厚度过小导致外表面可见钢筋位置

钢筋保护层厚度过大在混凝土表面一般无明显表现，混凝土表面上一些孤立的混凝土裂缝可能与此有关。

混凝土保护层厚度偏小，其至局部露筋，将易产生钢筋锈蚀，严重影响桥梁混凝土结构的耐久性。而混凝土保护层厚度过大，由钢筋外缘至混凝土表面间形成较大的素混凝土区，会产生混凝土的表面收缩裂缝，并易在桥梁营运阶段产生混凝土受力的表面裂缝。

9. 预应力混凝土板上拱值过大

这种现象在先张法预应力混凝土空心板出现得较多，表现为在营运多年后，板跨中部位上拱（又称反拱）值仍较大，甚至出现在跨间桥面是上凸，而在支座附近桥面相对下凹。

先张法预应力混凝土空心板上拱值过大，为保持设计的桥面标高，则空心板的跨中部位桥面铺装及现浇混凝土层可能较薄，而在支座区段的板部位则可能很厚（图 2-11），这样，实际二期恒载作用与设计计算考虑不一致，同时，板跨中部位的桥面铺装由于达不到设计厚度，易产生铺装病害。另外，在使用阶段，预应力混凝土上拱值仍过大造成桥面呈波浪形，引起行车的不舒适感，降低行车速度，从而影响桥梁适用性功能。

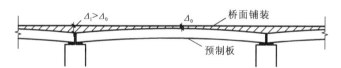

图 2-11　预应力混凝土板上拱值过大造成桥面铺装厚度（Δ）不匀示意图

10. 孔道压浆不饱满

孔道压浆不饱满主要表现为后张法预应力混凝土梁（板）的孔道中出现未压浆[图 2-12（a）]、压浆未充满孔道截面[图 2-12（b）]等现象。

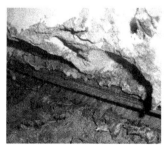

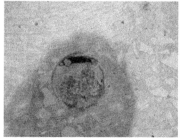

（a）未压浆　　　　　　　　　　　　（b）压浆未充满孔道截面

图 2-12　孔道压浆不饱满

对于已建桥梁，因孔道压浆属于后张法预应力混凝土梁（板）结构的隐蔽工程，故依靠目测观察不到孔道压浆不饱满的情况，关于无损检测方法，目前正处于研究阶段。但是，若梁体表面出现沿孔道长度方向的裂缝，甚至有渗水流出，则可能存在孔道压浆不饱满的情况。

孔道压浆重要作用之一是保护后张预应力钢束不锈蚀并成为梁体混凝土截面的一部分，若孔道压浆不饱满且有液态水存在的情况下，预应力钢束锈蚀是必然的，对结构使用的耐久性很不利。

2.1.2 梁体裂缝

1. 先张法预应力混凝土空心板底面纵向裂缝

在空心板的底面，一般是空心板截面的两腹板之间底面出现 1~2 条沿板跨径方向的纵向裂缝，比较长。裂缝呈断续或连续状（图 2-13）。裂缝处往往伴随有渗水痕迹或白化现象。

图 2-13　空心板底面纵向裂缝

先张法预应力混凝土空心板底面纵向裂缝一般是底板的贯穿性裂缝，使空心板由原来的完整闭口截面变成了相应开口截面。对抗弯承载力有一定的影响，对截面抗扭性能也有较大影响。同时空心板挖空部分的积聚水作用会造成钢筋锈蚀，影响空心板的混凝土耐久性。

2. 箱梁腹板斜裂缝

混凝土连续箱梁腹板一般有两类斜裂缝现象。

第一类腹板斜裂缝往往出现在边跨梁端附近区段、中跨梁在墩支座中心线与反弯点之间的区域[图 2-14（a）]，斜裂缝往往由箱梁下边缘向上斜向延伸，倾角为 15°~45°。在中跨梁体上，腹板斜裂缝在跨间两边往往对称产生。

第二类腹板斜裂缝的现象是斜裂缝与底板的横向裂缝相连，一般多出现在节段悬臂施工的预应力混凝土箱梁的腹板上[图 2-14（b）]。

（a）第一类腹板斜裂缝

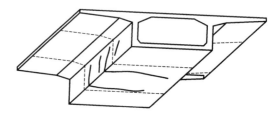

（b）第二类腹板斜裂缝

图 2-14　箱梁腹板斜裂缝示意图

根据桥梁设计理论，预应力混凝土连续梁桥箱梁腹板不允许出现斜裂缝。腹板出现混凝土斜裂缝后，通过斜裂缝的预应力钢束和箍筋承受变幅的作用应力，可能使钢筋与混凝土之间的黏结进一步损坏而造成钢束（筋）的疲劳破坏。在极限情况下，钢筋可能屈服，并可能导致通常肉眼看不到而用仪器可以观测到的梁底错位（图2-15）。

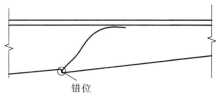

图2-15　梁底错位示意图

3. 箱梁腹板竖向裂缝

在支架上现浇混凝土施工的钢筋混凝土和预应力混凝土连续箱梁的腹板上出现的垂直于梁轴线方向的竖向裂缝。竖向裂缝沿箱梁跨径方向分布，在箱梁跨中部位往往间距较小，而在其他部位间距较大。箱梁腹板竖向裂缝主要是由箱梁混凝土的收缩造成的。

第一类箱梁腹板竖向裂缝是与箱梁底板横向裂缝相连，即腹板竖向裂缝下端达到箱梁截面下边缘[图2-16（a）]；第二类箱梁腹板竖向裂缝是在顶板下梗腋（箱外）和底板之间腹板的半高处，而裂缝呈中间宽度较大、两端头细小的枣核形［图2-16（b）]。

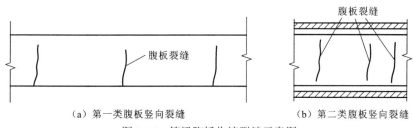

（a）第一类腹板竖向裂缝　　　　　　（b）第二类腹板竖向裂缝

图2-16　箱梁腹板收缩裂缝示意图

箱梁腹板竖向裂缝是在箱梁施工中由措施不当引起的，其裂缝宽度会随一年四季的大气温度变化而变化，裂缝宽度一般较大。这种裂缝对箱梁的结构使用性能影响不大，但可能会影响箱梁的耐久性。

4. 箱梁底板横向裂缝

在混凝土箱梁底板表面上，沿箱梁宽度方向上的裂缝可分为如下三类。

第一类底板横向裂缝主要出现在钢筋混凝土连续梁的跨中区段，常常伴随出现腹板上的竖向弯曲裂缝[图2-17（a）]。

第二类底板横向裂缝主要出现在节段施工的预应力混凝土连续箱梁的相邻节段之间的接缝附近[图2-17（b）]。

第三类底板横向裂缝出现在后张法预应力混凝土连续箱梁底板的齿板后方区域，往往伴随出现腹板的斜裂缝[图2-17（c）]。

现浇钢筋混凝土连续箱梁底板横向裂缝属于正常受力裂缝，但若箱梁内有积水且沿裂缝渗出，则对箱梁的耐久性有较大影响。

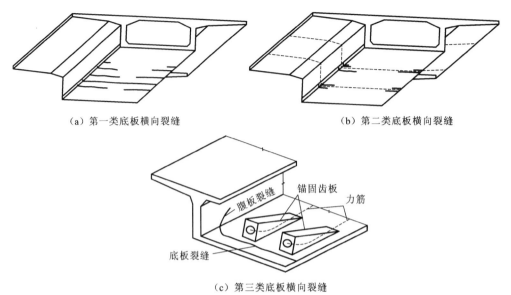

（a）第一类底板横向裂缝　　　　　　　（b）第二类底板横向裂缝

（c）第三类底板横向裂缝

图 2-17　箱梁底板横向裂缝示意图

图 2-17（b）所示的预应力混凝土箱梁节段接缝附近的底板横向裂缝，是由波纹管走形引起的，对箱梁结构受力影响不大。

预应力混凝土箱梁齿板后的底板横向裂缝属于预应力作用产生的受力裂缝，初期发展很快，且裂缝宽度较大，对结构受力有一定影响。

5. 箱梁顶板纵向裂缝

混凝土箱梁顶板下表面沿箱梁跨径方向的纵向裂缝[图 2-18（a）]，在通常情况下，纵向裂缝的裂缝宽度较小，断断续续延伸。箱梁顶板表面纵向裂缝一般有以下两类。

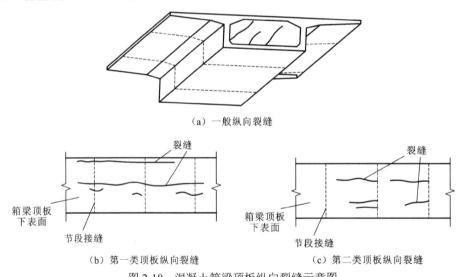

（a）一般纵向裂缝

（b）第一类顶板纵向裂缝　　　　　　（c）第二类顶板纵向裂缝

图 2-18　混凝土箱梁顶板纵向裂缝示意图

第一类是纵向裂缝延伸较长，往往在箱梁的跨中区段和接近支座部位箱梁区段[图 2-18（b）]；第二类是在节段悬臂浇筑混凝土箱梁的节段分界线之间，纵向裂缝起始于节段接缝处，平行有 1～3 条，但纵向裂缝延伸不超过另一节段接缝[图 2-18（c）]。

若图 2-18（b）所示的箱梁顶板混凝土纵向裂缝，确为箱梁横向受力产生的裂缝，则对箱梁的结构使用有较大影响。

若图 2-18（c）所示的箱梁顶板混凝土纵向裂缝贯穿顶板厚度（可由纵向裂缝处是否有渗水痕迹判断），则对混凝土箱梁耐久性有影响。

6. 齿板裂缝

在混凝土齿板上表面出现沿预应力钢束长度上的裂缝，如图 2-19 所示裂缝①。在齿板和底（顶）板交界部位表面出现的横向裂缝，如图 2-19 所示裂缝②。

齿板为预应力钢束在箱梁跨间锚固的重要构造体，出现齿板上的表面裂缝①会使箱梁内潮气侵入；表面裂缝②的严重情况是在此处出现混凝土剥离，甚至"爆裂"（图 2-20），可能使金属波纹管暴露，故应修补。图 2-20 所示齿板后箱梁底板裂缝详见本节"4. 箱梁底板横向裂缝""5. 箱梁顶板纵向裂缝"。

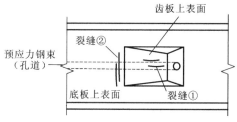

图 2-19 齿板表面裂缝示意图

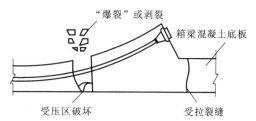

图 2-20 混凝土齿板与底板相连区段裂缝破坏示意图

2.1.3 钢筋锈蚀

钢筋混凝土和预应力混凝土构件是将钢筋置于混凝土中，利用混凝土具有的高碱性在钢筋表面形成保护膜，避免钢筋生锈，但在已建桥梁中，受某些因素影响，仍然存在钢筋锈蚀情况。

图 2-21 为英国伊尼斯·格瓦斯桥（Ynys-y-Gwas Bridge）后张法预应力混凝土工字形梁垮塌后现场调查预应力钢筋锈蚀情况的照片。图 2-21（a）为工字形梁节段接缝处预应力钢筋锈蚀（坑蚀）情况，图 2-21（b）为现场预应力钢筋锈蚀取样，预应力钢筋因锈蚀而导致其截面削弱。

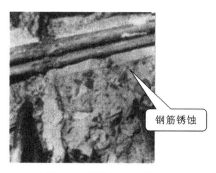

（a）工字形梁节段接缝处预应力钢筋锈蚀（坑蚀）情况

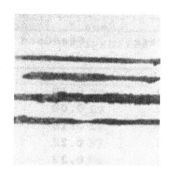

（b）现场预应力钢筋锈蚀取样

图 2-21 伊尼斯·格瓦斯桥工字形梁预应力钢筋锈蚀

图 2-22 为我国江苏省一座使用了 29 年的钢筋混凝土 T 形梁桥主梁混凝土破碎后锈蚀焊接钢筋骨架的照片。由图 2-22 可见，焊接骨架的主钢筋锈蚀，架立钢筋锈蚀[图 2-22（a）]，而且弯起钢筋也锈蚀了[图 2-22（b）]。

（a）架立钢筋锈蚀　　　　　　　　　　　　（b）弯起钢筋锈蚀

图 2-22　焊接钢筋骨架锈蚀

2.1.4　混凝土碱-集料反应及裂缝

混凝土碱-集料反应是混凝土中某些活性矿物集料与混凝土孔隙中的碱性溶液之间发生的反应。混凝土碱-集料反应是对混凝土桥梁危害很大的一种病害，随时间推移而呈现混凝土表面开裂，混凝土剥离和混凝土破坏现象，在我国和世界其他国家，例如加拿大、丹麦、新西兰、日本、印度、巴西等国都发生过因混凝土碱-集料反应导致的工程事故。

混凝土碱-集料反应的外观特征主要是表面裂缝、变形和渗出物[图 2-23（a）]；而内部特征主要是内部凝胶、反应环、活性碱-集料、内部裂缝、碱含量等。

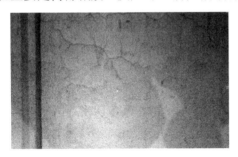

（a）混凝土表面裂缝　　　　　　　　　　　（b）混凝土局部膨胀

图 2-23　碱-集料反应引起混凝土破坏

混凝土碱-集料反应引起混凝土开裂的同时，有时还会引起混凝土局部膨胀[图 2-23（b）]，以致混凝土表面一条裂缝的两个边缘不在一个平面（混凝土表面）上，这是混凝土碱-集料反应裂缝所特有的现象。混凝土碱-集料反应裂缝首先会出现在结构的潮湿部位，湿度越大越严重，而在同一混凝土结构中的干燥部位却安然无恙，这也是混凝土碱-集料反应使混凝土局部膨胀产生的裂缝与其他原因产生的裂缝最明显的差别。

混凝土碱-集料反应不同于其他混凝土病害，其开裂破坏是整体性的，且目前尚未有有效的修补方法，而其中的碱-碳酸盐反应的预防尚无有效措施。混凝土碱-集料反应造成的混凝土开裂破坏难以被阻止，因而被称为混凝土的"癌症"。半个多世纪以来，混凝土碱-集料反应已经在全世界近二十个国家混凝土工程中造成了严重的损失。

2.1.5 混凝土冻融破坏

桥梁处于II类环境条件（严寒地区的大气环境、使用除冰盐环境）下，潮湿或饱和的混凝土结构在冰融循环的反复作用下产生的混凝土冻害，称为混凝土冻融破坏。当如下条件存在时，混凝土冻融破坏就会发生以下情况。

（1）桥梁的混凝土处于潮湿条件和水饱和状态且处于寒冷环境，混凝土内部发生冻融温度循环作用。

（2）混凝土疏松多孔，其中的空间和毛细孔中充满水。

混凝土冻融破坏的特征是混凝土剥离，在混凝土表面出现尺寸2～3 mm的小片剥离。随着使用年限的增加，剥离量及剥离粒径增大，混凝土剥离由表及里。混凝土剥离一经开始，发展的速度是很快的。

冻融破坏通常发生在经常与水接触的结构水平表面，对结构立面造成的破坏多发生在淹没在水中的结构的水线附近。当温度下降，结构孔隙中的水转化成冰时，体积逐渐膨胀，这种膨胀会产生一种局部张力，使其周围的水泥基质断裂，造成结构破损。这种破损是从外向里一小片、一小片地破碎。

图2-24为混凝土冻融破坏过程示意图。混凝土是由水泥砂浆和粗骨料组成的多孔材料，其孔隙（又称孔结构）主要由凝胶孔、毛细孔和非毛细孔（水泥石内部缺陷和微裂缝总称）组成，其中毛细孔对水泥石渗透性的影响最大[图2-24（a）]。在拌制混凝土时，为了得到必要的和易性，加入的拌和水总是要多于水泥所需的水化水，这部分多余的水便以游离水的形式滞留于混凝土中形成连通的毛细孔，并占有一定的体积。当处于饱和水状态[图2-24（b）]时，混凝土的饱和浸润区的毛细孔中水结冰，凝胶孔中形成冰核的温度在-78℃以下，凝胶孔中处于过冷状态的水分子向压力毛细孔中冰的界面处渗透，于是在毛细孔中又产生了一种渗透压力，使毛细孔中自由水结冰膨胀情况更严重，处于饱和水状态的混凝土受冻时，其毛细孔壁同时承受膨胀压和渗透压两种压力，这时对毛细孔壁截面的混凝土产生拉力，超过混凝土的抗拉强度就会产生微裂缝，而混凝土表面就会出现破碎[图2-24（b）]。

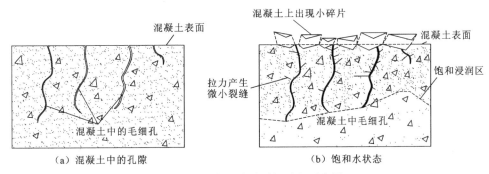

图2-24 混凝土冻融破坏过程示意图

我国北方地区处于水位变化处的混凝土桥墩，冻融破坏较为普遍，表层混凝土剥离，剥蚀破坏由表及里，发展很快，减小了截面尺寸，影响结构安全。混凝土冻融破坏发展速度快，不管何种情况，冻融剥落一经发现，必须密切注意剥蚀的发展情况，及时采取修补措施。

2.2 拱 桥

2.2.1 圬工拱桥表观缺陷与裂缝

1. 主拱圈表面风化

（1）表现特征：主拱圈块料表面呈粉状并伴有白色（或灰色）屑末状覆盖层的风化剥落，特别是砖砌拱圈，会出现鳞片层状剥落。

（2）产生原因：砌体块料和砂浆的质量差，同时又受到有腐蚀性的气体和水的侵蚀。

（3）危害：影响桥梁外观，严重风化剥落会影响桥梁耐久性。

2. 主拱圈砌体砂浆脱落

（1）表现特征：主拱圈砌缝砂浆脱落，块材之间形成空隙。

（2）产生原因：砌缝和砂浆的施工质量差；温度变化或车辆作用时主拱圈与拱上建筑变形不协调；砌缝砂浆不均匀，造成局部受力不均。

（3）危害：影响主拱圈承载力和整体受力。

3. 侧墙外倾

（1）表现特征：拱上建筑侧墙局部向外鼓胀变形，甚至部分侧墙向侧面外倾斜。当拱上建筑采用圬工结构时，往往出现块材间裂缝。

（2）产生原因：主要是由于砌筑质量差，侧墙抗推稳定性不够，在侧墙内填料土压力作用下形成外鼓；或者由于拱上填料在内部积水的情况下膨胀、挤压侧墙外移。

（3）危害：直接造成侧墙本身的破坏，并可能牵连造成桥面系的破坏，降低行车安全性。

4. 主拱圈拱顶下沉

（1）表现特征：主拱圈的跨中区段有明显下挠。在桥面上可观察到跨中区段桥面下凹，或在下雨后跨中区段桥面积水。

（2）产生原因：可能是桥台岸侧方向的水平位移引起的主拱圈拱顶下沉；在支架上砌筑主拱圈施工时拱架刚度不足。当砌筑块材主拱圈未形成整体强度前，随着拱架变形而发生不可恢复的下挠；施工时，未考虑支架压缩变形而未设主拱圈预拱度或预拱度不足。

（3）危害：主拱圈的实际拱轴线与设计的拱轴线相差较大，进而造成主拱圈受力状况与设计要求不符。

5. 主拱圈渗水

（1）表现特征：主拱圈下表面块材之间砂浆或块材裂纹中渗透流水。

（2）产生原因：对于实腹式圬工拱桥和空腹式圬工拱桥主拱圈实腹段，主要是主拱圈与桥面之间的拱上填料施工不密实或拱上未设置排水系统与防水层，致使桥面水由桥面铺装本身裂缝、桥面铺装与人行道衔接处进入拱上填料，而后从主拱圈块材之间砂浆或块材裂纹中渗流出来。

（3）危害：主拱圈渗水表明拱上填料内含有较多水，而渗水将引起砌缝砂浆软化、脱落，也会引起块材材质变化、强度下降。另外，拱上填料含水较多，还会造成行车状态下桥面进一步破坏。

6. 主拱圈拱顶部位竖向裂缝

（1）表现特征：竖向裂缝分布在拱顶区段。较常见的是砌缝的通缝且由主拱圈底边缘沿高度方向向上扩展，有时还会在拱脚部位出现（图 2-25）。

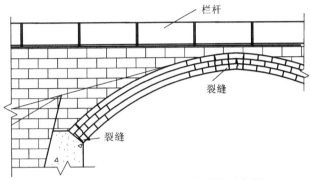

图 2-25　主拱圈拱顶部位竖向裂缝示意图

（2）产生原因：主要是墩台不均匀沉降或向路堤方向滑动或转动，主拱圈砌体截面不足引起的。

（3）危害：仅存在主拱圈跨中区段的竖向裂缝时，对结构受力的安全性影响不大。若同时存在拱脚明显的水平位移现象，则会造成拱顶竖向裂缝下端块材脱落、上端块材压碎现象，进而产生对主拱结构受力很不利的影响。

7. 主拱圈沿桥纵向裂缝

（1）表现特征：主拱圈（板拱）或腹拱圈出现纵向裂缝，常伴有墩、台帽或帽梁纵向裂缝（图 2-26）。

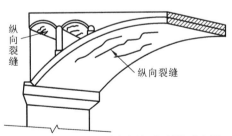

图 2-26　主拱圈或腹拱圈纵向裂缝示意图

（2）产生原因：这种裂缝常见于较宽的圬工板拱桥主拱圈，若裂缝大致居中，可能是墩、台基础的桥梁宽度方向的不均匀沉降引起的；若在板拱一侧开裂，可能是车辆偏载作用下主拱圈受力变形较大引起的。另外，有的圬工拱桥主拱圈外侧部分采用料石砌筑，砌缝严密，而主拱圈内采用片石砌筑，砌缝宽窄不一，由于两者受力变形的差异，也会沿料石砌筑和片石砌筑的交界处出现纵向裂缝，且一般情况下，这种纵向裂缝较长。

（3）危害：对桥梁安全和稳定有较大影响。

2.2.2　系杆拱桥表观缺陷与裂缝

系杆拱桥，原指具有竖直吊杆的柔性系杆刚性拱桥，系杆仅用于平衡拱脚处的水平力。随着梁拱组合体系桥梁的发展，出现了系杆不仅承受拱脚传来的水平力，同时也承受桥面传来的车辆荷载等作用产生的内力（这时的系杆一般称为系梁）。严格地说，梁拱组合体系桥梁并不是传统意义的系杆拱桥，但现在我国的桥梁界将在拱脚之间设有拉杆平衡拱脚水平力的无推力或少推力拱桥，均统称为系杆拱桥。

刚梁刚拱的下承式简支系杆拱桥（梁拱组合体系桥）是最常见的一种系杆拱桥，其外部为静定结构，内部为超静定结构。

从结构整体受力来看，对应简支梁正弯矩最大处的跨中处，这种系杆拱桥的拱肋与系梁之间距离最大，拱截面上的轴向压力与系梁截面的轴向拉力形成相应的抵抗力矩，而拱肋和系梁本身的弯矩大大减小。在剪力较大的支点处，拱轴线与水平方向的倾角最大，拱肋内轴向压力的竖向分力有效地平衡了支点剪力。

由于拱轴线基本符合简支梁弯矩包络图，系杆拱桥的结构内力主要表现为拱肋中的轴向压力和系梁中的轴向拉力，弯矩和剪力则主要是节间荷载。

系杆拱桥的施工方法是多种多样的，总的可分为预制和现浇两大类。再细分则主要有满堂支架浇筑法、少支架现场拼装（浇筑）法、悬臂拼装（浇筑）法、预制整体浮运法、岸边浇筑转体施工法等。成桥方式的多样性使系杆拱桥更能适应各种不同的场地，与其他桥型相比具有一定的优势。

系杆拱桥是一种组合受力体系的拱桥，与一般的拱桥和梁桥相比，有地基适应性强、结构受力合理、用料省、建筑高度低、施工方法多、造型美观等方面的优势，是目前城市桥梁和公路桥梁上常用的一种桥型。

1. 钢管混凝土拱肋内的混凝土与钢管脱空

（1）表现特征：钢管混凝土拱肋内混凝土局部与钢管脱空（可用无损检测仪器测量或用小锤敲击的声音判别）。

（2）产生原因：钢管混凝土拱肋为曲线形，在钢管内压注混凝土施工后，管内混凝土再硬化的过程中会产生收缩，由于重力作用，混凝土中骨料下沉，而水分向钢管截面上部运动，所以在钢管混凝土拱的上部出现混凝土与钢管内壁之间的脱空。若混凝土配合比设计不当，混凝土收缩严重，或在浇筑过程中混凝土并不很密实，钢管与混凝土的脱空现象将相当明显；由于钢管和混凝土的热传递性能相差较大，日照作用下，钢管受热迅速膨胀变形，而管内的混凝土吸热慢，且需要吸收的热量大，管内混凝土不可能与钢管受热变形一致；到了夜晚，钢管遇冷收缩时，管内的混凝土阻止钢管的收缩，与钢管冷缩变形不一致，钢管与混凝土产生一定的脱离。

（3）危害：钢管混凝土拱肋内混凝土与钢管脱空对全长拱肋而言是局部现象，一般对主拱的工作性能影响不大。但若实际探明混凝土与钢管脱空较严重，还应采用压浆方法修补。

2. 哑铃形钢管混凝土拱肋的竖板外凸

（1）表现特征：哑铃形钢管混凝土拱肋的竖板外凸变形（图 2-27），在与拱脚相接的拱肋区段较明显。

（2）产生原因：当泵送灌注钢腹箱混凝土施工时，由于内压较大，加之对竖板的临时加强措施不足或不当，钢竖板会发生局部变形甚至破坏。在泵送混凝土的内压作用下，钢腹箱中腹板与上、下弦管焊接处的应力最大，会远远超出钢材的屈服强度。

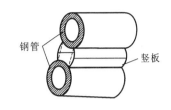

图 2-27　拱肋竖板外凸示意图

（3）危害：竖板外凸与钢管的焊缝裂缝出现在竖板的内侧，外表上一般看不出来。拱肋在截面偏心力和剪力作用下，哑铃形拱肋上、下钢管之间的应力差是靠竖板和竖板中部部分混凝土传递的，故竖板与上、下钢管之间的焊缝起到重要传力作用，而焊缝裂缝会降低这种作用。

3. 吊杆索锈蚀

（1）表现特征：有锈斑渗出保护层，在吊杆索与锚头的结合部最严重。

（2）产生原因：吊杆索锈蚀的原因主要是防护措施开裂失效，导致水、大气及其他有害物质与钢索接触引起腐蚀。

（3）危害：吊杆拉索布置于梁体外部，截面尺寸小，处于高拉应力工作状态，因而钢索对应力腐蚀作用非常敏感，吊杆锈蚀严重时，会发生断裂，进而导致桥面垮塌的重大事故。

4. 吊杆索断裂

（1）表现特征：吊杆索断裂。

（2）产生原因：系杆拱桥属于高次超静定结构，内力与变形协调受许多因素左右，并直接影响系杆受力；吊杆索的钢绞线、钢丝因腐蚀（锈蚀）断裂；有可能是吊杆索与主拱锚固采用的吊杆索锚具选择不当而造成吊杆索由锚具中拔出，形成吊杆索断裂的表观现象。有的桥的吊杆较短且采用镦头锚，钢丝长短不一，受力不均，部分钢丝受力过大会首先断裂。

（3）危害：造成桥面系突然垮塌。

5. 短吊杆破坏

（1）表现特征：短吊杆被破坏，属于吊杆索断裂的一种特殊情况（图 2-28）。

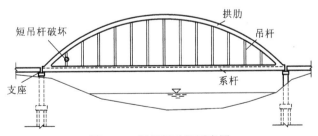

图 2-28　短吊杆破坏示意图

（2）产生原因：短吊杆常处于拱肋与系杆交接附近，该处集中了上部拱肋温度和受力的变形，由此，桥面受到附加拉伸，致使短吊杆比长吊杆受到较大的剪力而变形。而且，短吊杆的下端处于反复弯曲状态，引发微裂缝的发展，大大降低了短吊杆的抗疲劳能力；在相同荷载作用下，短吊杆比长吊杆受动荷载冲击影响要大得多，有时甚至在两倍以上，这对短吊杆的受力是很不利的。另外，车辆激振力影响大，导致构件应力幅值大，这对构件抗疲劳也是很不利的；桥面不平及车速影响车辆激振力的大小，这也可以进一步解释说明某些桥动载破坏是在车少且高速行驶时段发生的。

（3）危害：严重时会引起局部桥面垮塌。

6. 系杆钢绞线锈蚀

（1）表现特征：系杆钢绞线锈蚀，有锈斑自混凝土中渗出。

（2）产生原因：箱形截面系杆进水，系杆内腔长期有水。大多数桥梁的吊杆都是直接穿过系杆箱，水沿吊杆直接进入系杆箱内，而系杆箱内没有设置排水孔。

（3）危害：锈蚀严重会导致钢绞线断裂。

7. 系杆竖向裂缝

（1）表现特征：系杆混凝土表面沿系杆截面高度方向的裂缝（图 2-29）。

（2）产生原因：系杆为后张法预应力混凝土构件。预应力混凝土系杆表面出现竖向裂缝表明其预应力未达到设计要求。系杆混凝土在支架上现浇一般采用节段现浇，然后再在相邻节段间现浇连接混凝土。在接缝处波纹管可能不平顺，造成预应力钢束张拉时摩阻损失较大，致使预应力不足。

（3）危害：全预应力混凝土和部分预应力混凝土 A 类系杆不允许在使用阶段出现这类裂缝，影响系杆拱桥的耐久性。

8. 桥面下横梁竖向裂缝

（1）表现特征：横梁肋板表面出现竖向裂缝且裂缝沿横梁呈对称分布（图 2-30）。

（2）产生原因：这类裂缝的出现与横梁的计算图式及横梁内钢筋配置有关，图 2-30 所示桥面横梁属弹性嵌固梁的力学性质，若横梁设计截面面积不足和钢筋配置不当，则桥面横梁上会产生多条裂缝。

（3）危害：应当在正确的结构分析后采取加固措施，影响系杆拱桥的耐久性。

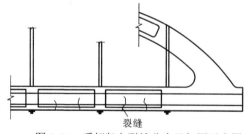

图 2-29　系杆竖向裂缝分布及加固示意图

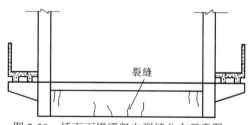

图 2-30　桥面下横梁竖向裂缝分布示意图

2.3 桥 梁 墩 台

2.3.1 混凝土桥墩裂缝

桥梁墩台在施工及运营使用过程中，会出现各种不同的裂缝。下面将介绍各种常见裂缝的特征、危害及其发生的原因。

1. 实体桥墩墩身网状裂缝

（1）表现特征：此种裂缝多发生在常水位以上墩身的向阳部分，裂缝宽 0.1～1.0 mm、深 10～15 mm，长度不等（图 2-31）。

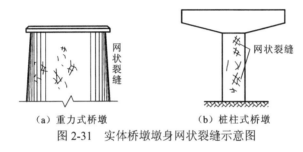

（a）重力式桥墩　　　　　　　（b）桩柱式桥墩

图 2-31　实体桥墩墩身网状裂缝示意图

（2）产生原因：主要原因可能是在施工期间，浇筑桥墩混凝土后拆除模板过早或未能及时采取养护措施，由于混凝土的水化热温度和外部气温的温差过大而产生表面裂缝。另外可能是桥墩混凝土养护期不足或养护措施不到位而由混凝土干燥收缩而产生裂缝。

（3）危害：影响混凝土外观质量。

2. 实体桥墩墩身竖向裂缝

（1）表现特征：对于实体混凝土桥墩，有两种混凝土竖向裂缝。一种是重力式混凝土实体桥墩，发生的墩身竖向裂缝是从基础向上发展，裂缝下宽上窄[图 2-32（a）]；另一种是斜板式或杯形钢筋混凝土桥墩，发生的墩身竖向裂缝是由墩顶向下发展，在墩顶上裂缝位于两支座之间，数量不多，但裂缝宽度较大[图 2-32（b）]。

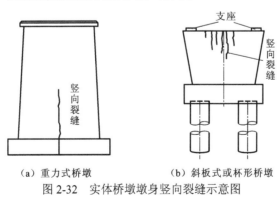

（a）重力式桥墩　　　　　　　（b）斜板式或杯形桥墩

图 2-32　实体桥墩墩身竖向裂缝示意图

（2）产生原因：图 2-32（a）所示的竖向裂缝一般是由基础松软或沉降不均匀引起的；图 2-32（b）所示的竖向裂缝往往是由钢筋混凝土桥墩墩顶区段受拉钢筋布置不足和不合理

引起的。

（3）危害：破坏桥墩整体性，危及桥跨结构的稳定与安全。

3. 柱式桥墩盖梁的竖向裂缝

（1）表现特征：一种柱式桥墩盖梁侧面竖向裂缝是由盖梁顶面向下发展，裂缝位置在柱附近。另一种竖向裂缝是在盖梁跨中区段，由盖梁下边缘向上延伸（图2-33）。

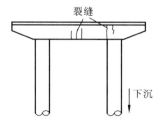

图2-33　柱式桥墩盖梁竖向裂缝示意图

（2）产生原因：钢筋混凝土盖梁由顶面向下发展的侧面竖向裂缝可能是由桩基础沉降差引起的。盖梁跨中区段由下边缘向上延伸的竖向裂缝属于弯曲竖向裂缝，可能是由盖梁截面偏小、钢筋配筋偏少造成的。

（3）危害：盖梁侧面由上向下的竖向裂缝不符合设计要求，应进一步分析核实；盖梁侧面由下而上的裂缝，当裂缝宽度在设计的限值内，属于正常裂缝。

4. 墩帽支承垫石下放射状裂缝

（1）表现特征：桥墩墩帽顶面混凝土表面上形成与支承垫石交界处呈放射状的裂缝（图2-34）。

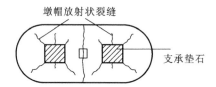

图2-34　墩帽支承垫石放射状裂缝示意图

（2）产生原因：上部结构及桥面系自重作用和车辆活载作用力通过支座（或立柱）及垫石传至混凝土墩帽上，支承垫石下墩帽顶上的放射状裂缝可能是混凝土局部承压作用裂缝，是支承垫石平面尺寸偏小造成的。

（3）危害：局部承压能力不足，会产生脆性破坏。

5. 支承相邻不等高梁的墩帽裂缝

（1）表现特征：裂缝多位于高低墩帽雉墙棱角部分及中线附近（图2-35）。

（2）产生原因：高低墩帽形成的墩帽截面发生突然变化，易因上部结构的水平位移受到制约（例如高墩墩帽采用类似油毛毡等简易支座）而产生水平力作用，在截面变化处引起混凝土应力集中产生裂缝。

（3）危害：由于产生裂缝处与伸缩缝位置很近，当伸缩缝处漏水时，水将直接进入墩帽裂缝引起钢筋锈蚀。

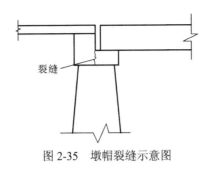

图 2-35　墩帽裂缝示意图

2.3.2　混凝土桥台裂缝

1. 实体桥台的表面竖向裂缝

（1）表现特征：实体桥台台身表面出现数条与台身高度方向平行或接近平行的混凝土竖向裂缝（图 2-36），相互之间也大致平行。裂缝沿台身宽度分段出现，一般在桥台横向宽度的中部区段分布较多，端区段较稀少。这类裂缝的宽度大小不一，一般在 0.5 mm 以下，但裂缝宽度受气温变化影响较大，往往冬季较宽、夏季较细。这类裂缝向桥台身混凝土内发展深度也不同，有的是表层混凝土裂缝，有的是深层混凝土裂缝和贯穿裂缝。在一些情况下，还会伴随有较短的水平裂缝出现。

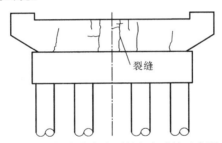

图 2-36　桥台台身表面的竖向裂缝示意图

（2）产生原因：这类裂缝称为混凝土的温度收缩裂缝，往往在台身较厚且采用连续现浇混凝土施工的桥台台身产生，主要原因是设计上忽略和施工中未正确处理混凝土水化热问题。

混凝土实体桥台台身体积较大时，混凝土在浇筑初期水泥在水化过程中放出一定的热量（水化热），水泥放出的热量聚集在桥台台身内部不易散发，温度较高。若为冬季施工，过早去掉保温层，大气温度较低或气温骤降就会导致桥台台身混凝土表面急剧降温收缩，而这种表面收缩又受到内部温度较高的混凝土的约束，这样使台身表面混凝土产生较大拉应力，加之混凝土早期强度不高进而产生混凝土温度收缩裂缝。由于这种混凝土内外温差仅在台身表面层较大，离开表面层向内部就很快减弱，所以这种混凝土温度收缩裂缝只在表层出现，称为表层裂缝，而内部混凝土仍完整。

混凝土实体桥台台身一般设置在混凝土承台上，如图 2-36 所示，混凝土承台也是刚度较大的混凝土实体。混凝土实体桥台台身体积较大且浇筑台身混凝土的水泥水化热温升较大而温度较高，而后随着台身混凝土内部温度降低产生收缩变形，但是这种台身混凝土的收缩变形受到早已硬化的承台混凝土及在承台混凝土预埋伸出承台面的钢筋（它与承台中钢筋连接）

的约束（外约束）和台身混凝土内部非均匀的温度收缩而产生内部各质点变形不均匀的相互约束（内约束），进而在台身混凝土内部产生很大拉应力。当拉应力超过混凝土的极限抗拉强度时，就会在台身混凝土内部产生裂缝，这类实体桥台产生的混凝土降温收缩缝常常在混凝土浇筑后2~3个月或更长时间出现，裂缝较深（深度裂缝），有时甚至贯穿台身厚度（贯穿裂缝）。

（3）危害：表层温度收缩裂缝只在台身混凝土表面层出现，所以一般情况下仅影响混凝土的外观质量，但在桥台工作环境较差时，也会发展产生表层混凝土剥落。深层或贯穿状的温度收缩裂缝，将会破坏台身结构整体性，引起台身内钢筋锈蚀，降低桥台混凝土的抗冻性及耐久性。

2. 实体桥台的翼墙和前墙间裂缝

（1）表现特征：出现在翼墙与前墙连接处，裂缝由上向下延伸（图2-37）。
（2）产生原因：往往是墙间填土不良、冻胀或基底承载力不足，引起下沉或外倾而开裂。
（3）危害：部分破坏桥台整体性，可能危及桥跨结构的稳定与安全。

3. 耳墙式桥台耳墙和前墙间竖向裂缝

（1）表现特征：出现在耳墙与前墙连接处，混凝土裂缝由下向上延伸（图2-38）。
（2）产生原因：在混凝土初凝期内，模板支撑发生下沉或晃动；或冬季施工中，耳墙间填筑了非渗水性土，低温时土冻胀产生土压力增大，导致耳墙与前墙连接处混凝土竖向裂缝的产生。
（3）危害：桥台耳墙的主要作用是挡台后路基土不向侧向移动。耳墙与前墙之间的裂缝会随着时间增大或延伸，进而影响耳墙的工作性能。

4. 墙式轻型桥台的水平裂缝

（1）表现特征：横向较高的墙式轻型桥台的表面出现水平裂缝（图2-39），同时伴有桥台表面外凸现象。
（2）产生原因：墙式轻型桥台的台背后填土不密实，加之台后填土的土压力受路堤路面下渗水的影响而增大，致使发生台身下部凸出变形，并出现表面裂缝。
（3）危害：可能会导致台身破坏。

 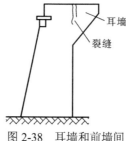 

图2-37　翼墙和前墙间裂缝示意图　　图2-38　耳墙和前墙间竖向裂缝示意图　　图2-39　墙式轻型桥台水平裂缝示意图

2.4 支座与桥面系

2.4.1 板式橡胶支座主要缺陷与病害

1. 表面裂纹

（1）表现特征：板式橡胶支座本体表面出现龟裂裂纹和水平裂缝。

（2）产生原因：一般板式橡胶支座经过一定使用年限后，均会出现表面的龟裂裂纹，也会出现水平裂缝，但裂缝（纹）的缝宽及深度均不大。

在竖向力作用下，板式橡胶支座内薄钢板之间的橡胶体会产生压缩变形，而橡胶体会向侧向膨胀外凸，橡胶有相应的拉伸变形而产生应力老化，因而会在橡胶支座本体外表面出现裂缝（纹）。

我国常用氯丁橡胶及天然橡胶作为板式橡胶支座的主要材料，而橡胶材料受到大气中氧、臭氧、紫外线作用及外力等影响，会出现橡胶老化。橡胶老化通常由表面出现老化龟裂开始，然后缓慢地向内部发展造成裂缝。

若板式橡胶支座在使用初期就出现其本体的表面裂缝（纹）且压缩变形较大，可能是板式橡胶支座产品的质量问题。

（3）危害：根据《公路桥梁技术状况评定标准》（JTG/T H21—2011）5.3 节规定，当板式橡胶支座表面脏污，出现裂缝，且裂缝宽度小于 1.0 mm，裂缝长度大于相应变成的 10%时，属轻微老化。而当板式橡胶支座老化破裂，且裂缝宽度大于 2 mm，裂缝长度大于相应边长的 50%时，说明裂缝非常严重，支座已经失去正常支承功能（表 2-1）。

表 2-1 板式橡胶支座老化变质、开裂

标度	评定标准	
	定性描述	定量描述
1	完好	—
2	轻微老化，表面有脏污，出现裂缝	裂缝宽度≤1.0 mm，裂缝长度>相应边长 10%
3	橡胶支座老化变形，裂缝较严重	裂缝宽度>1 mm 且≤2 mm，裂缝长度>相应边长的 25%
4	橡胶支座老化破裂，裂缝严重，且造成其他构件产生较严重病害	裂缝宽度>2 mm，裂缝长度>相应边长的 25%
5	橡胶支座老化破裂，裂缝非常严重，已经失去正常支承功能，且使相关上、下部结构受到异常约束，造成严重损坏，主梁出现严重变形	裂缝宽度>2 mm，裂缝长度>相应边长的 50%

2. 钢板外露

（1）表现特征：可以从支座表面的龟裂裂纹中目测到板式橡胶支座本体内部的薄钢板裸露。

（2）产生原因：板式橡胶支座内埋的薄钢板与橡胶之间发生局部脱离。

（3）危害：板式橡胶支座工作的机理是：钢板的拉力是通过橡胶与钢板之间的黏结力来

传递的，钢板外露实际表明局部黏结区域的黏结强度已超过橡胶与钢板间的黏结力。因此，只要有钢板外露现象，就表明板式橡胶支座问题严重。当局部外露钢板时，支座就处于标度4级（严重），而当钢板外露长度大于100 mm，则支座处于AA级（极严重）。

3. 不均匀鼓凸与脱胶

（1）表现特征：板式橡胶支座两侧面或一个侧面上下之间出现不均匀鼓凸现象（图2-40）。

（2）产生原因：通常，板式橡胶支座在竖向力作用下，钢板之间的橡胶向外产生均匀的凸起（图2-41），这是正常现象。当橡胶与支座内加劲钢板之间黏结不良时，在竖向力作用下就会发生钢板与橡胶脱离，进而引起板式橡胶支座侧表面不均匀的鼓凸。因而板式橡胶支座侧面不均匀鼓凸是现象，实质是支座本体内橡胶与钢板脱胶。

图2-40 板式橡胶支座不均匀鼓凸示意图　　　图2-41 板式橡胶支座均匀鼓凸示意图

（3）危害：沿支座一侧外鼓长度占相应边长25%时，属于标度4级（严重）；占相应边长10%～25%时，属于标度3级（较重）；小于相应边长10%时，属于标度2级（中等）。

4. 脱空

（1）表现特征：板式橡胶支座与梁底面或支承垫石顶面出现的缝隙大于相应边长的25%时，称为局部脱空（图2-42）；当缝隙等于边长时称为全脱空。

（2）产生原因：在设计上对板式橡胶支座厚度选择不正确会造成支座局部脱空，同时在板式橡胶支座安装时，梁相应部位底面不平或预埋钢板变位造成梁安放后与支座顶面之间存在缝隙（图2-43）。

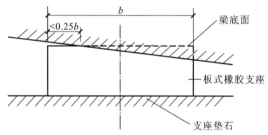 

图2-42 板式橡胶支座局部脱空示意图　　　图2-43 支座脱空

板式橡胶支座的全脱空现象在预制混凝土板梁桥中较常见，主要是由空心板一端的两个支座支承垫石顶面相差较大，或者预制空心板在相应部位的板底面不平造成的。

对于曲线箱梁，特别是独柱墩的预应力混凝土曲线箱梁上使用板式橡胶支座，很容易产生由曲线箱梁的整体位移、转动而引起的板式橡胶支座脱空。

（3）危害：板式橡胶支座顶面应与梁底面、底面应与支承垫石顶面全面积接触，局部脱空一方面造成支座局部压应力增大，另一方面支座脱空部位（顶面）与外界空气接触，容易进一步使橡胶老化。空心板梁下板式橡胶支座的全脱空将改变板梁受力，因此，有板式橡胶支座脱空现象就是属于标度4级（严重）。

5. 支座剪切超限

（1）表现特征：板式橡胶支座在最高或最低温度条件下，上部结构恒载作用时，其 $\tan\alpha > 0.50$（图 2-44）。

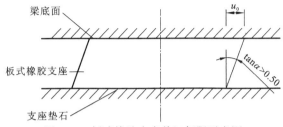

图 2-44　板式橡胶支座剪切超限示意图

（2）产生原因：橡胶支座剪切变形过大。

（3）危害：板式橡胶支座剪切变形过大，属于标度 5 级（极严重）。

2.4.2　桥面铺装表观缺陷与病害

1. 桥面纵向凸凹

（1）表现特征：桥面沿桥梁跨径方向产生有周期变化的凸凹变形波（俗称搓板），或者是桥面铺装表面的鼓包（壅包）。

（2）产生原因：桥面铺装的沥青混合料稳定性不够，桥面板上表面过度不平；沥青黏结层用量过多，不均匀，或者是卷材防水层施工不良；车辆挂制动和开动处及桥梁纵坡较大处，由刹车或减速产生的水平力形成突起鼓包或波浪形的凸凹起伏。

（3）危害：车辆行驶的稳定和安全程度下降；桥面的平整度变差，行车舒适性下降，同时易造成桥面积水、下渗，进一步造成铺装损坏。

2. 车辙

（1）表现特征：桥面铺装表面沿桥梁宽度方向出现波状起伏，主要是沿车辆轮迹处的铺装表面凹痕。

（2）产生原因：沥青混合料的高温稳定性不够；重交通量或超载车辆渠化交通；桥面纵坡较大且高温天气时重载车辆慢速过桥。

（3）危害：车辆行驶的平稳性下降；车辙内的积水可能导致桥面的抗滑力降低；在下雨天，因车辙内雨水无法排出，车辆行驶引起溅水，降低车辆过桥行驶速度，同时因溅水行人受害；造成桥面铺装早期破坏。

3. 泛油

（1）表现特征：在铺装层表面沥青渗出的现象（图 2-45）。

（2）产生原因：桥面铺装的沥青混合料中沥青用量过多，沥青稠度太低；沥青混合料级配不良。

（3）危害：在下雨等情况下，桥面铺装表面更易打滑，致使车辆行驶安全度降低。桥面铺装表面泛油原因之一是混合料中沥青用量较多，故更易产生桥面铺装的纵向凸凹和车辙病害。

4. 坑槽

（1）表现特征：桥面铺装表面出现局部破损的现象（图2-46）。

图2-45　桥面铺装渗油

图2-46　铺装表面坑槽

（2）产生原因：主要是施工沥青混合料质量不好和碾压不够，沥青混合料出现离析，或局部与桥面板的黏结强度不足。

（3）危害：桥面铺装上的坑槽会因下雨积水，水的浸泡又加剧坑槽进一步发展扩大，同时桥面水会渗入沥青混凝土铺装中，会降低其与下层的黏结性能，造成沥青混凝土铺装破坏，同时降低行车安全性。

5. 网状裂缝或龟裂

（1）表现特征：在桥面铺装上产生交错或相互连接的裂缝，将桥面分割成网状的裂缝（图2-47）。

（2）产生原因：可能是桥面铺装沥青混合料质量不满足设计或规范要求，油石比偏小，混合料离析严重；桥梁结构在车辆荷载作用下上部结构振动较大，或铺装下的桥面板损伤所致。另外可能是沥青老化造成的。

（3）危害：由于桥面水很容易进入裂缝，会引起桥面铺装破坏扩大，进一步影响桥面板混凝土。

6. 桥面横向裂缝

（1）表现特征：沿桥面的宽度方向、在铺装表面上几乎沿直线方向延伸的线状裂缝（图2-48），有时伴有少量的纵向裂缝。

图2-47　网状裂缝（龟裂）

图2-48　桥面横向裂缝

（2）产生原因：与桥梁的桥面板结构和构造有关。例如，对钢筋混凝土和预应力混凝土连续梁桥，易在梁的负弯矩作用区域发生；对上承式拱桥，可能是桥面铺装层下填料夯实不够而产生不均匀沉陷；对系杆拱桥或中承式拱桥，可能是桥面板与横梁之间的连接缺陷等。

（3）危害：桥面水容易由裂缝进入进一步引起桥面铺装破坏，同时对桥面板或拱上填料有不利影响。

7. 桥面纵向裂缝

（1）表现特征：桥面铺装出现与桥面中线大致平行，沿跨径方向发展的裂缝，有时有少量的支缝（横向裂缝），同时还常伴有在纵向裂缝上局部的铺装坑槽。装配式钢筋混凝土和预应力混凝土板的上部结构，桥面铺装的纵向裂缝往往在板企口缝附近出现[图 2-49（a）]，在装配式钢筋混凝土 T 形梁桥主梁之间采用受压翼板上表面隔一段间距焊接一块连接钢板形式（计算上按横向铰接梁），也会出现主梁翼板间桥面纵向裂缝，甚至在焊接钢板处桥面铺装脱落[图 2-49（b）]。在一些桥面较宽的桥梁上，其上、下行车道采用两幅分离式的立体结构，例如分离式的箱梁，而桥面铺装层为整体，在两幅箱梁的相邻悬臂翼板端部间的桥面产生纵向裂缝。

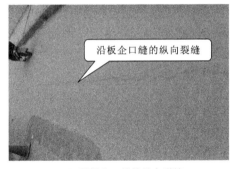 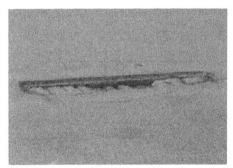

（a）沿板企口缝的纵向裂缝　　　　　　　　（b）桥面铺装脱落

图 2-49　装配式混凝土梁（板）桥面铺装纵向裂缝

（2）产生原因：当桥面铺装下的桥梁上部结构不是装配式钢筋混凝土和预应力混凝土板时，产生桥面纵向裂缝的原因与本节"6. 桥面横向裂缝"类同。

对装配式钢筋混凝土和预应力混凝土板，在上部结构各板之间的构造上，国内采用企口缝构造将相邻预制板连接起来形成整体工作。但是，企口缝尺寸不大，特别是采用常说的浅铰构造[图 2-50（a）]，企口缝后浇混凝土很难灌满，也难以进行混凝土捣密实；新（企口混凝土）旧（板混凝土）混凝土形不成整体；在企口缝处相邻板之间钢筋联系薄弱，以及在企口缝区域桥面铺装无加强措施，因而很容易出现铰缝损坏。相邻预制板在横向不能整体工作，可能造成单板受力，导致在预制板企口缝处易产生桥面铺装的纵向裂缝。

装配式混凝土板在端部的支承是设置 2 个支座，在工程上，目前多采用板式橡胶支座，这样，一片混凝土板在平面上是 4 个支座。若施工中对支座下混凝土垫石顶面高程控制不严，很容易产生个别支座脱空，造成车辆作用下混凝土板的"三条腿"工作状况，混凝土板产生横向扭矩，进而使铰缝混凝土受力过大而损坏。

图 2-50（b）所示的装配式钢筋混凝土 T 形梁横向铰接连接方式，是 20 世纪 50～60 年代建设桥梁上使用过的一种方式，由于主梁之间有纵向缝隙，桥面铺装受力较复杂，易发生开裂和桥面铺装局部剥离。

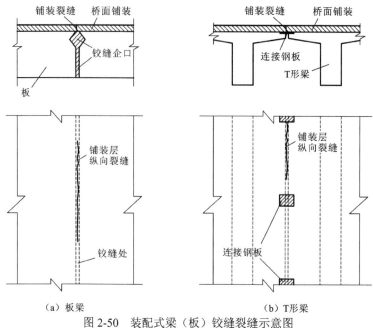

|（a）板梁| |（b）T形梁|

图 2-50 装配式梁（板）铰缝裂缝示意图

分离箱梁采用整体桥面，在两幅箱梁相邻悬臂翼板端部间没有连接，很难保证桥面施工质量，更主要的是在车辆荷载及其他作用下，该处产生的横桥向剪力仅由桥面铺装承受，必然产生桥面纵向裂缝。

（3）危害：桥面水沿桥面铺装纵向裂缝侵入，进一步加快企口缝混凝土损坏，甚至水由企口缝流出侵蚀板混凝土。桥面铺装纵向裂缝进一步发展是产生坑槽，坑槽面积增大，桥面铺装进一步损坏。

2.4.3 桥面排水系统表观缺陷与病害

在降雨和化雪时，桥面排水设置的表观缺陷与病害表现得最显著，这时进行检查可以观测积留水状况，同时在桥下可查明导水系统（封闭式泄水管道）有无缺陷，这样的检查能迅速地发现缺陷地点。因此，在定期检查之外，应分为降雨时和化雪时两种临时检查来发现排水设施的缺陷。

1. 泄水管堵塞

（1）表现特征：桥上垃圾、树叶和泥土等杂物覆盖住泄水管口或进入泄水管，造成泄水管堵塞，这种现象常见于封闭式泄水管道和横向泄水管道场合。

（2）产生原因：桥面日常养护疏忽清扫。对横向泄水管采用圆形截面管，其有效排水面积小且泄水管横向坡度不足。

（3）危害：桥面水无法顺利排掉。

2. 泄水管位置错误

（1）表现特征：桥面泄水管位置高于或过低于桥面纵向集水槽，在设置横向泄水管道场合常见（图 2-51）。

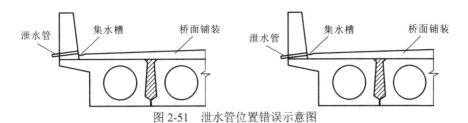
图 2-51 泄水管位置错误示意图

（2）产生原因：桥梁施工中，安放泄水管时的错误。

（3）危害：横向泄水管位置过高，桥面水无法通过集水槽全部顺利流出，会出现局部残留水；而横向泄水管位置过低，造成泄水管入口减小，易造成桥面局部积水。

3. 桥台排水不畅，漫流污染台面

（1）表现特征：在桥台的台帽，前墙等处出现大面积的水迹。

（2）产生原因：桥台后的排水反滤层失效，桥面水不能经反滤排水管排出。另外，在桥台处的伸缩缝漏水。

（3）危害：因排水不畅，雨水在桥台上漫流，可能造成支座和桥台台帽混凝土劣化。

4. 泄水管外伸长度过短

（1）表现特征：竖向泄水管下端伸出桥面板底面距离过短，使得在泄水管处桥面板底面混凝土被泄水管浸湿和铸铁泄水管外表面锈蚀，造成泄水管与桥面板底面混凝土锈裂。横向泄水管伸出桥侧距离过短，泄水往往造成混凝土梁体表面污染，形成污水迹。

（2）产生原因：设计上和施工中考虑不周。

（3）危害：影响结构混凝土的耐久性和桥梁外观。

5. 泄水管处混凝土缺陷

（1）表现特征：在埋设泄水管处出现后补混凝土的裂缝及钢筋锈蚀（图 2-52）。

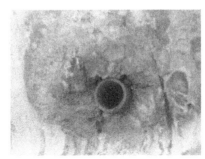
图 2-52 泄水管处混凝土缺陷

（2）产生原因：竖向泄水管施工往往是在预制构件上预留孔中插入，然后用后补混凝土填实泄水管与预留孔之间空隙并将表面抹平，但在施工中质量较差。泄水管下端外伸出桥面板下表面距离不足，以致水的吸附作用使部分泄水管的水倒浸入后补混凝土，使其劣化及锚固钢筋锈蚀。

（3）危害：泄水管问题造成结构耐久性问题。

第3章 桥梁结构诊断

3.1 概　　述

3.1.1 诊断的目的及意义

　　桥梁结构诊断主要是指对在役桥梁进行检查与评定，确定桥梁结构工作状况，评定其技术状态及承载能力，为其使用的安全可靠性及维修加固提供必要的科学依据。

　　据有关统计资料，对结构建筑物（包括桥梁）承载能力和使用性能进行检测及评价，在投入使用后一般有两次承载力高峰期：一是投入使用后约 20 年，称为小周期；二是投入使用后约 60 年，称为大周期。小周期对结构进行检测的目的是确保结构建筑物处于完好的技术状态；大周期是对结构建筑物进行鉴定，判定其使用状态，以便做出相应的对策。

　　目前，我国相当一部分现有桥梁已无法满足交通事业发展的需要，主要是由于交通运输事业的发展，不仅车流量急剧增加，而且荷载等级不断提高，加之车辆超载现象非常严重，对公路桥梁造成永久性损伤，严重缩短了桥梁的使用寿命。另外，桥梁运营环境恶劣（如酸碱盐腐蚀、冻融循环等因素）会降低材料与结构的耐久性。因此，部分既有桥梁已经不能适应现代交通运输的需要。如果将其全部拆除重建，不仅资金耗费巨大，而且在时间上也不允许。维护和加固旧桥所产生的费用远小于新建桥梁，又不妨碍交通。国内外经验表明：一般情况下，拱桥的加固费用为重建新桥的 20%～30%，梁桥的加固费用为重建新桥的 30%～40%。因此，对可利用的公路桥梁进行诊断与维修加固，提高其工作性能和承载能力，可大大节省资金，具有重大的社会价值和技术经济价值。

3.1.2 检查的主要工作

　　交通运输部的行业标准《公路桥涵养护规范》（JTG 5120—2021）规定，公路桥梁检查分为初始检查、日常巡查、经常检查、定期检查和特殊检查。

　　（1）初始检查应该在交工验收阶段开展，为的就是确保桥梁交付使用时状态良好。

　　（2）日常巡查的目的是及时获知桥梁结构运营状况，在桥梁病害初期或突发情况下能及时开展养护或应急处置。

　　（3）经常检查主要指对桥面设施、上部结构、下部结构及附属构造物的技术状况进行的巡查。

　　（4）定期检查为评定桥梁使用功能，制订管理养护计划提供基本数据，对桥梁主体结构及附属构造物的缺损状况进行全面检查，为桥梁养护管理系统搜集结构技术状态的动态数据。

　　（5）特殊检查是查清桥梁的病害原因、破损程度，评价结构承载能力、抗灾能力，确定桥梁技术状况的一系列工作，特殊检查又分为专门检查和应急检查。①专门检查：根据经常检查和定期检查的结果，对需要进一步判明损坏原因、缺损程度或使用能力的桥梁，针对病害进行专门的现场试验检测、验算与分析等鉴定工作。②应急检查：当桥梁受到灾害性损伤后，为了查明破损状况，采取应急措施，组织恢复，对结构进行详细检查和鉴定工作。

桥梁荷载试验就属于特殊检查的范畴。经常检查一般由桥梁养护管理部门负责，定期检查和特殊检查由具有相应资质的专业检测机构承担。

3.1.3 初始检查

新建或改建桥梁应进行初始检查。初始检查宜与交工验收同时进行，最迟不得超过交付使用后 1 年。初始检查应包括下列内容。

（1）定期检查需测定的所有项目，并按照桥梁永久观测点设置及检测项目要求设置永久观测点。

（2）测量桥梁长度、桥宽、净空、跨径等；测量主要承重构件尺寸，包括构件的长度与截面尺寸等；测定桥面铺装层厚度及拱上填料厚度等。

（3）测定桥梁材质强度、混凝土结构的钢筋保护层厚度。

（4）养护检查等级为 I 级的桥梁，通过静载试验测试桥梁结构控制截面的应力、应变、挠度等静力参数，计算结构校验系数；通过动载试验测定桥梁结构的自振频率、冲击系数、振型、阻尼比等动力参数。

（5）有水中基础，养护检查等级为 I、II 级的桥梁，应进行水下检测。

（6）量测缆索结构的拉索索力及吊杆索力，测试索夹螺栓紧固力等。

（7）检测钢管混凝土拱桥钢管内混凝土密实度。

（8）当交、竣工验收资料中已经包含上述检查项目或参数的实测数据时，可直接引用。

3.1.4 日常巡查

养护检查等级为 I、II 级的桥梁，日常巡查每天应不少于 1 次；对有特殊照明需求（功能性及装饰性照明、航空航道指示灯等）的桥梁，应适当开展夜间巡查。养护检查等级为 III 级的桥梁，日常巡查每周应不少于 1 次。遇地震、地质灾害或极端气象时应增加检查频率。

日常巡查可以乘车目测为主，并做好巡检记录，发现明显缺损和异常情况应及时上报。

日常巡查应包括下列内容。

（1）桥路连接处是否异常。

（2）桥面铺装、伸缩缝是否有明显破损，伸缩缝位置的桥面系是否存在异常。

（3）栏杆或护栏等有无明显缺损。

（4）标志标牌是否完好。

（5）桥梁线形是否存在明显异常。

（6）桥梁是否存在异常的振动、摆动和声响。

（7）桥梁安全保护区是否存在侵害桥梁安全的情况。

3.1.5 经常检查

经常检查的周期根据桥梁技术状况而定，一般每月不得少于 1 次，汛期应加强不定期检查；经常检查可采用目测方法，也可配以简单工具进行测量，当场填写"桥梁经常检查记录表"，现场要登记所检查项目的缺损类型，估计缺损范围及养护工作量，提出相应小保养措施，为编制辖区内的桥梁养护（小修保养）计划提供依据；经常检查中发现桥梁重要部件存在明显缺损时，应及时向上级提交专项报告。经常检查应包括下列内容。

（1）外观是否整洁，有无杂物堆积，杂草蔓生。构件表面的涂装层是否完好，有无损坏、老化变色、开裂、起皮、剥落、锈迹。

（2）桥面铺装是否平整，有无裂缝、局部坑槽、积水、沉陷、波浪、碎边；混凝土桥面是否有剥离、渗漏，钢筋是否露筋、锈蚀，缝料是否老化、损坏，桥头有无跳车。

（3）排水设施是否良好，桥面泄水管是否堵塞和破损；伸缩缝是否堵塞卡死，连接部件有无松动、脱落、局部破损；人行道、缘石、栏杆、扶手、防撞护栏和引道护栏（柱）有无撞坏、断裂、松动、错位、缺件、剥落、锈蚀等。

（4）观察桥梁结构有无异常变形，异常的竖向振动、横向摆动等情况，然后检查各部件的技术状况，查找异常原因。

（5）支座是否有明显缺陷，活动支座是否灵活，位移量是否正常。支座的经常检查一般可以每季度一次。

（6）桥位区段河床冲淤变化情况。

（7）基础是否受到冲刷损坏、外露、悬空、下沉，墩台及基础是否受到生物腐蚀；墩、台是否受到船只或漂浮物撞击而受损；翼墙（侧墙、耳墙）有无开裂、倾斜、滑移、沉降、风化剥落和异常变形；锥坡、护坡、调治构造物有无塌陷、铺砌面有无缺损、勾缝脱落、灌木杂草丛生。

（8）交通信号、标志、标线、照明设施及桥梁其他附属设施是否完好；其他显而易见的损坏或病害。

3.1.6　定期检查

定期检查的时间应根据结构检测技术状况确定，最长不得超过3年。新建桥梁交付使用1年后，进行第一次全面检查；临时桥梁每年检查不少于1次；当在经常检查中发现重要部（构）件的缺损明显达到3、4、5类技术状况时，应立即安排1次定期检查。

定期检查是以目测观察结合仪器观测进行，必须接近各部件仔细检查其缺损情况。定期检查主要有以下工作内容。

（1）确定现场校核桥梁基本数据。

（2）现场填写"桥梁定期检查记录表"，记录各部件缺损状况并做出技术状况评分。

（3）现场判断构件缺损原因，确定维修范围及方式。

（4）对难以判断损坏原因和程度的部件，提出特殊检查（专门检查）的要求。

（5）损坏严重、危及安全运行的危桥，提出限制交通或改建的建议。

依据上述定期检查的主要工作内容，从桥梁的基本组成和类型入手，对桥梁结构基本组成中的桥面系构造、支座、墩台与基础，以及桥梁的基本类型中的钢筋混凝土和预应力混凝土梁桥、拱桥、钢桥、悬索桥和斜拉桥的定期检查具体包含如下内容。

1. 桥梁永久观测点设置及检测项目

桥梁永久观测点设置及检测项目应符合下列规定。

（1）单孔跨径不小于 60 m 的桥梁，应设立永久观测点，定期进行控制检测。桥梁检测项目与永久观测点布置要求见表 3-1。单孔跨径小于 60 m 的桥梁，检测中若发现结构存在异常变形，应进行相应的控制检测。特殊结构桥梁，宜根据养护、管理的需要，增加相应的控制检测项目。

表 3-1　桥梁检测项目与永久观测点

序号	检测项目	永久观测点
1	桥面高程	每孔不宜少于 10 个点，沿行车道两边（靠缘石处）布设，跨中、$L/4$（L 为跨长）、支点等控制截面必须布设
2	墩、台身、锚碇变位	布置于墩、台身底部（距地面或常水位 0.5～2.0 m）、桥台侧墙尾部顶面和锚碇的上、下游两侧各 1～2 点
3	墩、台身、索塔倾斜度	墩、台身底部（距地面或常水位 0.5～2.0 m）的上、下游两侧各 1～2 点
4	索塔变位	每个索塔不宜少于 2 个点，索塔顶面、塔梁交接处各 1～2 点
5	主缆线形	每孔不宜少于 10 个点，沿索夹位置布设，主缆最低点和最高点必须布设
6	拱轴线	每孔不宜少于 18 个点，沿拱圈上、下游两侧拱肋中心处在拱顶、$L/8$、$L/4$、$3L/8$、拱脚等控制截面布设
7	拱座变位	不宜少于 2 个点，布设于拱座上、下游两侧
8	悬索桥索夹滑移	桥塔侧第一对吊杆索夹处各设 1 点
9	索鞍与主塔相对变位	索鞍处各设 1 点

（2）桥梁永久观测点的设置应牢固可靠。当测点与国家大地测量网联络有困难时，应建立相对独立的基准测量系统。永久观测点有变动时，应及时检测、校准及换算，保持数据的有效和连续。

（3）设置永久观测点后，应绘制永久观测点平面布置图，并在图中明确基准点位置。

（4）桥梁主体结构维修、加固改造前后，应进行控制检测，保持观测资料的连续性。

（5）应设而没有设置永久观测点的桥梁，应在定期检查时按规定补设。测点的布设和首次检测的时间及检测数据等，应按要求归档。

（6）特大桥、大桥、中桥的墩台旁，必要时可设置水尺或标志，以观测水位和冲刷情况。

2. 桥面系的检查

桥面系的检查应包括下列内容。

（1）桥面铺装层纵、横坡是否顺适，有无严重的龟裂、纵横裂缝，有无坑槽、壅包、拱起、剥落、错台、磨光、泛油、变形、脱皮、露骨、接缝料损坏、桥头跳车等现象。

（2）伸缩缝是否有异常变形、破损、脱落、漏水、失效，锚固区有无缺陷，是否存在明显的跳车。

（3）人行道有无缺失、破损等。

（4）栏杆、护栏有无缺失、破损等。

（5）防排水系统是否顺畅，泄水管、引水槽有无明显缺陷，桥头排水沟功能是否完好。

（6）桥上交通信号、标志、标线、照明设施是否损坏、失效。

3. 混凝土梁桥上部结构检查

混凝土梁桥上部结构检查应包括下列内容。

（1）混凝土构件有无开裂及裂缝是否超限，有无渗水、蜂窝、麻面、剥落、掉角、空洞、孔洞、露筋及钢筋锈蚀。

（2）主梁跨中、支点及变截面处，悬臂端牛腿或中间铰部位，刚构的固结处和桁架的节点部位，混凝土是否开裂、缺损，钢筋有无锈蚀。

（3）预应力钢束锚固区段混凝土有无开裂，沿预应力筋的混凝土表面有无纵向裂缝。

（4）桥面线形及结构变位情况。

（5）混凝土碳化深度、钢筋锈蚀检测。

（6）主梁有无积水、渗水，箱梁通风是否良好。

（7）组合梁的桥面板与梁的结合部位及预制桥面板之间的接头处混凝土有无开裂、渗水。

（8）装配式梁桥的横向连接构件是否开裂，连接钢板的焊缝有无锈蚀、断裂。

4. 钢桥上部结构检查

钢桥上部结构检查应包括下列内容。

（1）构件涂层劣化情况。

（2）构件锈蚀、裂缝、变形、局部损伤。

（3）焊缝开裂或脱开。

（4）铆钉和螺栓松动、脱落或断裂。

（5）结构的跨中挠度、结构变位情况。

（6）钢箱梁内部湿度是否符合要求，除湿设施是否工作正常。

（7）钢-混凝土组合梁桥和混合梁桥的检测应包括下列内容：①桥面板与梁的结合部位有无纵向滑移、开裂；②预制桥面板之间的接头处混凝土有无开裂、压溃、渗水、错位；③混凝土梁段与钢梁段接合处构造功能是否正常，接合面有无脱开、渗漏、错位、承压钢板变形等。

5. 拱桥上部结构检查

拱桥上部结构检查应包括下列内容。

（1）主拱圈是否变形、开裂、渗水，拱脚是否发生位移。

（2）圬工拱桥拱圈的灰缝有无松散、剥离或脱落，砌块有无风化、断裂、压碎、局部掉块、脱落。

（3）行车道板、横梁、纵梁及拱上立柱（墙）、盖梁、垫梁的混凝土有无开裂、剥落、露筋和锈蚀。空腹拱的腹拱圈有无较大的变形、开裂、错位，立墙或立柱有无倾斜、开裂。

（4）拱的侧墙与主拱圈间有无脱落，侧墙有无鼓凸变形、开裂，实腹拱拱上填料有无沉陷，排水是否正常。

（5）拱桥的横向连接有无变位、开裂、松动、脱落、断裂、钢筋外露、锈蚀等，连接部钢板有无锈蚀、断裂。

（6）双曲拱桥拱波与拱肋结合处是否开裂、脱开，拱波之间砂浆有无松散、脱落，拱波是否开裂、渗水等。

（7）劲性骨架的拱桥，混凝土是否沿骨架出现纵向或横向裂缝。

（8）吊杆索力有无异常变化。吊杆防护套有无开裂、鼓包、破损，必要时可打开防护套，检查吊杆钢丝涂膜有无劣化，钢丝有无锈蚀、断丝。钢套管有无锈蚀、损坏，内部有无积水；吊杆导管端密封减振设施和其他减振装置有无病害及异常等。

（9）逐个检查吊杆锚头及周围锚固区的情况，锚具是否渗水、锈蚀，是否有锈水流出的痕迹，锚固区是否开裂。必要时可打开锚具后盖抽查锚杯内是否积水、潮湿，防锈油是否结块、乳化失效，锚杯是否锈蚀。锚头是否锈蚀，镦头或夹片是否异常，锚头螺母位置有无异常。

（10）拱桥系杆外部涂层是否劣化，系杆有无松动，锚头、防护罩、钢箱有无锈蚀、损坏。

（11）钢管混凝土拱桥钢管内混凝土密实度检测，检查频率宜为3～6年1次。

6. 斜拉桥上部结构及索塔的检查

斜拉桥上部结构及索塔的检查应包括下列内容。

（1）桥塔有无异常变位，锚固区是否有开裂、水渍，有无渗水现象。混凝土结构有无缺损、裂缝、剥落、露筋、钢筋锈蚀。钢结构涂装是否粉化、脱落、起泡、开裂，钢结构是否锈蚀、变形、裂缝；螺栓是否缺失、损坏、松动；钢与混凝土连接是否完好。

（2）拉索索力有无异常变化，观测斜拉索线形有无异常。

（3）斜拉索防护套有无开裂、鼓包、破损、老化变质，必要时可以打开防护套，检查斜拉索的钢丝涂层劣化、破损、锈蚀及断丝情况。

（4）逐个检查锚具及周围锚固区的情况，锚具是否渗水、锈蚀，是否有锈水流出的痕迹，锚固区是否开裂。必要时可打开锚具后盖抽查锚杯内是否积水、潮湿，防锈油是否结块、乳化失效，锚杯是否锈蚀。锚头是否锈蚀、开裂，镦头或夹片是否异常，锚头螺母位置有无异常。

（5）主梁的检测应检查梁体拉索锚固区域的混凝土结构是否开裂、渗水，钢结构是否有裂纹、锈蚀、渗水。

（6）钢护筒是否脱漆、锈蚀，钢护筒内有无积水，钢护筒与斜拉索密封是否可靠，橡胶圈是否老化或严重磨损，橡胶圈固定装置有无损坏，阻尼器有无异常变形、松动、漏油、螺栓缺失、结构脱漆、锈蚀、裂缝。

（7）桥梁构件气动外形是否发生改变；气动措施和风障是否完好；钢主梁检修车轨道、桥面风障、护栏、栏杆的形状及位置是否发生改变。

7. 悬索桥主要构件的检查

悬索桥主要构件的检查应包括下列内容。

（1）桥塔有无异常变位，混凝土结构有无缺损、裂缝、剥落、露筋、钢筋锈蚀。钢结构涂装是否粉化、脱落、起泡、开裂，钢结构是否锈蚀、变形、裂缝；螺栓是否缺失、损坏、松动；钢与混凝土连接是否完好。

（2）主缆线形是否有变化。主缆防护有无老化、开裂、脱落、刮伤、磨损；主缆是否渗水，缠丝有无损伤、锈蚀，必要时可以打开涂层和缠丝，检查索股钢丝涂膜有无劣化，钢丝有无锈蚀、断丝。锚头防锈漆是否粉化、脱落、开裂，抽查锚头防锈油是否干硬、失效，锚头是否锈蚀、开裂，镦头或夹片是否异常，锚头螺母位置有无异常。

（3）吊索索力有无异常变化；吊索防护套有无裂缝、鼓包、破损，必要时可以打开防护套，检查吊索钢丝涂膜有无劣化，钢丝有无锈蚀、断丝。钢套管有无锈蚀、损坏，内部有无积水；吊索导管端密封减振设施和其他减振装置有无病害及异常等。

（4）逐个检查吊索锚头及周围锚固区的情况，锚具是否渗水、锈蚀，是否有锈水流出的痕迹，锚固区是否开裂。必要时可打开锚具后盖抽查锚杯内是否积水、潮湿，防锈油是否结块、乳化失效，锚杯是否锈蚀。锚头是否锈蚀、开裂，镦头或夹片是否异常，锚头螺母位置有无异常。

（5）索夹螺栓有无缺失、损伤、松动；索夹有无错位、滑移；索夹面漆有无起皮脱落，密封填料有无老化、开裂；索夹外观有无裂缝及锈蚀；测试索夹螺栓紧固力。

（6）加劲梁的检测，应按本小节"3.混凝土梁桥上部结构检查"进行。

（7）主索鞍、散索鞍上座板与下座板有无相对位移、卡死、辊轴歪斜，鞍座螺杆、锚栓有无松动现象。鞍座内密封状况是否良好。索鞍有无锈蚀、裂缝，索鞍涂装有无粉化、裂缝、起泡、脱落，主缆和索鞍有无相对滑移。

（8）锚碇外观有无明显病害，如裂缝、空洞等；锚碇有无沉降、扭转及水平位移。锚室顶板、侧墙表面状况是否完好。锚室内有无渗漏水，是否积水，温湿度是否符合要求；除湿设备运行是否正常。

（9）索股锚杆涂层是否完好，有无锈蚀、裂纹病害。

（10）桥梁构件气动外形是否发生改变；气动措施和风障是否完好；钢主梁检修车轨道、桥面风障、护栏、栏杆的形状及位置是否发生改变。

8. 支座的检查

支座的检查应包括下列内容。

（1）支座是否缺失。组件是否完整、清洁，有无断裂、错位、脱空。

（2）活动支座实际位移量、转角量是否正常，固定支座的锚销是否完好。

（3）橡胶支座是否老化、开裂，有无位置串动、脱空，有无过大的剪切变形或压缩变形，各夹层钢板之间的橡胶层外凸是否均匀。

（4）四氟滑板支座是否脏污、老化，聚四氟乙烯板是否磨损、是否与支座脱离、是否倒置。

（5）盆式橡胶支座的固定螺栓是否剪断，螺母是否松动，钢盆外露部分是否锈蚀，防尘罩是否完好，抗震装置是否完好。

（6）组合式钢支座是否干涩、锈蚀，固定支座的锚栓是否紧固，销板或销钉是否完好。钢支座部件是否出现磨损、开裂。

（7）摆柱支座各组件相对位置是否准确。混凝土摆柱的柱体有无破损、开裂、露筋。钢筋及钢板有无锈蚀。活动支座滑动面是否平整。

（8）辊轴支座的辊轴是否出现爬动、歪斜。摇轴支座是否倾斜。轴承是否有裂纹、切口或偏移。

（9）球形支座地脚螺栓有无剪断、螺纹有无锈死，支座防尘密封裙有无破损，支座相对位移是否均匀，支座钢组件有无锈蚀。

（10）支承垫石是否开裂、破损。

（11）简易支座的油毡是否老化、破裂或失效。

（12）支座螺纹、螺帽是否松动，锚螺杆有无剪切变形，上下座板（盆）的锈蚀状况。

（13）支座封闭材料是否老化、开裂、脱落。

（14）斜拉桥、悬索桥的纵向和横向限位支座的检测，应按本条进行。

9. 桥梁墩台及基础的检查

桥梁墩台及基础的检查应包括下列内容。

（1）墩身、台身及基础变位情况。

（2）混凝土墩身、台身、盖梁、台帽及系梁有无开裂、蜂窝、麻面、剥落、露筋、空洞、孔洞、钢筋锈蚀等。

（3）墩台顶面是否清洁，有无杂物堆积，伸缩缝处是否漏水。

（4）圬工砌体墩身、台身有无砌块破损、剥落、松动、变形、灰缝脱落，砌体泄水孔是否堵塞。

（5）桥台翼墙、侧墙、耳墙有无破损、裂缝、位移、鼓肚、砌体松动。台背填土有无沉降或挤压隆起，排水是否畅通。

（6）基础是否发生冲刷或淘空现象，地基有无侵蚀。水位涨落、干湿交替变化处基础有无冲刷磨损、颈缩、露筋，有无开裂，是否受到腐蚀。

（7）锥坡、护坡有无缺陷、冲刷。

10. 附属设施检查

附属设施检查应包括下列内容。

（1）养护检修设施是否完好。

（2）减振、阻尼装置是否完好。

（3）墩台防撞设施是否完备。

（4）桥上避雷装置是否完好。

（5）桥上航空灯、航道灯是否完好，能否保证正常照明。桥面照明及结构物内供养护检修的照明系统是否完好。

（6）防抛网、声屏障是否完好。

（7）结构监测系统仪器设备工作是否正常。

（8）除湿设备工作是否正常。

11. 河床及调治构造物的检查

河床及调治构造物的检查应包括下列内容。

（1）桥位段河床有无明显冲淤或漂流物堵塞现象，有无冲刷及变迁状况。河底铺砌是否完好。

（2）调治构造物是否完好，功能是否适用。

定期检查中发现的各种缺损应在现场将其范围、分布特征、程度及检测日期标记清楚。对3类、4类、5类桥梁及有严重缺损的构件，应作影像记录，并附病害状况说明。

3.1.7 特殊检查

对桥梁结构进行特殊检查，必须委托有相应资质和能力的单位承担。实施特殊检查前，应充分收集桥梁设计资料、竣工资料、材料试验报告、施工资料、历次检测报告及维修资料等，并现场复核。

以下桥梁应做特殊检查。

（1）定期检查中难以判明损坏原因及程度的桥梁。

（2）拟通过加固手段提高荷载等级的桥梁。

（3）需要判明水中基础技术状况的桥梁。

（4）遭受洪水、流冰、滑坡、地震、风灾、火灾、撞击，因超重车辆通过或其他异常情况影响造成损伤的桥梁。

此外，特殊检查还应根据桥梁的破损状况和性质，采用仪器设备进行现场测试、荷载试验及其他辅助试验，针对桥梁现状进行检算分析，形成鉴定结论。一般桥梁特殊检查应包括下列一项或者多项内容。

（1）材料的物理、化学性能及其退化程度的测试鉴定；结构或构件开裂状态的检测及评定。

（2）结构的强度、刚度和稳定性的检算、试验和鉴定。桥梁承载能力评定宜按现行《公路桥梁承载能力检测评定规程》（JTG/T J21—2011）执行。

（3）桥梁抵抗洪水、流冰、风、地震及其他灾害能力的检测鉴定。

（4）桥梁遭受洪水、流冰、滑坡、地震、风灾、火灾、撞击，因超重车辆通过或其他因素造成损伤的检测鉴定。

（5）水中墩台身、基础的缺损情况的检测评定。

（6）定期检查中发现的较严重的开裂、变形等病害，应进行跟踪观测，预测其发展趋势。

3.2　桥梁材质状况与状态参数检测与评定

桥梁结构构件材质状况与耐久性反映了结构构件的技术状况，直接影响桥梁结构的整体使用性能和承载能力。无损检测技术的发展为结构构件材质状况与耐久性的测定提供了手段，但过去在结构检算分析时检算系数主要依据专家经验确定，检测结果无法定量化应用。而随着桥梁科研和检测工程实践的不断深入，现在已可以对结构构件材质状况与耐久性进行检测，并根据检测情况确定各评价指标的评定标度，以此确定结构检算时的相关系数，以便定量、半定量地使用检测结果。现场桥梁材质检测包含下列内容：外观损伤、混凝土强度、钢筋锈蚀电位、混凝土中氯离子含量、混凝土中钢筋分布及保护层厚度、混凝土碳化深度、混凝土电阻率等。

3.2.1　混凝土强度检测与评定

结构混凝土强度的检测方法可分为无损检测、半破损检测和破损检测。本小节对目前常用的回弹法、超声回弹综合法、钻芯法、回弹结合钻芯法等测定混凝土强度的方法进行介绍。

为了突出混凝土桥梁结构的行业特殊性，混凝土强度检测评定分为结构或构件的强度检测评定与承重构件的主要受力部位的强度检测评定。如主梁，根据具体检测目的和检测要求，选择合适的方法进行检测时，可对主梁整个（批）构件进行检测评定，也可对主梁跨中部位进行混凝土强度的检测评定，但测区布置必须满足相关规范的要求。

原则上对结构不采取破损检测，但在其他方法不能准确评定结构（构件）或承重构件主要受力部位的混凝土强度时，应采用取芯法或取芯法结合其他方法进行综合评定。在结构上钻、截取试件时，应尽量选择在承重构件的次要部位或次要承重构件上，并采取有效措施，确保结构安全。钻、截取试件后，还应及时进行修复或加固处理。

1. 回弹法

回弹法属于表面硬度法的一种，其原理是混凝土的强度与其表面硬度存在内在联系，通过测量混凝土表面硬度来推定混凝土抗压强度。回弹法是混凝土结构现场检测中最常用的一种非破损检测方法。利用回弹仪的弹簧驱动重锤，通过弹击杆弹击混凝土表面，并测出重锤被反弹回来的距离，以回弹值（反弹距离与弹簧初始长度之比）作为与强度相关的指标。

1）测试方法与回弹测量

（1）测区选择及回弹测量。在正常情况下，混凝土强度的检验与评定应按现行国家标准《混凝土结构工程施工质量验收规范》（GB 50204—2015）及《混凝土强度检验评定标准》（GB/T 50107—2010）执行。取一个构件混凝土作为评定混凝土强度的最小单元，至少取 10 个测区。测区宜均匀布置在构件的检测面上，两个相邻测区的间距不宜大于 2 m，测区的大小宜为 20 cm×20 cm，以能容纳 16 个回弹测点为宜。测区表面应清洁、平整、干燥，尽量选择混凝土浇筑侧面进行水平方向测试，测区应避开外露钢筋和预埋铜板。测点宜在测区范围内均匀分布，相邻两测点的净距一般不小于 20 mm，测点距构件边缘或外露钢筋、预埋件的距离一般不小于 30 mm，测点应避开气孔和外露石子，同一测点只允许弹击 1 次，每一测区的两个测试面各弹击 8 个回弹值，如果一个测区只有一个测面，则需弹击 16 个回弹值。检测时，回弹仪的轴线应始终垂直于结构或构件的混凝土检测面，缓慢施压，准确读数，快速复位。

（2）碳化深度测量。对于既有桥梁，由于受到大气中二氧化碳的作用，混凝土表层的氢氧化钙逐渐形成碳酸钙而变硬，使测得的回弹值偏大，此时需根据碳化深度对回弹值进行修正。碳化深度的测量可采用适当的工具在测区表面形成直径约 15 mm 的孔洞，其深度应大于预计的碳化深度。清除洞中的粉末和碎屑后（注意不能用液体冲洗），立即用 1%～2% 的酚酞酒精溶液滴在孔洞内壁，碳化部分的混凝土不变色，而未碳化部分的混凝土会变成紫红色，然后用碳化深度测定仪等工具测量 3 次，取其平均值，每次读数应精确至 0.25 mm。

（3）回弹值的计算及修正。当回弹仪水平方向弹击、混凝土浇筑侧面时，应从该测区的 16 个回弹值中剔除 3 个最大值和 3 个最小值，对余下 10 个数据作平均处理。

$$R_{\mathrm{m}} = \sum_{i=1}^{10} \frac{R_i}{10} \tag{3-1}$$

式中：R_{m} 为测区回弹均值，精确到 0.1；R_i 为第 i 个测点的回弹值。

当回弹仪非水平方向检测混凝土浇筑侧面时，测得的回弹值应进行角度修正，即

$$R_{\mathrm{m}} = R_{\mathrm{m}\alpha} + \Delta R_{\alpha} \tag{3-2}$$

式中：$R_{\mathrm{m}\alpha}$ 为测试角度为 α 时的测区回弹均值，精确至 0.1；ΔR_{α} 为测试角度为 α 的回弹修正值，按表 3-2 取用。

表 3-2　不同测试角度 α 的回弹修正值

$R_{m\alpha}$	α 向上/（°）				α 向下/（°）			
	+90	+60	+45	+30	−30	−45	−60	−90
20	−6.0	−5.0	−4.0	−3.0	+2.0	+2.5	+3.0	+3.5
30	−5.0	−4.0	−3.5	−2.5	+2.0	+2.5	+3.0	+3.5
40	−3.5	−3.5	−3.0	−2.0	+1.5	+2.0	+2.5	+3.0
50	−3.0	−3.0	−2.5	−1.5	+1.0	+1.5	+2.0	+2.5

当水平方向检测混凝土浇筑顶面或底面时，测得的回弹值应进行测试面修正，即

$$R_m = R_{ms} + \Delta R_s \tag{3-3}$$

式中：R_{ms} 为在混凝土浇筑顶面或底面测试时的测区回弹均值，精确至 0.1；ΔR_s 为在混凝土浇筑顶面或底面测试时的回弹修正值，按表 3-3 取用。

表 3-3　顶面、底面的回弹修正值

R_{ms}	ΔR_s		R_{ms}	ΔR_s	
	顶面	底面		顶面	底面
20	+2.5	+3.0	40	+0.5	+1.0
25	+2.0	+2.5	45	0	+0.5
30	+1.5	+2.0	50	0	0
35	+1.0	+1.5	—	—	—

若仪器处于非水平状态，同时构件测区又非混凝土的浇筑侧面，则应对测得的回弹值先进行角度修正，再进行顶面或底面修正。

2）回弹测强曲线

回弹法测定结构混凝土强度的基本依据就是回弹值与混凝土抗压强度之间的相关性。这种相关性可用相关曲线（或公式）表示，通常称之为测强曲线。目前国内基准测强曲线有统一测强曲线、地区测强曲线、专用测强曲线，详见表 3-4。应用最广泛的是采用回弹值和碳化深度两个指标按统一测强曲线来推定混凝土强度。

表 3-4　回弹法测强曲线

名称	统一测强曲线	地区测强曲线	专用测强曲线
定义	由全国具有代表性的材料、成型、养护工艺配置的混凝土试块，通过大量的破损与非破损试验所建立的曲线	由本地区具有代表性的材料、成型、养护工艺配置的混凝土试块，通过较多的破损与非破损试验所建立的曲线	由与构件混凝土相同的材料、成型、养护工艺配置的混凝土试块，通过一定数量的破损与非破损试验所建立的曲线
适用范围	适用于无地区曲线或专用曲线检测符合规定条件的构件或结构混凝土强度	适用于无专用曲线时检测符合规定条件的构件或结构混凝土强度	适用于检测与该构件相同条件的混凝土强度
误差	测强曲线平均相对误差≤±15%，相对标准差≤18%	测强曲线平均相对误差≤±14%，相对标准差≤17%	测强曲线平均相对误差≤±12%，相对标准差≤14%

3）混凝土强度计算

根据实测各个测区的回弹均值几何平均碳化深度 d，利用《回弹法检测混凝土抗压强度技术规程》（JGJ/T 23—2011）附录 A（全国统一测强曲线）查表得到结构或构件各个测区的混凝土强度换算值。

《回弹法检测混凝土抗压强度技术规程》（JGJ/T 23—2011）规定：用回弹法检测混凝土强度时，除给出强度推定值外，对于测区数小于 10 个的构件，还要给出平均强度值测区最小强度值；测区数大于或等于 10 个的构件，还要给出标准差。

（1）混凝土强度均值及标准差。结构或构件混凝土强度平均值可根据各测区的混凝土强度换算值计算，当测区数大于或等于 10 个构件时，应给出计算强度标准差，即

$$m_{f_{cu}^c} = \frac{\sum_{i=1}^{n} f_{cu,i}^c}{n} \tag{3-4}$$

$$S_{f_{cu}^c} = \sqrt{\frac{\sum_{i=1}^{n} (f_{cu,i}^c)^2 - n(m_{f_{cu}^c})^2}{n-1}} \tag{3-5}$$

式中：$m_{f_{cu}^c}$ 为结构或构件测区混凝土强度换算值的平均值，精确至 0.1 MPa；f_{cu}^c 为结构或构件测区的混凝土强度换算值；n 为测区数，对于单个检测构件，取一个构件的测区数，对于批量检测的构件，取被抽检构件测区数之和；$S_{f_{cu}^c}$ 为结构或构件测区混凝土强度换算值的标准差，精确至 0.1 MPa。

（2）混凝土强度推定值。结构或构件混凝土强度推定值（$f_{cu,e}$）是指相应于强度换算值总体分布中，保证率不低于 95% 的结构或构件中的混凝土抗压强度值，按下列公式确定。

当该结构或构件测区数少于 10 个时，有

$$f_{cu,e} = f_{cu,min}^c \tag{3-6}$$

式中：$f_{cu,min}^c$ 为结构或构件测区混凝土强度换算值的最小值。

当该结构或构件测区混凝土强度值中出现了小于 10.0 MPa 时，有

$$f_{cu,e} < 10.0$$

当该结构或构件测区数不少于 10 个或按批量检测时，应计算：

$$f_{cu,e} = m_{f_{cu}^c} - 1.645 S_{f_{cu}^c}$$

（3）对于按批量检测的构件，当该批构件混凝土强度标准差出现下列情况之一时，则该批构件应按照单个构件的要求进行全部检测：①当该批构件混凝土强度平均值小于 25 MPa、$S_{f_{cu}^c} > 4.5$ MPa 时；②当该批构件混凝土强度平均值不小于 25 MPa 且不大于 60 MPa、$S_{f_{cu}^c} > 5.5$ MPa 时。

2. 超声回弹综合法

超声回弹综合法是目前我国使用较广的一种结构中混凝土强度非破损检测方法。它是指采用超声仪和回弹仪在构件混凝土同一测区分别测量声音和回弹值，然后利用已建立的测强公式推算测区混凝土强度的一种方法。

1）超声回弹综合法特点

超声回弹综合法即超声法和回弹法两种单一测强的综合测试，较之单一的超声或回弹非破损检验方法，其优势具体有以下几点。

（1）可减少混凝土龄期和含水率的影响。混凝土的龄期和含水率对超声波波速和回弹值的影响有着本质的不同：混凝土的含水率越高，超声波波速偏高而回弹值偏低；混凝土龄期长，超声声速的增长率下降，而回弹值则因混凝土碳化程度增大而提高。因此，用将两者结合起来的超声回弹综合法测定混凝土的强度可以部分减少混凝土龄期和含水率的影响。

（2）互相弥补。一般来说，一个物理参数只能从一个方面、在一定范围内反映混凝土的力学性能，超过一定范围，它可能不很敏感或不起作用。如回弹值 R 主要是以表层混凝土的弹性性能来反映混凝土强度，当构件截面尺寸较大或内外质量有较大差异时，就很难反映混凝土的实际强度；又如超声声速主要反映材料的弹性性质，由于超声波穿过材料，也反映材料内部的信息，但对于强度较高（一般认为大于 35 MPa）的混凝土，其"声速-抗压强度"的相关性则较差。因此，利用超声回弹综合法测定混凝土的强度，既可以内外结合，又能在较高或较低的强度区间互相弥补各自的不足从而较准确地反映混凝土强度。

（3）提高测试精度。因为超声回弹综合法能够减少一些因素的影响程度，较全面地反映整体混凝土的质量，所以对提高无损检测混凝土强度的精度具有明显的效果。

2）测区回弹值及声速值测量原则

检测构件时，测区布置应符合以下规定：当按单个构件检测时，应在构件上均匀布置测区，每个构件上的测区数不应少于 10 个；对同批构件按批抽样检测，构件抽样数应不少于同批构件的 30%且不少于 10 件，每个构件测区数不应少于 10 个；对于长度小于或等于 2 m 的构件，其测区数可适当减少，但不应少于 3 个。

当按批抽样检测时，符合下列条件的构件才可作为同批构件：混凝土强度等级相同；混凝土原材料、配合比、成型工艺、养护条件及龄期基本相同；构件种类相同；在施工阶段所处状态相同。

每一构件的测区，应满足下列要求：测区布置在构件混凝土浇筑方向的侧面；测区均匀分布，相邻两测区的间距不宜大于 2 m；测区避开钢筋密集区和预埋件；测区尺寸为 200 mm×200 mm；测试面应清洁、平整、干燥，不应有接缝、饰面层、浮浆和油垢，并避开蜂窝、麻面部位，必要时可用砂轮片清除杂物和磨平不平整处，并擦净残留粉尘。

超声回弹综合法检测构件强度时，每一测区宜先进行回弹测试，再进行超声测试。对于非同一测区内的回弹值及超声声速值，在计算混凝土强度换算值时不得混用。

3）超声声速值测量与计算

（1）超声测量的注意事项。超声测点应布置在回弹测试的同一测区内。测量超声声速值前，需检测换能器与混凝土耦合状况是否良好，测试的声时值应精确至 0.1 μs，声速值应精确至 0.01 km/s。超声测距的误差应不大于±1%。在每个测区内的相对测试面上，应各布置 3 个测点，且发射和接收换能器的轴线应在同一轴线上。

（2）声速值的计算。测区声速值应按下列公式计算：

$$v = \frac{l}{t_{\mathrm{m}}}$$ （3-7）

$$t_m = \frac{t_1 + t_2 + t_3}{3}$$

式中：v 为测区声速值；l 为超声测距；t_m 为测区平均声时值；t_1、t_2、t_3 为测区中 3 个测点的声时值。

特殊地，当在混凝土浇灌的顶面与底面测试时，测区声速值应按下列公式修正：

$$v_a = \beta V \qquad (3-8)$$

式中：v_a 为修正后的测区混凝土中声速代表值；β 为超声测试面的声速修正系数；当在混凝土浇筑面的顶面及底面测试时，$\beta = 1.034$；在混凝土侧面测试时，$\beta = 1$。

4）混凝土强度推定

超声回弹综合法检测混凝土强度时，构件第 i 个测区的混凝土强度换算值 $f_{cu,i}^c$，应根据修正后的测区回弹值 R_{ai} 及修正后的测区声速值 v_{ai}，优先采用专用测强曲线或地区测强曲线推定。若无专用和地区测强曲线，可按《超声回弹综合法检测混凝土强度技术规程》（CECS02：2005）查阅混凝土强度或按下列全国统一测区混凝土抗压强度换算公式计算。

当集料为卵石时：

$$f_{cu,i}^c = 0.0056 v_{ai}^{1.439} R_{ai}^{1.769} \qquad (3-9)$$

当集料为碎石时：

$$f_{cu,i}^c = 0.0162 v_{ai}^{1.656} R_{ai}^{1.410} \qquad (3-10)$$

式中：$f_{cu,i}^c$ 为第 i 个测区混凝土抗压强度换算值，精确至 0.1 MPa。

当结构或构件所采用的材料及其龄期与制订测强曲线所采用的材料及其龄期有较大差异时，应采用同条件立方体试件或从结构或构件测区中钻取的混凝土芯样试件的抗压强度进行修正，且试件数量不应少于 4 个。此时，测区混凝土强度换算值应乘以下列修正系数。换算值应乘以修正系数 η。修正系数可按下列公式计算：

$$\eta = \frac{1}{n} \sum_{i=1}^{n} \frac{f_{cu,i}^0}{f_{cu,i}^c} \qquad (3-11)$$

采用混凝土芯样试件修正时：

$$\eta = \frac{1}{n} \sum_{i=1}^{n} \frac{f_{cor,i}^c}{f_{cu,i}^c} \qquad (3-12)$$

式中：η 为修正系数，精确至小数点后两位；$f_{cu,i}^c$ 为对应于第 i 个立方体试件或芯样试件的混凝土抗压强度换算值，精确至 0.1 MPa；$f_{cu,i}^0$ 为第 i 个混凝土立方体（边长 150 mm）试件的抗压强度实测值，精确至 0.1 MPa；$f_{cor,i}^c$ 为第 i 个混凝土芯样（$\phi 100 \times 100$ mm）试件的抗压强度实测值，精确至 0.1 MPa；n 为试件数。

3. 钻芯法

在混凝土结构上直接钻取芯样，对芯样加工后进行抗压强度试验，是一种直观可靠的检测混凝土强度的试验方法，但对构件损伤较大且成本较高。

芯样试件的混凝土强度换算值采用

$$f_{cu}^c = \alpha \frac{4F}{pd^2} \qquad (3-13)$$

式中：f_{cu}^c 为芯样试件混凝土圆柱体抗压强度，精确至 0.1 MPa；F 为极限荷载；d 为芯样试件的平均直径；α、p 为不同高径比的芯样试件抗压强度尺寸修正系数。

对于现场采用的非标准试件（高径比不为 2），则应根据交通运输部行业标准《公路工程水泥及水泥混凝土试验规程》（JTG 3420—2020）有关规定进行修正。

混凝土抗压强度要求同龄期者为一组，每组为三个同条件制作和养护的混凝土试块。以三个试件的算术平均值作为测定值，三个测定值中的最大值或最小值有一个值与中间值之差超过中间值的 15%，则取中间值为测定值；如果最大值和最小值与中间值之差均超过中间值的 15%，则该组试件无效。

混凝土的抗压强度因其含水量的不同而有所差异，按照交通运输部规范的要求，试件应保持结构原有的湿度进行试验，但由于取芯时要用水对钻芯机钻头进行冷却，芯样取出后的湿度已不可能与原结构的状态相同。可以参照《钻芯法检测混凝土强度技术规程》（JGJ/T 384—2016）的有关规定进行处理。预应力混凝土结构，考虑结构的安全性，一般应避免进行钻芯取样。

4. 拔出法

采用拔出法作为混凝土强度的推定依据时，必须按已建立的拔出力与立方体抗压强度之间的相关关系曲线，由拔出力确定混凝土的抗压强度。目前国内拔出法测强曲线一般都采用一元回归直线方程：

$$f_{cu}^c = aF + b \qquad (3\text{-}14)$$

式中：f_{cu}^c 为测点混凝土强度换算值，精确至 0.1 MPa；F 为测点拔出力，精确至 0.1 kN；a、b 为回归系数。

5. 评定标准

按有关混凝土强度检测的要求，在结构承重构件或其主要受力部位布置测区，选择合适的方法进行测定。对混凝土桥梁结构，应根据每一承重构件或其主要受力部位的实测强度推定值和测区平均换算强度值，按式（3-15）与式（3-16）计算其推定强度匀质系数 K_{bt} 和平均强度匀质系数 K_{bm}，并可按表 3-5 对其强度状态做出构件强度的评定。

表 3-5 承重构件实测强度状况评定标准

K_{bt}	K_{bm}	强度状态	评定标准值
≥0.95	≥1.00	良好	1
0.90～0.95	0.90～0.95	较好	2
0.81～0.89	0.85～0.90	较差	3
0.70～0.80	0.84～0.85	差	4
≤0.70	<0.84	很差	5

$$K_{bt} = \frac{R_{it}}{R} \qquad (3\text{-}15)$$

式中：R_{it} 为承重构件或其主要受力部位混凝土的实测强度推定值；R 为承重构件混凝土极限

抗压强度设计值。

$$K_{bm} = \frac{R_{im}}{R}$$
(3-16)

式中：R_{im} 为承重构件或其主要受力部位测区平均换算强度值。

3.2.2 混凝土氯离子含量检测与评定

混凝土结构的耐久性问题十分严重，其中钢筋的锈蚀是影响混凝土结构耐久性的主要因素。钢筋锈蚀的原因主要有混凝土的碳化、氯离子侵蚀及酸性介质的腐蚀作用，而因氯离子侵蚀导致的钢筋锈蚀最为普遍。因此，混凝土氯离子含量的检测对控制氯盐侵蚀、加强混凝土结构的耐久性具有重大意义。

1. 氯离子含量检测流程

对已经硬化固结的混凝土中氯离子含量的检测主要包括取样规划、取样及氯离子含量检测若干步骤。

1）取样规划

取样规划是指在混凝土材料取样前必须规划考虑取样的位置及深度等方面，全面检测氯离子含量，它也是氯离子含量检测中最重要的过程。根据混凝土中氯离子的来源的不同，取样规划工作方式也有所差异。对于氯离子作为拌和料的组分掺入混凝土中的情况，如以海水、海砂等形式在拌制混凝土时掺入，则在取样时需要将混凝土中已经中性化的部分去除，针对没有中性化的部分进行氯离子含量分析；对于环境中的氯离子进入混凝土中，如海风或海水带来的盐分渗入混凝土中的情况，取样时则需要将试件分成多个部分各自分析研究，以此了解在混凝土中不同深度下的氯离子含量。

2）取样方法

混凝土氯离子含量检测的取样方法主要有钻芯法和钻取粉末法两种方法。钻芯法适用于对氯离子含量检测要求高的状况，其优点是氯离子含量不会因为钻取位置的选择而有所改动；钻取粉末法适用于混凝土取样位置特殊的情况，其缺点是由于钻头尺寸较小，在同一位置的粉末取样必须进行多次，否则最终测得的氯离子含量不具有代表性，容易偏高或偏低。

3）氯离子含量检测

氯离子主要以游离氯离子和固化氯离子的方式存在于已硬化混凝土中。一般实验室中检测硬固混凝土中的氯离子的方法有酸溶法和水溶法两种。其中，以酸溶法测得的氯离子含量较接近于总氯离子含量（包括游离氯离子和固化氯离子）；水溶法测得的氯离子含量则更接近于游离氯离子含量。

（1）AASHTO 试验法。美国高速公路和交通协会（American Association of State Highway and Transportation Officials，AASHTO）试验法属于酸溶法检测氯离子含量，可测得总氯离子的含量。一般取 3 g 的混凝土试样（量至 mg），放入 3 mL 浓硝酸及 10 mL 蒸馏水中煮沸，用双层滤纸将溶液过滤，取 125～150 mL 的过滤液，放置于室温冷却。利用电位滴定法、格氏（Gran）图标法或自动滴定法等方法即可检测氯离子的含量。

（2）ASTM 法。美国材料与试验协会（American Society for Testing Materials，ASTM）法是用于检测混凝土中水溶性氯离子的有效方法，该方法选择大约 10 g 的样品（由混凝土样品制成的粉末），质量精确到 0.01 g，倒入 250 mL 的烧杯中。加入（50±1）mL 的试剂（符合 ASTM D1193 的要求），用透明玻璃盖盖上，煮沸 5 min，并放置 24 h。使用 ASTM·E832 中规定的 Fine-Texture II 型 G 级滤纸进行过滤。将滤液倒入 250 mL 烧杯中，并加入（3.0±0.1）mL、1∶1 的硝酸和（3.0±0.1）mL、30% 的过氧化氢溶液（加入过氧化氢是为了减小硫化物对检测结果的影响）。用透明玻璃盖盖住并放置 12 min，然后加热并快速煮沸，冷却后用滴定法进行氯离子含量的检测。

（3）RCT 法。考虑上述实验室检测氯离子含量的方法过程复杂、历时较久且费用较大等问题，一些检测机构使用来自丹麦 Germann 公司的一种现场检测混凝土中氯离子含量的方法——快速氯离子测试（rapid chloride test，RCT）法。该方法检测程序是：将一定量的混凝土样品粉末放入配制好的某种酸性萃取液中，摇匀并放置一定时间后，将选择性电极浸入溶液中，读取电压毫伏值，然后根据事先标定的电压-氯离子含量曲线，直接计算出氯离子含量。RCT 法操作简单快速，并且能够满足现场测试的要求。

2. 评定标准

混凝土中的氯离子能够诱发并加速钢筋锈蚀，通常检测混凝土中氯离子含量可间接评判钢筋锈蚀活化的可能性。检测评定应根据构件的工作环境条件及构件本身的质量状况确定测区，测区应能代表不同工作条件及不同混凝土质量的部位，同时测区宜参考钢筋锈蚀电位测量结果确定。此外，混凝土中的氯离子含量，在按混凝土不同深度取样时，应通过对样品进行化学分析的方法加以测定。具体按表 3-6 评定标准确定其对钢筋锈蚀的影响程度。

表 3-6　氯离子含量对钢筋锈蚀影响程度的评定标准

氯离子含量（占水泥质量的百分比）	评定标准值	诱发钢筋锈蚀的可能性
<0.15	1	很小
0.15~0.4	2	不确定
0.4~0.7	3	很可能诱发钢筋锈蚀
0.7~1.0	4	会诱发钢筋锈蚀
>1.0	5	钢筋锈蚀活化

3.2.3　钢筋锈蚀电位检测与评定

1. 半电池电位法

半电池电位法是利用混凝土中钢筋锈蚀的电化学反应引起的电位变化来测定钢筋锈蚀状态的一种方法。通过测定钢筋/混凝土半电池电极与混凝土表面的铜/硫酸铜参考电极之间电位差的大小，评定混凝土中钢筋的锈蚀活化程度。

已经干燥到绝缘状态的混凝土或已发生脱空层离的混凝土表面，测试时不能提供稳定的电回路，不适用该方法。对特殊环境，如海水浪溅区、处于盐雾中的混凝土结构等，不具有普遍适用性。

电位的测量须由有经验的、从事结构检测的工程师或相关技术专家检测并解释，除半电池电位测试之外，有必要使用其他数据，如氯离子含量、碳化深度、层离状况、混凝土电阻率和所处环境调查等，以形成关于钢筋腐蚀活动及其对结构使用寿命可能产生的影响。

2. 测试方法

1）测区的选择与测点布置

（1）钢筋锈蚀状况检测范围应为主要承重构件或承重构件的主要受力部位，或根据一般检查结果有迹象表明钢筋可能存在锈蚀的部位。测区不应有明显的锈蚀胀裂、脱空或层离现象。

（2）在测区上布置测试网格，网格节点为测点，网格间距可选 20 cm×20 cm、30 cm×30 cm、20 cm×10 cm 等，根据构件尺寸而定，测点位置距构件边缘应大于 5 cm，一般不少于 20 个测点。

（3）当一个测区内存在相邻测点的读数超过 150 mV 时，通常应减小测点的间距。

（4）测区应统一编号，注明位置，并描述外观情况。

2）混凝土表面处理

用钢丝刷、砂纸打磨测区混凝土表面，去除涂料、浮浆、污迹、尘土等，并用接触液将表面润湿。

3）铜/硫酸铜电极的准备

饱和硫酸铜溶液由硫酸铜晶体溶解在蒸馏水中制成，当有多余的未溶解硫酸铜结晶体沉积在溶液底部时，可以认为该溶液是饱和的。电极铜棒应清洁，无明显缺陷；否则，需用稀释盐酸溶液清洁铜棒，并用蒸馏水彻底冲净。硫酸铜溶液应注意更换，保持清洁，溶液应充满电极，以保证电连接。

4）测量值的采集

测点读数变动不超过 2 mV，可视为稳定。在同一测点，同一支参考电极，重复测读的差异不超过 10 mV；不同的参考电极重复测读的差异不超过 20 mV。若不符合读数稳定要求，应检查测试系统的各个环节。

3. 影响测量准确度的因素及修正

混凝土含水率对测量值的影响较大，测量时构件应处于自然干燥状态。为提高现场评定钢筋状态的可靠度，一般要进行现场比较性试验。

现场比较性试验通常按已暴露钢筋的锈蚀程度不同。在它们的周围分别测出相应的锈蚀电位。比较这些钢筋的锈蚀程度和相应测量值的对应关系，提高评判的可靠度，但不能与有明显锈蚀胀裂、脱空、层离现象的区域比较。若环境温度在 22℃±5℃范围之外，应对铜/硫酸铜电极作温度修正。

此外，各种外界因素产生的波动电流对测量值影响较大，特别是靠近地面的测区，应避免各种电场、磁场的干扰。混凝土保护层电阻对测量值有一定影响，除测区表面处理要符合规定外，仪器的输入阻抗要符合技术要求。

4. 评定标准

钢筋锈蚀状况检测范围应为主要承重构件或承重构件的主要受力部位，或根据一般检查结果有迹象表明钢筋可能存在锈蚀的部位。钢筋锈蚀电位测量值的高低，直接反映测量部位混凝土中钢筋发生锈蚀的概率或钢筋正在发生锈蚀的活动性，评判标准见表3-7。

表 3-7   钢筋锈蚀电位的评判标准

评定标准值	电位水平/mV	钢筋状态
1	0～-200	无锈蚀活动性或锈蚀活动性不确定
2	-200～-300	有锈蚀活动性，但锈蚀状况不确定，可能抗锈
3	-300～-400	有锈蚀活动性，但锈蚀的概率大于90%
4	-400～-500	有锈蚀活动性，严重锈蚀的可能性极大
5	<-500	构件存在锈蚀开裂区域

注：（1）表中电位水平为采用铜/硫酸铜电极时的量测；（2）混凝土湿度对测量值有明显影响，测量时构件应为自然状态，否则不能使用该评定标准。

3.2.4   混凝土内钢筋分布及保护层厚度检测与评定

混凝土结构的钢筋保护层是指最外层钢筋外边缘至混凝土表面的距离。实际工程中，钢筋保护层厚度的质量与混凝土结构及其构件的承载力和耐久性有着直接的关系。钢筋保护层厚度不足或偏厚会影响钢筋与混凝土的黏结力或构件承载力，使钢筋与混凝土不能很好地协同工作。因此，对钢筋保护层厚度进行检测是保证建筑工程质量的重要措施。

1. 检测原理

按照《混凝土中钢筋检测技术标准》（JGJ/T 152—2019）的规定，钢筋混凝土保护层厚度的检测有非破损方法和局部破损法两类。电磁感应法和雷达法是最为典型的两种非破损方法，但其原理是完全不同的。电磁感应法是利用电磁感应原理使用仪器在构件混凝土表面向内部发射电磁波，形成电磁场，混凝土内部的钢筋切割磁力线产生感应电磁场，由于感应电磁场的强度和空间梯度变化受钢筋位置、直径保护层厚度的制约，通过测量感应电磁场的梯度变化，并通过技术分析就能确定钢筋的位置、保护层厚度和钢筋直径等参数。雷达法则是通过发射和接收到的毫微秒级电磁波来检测混凝土结构及构件中间距混凝土保护层厚度。采用破损方法检测时，先用合适的工具凿开钢筋表面的混凝土，然后用游标卡尺测量钢筋表面至构件混凝土表面的垂直距离，即为该钢筋的保护层厚度。

虽然破损法检测的测量精度比较高，但容易造成对构件的伤害，而且花费的人力与物力比较多。为了提高工作的效率，又能保证检测结果的准确性，一般情况下可采用非破损法检测钢筋保护层厚度。但当钢筋的直径不能确定、相邻钢筋对当前检测有影响时或者是对检测结果有怀疑时、构件饰面层未清除的情况下、钢筋及混凝土材质与校准试件有显著差异时应采用局部破损法进行验证。

2. 保护层厚度检测前期准备

钢筋探测仪是根据电磁感应原理检测混凝土结构、构件中钢筋间距和保护层厚度的一种仪器。

为了保证数据的准确性，每次检测前都需要对钢筋探测仪预热、调零并进行标定校准。钢筋探测仪使用期间的标定校准，需要在无外界磁场干扰的情况下，使用专用的标定块进行。标定块由一根$\phi16$的普通碳素钢筋垂直浇铸在长方体无磁性的塑料块内，如图 3-1 所示，使钢筋距 4 个侧面分别为 15 mm、30 mm、60 mm、90 mm。当测量标定块所给定的保护层厚度时，测读值应在仪器说明书所给定的准确度范围之内，若达不到应有准确度，应送专门机构维修检验。

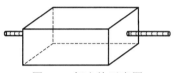

图 3-1　标定块示意图

除仪器的标定外，进行检测前还需要结合设计资料了解结构钢筋的布置状况。检测时，应避开钢筋接头和绑丝，钢筋间距应满足钢筋探测仪的检测要求，探头在检测面上移动，直到钢筋探测仪保护层厚度示值最小，此时探头中心线与钢筋轴线应重合，在相应位置做好标记；找到钢筋位置后，将探测仪在原处左右转移一定角度，仪器显示最小值时探测仪长轴线的方向即为钢筋走向；按上述步骤将相邻的其他钢筋位置与走向逐一标出。

3. 钢筋分布及保护层厚度检测的流程

测试前应了解有关图纸资料，以确定钢筋的种类和直径，并确定测区和测点的位置。测区的布置遵循以下原则。

按单个构件检测时，应根据尺寸大小，在构件上均匀布置测区，每个构件上的测区数不应少于 3 个，对于最大尺寸大于 5 m 的构件，应适当增加测区数量；测区应均匀分布，相邻两测区的间距不宜小于 2 m；测区表面应清洁、平整，避开接缝、蜂窝、预埋件等部位。对于抽样检测的被测试件，其抽样试件数应不少于同类构件的 30%，且不少于 3 件，每个构件测区的布置原则与单个构件的布置原则一致。测点布置的原则：对构件上每一测区应检测不少于 10 个测点，且测点间距应小于保护层测试仪传感器长度。

需要确定测区内钢筋的位置与走向，即将保护层测试仪传感器在构件表面平行移动，当仪器显示值最小时，传感器正下方即所测钢筋的位置；找到钢筋位置后，将传感器在原处左右转动一定角度，仪器显示最小值时传感器长轴线的方向即为钢筋的走向；最终进行钢筋保护层厚度的测量，即将传感器置于钢筋所在位置正上方（避免在钢筋交叉位置进行测量），并左右稍微移动，读取仪器显示最小值即该处保护层厚度。每一测点宜读取 2～3 次稳定读数，取其平均值，精确至 1 mm。对于缺少资料、无法确定钢筋直径的构件，应首先测量钢筋直径。对钢筋直径的测量宜采用 5～10 次测读，剔除异常数据，求其平均值的测量方法。

在实际操作中，常有很多因素对保护层厚度的测量精度造成影响，因此在检测中需要考虑这些影响因素并对其加以修正。例如：外界磁场的存在会对仪器的准确性造成影响，应予以避免；混凝土若具有磁性，测量值需加以修正；钢筋品种对测量值有一定影响，主要是对高强钢筋需加以修正；不同的布筋状况，钢筋间距影响测量值，当 $D/S<3$ 时需修正测量值。其中：D 为钢筋净间距，mm，即钢筋边缘至边缘的间距；S 为保护层厚度，即钢筋边缘至保护层表面的最小距离。

4. 检测数据处理与评定标准

1）钢筋保护层厚度平均值

检测构件或部位的钢筋保护层厚度平均值 $\overline{D_n}$ 应根据实际测量部位各测点混凝土厚度实测值，按下式进行计算：

$$\overline{D_n} = \frac{\sum\limits_{i=1}^{n} D_{ni}}{n} \tag{3-17}$$

式中：D_{ni} 为结构或构件测量部位测点混凝土保护层厚度，mm，精确至 0.1 mm；n 为检测构件或部位的测点数。

2）钢筋保护层厚度特征值

检测构件或部位的混凝土保护层厚度特征值 D_{ne} 应按下式进行计算：

$$D_{ne} = \overline{D_n} - k_p S_D \tag{3-18}$$

式中：S_D 为测量部位测点保护层厚度的标准差，精确至 0.1 mm，按下式计算：

$$S_D = \sqrt{\frac{\sum\limits_{i=1}^{n}(D_{ni})^2 - n(\overline{D_n})^2}{n-1}} \tag{3-19}$$

k_p 为判定系数值，按表 3-8 取用。

表 3-8　钢筋保护层厚度判定系数

n	10～15	16～24	≥25
k_p	1.695	1.645	1.595

3）评定标准

先计算测量部位实测保护层厚度特征值 D_{ne} 与其设计值 D_{nd} 的比值，再按表 3-9 来评判混凝土保护层厚度对结构钢筋耐久性的影响。

表 3-9　混凝土保护层厚度对结构钢筋耐久性的影响评定标准

评定标准值	D_{ne}/D_{nd}	对结构钢筋耐久性的影响
1	＞0.95	影响不显著
2	0.85～0.95	有轻度影响
3	0.70～0.85	有影响
4	0.55～0.70	有较大影响
5	＜0.55	钢筋易失去碱性保护，发生锈蚀

3.2.5　混凝土碳化深度检测与评定

1. 检测方法

钢筋锈蚀电位测试结果表明可能存在钢筋锈蚀活动的区域（钢筋锈蚀电位评定标度值为3、4、5），应进行混凝土碳化深度测量。另外，碳化深度的检测也是混凝土强度检测中需要进行的一项工作。

混凝土碳化状况的检测通常采用在混凝土新鲜断面喷洒酸碱指示剂，通过观察酸碱指示剂颜色变化来确定混凝土的碳化深度。

2. 检测步骤

碳化深度检测时，测区位置的选择原则可参照钢筋锈蚀自然电位测试的要求，若在同一测区，应先进行保护层和锈蚀电位、电阻率的测量，再进行碳化深度及氯离子含量的测量，具体检测步骤如下。

1）测区及测孔布置

（1）测区应包括锈蚀电位测量结果有代表性的区域，同时能反映不同条件及不同混凝土质量的部位，结构外侧面应布置测区。

（2）测区数不应小于 3 个，测区应均匀布置。

（3）每一测区应布置 3 个测孔，3 个测孔应呈"品"字排列，孔距根据构件尺寸大小确定，但应大于 2 倍孔径。

（4）测孔距构件边角的距离应大于 2.5 倍保护层厚度。

2）形成测孔

（1）用装有 20 mm 直径钻头的冲击钻在测点位置钻孔。

（2）成孔后用圆形毛刷将孔中碎屑、粉末清除，露出混凝土新茬。

（3）将测区测孔统一编号，并绘出示意图。

3）碳化深度的测量

（1）检测前配制好指示剂（酚酞试剂）：75%的酒精溶液与白色酚酞粉末配制成酚酞浓度为 1%～3%的酚酞溶剂，装入喷雾器备用，溶剂应为无色透明液体。

（2）将酚酞指示剂喷到测孔壁上。

（3）待酚酞指示剂变色后，用测深卡尺测量混凝土表面至酚酞变色交界处的深度，准确至 1 mm。酚酞指示剂从无色变为紫色时，混凝土未碳化，酚酞指示剂未改变颜色处的混凝土已经碳化。

4）数据整理

（1）将测量结果标注在测区、测孔布置图上。

（2）将测量值整理列表，应列出最大值、最小值和平均值。

3. 评定标准

钢筋在混凝土内处于碱性保护的钝化状态，混凝土碳化将造成钢筋失去保护，当外界条件成熟，钢筋就会发生锈蚀。因此，检测混凝土碳化深度可间接评判钢筋的可能锈蚀状态。对混凝土结构碳化状况检测的测区一般参照钢筋锈蚀电位测试结果布置，每一测区的测点数应尽可能少，以能说明问题为准。碳化状况的检测可采用在混凝土新鲜断面观察酚酞指示剂反应厚度的方法。具体评判时可取构件的碳化深度平均值与该类构件保护层厚度平均值之比，并考虑其离散情况，进行评价，评定标准见表 3-10。

表 3-10　混凝土碳化深度对钢筋锈蚀影响的评定标准

评定标准值	1	2	3	4	5
碳化层深度平均值/保护层厚度平均值	<1*	<1	=1	>1	>1**

*构件全部实测比值均小于 1；**构件全部实测比值均大于 1。

3.2.6　混凝土电阻率检测与评定

1. 混凝土电阻率的检测方法

混凝土的电阻率反映其导电性。混凝土电阻率大，若钢筋发生锈蚀，则发展速度慢，扩散能力弱；混凝土电阻率小，锈蚀发展速度快，扩散能力强。因此，对钢筋状况进行检测评定，测量混凝土的电阻率是一项重要内容。

混凝土电阻率检测测区，应根据钢筋锈蚀电位测量结果确定，对钢筋锈蚀电位测试结果表明钢筋可能锈蚀活化的区域，应进行混凝土电阻率测量。

混凝土电阻率可采用四电极阻抗测量法测定，即在混凝土表面等间距接触四支电极，两外侧电极为电流电极，两内侧电极为电压电极，通过检测两电压电极间的混凝土阻抗获得混凝土电阻率 ρ。

$$\rho = \frac{2\pi d V}{I} \tag{3-20}$$

式中：V 为电压电极间所测电压；I 为电流电极通过的电流；d 为电极间距。

2. 电阻率测试仪及技术要求

混凝土电阻率测试仪应通过技术鉴定，具有产品合格证。电阻率测试仪由四电极探头与电阻率仪表组成，采用交流测量系统。主要技术要求包括：四电极探头间距能够调节，调节范围 10 cm，每一电极内均装有压力弹簧，从而保证可测不同深度的电阻率及电极与混凝土表面接触良好；电压电极间的输入阻抗要求大于 1 MΩ；电极端部直径尺寸不得大于 5 mm；仪器使用环境温度为 0～40℃，相对湿度≤85%。

3. 混凝土电阻率的测量

测区与测位布置可参照钢筋锈蚀自然电位测量的要求，在电位测量网格间进行，并做好编号工作。

混凝土表面应清洁、无尘、无油脂。为了提高量测的准确性，必要时可去掉表面碳化层。

调节好仪器电极的间距，一般采用的间距为 50 mm。为了保证电极与混凝土表面有良好、连续的电接触，应在电极前端涂上耦合剂，特别是当读数不稳定时。测量时探头应垂直置于混凝土表面，并施加适当的压力。

4. 评定标准

混凝土的电阻率是控制混凝土中钢筋锈蚀速率的因素之一，混凝土电阻率小，钢筋锈蚀发展速度快。混凝土电阻率一般采用四电极阻抗测量法测定，即在混凝土表面等间距接触四支电极，两外侧电极为电流电极，两内侧电极为电压电极，通过检测两电压电极间的混凝土阻抗获得混凝土电阻率。混凝土电阻率检测测区根据钢筋锈蚀电位测量结果确定。混凝土电阻率对钢筋锈蚀影响程度的评定标准见表 3-11。

表 3-11　混凝土电阻率对钢筋锈蚀影响程度的评定标准

评定标准值	电位水平/mV	钢筋锈蚀状态
1	>20 000	很慢
2	15 000～20 000	慢
3	10 000～15 000	一般
4	5 000～10 000	快
5	<5 000	很快

注：混凝土湿度对测量值有明显影响，测量时构件应为自然状态，否则不能使用该评定标准。

3.2.7　混凝土其他耐久性影响因素检测与评定

1. 混凝土碱含量测定及骨料碱活性检测

混凝土总碱含量和可溶性碱含量的测定可按现行国家标准《混凝土结构现场检测技术标准》（GB/T 50784—2013）规定的方法执行。当混凝土碱含量检测值超过相应规范要求时，应采取检验骨料碱活性或检验试件膨胀率的方法检验是否存在碱骨料反应引起的潜在危害。

2. 混凝土气透性检测

用于原位评定混凝土对碳化和有害离子侵蚀的抵抗力，从而间接评定钢筋锈蚀的可能性。英国运输道路研究试验所（British Transport Road Research Laboratory，BTRRL）已在十余座后张预应力混凝土桥梁中采用真空压力法进行气渗透性检测，以评定预应力管道灌浆中空隙体积及钢索锈蚀的可能性。

3.3　桥梁智能检测技术

3.3.1　桥梁智能检测装备

公路桥梁智能检测装备依托自动化机器人技术发展，针对检测过程中特定的操作模式、电源、数据采集类型和精度需求设置特殊的结构、尺寸和功能设计。根据需要检查的区域或构件，主要可以分为 6 种类型的公路桥梁智能检测装备：桥面自动检测平台、桥底检测平台、缆索检测机器人、巡检无人机、吸附式检测机器人及水下检测机器人（张劲泉 等，2023）。

1. 桥面自动检测平台

公路桥梁路面在服役期间直接受交通荷载冲击与影响，同时在强风、地震等外界条件下极易发生局部形状变化。公路桥梁通常铺设沥青路面，其常见的路面检测与监测可视化技术主要包括高清相机、线扫描照相机、红外照相机、雷达探伤仪、光度立体技术等。因此，通过大量的检测数据实现全面、准确、可靠的桥梁路面数据可视化采集，及时发现桥梁路面病害状况，分析桥梁结构早期损坏趋势，实现智能化养护，可有效降低养护成本，避免桥体、路面大幅度翻修，减少对公路交通的影响，具有十分重要的经济效益和社会效益。

2011 年，美国俄克拉荷马州立大学 Lim 等（2014，2011）为了解决桥梁面板裂缝检测的问题，设计了一种基于 Pioneer 3-DX 轮式机器人的裂缝测绘（robotic crack inspectionand mapping，ROCIM）系统。该系统首先通过西克 LMS-200 激光测距仪实现二维地图上的定位；然后基于日立 KP-F83GV CCD 相机（分辨率 1024×768）实现道路环境的原始数据采集；最后，原始数据可通过高斯拉普拉斯（Laplace of Gaussian）算法检测桥面裂缝并在全局坐标系拼接相关裂缝图像；此外，针对摄像头全覆盖扫描道路环境的需求，一种基于摄像头路径的机器人轨迹规划算法被应用到该系统中。通过实际桥梁验证，该系统的有效检测裂缝可到 1 mm 精度。然而，该系统需要提前封闭道路并引导交通流，且实际检测效率和精度与传统人工路面检测仍有一定差距。

侯海涛等（2022）研究了一种基于机器人的道路病害自动化检测系统。如图 3-2 所示，该机器人基于四轮独立电机独立悬挂的中尺寸底盘平台，搭载基于面阵相机的道路表观采集系统、基于三维探地雷达的道路结构层信息采集系统，并基于二维−三维视觉融合数据及特征分析道路表面及隐性病害。该机器人基于 U-Net 模型实现路面全覆盖、结构全断面检测，并完成内部病害厘米级定位；机器人运行速度最快可达 20 km/h，也可实现低速车流状态下的路面检测；可跨越高度达 100 mm，对道路形变、错台等特殊应用场景也有一定适应性。

图 3-2　圭目轮式机器人及其实际应用

桥面自动检测平台可以实现桥梁面板相关病害的检测，具有安全性高、稳定度高、检测设备及流程相对完整的特点。同时，相比于常规道路路面快速检测系统，桥面自动检测平台针对桥梁结构检测需求搭载了多种桥梁无损检测传感器，可以对桥梁内部结构及病害完成检测工作。

2. 桥底检测平台

由于现有桥梁的承载属性和常规受力方式，因荷载导致的次应力裂缝及病害会优先出现在桥梁底部，进而向两侧甚至桥面发展。因此，桥梁底部是有效检测桥梁载荷影响的关键区域。然而，桥梁底部的检测人员通常处于高空作业环境，检测精度、稳定度等均难以有效保证。随着基础设施无损检测技术的发展，部分学者以传统桥梁检测车为平台原型设计了多款桥底检测平台。该类桥底检测平台通常通过大型工作臂将高清摄像机送到桥梁底部，基于机器视觉实现桥底病害检测。

2017 年，为了进一步优化桥梁检测平台实际检测的效率，由湖南桥康智能科技有限公司、湖南省交通科学研究院、湖南大学等学者设计了一款桥梁检测机器平台 BIR-X。该平台结构主要可分为桥面行走底盘、液压机械臂、末端机械手及传感器。桥面行走底盘由重型卡车二类底盘为基础改装，可有效保障该平台在桥面上方的稳定性与安全性。该平台桥梁检测作业过程与传统基于检测车的作业过程类似，无须完全封闭道路，仅需要占据应急车道和一条慢车道。机械臂采用 6061-T6 铝合金，可以 340 MPa 的抗拉强度承重 28.9 kg 的机械手及其检测装备。该液压机械臂展开时能达到 15 m 的检测半径，可覆盖单向三车道桥梁的底部检测，末端振幅可控制在 185 mm 以内。为了进一步抑制末端抖动，该平台末端配有自稳定平衡的UR10 机器人（丹麦优傲公司）搭载末端检测装备（10 kg 以内）。检测装备集成了三个 JAI Spark系列 SP-2000C-CXP2 高精度相机（30 帧/s、5 120×3 840 像素）及 85～135 mm 镜头、北洋的 UTM-30LX 激光扫描测距仪及补光设备。BIR-X 机器人及部分检测流程如图 3-3 所示，其检测数据可通过定向快速旋转简报（oriented fast and rotated brief，ORB）算法快速拼接图像，并基于 YOLO-lump 和 YOLO-crack 双网络快速识别病害。然而，该设备在作业过程中不仅需要配备 4 名工作人员：车辆驾驶员、设备操作员、交通引导员及安全管理员，而且桥梁细小裂缝等病害仍无法依靠设备实时同步检测。

图 3-3　湖南桥康智能科技有限公司智能桥梁检测平台 BIR-X

2021 年，意大利技术研究所 D'Imperio 等学者设计、Cammozzi 集团建造生产了一种基于远程视觉检测技术的桥梁检测平台——机器人检查装置（robot inspection units，RIUs）。如图 3-4 所示，该机器人可依托 82 个支撑轮平均分布对桥梁侧底部的压力，并稳定驱动机器人在桥上移动；同时，17 m 长的碳纤维机械臂可将高清传感器覆盖整个桥底；最后，通过 14 个高清摄像头、超声波风速仪、激光雷达及多光谱视觉系统可以有效检测桥梁病害。在意大利热那亚的圣乔治（San Giorgio）大桥的使用过程中，该机器人可以连续工作 9 000 s，剩余的电量（约占使用电池总电量的 25%）用于支持该机器人返回充电仓。然而，该机器人以特定大桥为设计目标，设备成本较高，难以直接匹配常规桥梁，而且支撑轮受力方式是否对桥梁有额外损伤仍有待考究。

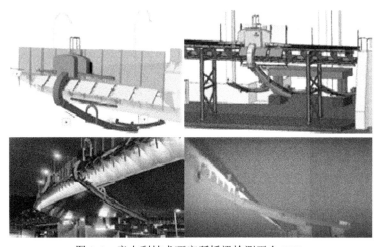

图 3-4　意大利技术研究所桥梁检测平台 RIUs

依托桥底检测平台可以较为稳定地将无损检测传感器应用于桥梁面板下表面的病害检测中，可有效解决人工桥底检测风险较高的问题。此外，相比于传统吊篮式或桁架式桥梁检测车，桥体外机械臂无须载人的情况也可有效减少机械臂质量，防止检测平台侧倾导致的侧翻、坠落。

3. 缆索检测机器人

缆索结构是悬索桥、斜拉索桥重要的受力方式，也是支撑桥梁实现大跨径快速通道的关键，直接关系大跨径桥梁的安全与使用寿命。因此，为了确保索结构桥梁的使用安全，定期对缆索检测和养护尤为重要。常规目视的检测方式无论在检测范围还是检测效果上都有一定的局限性。因此，随着无损检测技术的发展，便捷、可靠的检测机器人也因此可以辅助技术人员评估缆索系统的材料和结构状况，提升缆索的实际检测效果，完善桥梁整体结构安全与稳定。

南京邮电大学徐丰羽教授课题组从 2011 年开始缆索检测机器人领域的研究，分别针对缆索结构设计了多款轮式缆索检测机器人（Xu et al.，2021，2018，2015，2014，2013，2011）。缆索检测机器人通常包括三部分功能：使机器人维持在缆索上夹紧机构、使机器人向上爬行的驱动机构及其他特殊需求（越障、防风、防抖等）。该课题组分别设计了以弹簧、磁吸等方式作为缆索夹紧机构，两边轮或三边轮作为缆索夹紧后的驱动方式，同时对缆索机器人的越障性能、抗震安全性、清洗维修也有一定研究。该系列机器人在武汉军山大桥、十堰汉江大桥等斜拉索检测项目中应用试验。然而在实际应用过程中，夹紧机构过松可能导致机器人无法在缆索上处于稳定状态，夹紧机构过紧可能导致后续驱动过程磨损缆索表面。同时，对于相对地面角度过大的斜拉索或悬索，基于轮式的缆索检测机器人还存在驱动轮附着力不足难以爬升的问题。

缆索检测机器人大容量的有效荷载一方面可以增加电池负载，提升缆索检测机器人的有效续航时间，另一方面可以搭载 30 kg 重的漏磁（magnetic flux leakage，MFL）传感器。为了充分提升缆索检测机器人的有效荷载，香港中文大学郑振粮等（Zheng et al.，2022，2021，2019，2018）研制了蠕动式机器人（cooperative climbing robot，CCRobot）系列，目前已更新至第五代。CCRobot 考虑了蠕虫爬行的过程，分别设计了锁定模块和攀爬模块两个模块。在攀爬过程中，机器人上方的 4 个夹持器夹紧拉索表面，实现机器人上部结构在不同维度上的锁止。在第二代机器人 CCRobot-II 上，通过引导轮和滑动框架提升该机器人的攀爬速度。第三代机器人 CCRobot-III 通过将两个模块分离，以钢丝束方式连接，优化机器人结构，进一步提升爬升过程荷载（除自身外 40 kg 的荷载）。由于分体式前驱模块与缆索障碍物发生接触会降低爬升系统的稳定性，第四代 CCRobot-IV 提升了对障碍物（如螺旋肋、小型金属配件等）的通过能力，并于李家沱长江大桥得到验证。第五代机器人 CCRobot-V 通过协作式串行多机器人系统进一步提升桥梁缆索检查和维护的有效性。如图 3-5 所示，该系统由一个攀爬前驱机器人、一个检查/维护机器人、多个缆挂机器人和一个电力传输系统组成，每个缆挂机器人具有 50 kg 的有效载荷。此类蠕动式机器人相比于轮式机器人有更高的有效荷载，然而复杂的动作导致行动速度较为缓慢，并计划在 577 m 的江苏苏通大桥测试。此外，2022 年该团队针对悬索桥主缆检测设计了"攀登者 I 号"（Cooperative Climbing Robot-Main Cable Version I，CCRobot-M-I），如图 3-6 所示。该机器人以悬索桥人工检修通道上的扶手绳为攀爬载体，通过 CCRobot 系列的仿生蠕动方式前进，基于环抱式多摄像头实现主缆全角度的图像采集和病害检测，为桥梁缆索结构全自动化、智能化检测提供新方案。

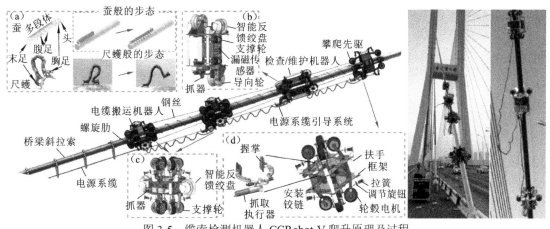

图 3-5　缆索检测机器人 CCRobot-V 爬升原理及过程

缆索检测机器人可有效完成大跨径桥梁缆索结构的专项检测。此类机器人通过各种仿生手段实现特殊缆索结构的固定、攀爬、越障，近距离、高稳定地实现缆索结构无损检测，可解决常规人工缆索检测过程中技术人员安全保障要求高，有效检测范围较低、实际可量化数据不足等问题。

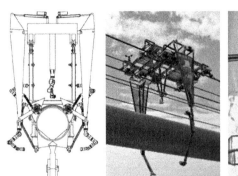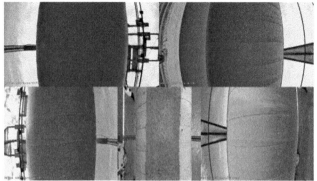

图 3-6　主缆检测机器人 CCRobot-M-I 结构及检测过程

4. 巡检无人机

随着桥梁结构及尺寸不断升级，大跨径桥梁、高桥塔、高桥墩等桥梁构件定期检测难度也逐渐增加。基于无人机（unmanned aerial vehicle，UAV）高机动性的特点，无人机快速检查的各类方法正在逐渐取代仅依靠望远镜目视观察的传统检查方法。无人机依靠不同的飞行方式（直升机式、旋翼式、混合式等）悬停于人工难以抵近的构件附近，通过视觉或其他无损传感器实现桥梁病害的定位与识别。因此，基于无人机的桥梁检测方法可以大幅度提高桥梁检测效率，降低桥梁检测成本。

2007 年，法国巴黎路桥学院 Metni 等（2007）提出了基于小型无人直升机的桥梁结构检测方法。该方法主要考虑了无人机在飞行过程中如何兼顾自身稳定性与目标检测姿态：首先从初始导航点在开阔的机器视觉环境内计算移动路径及检测姿态；然后基于饱和函数计算控制无人机的悬停静止状态；最终通过视觉系统获取待测目标信息矩阵。仿真试验优化参数方案后，以法国某座塞纳河上高饱和交通流的高架桥为例，通过安装在无人直升机摄像头拍摄了几分钟的视频序列。后续数据由桥梁检查专家分析，部分清楚的数据处理后可以实现宽 0.1 mm 裂缝的检测。该方法初步证明了无人机检查桥梁病害的可行性，尤其验证了在高饱和交通流情况下可以减少不必要封路及其他安全保障措施并开展桥梁检测的可能性。然而，分析该设备短暂的实际验证过程，无人机悬停稳定性和后续数据完整可靠性都仍具有较大的提升空间。

随着微机电系统（microelectro mechanical systems，MEMS）技术的成熟，消费级旋翼无人机及高分辨率图像采集设备进一步推动基于无人机的桥梁检测设备发展。Yeum 等（2019，2015）设计了一种基于四旋翼无人机，以及基于视觉检测钢裂缝的方法。该无人机搭载了 NikonD90 相机和 18～105 mm 镜头，于待测平面 2 m 左右处悬停控制并实现钢结构螺栓附近裂缝的识别。该方法首先通过低分辨率（1 716×1 149 像素）画质实现螺栓等关键检测区域的定位；然后针对常见病害区域，调整至高分辨率（4 288×2 848 像素）画质通过多尺度滑动窗口方法检测关键区域的细小裂缝；最终通过图像分组匹配实现螺栓附近裂缝的提取与识别。然而，由于整个检测过程中处于室内实验室检测环境，且未涉及补光和变焦处理，对实际检测过程中风速、光线和检测距离的影响仍有待进一步研究。同时，该项技术无法明显区分外部划痕或桥梁病变裂缝，仍需要后续人工确认。

为了进一步分析室外环境对无人机的影响，Dorafshan 等（2018）通过对比携带 Nikon COOLPIX L830 的自研四旋翼无人机及商业化 Iris 无人机和 DJIMavic 无人机测试了四轴飞行器在不同条件下对钢构桥梁病害检测的准确性。首先，在实验室环境内研究了不同表面光照可实现表面裂缝检测的最大距离，光照较差时可检测到细小裂缝的最大检测距离为 0.3 m，光照较好时可检测到细小裂缝的最大检测距离为 1.1 m；然后模拟无 GPS 条件弱风环境可到细小裂缝的最大检测距离，除无 GPS 无法起飞的无人机外，弱风环境下可检测到裂缝的最大检测距离仍可达到 1 m；最后通过 2 次户外实地检测验证无人机刚构桥检测室外性能：在第一次爱达荷州阿什顿的福尔里弗（Fall River）大桥测试中，无人机可识别部分裂缝，然而标记痕迹下的裂缝难以被有效识别。此外，无 GPS 信号下，10 m/s 的阵风也将导致无人机几乎无法返回有效画面；在第二次普渡大学 S-BRITE 中心培训设施的检测过程比较了无人机检查和人工检查的效率，无人机实际检测到的裂缝数量与人工检测数量相差不大。然而，无人机在高精度裂缝检测中将耗费更多的检测时间，同时裂缝误检率也较高，仍需要后续人工修正。

由于室外环境无人机受风的影响较为明显，多位学者尝试不同的解决方案减少风的影响。Morgenthald 等（2014）充分考虑了风速和风向波动导致图像质量（清晰度、噪声、对比度、颜色还原度）的影响，基于双塔流体动力学模型设计较为稳定的无人机路线规划，尽可能减少大气湍流对无人机检测的干扰。Myeong 等（2018）设计另一种基于触墙式无人机的桥梁结构检测方法。该机器人配备 4 个硅胶皮表面的轻质轮结构，以较低的冲击力软着陆桥梁待测表面；同时可以使无人机沿着桥梁结构在竖直和水平方向移动，甚至在 40°～80° 的角度内以更低的功耗攀爬。然而，待测表面的灰尘很容易导致无人机摩擦系数的下降，竖直攀爬在实际过程中仍存在攀爬距离上限，后续可考虑提升无人机扇叶尺寸，一组扇叶用于提供吸力，另一组用于提供上升的助推力。同时，受限于接触轮结构，无人机在水平和竖直方向都无法横向移动，只能通过脱离后重新着陆的方式调整方向。

湖南科技大学钟新谷等（2019）设计了一种基于八旋翼无人机（北方天途公司）的桥梁裂缝宽度识别方法。该无人机通过三点激光成像仪（iMETRUM）调整机身位置与姿态，使无人机与待测平面保持 2 m 的检测距离和合适的成像角度；然后通过无人机搭载的佳能 5DMarkIII 相机（成像像素 5 760×3 240）和 105 mm 镜头（EF 105 mm f/4L IS USM）以 1/500 s 的快门速度成像；最后通过灰度变换、滤波增强、最大熵阈值分割等操作后，基于支持向量机训练的模型完成桥梁裂缝形状的提取。以湘潭市湘江二大桥南引桥空心板梁地板检测过程为研究对象，在无风环境下裂缝检测精度达到 2 mm，与人工实际检测数据相比仅高出 4.9%。然而，即使在无风环境下无人机仍受空气流动和旋翼的气动效应影响，导致成像系统和缓震云台处于振动状态。同时，固定焦距成像参数无法调整导致输出图像进光量较小、对比度较低，特定角度甚至无法识别病害。此外，实际桥梁底部检测过程无 GPS 信号，实际悬停操作仍需要操作员按经验目视确定安全位置手动控制无人机。

此外，除了传统视觉检测方式，无人机仍可搭载其他无损传感器增加桥梁检测数据维度。Omar 等（2017）通过无人机搭载热成像传感器实现了混凝土桥面分层的自动检测。无人机位于桥梁板面上方低空飞行，并通过高分辨率热成像相机对在役混凝土桥梁进行检测，检测结果经过增强处理后通过 k-means 聚类方法分割并识别目标阈值，以此构建面向桥面分层的二维热成像条件图。该方法可以在交通流正常通行的情况下，依托人工智能技术高频率、低成本、全自动地实现桥梁快速评估。然而，受制于检测方式，该无人机无法应用于车流饱和度较高的场景，检测局限性较高。而且，该方法需要无人机在道路正上方悬停式飞行检测路面，存在一定低空飞行碰撞和坠机风险，对无人机操作员技术的要求较高。同时，无人机低空飞行也受国家、地区政策影响，无法大规模开展应用（Ayele et al.，2020）。

针对桥墩、桥塔等高柱状的混凝土结构，Ayele 等（2020）设计了一种基于无人机视觉的自动桥梁裂缝识别系统。该系统分别采用 DJI matrice 100 & DJI Phantom 4 Pro V2 作为无人机平台，可实现无 GPS 环境下的自主避障和巡航；通过搭载可 7 倍变焦的 ZenmuseZ3 云台相机实现桥梁外表面数据的收集并同步构建三维模型；该桥梁三维模型不仅可用于桥梁区域无人机即时定位与地图构建（simultaneous localization and mapping，SLAM）定位和导航，也可以用于定位疲劳裂缝数据，为后续基于深层数据驱动模型分析桥梁病害发展提供理论数据支持。以挪威东部 Viken 一座 140 m 高、混凝土结构的 Skodsberg 大桥为例进行试验，通过 MaskR-CNN 算法提取裂缝模型并通过 GNU 图像处理程序（GNU image manipulation program，GIMP）将数据标记在检测图像中，供桥梁检测专家完成后续评估工作。尽管如此，Ayele 等（2020）认为无人机检测目前仍只能作为辅助手段，难以完全取代人工检测。此外，在该项研究中还发现，天气亮度变化仍有可能导致基于视觉 SLAM 定位存在偏航和定位失准的情况发生；同时，桥墩、桥梁侧板等裂缝通常涉及多个平面（甚至涉及曲面），难以直接读取裂缝长度、宽度信息，且无法直接与桥梁三维模型匹配。

为了解决非平面结构模型几何畸变的问题，中南大学祝志恒等（Zhu et al.，2016）通过图像拼接和刚性转换拟合等方法实现多角度平面在单一平面展开。然而，实际桥梁裂缝还可能出现在凹坑、曲面、不规则脱落面、拼接面错位处等区域，若直接展开为平面，将存在图像部分失真的情况。清华大学刘宇飞等（2020）基于上述桥梁多曲面特性，设计了一种基于无人机平台的多视角桥墩裂缝三维构建方法。该模型分别应用于 DJIS1000+无人机平台搭载佳能 EOS 5D mark III 相机（分辨率 5 760×3 840，并搭配 35 mm 镜头）及 DJIInspire 2 搭载 DJIZenmuse X5S 相机（分辨率 5 280×2 970，并搭配 15 mm/45 mm 镜头）进行验证。该模型首先考虑无人机拍摄图像覆盖率的问题，制定了一种多角度、多备选图像采集的无人机飞行拍摄策略，并通过激光雷达建立三维点云模型；然后，基于该模型将识别裂缝投影到网络化三维表面的三角形模型中；最终结合裂缝宽度特征序列，实现裂缝模型三维重建。如图 3-7（Chen et al.，2019）所示，该模型以北京丰台区永定河附近一个桥墩为例，在光线均匀的时段内（清晨或阴天时段），分别距离桥墩 1 m、1.5 m、2 m 开展桥墩裂缝检测。试验结果可以验证，该模型可以有效校正非平面结构表面变形和几何变形，并可以依托高精度拟合定位的原始三维裂缝性状分析桥梁。然而，在实际检测过程中，由于进一步靠近桥墩可能导致撞击风险，多次检测中最窄裂缝宽度仅为 0.57～1.29 mm，仍需要长焦或光学变焦镜头进一步提高裂缝识别精度。

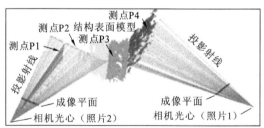

图 3-7　基于无人机视觉的桥墩多角度检测

考虑包含深度信息的三维点云数据更容易识别不连续病害，Chen 等（2019）设计了基于无人机的桥梁三维建模和病害识别方法。该方法首先基于待检测桥梁结构设计巡航路线和方案；然后基于地面激光扫描（terrestrial laser scanning，TLS）多角度扫描构建桥梁模型；最后通过点云特征识别并分析桥梁潜在缺陷，完成桥梁质量的快速评估。以爱尔兰德罗赫达的博因（Boyne）高架桥（砖桥）为例，基于 DJI Phantom 4 四旋翼无人机按照规划的路线 A 和路线 B 各实现 3 个拱洞的建模与检测，并针对潜在病害处，增加路线 C 近距离扫描建模，高精度记录病害区域。基于点云数据的表面病害检测过程对光照情况的影响较小，可有效应对阴影范围内等对比度不明显的情况。然而，无人机搭载的点云激光传感器应用效果受限于无人机飞行稳定度，无法达到地面固定环境内毫米级精度，可检测的桥梁病害类型有限。

在桥梁检测过程中通过无人机使检测设备进一步靠近桥墩、桥塔等人工难以到达的区域，提高桥梁检测的检测范围和精度，从而大幅度提高桥梁构件外部表观检查效率。现有无人机通常搭载视觉传感器并辅以激光雷达等其他无损检测方法，可有效降低桥梁检测成本，提高桥梁部分特殊构件检测周期，进一步提高桥梁检测数据多样性和检测结果可靠性。

5. 吸附式检测机器人

为了近距离使检测传感器靠近并检查梁底、桥墩、桥塔等人工难以观察的桥梁构件，解决现有基于无人机的桥梁检测技术检测精度较低、稳定度较低等问题，国内外研究学者以吸附式检测机器人为检测平台，通过远程控制或自动路径规划等方式实现特殊环境的桥梁检测。吸附式检测机器人技术难点主要是解决混凝土、钢结构等桥梁竖直外立面或水平下表面长时间吸附的问题，常见的吸附方式主要是磁力吸附、抓取式吸附、气动式吸附等。基于磁力吸附的机器人常用于钢结构桥梁检测；基于抓取式吸附的机器人则多用于轨道、壁架等；基于气动式吸附的机器人则可应用于更为广泛的材料上，减少对桥梁外表面的二次损伤。

麻省理工学院 Mazumdar 等（2009）设计了一种磁足式钢桥检测机器人。该机器人可以通过三个搭载永磁吸附结构脚在无动力前提下悬挂在钢结构的梁板下方；然后，通过一个伺服电机关节和两个锁止关节调整磁足倾斜角度，以不同的步态行走在钢板上；各种步态可以部分适应较小的障碍物，但是无法跨越不同外立面。该机器人通过试验证明了吸附式检测机器人设计概念的可行性，但是未配备任何无损检测传感器，且只能应用于钢构桥梁底部环境。

为了进一步提升增加不同钢面板的通过性，澳大利亚 Ward 等（2014）设计了一种基于磁吸附的尺蠖机器人（climbing robot caterpillar，CROC）。该机器人通过两组脚垫仿生尺蠖运动姿态向前依次蠕动，其中每组焦点都带有三个独立控制并配有力学传感器的磁性脚趾。CROC 以悉尼港湾大桥为例进行测试，可以通过直径 0.3 m 以内的检修孔，也可以通过铆钉紧密的横隔板。在断电的情况仍可以保持稳定的吸附能力。同时，CROC 搭配 PrimeSense 深度相机用于桥梁钢箱梁内部建图、导航及病害检测。然而。该设备仍需要额外的线缆支持机器人动力供给和数据的传输，最多只能检测 10 m 左右的范围。同时，这些线缆可能会在机器人运动过程中缠结导致设备功率限制和数据损失。

为了进一步提升磁吸式机器人的移动速度，先进机器人与自动化（advanced robotics and automation，ARA）实验室的 Pham 等（2016）设计了一种配备磁轮的小型钢结构桥检测机器人。该机器人通过每个车轮中 36 个钕磁缸使车辆可以吸附于钢结构桥任意一个平整表面，并通过 8 个高扭矩伺服电机（525 g/mm）驱动 4 个车轮和 4 个轴使车辆可以在崎岖地形上动态调整接触面积高速驱动；然后，通过搭载的两个视觉相机和一个 TOF（Time-of-Flight）相机实现对钢桥和钢结构的可视化和三维结构检测；检测的数据通过无线模块实时发送到基站机型后续处理。在实验室测试过程中，2 块 7.4 V 5 000 mAh 的电池较难维持设备长时间的作业过程。此外，仅依靠磁轮结构只能辅助机器人实现较为简单的钢面切换，目前无法直接应用于钢结构桥梁复杂表面结构的检测。

然而，对于表面材料为混凝土的桥梁，无法直接通过磁力吸附在桥梁表面。南京邮电大学徐丰羽课题组（王贝，2017；Xu et al.，2012）除了研究缆索机器人，还设计了一种基于抓爪的桥梁检测吸附式机器人。该机器人首先建立了反映粗糙壁面上尖钩与微突起之间关系的数学模型；然后分析了三种不同情况下钩爪的受力情况，得出钩爪稳定抓取的条件；最后通过高分辨率工业相机和混凝土钢筋检测仪实现桥梁关键部位精细化检测。但是，该款机器人检测平台不适用于快速大规模桥梁检测，且容易对桥梁表面造成二次损伤。同时，该设备成本高昂，设备操作存在一定的危险性，容易从桥梁坠落摔毁，存在砸伤桥下行人、车辆的风险。

华南理工大学蔡钊雄（2012）设计并研发了一种蜘蛛式桥梁检测机器人。该机器人通过每个触角的真空抽压装置实现对混凝土结构的吸附，并且通过 6 个四自由度的机械足交替开关带动机器人前进，最终通过机器人底部的视觉传感器实现桥梁病害的检测。然而，该机器人机械结构、控制算法较为复杂，无法保证实际检测过程装备的稳定性和安全性，不适合市场化大规模应用。

印度特里凡得琅工程学院学者 Sekhar 等（2014）为了进一步减少真空吸附对混凝土的影响，设计了一种基于风扇生成负压的吸附式机器人。该机器人通过伯努利原理利用风管风扇制造局部真空创造机器人的吸附能力，并通过驱动轮在桥梁底部行走，依托机器人前方的检测器实现病害的识别。该机器人无法在不同桥面结构间切换，且位于桥墩、桥塔等非平面竖直外立面时，风扇吸附的负压无法提供足够的附着力使驱动轮稳定爬升。

韩国世宗大学 Bae 等（2021）设计了一种基于机械对向压力的环抱式桥墩检测机器人。如图 3-8 所示，该机器人通过四组对向的轮组及机械装置有效固定在桥墩附近；4 组高清摄像机（分辨率 1920×1080）安装在机器人上方，距离桥墩表面约 250 mm，可在机器人爬升的同时以 60 Hz 的帧率记录桥梁表面细节。以韩国江陵城 Jang-Duck 大桥 15 m 的桥墩为例，该机器人仅需要 67.5 s 即可完成桥墩单次面的检测。然而，出于成本考虑，该机器人仅设置 4 组摄像头，无法实现全桥梁面的检测，后续仍需多次人工调整相机位置。同时，该机器人仅针对截面为圆形且直径范围有限的桥墩，无法应对其他截面的桥墩类型。此外，桥墩底部通常处在水下，仍需要其他的检测设备补足水下检测的空缺。

图 3-8　韩国世宗大学环抱式桥墩检测机器人

综上所述，基于吸附式桥梁检测机器人可有效实现桥墩、桥底、箱梁内部等人工难以靠近区域的近距离观察，依托无损检测技术及人工智能处理可以实现待测区域的高精度重建并完成相应病害的检测。

6. 水下检测机器人

部分桥梁架设于海河之上，其水下的墩柱和桥梁桩基是支撑此类桥梁的重要承力结构。与此同时，近年来因水文因素造成的桥梁损毁已成为桥梁倒塌失效的首要因素。水下桥梁构件检测方式仍以潜水员水下目视为主，检测人员水下风险和整体检测成本都较高。部分学者基于多种水下潜航器配置水下无损检测模块，研发桥梁水下检测机器人，可远程控制装备检测水下桥梁状态。常见的无人航行器（unmanned marine vehicle，UMV）可以按种类分为无人水面艇（unmanned surface vessel，USV）、无人水下潜航器（unmanned underwater vehicle，UUV）和遥控水下潜航器（remotely operated vehicle，ROV）。USV 通常是一种水面航行或半潜式的船艇，通过水下部分设置的传感器实现桥梁下部结构的无损检测；UUV 通常是指能执行自动路径规划并通过无线信号传递信息的水下行驶的无系绳平台；ROV 通常是指通过系绳的水下航行平台，可实现实时控制和感知。

大连海事大学 Li 等（2022）设计了一款水下无人检测设备。该设备为了提升水下检测设备视觉检测能力，考虑了水下机器人的计算资源有限的情况，以于 YOLO V4 为主体构建了一个轻量级卷积神经网络。该网络通过 MobileNetV3 取代 CSPDarkent 作为主干特征提取网络，并且调整 MobileNetV3 的特征层尺度，并将提取的初步特征层输入增强的特征提取网络中进行特征融合。同时，在各种实验环境中测试了每个网络的病害识别精度和网络的性能，并验证了轻型网络在桥梁水下结构损伤识别中的可行性。如图 3-9 所示，无人检测设备可实现清水环境、浊水环境和深水环境中混凝土裂缝的检测。

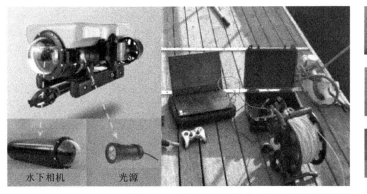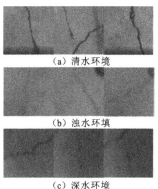

图 3-9 大连海事大学水下无人检测设备及检测效果

为了解决雨季后水流浊度过高且伴有漩涡水流的问题，悉尼科技大学 Le 等（2020）开发了水下结构清洁和检查的自主机器人（submersible pylon inspection robot，SPIR）系统。该设备首先通过爪臂刚性对接桥梁墩柱；然后使用基于高压水流喷射的 3 自由度机械臂实现待测区域的清洁；最后通过摄像头和声呐传感器对待测结构三维重建和检测。该机器人可在低能见度（可视距离 50 cm 以下）环境内应用全自动化设备实现桥梁检测，可替代潜水员执行常规桥梁水下结构清洗和检测。然而，该机器人与桥梁接触过程的强度难以保证，有可能对桥梁结构造成二次损伤。同时，SPIR 水流流速过高时难以在水下自动航行，仍需要人工驾驶员和安全员保证设备稳定。

现有水下桥梁检测设备主要均依靠各类无人航行器将水下桥梁无损检测设备可以有效应用在水中。此类设备可以大幅度降低人工水下桥梁检查潜水员的风险，在此基础上可以提升水下桥梁结构检测精度。

3.3.2 基于机器视觉的桥梁病害检测方法

随着人工智能技术的快速发展，机器视觉是当前智能装备主流的公路桥梁表面病害检测方法。其中，桥梁裂缝是结构退化的早期迹象之一，持续暴露的裂缝也将导致桥梁结构进一步恶化。结构表面裂缝类型、数量、长度和宽度的分布情况也揭示了混凝土结构或钢结构桥梁的病害恶化程度和承载能力，同时较细的裂缝检测精度也一直是行业检测的难点问题。

在早期阶段，通过应用图像处理方法，对直观明显的图像特征提取相对容易。Tsao 等（1994）首先将病害系统和图像特征相结合，实现了多类明显混凝土病害的分类和检测。该方法基于模糊集理论，对图像进行滤波，通过二值化和聚类提取裂缝信息。随着计算机硬件和支持向量机（support vector machine，SVM）方法的发展，Jahanshahi 等（2012）使用人工神经网络（artificial neural network，ANN）和 SVM 对裂缝进行分类和提取。Prasanna 等（2014）分析了传统随机森林（random forest，RF）算法和 SVM 等方法的缺点，分别对 RF、SVM 和 AdaBoost 分类器进行了训练、评估和比较。通过提取多尺度特征实现混凝土裂缝识别，合成结构外观全景图，最后基于图像拼接构建病害密度图。结果表明，AdaBoost 分类器性能最佳，准确率达到 90%以上。为了进一步提高 SVM 的性能，Li 等（2017）采用了一种基于线性 SVM 的新特征选择方法和贪婪搜索策略，检测了由迭代 Canny 算子提取的轮廓图像的断裂区域，然后消除了非断裂噪声。Asjodi 等（2021）设计了一种基于图像的方法"弧长法"来提取裂纹模式特征。如图 3-10 所示，该方法在整个图像中估计裂纹区域，并测量裂纹特征，如裂纹宽度、裂纹长度和裂纹模式角度等。

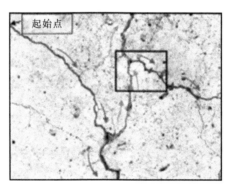

图 3-10　基于"弧长法"的桥梁裂缝提取方法

近年来，随着计算机技术的飞速发展，深度学习逐渐融入桥梁病害检测中，引起了许多学者的兴趣。目前，基于深度学习的检测网络方法可以分为三类：基于图像分类（image classification）的网络、基于对象检测（object detection）的网络和基于语义分割（semantic segmentation）的网络。

1. 基于图像分类的网络

图像分类是一种有效的病害检测方法。Cha 等（2017）将卷积神经网络（convolutional neural network，CNN）应用于病害检测和分类。该方法不仅对光线不均匀和阴影等不利因素具有良好的适应性，而且在区分阴影和裂缝方面也表现良好。此外，Xu 等（2019）提出了一种基于分类网络和滑动窗口的钢箱梁疲劳裂纹识别方法。该方法由三个步骤组成：首先，使用滑动窗口方法剪切原始图像；然后，构建深度神经网络，实现钢箱梁裂缝、笔迹和背景的分类；最后，利用训练好的神经网络实现裂纹轮廓的提取。该网络能够对裂缝和笔迹进行分类，但在高分辨率图像上的准确性较差。对比传统图像处理方法和深度卷积神经网络方法的特点，Dorafshan 等（2018b）提出了一种结合 AlexNet 分类网络和原木边缘检测的具体裂缝检测方法。在同一时期，Atha 等（2018）还比较了不同尺寸滑动窗和不同分类网络对钢结构表面腐蚀检测的识别能力。

2. 基于对象检测的网络

目标检测不同于图像分类，可以直接输出已识别目标在全景图像中的具体位置，而不仅仅是区分图像的类别。Cha 等（2017）使用更快的基于区域的卷积神经网络（faster region-CNN，F-RCNN）完成了结构螺栓腐蚀、混凝土裂缝、钢构件腐蚀和钢结构明显劣化病害的检测和识别。实验结果表明，在高性能图形处理单元（graphic processing unit，GPU）的支持下，多类别检测的平均准确率达到 87.8%，对 500×375 像素的图像只需 0.03 s，几乎实现了实时检测。结合迁移学习和 CNN，Dung 等（2019）实现了钢结构疲劳裂纹区域的检测。在该方法设定的测试集中，检测准确率达到 98%，但该方法不能实现实时检测。

3. 基于语义分割的网络

与分类检测网络相比，分割网络可以直接获取目标物体的轮廓和相对位置。Zhang 等（2017）提出了一种表观裂纹分割网络 CrackNet，并通过实验证明了其准确性和有效性。考虑到 CrackNet 没有池化层，Dung 等（2019）提出了一种基于完全卷积网络（fully convolutional network，FCN）的裂纹提取方法，该方法可以对线性裂纹实现 90% 以上的检测精度。对于圆形混凝土剥离，简易的网络也表现出良好的性能。基于在 FCN 上创建新的图像特征融合层，Liu 等（2019）提出了一种基于 U-Net 模型的混凝土裂缝识别技术。如图 3-11 所示，混凝土结构表面裂缝可准确分割识别，而且 U-Net 网络的检测效果优于目标检测网络。

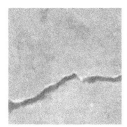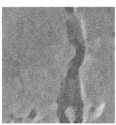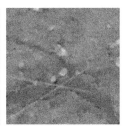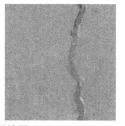

图 3-11　基于 FCN 网络的桥梁裂缝语义分割方法检测结果

3.3.3　基于电磁波的桥梁病害检测方法

基于电磁波的桥梁病害检测方法通过特定设备发射不同种类的电磁波，在特定的介质上发生反射和折射，并通过特殊的接收装置检测特殊的电磁波信号，进而发现桥梁内部的异构情况。该类方法可以按照电磁波的频率分为红外热成像法和探地雷达法。

1. 红外热成像法

红外热成像法是基于热辐射和温度检测之间的一种检测方法，其中物体的异形结构可以通过表面温度分布的差异映射在图像中。该方法通过红外摄像机测量测试元件发出的红外辐射，热源应用于无缺陷和有缺陷的物体。如果材料是均匀的，即没有任何缺陷，则热信号在物体中平稳传播，而对于有缺陷的物体，热信号会导致表面温度分布的突然变化。

红外热成像技术有两种类型，包括传统的脉冲热成像（pulse thermography，PT）和更先进的锁相热成像（lock-in thermography，LT）。传统脉冲热成像使用短持续时间的能量脉冲并记录热响应，容易受到被测物表面发射率和光照的影响，同时对深层微小缺陷检测精度较低。相比之下，锁相热成像使用单频正弦热激励来从记录的热图像中找到反射热波的相位和幅度。锁相热成像方法为噪声抑制提供了更好的精度和效率，但测量频率需要更长的时间。

2. 探地雷达法

探地雷达（ground penetrating radar，GPR）法通过分析电磁波在混凝土内部传播和反射情况判断混凝土内部结构。如图 3-12 所示，移动桥梁外部探地雷达检测仪器，电磁信号通过天线发送到桥梁内部。反射场的强度（振幅）与介电常数大小的变化成正比。当探地雷达沿地面移动时，将获得二维图像。该方法可用于桥面厚度诊断，钢筋和钢筋束管道测绘，含水量、腐蚀评估和分层测绘。

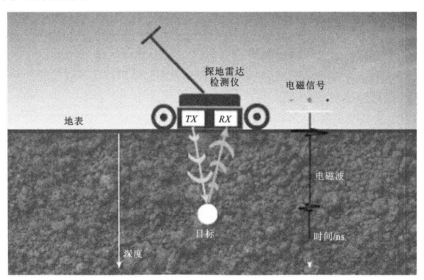

（a）GPR检测方法示意图

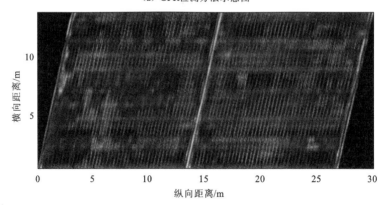

（b）桥梁面板内部检测结果

图 3-12　基于探地雷达的桥梁面板内部检测原理及结果

探地雷达是一种强有力的无损评估方法，因为该方法对环境条件适用性较强，在有或无沥青覆盖层的情况下都是有效的。然而，GPR主要的局限性出现在高导电性材料及非均匀介质条件下出现信号衰减或复杂散射的现象。另一个缺点是雷达图的解释通常不直观，需要大量的专业知识才能完成正确处理和理解测量结果。

3.3.4 基于机械波的桥梁病害检测方法

基于机械波的桥梁病害检测方法通过特定设备发射不同种类的振动，与桥梁结构在不同频率上发生共振，并根据不同的信号接收频率发现桥梁构件内部的病害缺陷。该类方法可以按照机械波的频率和发射方式分为回弹法、冲击回波法、声发射法和超声波检测法。

1. 回弹法

回弹法通过回弹仪的弹击锤在混凝土表面振击后，其回弹的高度（通过回弹仪上的标尺获得）可以反映混凝土表面的硬度，进而根据相关关系分析得知混凝土表面的抗压强度。然后通过拟合曲线推测其他强度下的混凝土强度水平。回弹法设备简单、操作方便、成本低廉，在现场测试中有较为广泛的应用。然而，受混凝土表面硬度、骨料的种类、配比和碳化程度的影响，基于当前范围测得的回弹值无法直接反映混凝土的绝对强度。因此，该方法只能用于确定整个混凝土桥梁的相对混凝土强度，无法检测混凝土内部质量。同时，由于混凝土的材料不同、地区差异，拟合回归曲线较难确定拟合参数。

2. 冲击回波法

冲击回波（impact echo）法是通过在结构的表面施以微小的冲击产生瞬时应力波信号，并接收和分析机械波返回信号检测桥梁内部病害情况。应力波沿球形方向传播至结构中，并被内部裂缝或空隙或界面及结构的外部边界反射。靠近撞击点的位移传感器用于监测这些反射波到达引起的表面位移。通过分析应力波的波速、波形、频率等参数，经过计算机处理技术得到频谱图，判断混凝土构件的内部质量情况。当前冲击回波源产生的冲击持续时间为$10 \sim 80 \mu s$。较短冲击时长的波频范围更广，但振幅较低。因此，冲击回波法无法同时兼顾检测精度和混凝土穿透能力。

3. 声发射法

声发射（acoustic emission，AE）法是利用应力波在混凝土或钢板中传播，根据其反射波的参数变化情况进而判断构件的厚度及损伤情况。当钢在应力作用下变形时，该方法以弹性波的形式产生能量。这些波以圆形模式从裂纹尖端附近向外辐射，通过附在钢构件表面的传感器获取。为了定位裂纹并消除噪声源的干扰信号，将传感器以几何阵列放置在待测构件上。声发射法适用于钢桥构件，包括轧制型材、板材、焊接连接件和缆索配件等。然而，该方法只能用于检测缺陷的开始或现有异常的进展。同时，声发射法需要较为复杂和经验性的设备布设方法。

4. 超声波检测法

超声波检测（ultrasonic testing，UT）法在各类桥型损伤检测中的应用均非常广泛。如图3-13所示，该方法可用于检测地下体积缺陷，包括夹渣和簇状孔隙度、表面断裂缺陷（例如裂纹）和材料厚度，以测量腐蚀和施工误差。同时，该方法还可用于斜拉索和钢筋束锚固区的断线检测。超声波检测法使用的工具包括脉冲发生器–接收器、电子信号控制器、参考量规和耦合装置。在这种方法中，使用频率超过可听范围的超声波对结构部件进行测试。超声波检测器上的波反射表明任何地下内部缺陷与表面的精确距离。

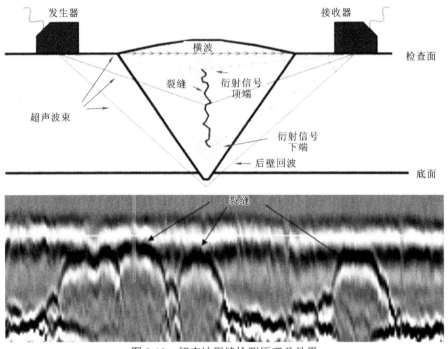

图 3-13　超声波裂缝检测原理及效果

电子脉冲的特定振幅和频率通过连接到压电晶体探针的引线产生。对于钢构件，频率通常为 2～5 Hz。根据产生波的类型，存在两种类型的换能器：直波束换能器和角波束换能器。直波束换能器产生由交替的钢原子层组成的压缩波，这些钢原子层由于弹性运动而膨胀和压缩。角波束换能器产生剪切波，该剪切波与波运动方向呈直角振荡。超声波换能器的接触与被测件表面之间存在孔隙可能会导致波散射。因此，可将凝胶耦合剂应用于表面以加强原位黏合并防止波散射。超声波检测法被认为是一种快速无损检测方法，其成本适中，而且该方法检测缺陷的准确性、便携性和安全性都处在较高的水平。然而，这种方法对检测非常薄的部件、易碎材料和具有复杂几何形状的元件的效果较差。同时超声波检测法检测效率较低，探测深度与成像分辨率成反比关系，内部深层无损检测效果一般。

3.3.5　基于电磁传感器的桥梁病害检测方法

钢筋、缆索、钢板等钢结构具有导电、导磁的特性，同时此类钢构件多为桥梁应力主要承载的单元，因此，通过检测钢构件内电场、磁场的变化也是有效检测桥梁现役状态的手段之一。常见的基于电磁传感器的桥梁病害检测方法有涡流检测法和漏磁检测法。

1. 涡流检测法

涡流（eddy current，EC）检测法是一种使用通电探针的无损电磁测试。该方法使用并排放置在探头上的涡流线圈。如图 3-14 所示，当探头放置在待测构件上时，探头周围会产生动态磁场。该磁场在以探头为中心的待测构件中产生涡流。待测构件上感应的电流以圆形模式振荡，并沿与线圈中电流相反的方向流动。由于涡流会产生特定的幅值和相位，任何裂纹或不连续性都会影响幅值和相位。

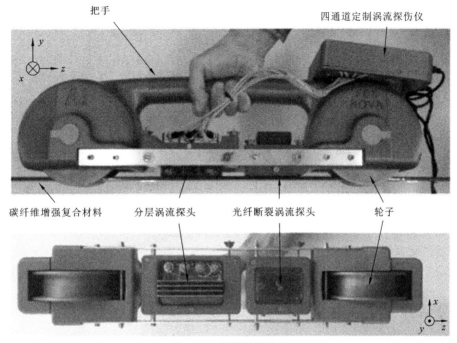

图 3-14　涡流检测装备

2. 漏磁检测法

漏磁检测（magnetic flux leakage testing，MFL）法主要用于检测悬索桥和斜拉桥中缆索的缺陷。为了检测包括腐蚀、断裂、横截面损失和钢构件内部的缺陷，通过使用强外部磁体对元件进行磁化。磁场存在于磁体的探针之间，因此钢元件中的缺陷导致材料中的磁场从其磁通路径泄漏。磁泄漏由放置在磁极之间的磁传感器检测。应用漏磁检测法检测每根缆索的时间为 10～20 min，但是，由于缆索表面准备和后勤问题，包括准备时间和后勤保障时间，平均每根缆索的检测时间约为半个工作日。同时，该方法仍有一些其他的局限性，一个是强电磁场的安全性问题，另一个是地面电缆准备的成本问题。

3.3.6　基于放射射线的桥梁病害检测方法

预应力混凝土结构和钢结构桥梁深层病害一直都是无损检测研究的难点。随着粒子放射设备逐渐便携化和轻量化，基于放射射线的桥梁病害检测方法可应用于桥梁深层结构检测，主要可分为射线检测法和中子探针法。

1. 射线检测法

射线检测法主要是使用 X 射线或伽马射线产生待测区域的射线照片，以记录厚度、装配细节和缺陷的任何变化。射线检测法在结构工程中有着重要的应用，但对钢桥检查，更常见的是用于检测焊接接头。动态载荷下焊接接头中的裂纹会进一步扩展并减小横截面，直到焊接部件发生断裂。尽管这类无损检测可能非常缓慢和昂贵，但其在检测焊缝内部气孔、裂纹、夹杂物和缺陷的能力和准确性较强。

射线检测设备由辐射源、胶片暗盒或数字平板探测器、透度计和胶片制作器组成。射线检测的应用几乎不需要表面处理。射线检测最有效的应用是检测肉眼看不到的表面缺陷。在这种方法中，待测构件受到辐射源的照射。根据材料密度，辐射以不同的速率传输，并在照相胶片或荧光屏上捕捉变化。射线检测的 X 射线灵敏度为 2%，这意味着如果部件的最小尺寸为 20 mm，则可检测到的最小空隙为 0.4 mm。射线检测法也在实验水平上用于检测斜拉索中的断线。钢桥射线检测法的缺点包括操作速度慢、成本高、严重的安全问题和健康危害、对厚截面的不当使用、需要昂贵的设备及需要对检测人员进行特殊培训。

2. 中子探针法

检测氯化物的中子探针法也称为即时伽马中子活化（prompt gamma neutron activation，PGNA），这种无损检测方法用于确定混凝土中轻元素（Ca、Si、Fe、Cl、Al）的组成（图 3-15）。混凝土中这些元素的含量提供了对混凝土一般结构状况的评估。用便携式铀中子源对混凝土的给定部分进行中子辐照。当辐照时，每个元素都会产生一个特征伽马射线，由高纯锗探测器检测和计数。

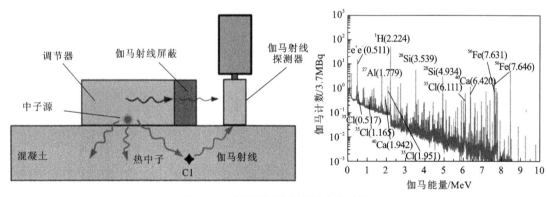

图 3-15　中子探针法原理及实验结果

然而在实际应用中，为了保障高纯锗探测器免受中子的辐射损伤，较厚的氟化锂（LiF）保护层及整个设备的质量都较高，不太方便移动。同时，操作设备的专业程度和安全保护程度也有较高的需求。

3.4　桥梁技术状况评定

桥梁评定分为桥梁技术状况评定和桥梁适应性评定。通过桥梁技术状况评定，可掌握桥梁各组成部分、桥梁整体病害情况和实际技术状况，为桥梁管理养护提供决策依据。桥梁适应性评定的重点是桥梁结构的承载能力评定，通过结构计算分析、实体荷载试验等方法给出评定结论。

2004 年 10 月 1 日实施的《公路桥涵养护规范》（JTG H11—2004）将桥梁技术状态分为 5 类，采用考虑桥梁结构缺损程度、影响及发展的量化综合方法评定桥梁技术状态。其中，结构缺损程度、影响及发展主要依据通过标度法并叠加发展趋势的修正值进行量化。该方法简便、明了，便于实际操作，但需要评定者具有足够的经验。

鉴于《公路桥涵养护规范》（JTG H11—2004）中评估桥梁技术状况的方法较粗糙及存在其他一些不足，交通运输部于 2011 年 9 月 1 日颁布实施了公路工程行业推荐性标准《公路桥梁技术状况评定标准》（JTG/T H21—2011）。在《公路桥涵养护规范》（JTG H11—2004）基础上，按不同桥型进行桥梁评定分类，并细化不同桥型的部件分类，根据不同桥型的部件类型制定评定细则，将评定指标进行细分并提出量化标准，提出了 5 类桥梁技术状况单项控制指标，改进桥梁技术状况的评定模型。

2021 年 11 月 1 日实施的《公路桥涵养护规范》（JTG 5120—2021）指出桥梁技术状况评定应依据桥梁初始检查、定期检查资料，通过对桥梁各部件技术状况的综合评定，确定桥梁的技术状况等级，提出养护措施。评定应按现行《公路桥梁技术状况评定标准》（JTG/T H21—2011）执行。

按照《公路桥梁技术状况评定标准》（JTG/T H21—2011），公路桥梁技术状况评定包括桥梁构件、部件、桥面系、上部结构、下部结构和全桥评定。评定采用分层综合评定与 5 类桥梁单项控制指标相结合的方法，首先对桥梁各构件进行评定，然后对桥梁各部件进行评定，再对桥面系、上部结构和下部结构分别进行评定，最后进行桥梁总体技术状况的评定。在评定中，首先需要依据各检测指标的技术状况评定表对指标进行评定，确定各构件指标的类别 1～5，其中，各构件检测指标的评定，是整个技术状况评定工作的关键和基础。然后，依次计算构件、部件、上部结构（下部结构、桥面系）的技术状况；最后，根据上部结构、下部结构、桥面系的技术状况计算全桥技术状况。桥梁由两种或者多种不同结构形式组成时，则可根据结构形式的分布情况采用划分评定单元的方式，逐一对各评定单元进行桥梁技术状况的等级评定，然后以技术状况等级评定结果最差的一个评定单元作为全桥的评定结果。《公路桥梁技术状况评定标准》（JTG/T H21—2011）使得影响桥梁结构的因素更加量化，其技术状况判断应更加准确。

本节桥梁结构评定内容主要参考《公路桥梁技术状况评定标准》（JTG/T H21—2011），并吸收《公路桥涵养护规范》（JTG 5120—2021）相关条文内容。

3.4.1 技术状况评定的流程

《公路桥梁技术状况评定标准》（JTG/T H21—2011）推荐的公路桥梁技术状况评定方法越来越广泛地运用到桥梁评估中，它采用分层综合评定与单项指标控制相结合的方法。该标准将桥梁按 4 种桥型划分不同的评定指标和权重值，评定过程由低到高循序渐进，按照桥梁构件评定、桥梁部件评定、上部结构评定、下部结构评定、桥面系评定和全桥技术评定 6 个环节进行。在综合评定之外，标准给出 14 项单项指标，用于控制桥梁结构重要部位的严重损伤。具体评定指标和流程如图 3-16 所示。

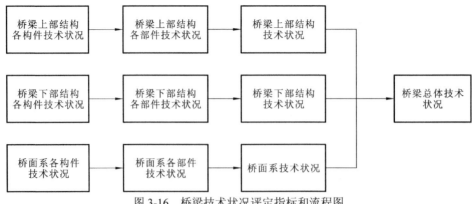

图 3-16　桥梁技术状况评定指标和流程图

该评定方法计算模型涉及的参数较多，其操作流程可分为 4 个环节：桥梁构件评定；桥梁部件评定；桥面系、下部结构、上部结构评定；桥梁总体评定。各环节具体评定计算过程如图 3-17 所示。

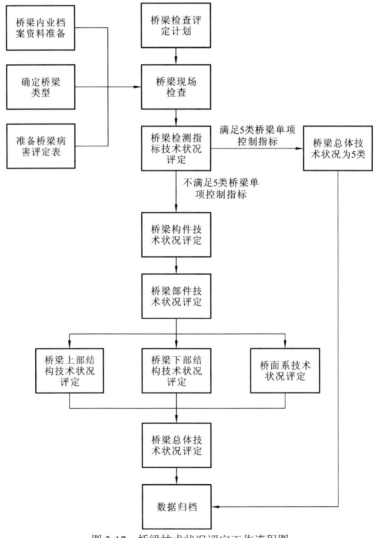

图 3-17　桥梁技术状况评定工作流程图

3.4.2 桥梁部件的划分

桥梁部件分为主要部件和次要部件。各桥梁结构主要部件见表3-12，其他部件为次要部件。

表3-12 各桥梁结构主要部件

结构类型	主要部件
梁式桥	上部承重构件、桥墩、桥台、基础、支座
板拱桥、肋拱桥、箱形拱桥、双曲拱桥	主拱圈、拱上结构、桥面板、桥墩、桥台、基础
刚架拱桥、桁架拱桥	刚架（桁架）拱片、横向联结系、桥面板、桥墩、桥台、基础
钢-混凝土组合拱桥	拱肋、横向联结系、立柱、吊杆、系杆、行车道板、支座
悬索桥	主缆、吊索、加劲梁、索塔、锚碇、桥墩、桥台、基础、支座
斜拉桥	斜拉索、主梁、索塔、桥墩、桥台、基础、支座

桥梁技术状况评定等级分为1类、2类、3类、4类、5类，见表3-13。《公路桥涵养护规范》（JTG 5120—2021）对桥梁技术状况评定等级做出了新的描述与说明，见表3-13。

表3-13 桥梁技术状况评定等级及状态描述

技术状况评定等级	状态	技术状况描述
1类	完好、良好	主要部件功能与材料均良好； 次要部件功能良好，材料有少量（3%以内）轻度缺损； 承载能力和桥面行车条件符合设计标准
2类	较好	主要部件功能良好，材料有少量（3%以内）轻度缺损，结构受力裂缝宽度小于设计限值； 次要部件有较多（10%以内）中等缺损； 承载能力和桥面行车条件达到设计指标
3类	较差	主要部件材料有较多（10%以内）中度缺损，结构受力裂缝宽度超过设计限值，或出现轻度功能性病害，发展缓慢，尚能维持正常使用功能； 次要部件有大量（10%~20%）严重缺损，功能降低，进一步恶化将不利于主要部件和影响正常交通； 承载能力比设计降低10%以内，桥面行车不舒适
4类	差	主要部件材料有大量（10%~20%）严重缺损，结构受力裂缝宽度超过设计限值，锈蚀严重，或出现轻度功能性病害，且发展较快。结构变形小于或等于设计限值，功能明显降低； 次要部件有20%以上的严重缺损，失去应有功能，严重影响正常交通； 承载能力比设计降低10%~25%
5类	危险	主要部件出现严重的功能性病害，且有继续扩张现象，关键部位的部分材料强度达到极限，出现部分钢丝或钢筋断裂、混凝土压碎或杆件失稳变形、破损现象，变形大于设计限值，结构的强度、刚度、稳定性和动力响应不能达到交通安全通行的要求； 承载能力比设计降低25%以上

3.4.3 桥梁构件技术状况评分计算原理

根据不同桥型或评定单元，按照标准规定的评定指标标度类别数、评定标准和扣分值，分别计算桥梁上部结构（下部结构、桥面系）某类部件各个构件的技术状况评分 PMCI，具体评分按式（3-21）计算。

$$PMCI_l(BMCI_l \text{ 或 } DMCI_l) = 100 - \sum_{x=1}^{k} U_x \qquad (3\text{-}21)$$

当 $x=1$ 时

$$U_1 = DP_{i1}$$

当 $x \geqslant 2$ 时

$$U_x = \frac{DP_{ij}}{100 \times \sqrt{x}} \times \left(100 - \sum_{y=1}^{x-1} U_y\right), \quad j = x$$

当 $DP_{ij} = 100$ 时

$$PMCI_l(BMCI_l \text{ 或 } DMCI_l) = 0$$

式中：$PMCI_l$ 为上部结构第 i 类部件中构件 l 评定，$PMCI_l \in [0, 100]$；$BMCI_l$ 为下部结构第 i 类部件中构件 l 评定，$BMCI_l \in [0, 100]$；$DMCI_l$ 为桥面系第 i 类部件中构件 l 评定，$DMCI_l \in [0, 100]$；k 为第 i 类部件中构件 l 扣分指标的种类数；U_x、U_y 为模型导入变量；i 为桥梁部件类型；j 为第 i 类部件中构件 l 的第 j 项检验指标；DP_{ij} 为第 i 类部件中构件 l 的第 j 类检验指标扣分，扣分值见表 3-14。

表 3-14 构件检测指标扣分值

检测指标所能达到的最高等级类别	指标类别				
	1 类	2 类	3 类	4 类	5 类
3 类	0	20	35	—	—
4 类	0	25	40	50	—
5 类	0	35	45	60	100

注：①单个构件进行评分计算时，构件的得分与构件的病害种类相关联，其中病害种类越多，构件得分值越低，同类病害中取病害最为严重的一个进行评定；②无论构件病害种类和数量如何增加，构件得分数始终约等于 0 分。

注意事项：计算 U_k 时，应注意 DP_{ij} 和 k 的取值顺序。

k 的排列顺序不同，PMCI、BMCI 或 DMCI 会算得不同的结果，试比较 $DP_{ij1}=20$，$DP_{ij2}=40$，$DP_{ij3}=60$ 与 $DP_{ij1}=60$，$DP_{ij2}=40$，$DP_{ij3}=20$。建议按从大到小的顺序排列后再计算。

《公路桥梁技术状况评定标准》（JTG/T H21—2011）中的第 5～10 章内容均是构件技术状况评定指标的具体内容，在分层综合评定法计算的第一步构件计算中，构件病害指标标度的选择均参考此内容，由于评定指标内容较多，在使用过程中为了能准确、快速地判断病害评定指标标度，进而确定扣分值，可参考表 3-15 构件技术状况评定指标关键词内容进行评定标度的选择。

表 3-15 构件技术状况评定指标关键词

评定标准	定性描述	指标关键词
1	好	没有病害,无扣分
2	较好	有病害,少量,局部,个别,轻微,未超限裂缝
3	较差	有病害,较多,较大范围,部分,较重,未超限裂缝
4	差	有病害,大量,大范围,大部分,严重,超限裂缝
5	危险	有病害,非常严重,影响结构安全,严重变形,严重超限裂缝

1. 单个构件一种病害计算

【例 3-1】 某桥一侧栏杆(一侧栏杆为单一构件)的撞坏病害,如图 3-18 所示,下面计算该桥一侧栏杆的得分。

图 3-18 损坏栏杆照片

按照《公路桥梁技术状况评定标准》(JTG/T H21—2011)中表 10.4.1-1 的内容要求(表 3-16)。

表 3-16 栏杆、护栏技术状况评定指标关键词

标度	评定标准	
	定性描述	定量描述
1	完好	—
2	局部受到车辆冲撞,不影响功能,或构件脱落,丧失	损坏长度≤3%
3	多处出现车辆冲撞引起的损坏,不影响功能,或构件脱落,丧失	损坏长度>3%且≤10%
4	受到车辆冲撞,失去效用,或构件脱落,丧失	损坏长度>10%

首先确定栏杆撞坏这项检测指标所能达到的最高标度类别为 4 类,然后根据病害实际情况或照片资料按照表 3-16 中的定性描述或定量描述(两者取评定结果较重者)确定该病害实际评定标度为 3 类,这样对应表 3-14 横向坐标为 4 类,纵向坐标为 3 类,扣分值为 40,则该栏杆因为撞坏病害的存在得分为

$$DMCI_l = 100 - \sum_{x=1}^{1} U_x = 100 - U_1 = 100 - 40 = 60$$

2. 单个构件多种病害计算

【例 3-2】 某连续梁桥一片梁的梁底出现混凝土纵向裂缝和孔洞两种病害,分别如

图 3-19、图 3-20 所示，下面计算该桥一片梁的得分。

图 3-19 梁底纵向裂缝

图 3-20 梁底混凝土孔洞

首先对两种病害分别进行查表扣分。

（1）按照《公路桥梁技术状况评定标准》（JTG/T H21—2011）中表 5.1.1-12 内容要求（表 3-17），确定连续梁桥梁底裂缝这项检测指标所能达到的最高标度类别为 5 类，根据病害实际情况或照片资料按照表 3-17 中的定性描述或定量描述（两者取评定结果较重者）确定该病害实际评定标度为 3 类，这样对应表 3-14，横向坐标为 5 类，纵向坐标为 3 类，扣分值为 45。

表 3-17 连续梁桥、连续刚构桥、悬臂梁桥和 T 形刚构桥裂缝

标度	评定标准	
	定性描述	定量描述
1	无裂缝	—
2	局部出现网状裂缝，或主梁出现少量轻微裂缝，缝宽未超限	网状裂缝累计面积≤构件面积的20%，单处面积≤1.0 m²，或主梁裂缝缝长≤截面尺寸的1/3
3	出现大面积网状裂缝，或主梁出现横向裂缝（钢筋混凝土梁），或顺主筋方向出现纵向裂缝，或出现斜裂缝、水平裂缝、竖向裂缝等，缝宽未超限	网状裂缝累计面积＞构件面积的20%，单处面积＞1.0 m²，或主梁缝长＞截面尺寸的1/3 且≤截面尺寸的1/2
4	主梁控制截面出现较多横向裂缝（钢筋混凝土梁），或顺主筋方向出现严重纵向裂缝并伴有钢筋锈蚀等，或出现斜裂缝、水平裂缝、竖向裂缝等，裂缝缝宽超限	主梁裂缝缝长＞截面尺寸的1/2，间距＜30 cm
5	主梁控制截面出现大量结构性裂缝，裂缝大多贯通，且缝宽严重超限，主梁出现变形	主梁裂缝缝宽＞1.0 mm，间距＜20 cm

（2）按照《公路桥梁技术状况评定标准》（JTG/T H21—2011）中表 5.1.1-3 内容要求，确定连续梁桥梁底裂缝该项检测指标所能达到的最高标度类别为 4 类，再根据病害实际情况或照片资料，按照《公路桥梁技术状况评定标准》（JTG/T H21－2011）中表 5.1.1-3 的定性描述或定量描述（两者取评定结果较重者）确定该病害实际评定标度为 2 类，这样对应表 3-14 横向坐标为 4 类，纵向坐标为 2 类，扣分值为 25。

（3）然后按照两项病害扣分值由大至小进行排序计算，45 分排第一，25 分排第二，计算过程如下：

$$U_1 = 45$$

$$U_2 = \frac{DP_{i2}}{100 \times \sqrt{2}} \times \left(100 - \sum_{y=1}^{1} U_1\right) = \frac{25}{100\sqrt{2}} \times (100 - 45) = 9.7$$

（4）最后该片梁因为混凝土纵向裂缝和孔洞两种病害的存在，得分为

$$PMCI_l = 100 - \sum_{x=1}^{2} U_x = 100 - U_1 - U_2 = 100 - 45 - 9.7 = 45.3$$

3.4.4 桥梁部件技术状况评分计算原理

（1）由某类部件所有构件评分的平均值（PMCI）、最低的构件评分值（$PMCI_{min}$）和构件总数量系数（t），分别计算桥梁上部结构（下部结构、桥面系）所有类部件评分（$PCCI_i$）。部件技术状况评分按式（3-22）计算：

$$PCCI_i = \overline{PMCI} - \frac{100 - PMCI_{min}}{t}$$

或

$$BCCI_i = \overline{BMCI} - \frac{100 - BMCI_{min}}{t}$$

或

$$DCCI_i = \overline{DMCI} - \frac{100 - DMCI_{min}}{t}$$

（3-22）

式中：$PCCI_i$ 为上部结构第 i 类部件的评分，$PCCI_i \in [0,100]$；当上部结构的某个重要部件 $PMCI_l$ 在[0,60)时，该部件得分值 $PCCI_i = PMCI_l$；$\overline{PMCI}$ 为上部结构中第 i 类部件所有构件评分均值，$\overline{PMCI} \in [0, 100]$；$BCCI_i$ 为下部结构中第 i 类部件评分，$BCCI_l \in [0,100]$当下部结构的某个重要部件 $BMCI_l$ 在[0,60)时，该部件得分值 $BCCI_i = BMCI_l$；$\overline{BMCI}$ 为桥梁下部结构中第 i 类部件所有构件评分均值，$\overline{BMCI} \in [0,100]$；$DCCI_i$ 为桥梁桥面系中第 i 类部件评分，$DCCI_i \in [0,100]$；$\overline{DMCI}$ 为桥梁桥面系中第 i 类部件所有构件评分均值，$\overline{DMCI} \in [0,100]$；$PMCI_{min}$ 为桥梁上部结构中第 i 类部件评分最低构件评分值；$BMCI_{min}$ 为桥梁下部结构中第 i 类部件评分最低构件评分值；$DMCI_{min}$ 为桥梁桥面系中第 i 类部件评分最低构件评分值；t 为随构件数变化而变化的系数，t 值详见《公路桥梁技术状况评定标准》（JTG/T H21—2011）中表4.1.2，见表3-18。

表 3-18 t 值

n（构件数）	t	n（构件数）	t
1	∞	10	8.1
2	10	11	7.9
3	9.7	12	7.7
4	9.5	13	7.5
5	9.2	14	7.3
6	8.9	15	7.2
7	8.7	16	7.08
8	8.5	17	6.96
9	8.3	18	6.84

n（构件数）	t	n（构件数）	t
19	6.72	29	5.52
20	6.6	30	5.4
21	6.48	40	4.9
22	6.36	50	4.4
23	6.24	60	4.0
24	6.12	70	3.6
25	6.00	80	3.2
26	5.88	90	2.8
27	5.76	100	2.5
28	5.64	≥200	2.3

注：①n 为第 i 类部件的构件总数；②表中未列出的 t 值采用内插法计算。

（2）表中未列出的 t 值采用内插法计算。

桥梁部件技术状况评分方法主要有三个特点：组成部件的单个构件分数越低，部件分数越低；通过最差构件得分，对构件得分平均值进行修正；考虑主要部件中最差构件对桥梁安全性的影响，当主要部件中的构件评分值在[0,40]时，主要部件的评分值等于此构件的评分值。

部件的计算首先要确定组成部件的构件数量 n，下面举例说明部件得分的计算方法和过程。

【例3-3】 某桥梁有 2 个桥台，按照《公路桥梁技术状况评定标准》（JTG/T H21—2011）第一步构件计算方法对 2 个桥台逐一进行计算，得分分别为 80 分、60 分，下面计算该桥桥台的得分。

① 首先确定桥台的构件数量。该桥共有两个桥台，所以桥台的构件数 n 为 2，查表 3-18，对应 t 值为 10。

② 计算桥台部件的得分：

$$\mathrm{BCCI}_{桥台} = \overline{\mathrm{BMCI}} - \frac{100 - \mathrm{BMCI}_{min}}{t} = 70 - \frac{100 - 60}{10} = 66$$

【例3-4】 某梁式桥有 10 片空心板梁，按照《公路桥梁技术状况评定标准》（JTG/T H21—2011）第一步构件计算方法对 10 片梁进行逐一评定，得分分别为 100 分、65 分、100 分、100分、100 分、75 分、80 分、100 分、100 分、100 分，下面计算该桥空心板梁的得分。

① 首先确定梁片的构件数量。该桥共有 10 片空心板，所以梁片的构件数 n 为 10，查表 3-18，对应 t 值为 8.1。

② 计算梁部件的得分：

$$\mathrm{PCCI}_{梁} = \overline{\mathrm{PMCI}} - \frac{100 - \mathrm{PMCI}_{min}}{t} = 92 - \frac{100 - 65}{8.1} = 87.7$$

【例3-5】 某梁式桥有 10 片空心板梁，按照《公路桥梁技术状况评定标准》（JTG/T H21—2011）第一步构件计算方法对 10 片梁进行逐一评定，得分分别为 100 分、35 分、100 分、100分、100 分、75 分、80 分、100 分、100 分、100 分，下面计算该桥空心板梁的得分。

按照上部结构中的主要部件某一构件评分在[0,40]区间时，其相应的部件评分值等于该构件评分值要求，由于梁属于桥梁主要部件，而且有一片梁得分为35（35为所有梁片最低分，且在[0,40]内），所以梁部件得分即为该片梁得分，$PCCI_i = PMCI_l = 35$。

（3）根据上部结构所有部件技术状况评分（PCCI、BCCI、DCCI）和《公路桥梁技术状况评定标准》（JTG/T H21—2011）规定的对应部件权重（W_i），根据式（3-23）计算上部结构、下部结构、桥面系评分。

$$SPCI(SBCI、BDCI) = \sum_{i=1}^{m} SPCI_i(SBCI_i 或 BDCI_i) \times W_i \qquad (3-23)$$

式中：SPCI为上部结构评分，$SPCI \in [0,100]$；SBCI为下部结构评分，$SBCI \in [0,100]$；BDCI为桥面系评分，$BDCI \in [0,100]$；m为上部结构（下部结构或桥面系）部件种类数；W_i为第i类部件权重，如果桥梁未设某类部件，则将该部件权重分配到所在单元的其他部件中。

【例3-6】 某梁式桥按照《公路桥梁技术状况评定标准》（JTG/T H21—2011）第二步部件计算方法对所有部件进行了计算，下面计算该桥结构的得分，计算过程如表3-19所示。

表3-19 梁式桥上部结构评分计算过程

部件	权重	部件得分	权重×部件得分
上部承重构件	0.70	60	42.0
上部一般构件	0.18	70	12.6
支座	0.12	50	6.0
上部结构得分=42+12.6+6=60.6			
翼墙、耳墙	0.02	100	2.0
锥坡、护坡	0.01	80	0.8
桥墩	0.30	70	21.0
桥台	0.30	65	19.5
墩台基础	0.28	100	28.0
河床	0.07	100	7.0
调治构造物	0.02	100	2.0
下部结构得分=2+0.8+21+19.5+28+7+2=80.3			
桥面铺装	0.40	70	28.0
伸缩缝装置	0.25	65	16.3
人行道	0.10	100	10.0
栏杆、护栏	0.10	100	10.0
排水系统	0.10	100	10.0
照明、标志	0.05	100	5.0
桥面系得分=28+16.3+10+10+10+5=79.3			

对于桥梁中未设置的部件，应根据该部件的隶属关系，将其权重分配给各既有部件，分配原则按照各既有部件权重在全部既有部件权重中所占比例进行分配。例如单跨桥梁没有桥墩部件，在计算时要将桥墩所占的0.3权重分给下部结构的其他部件，具体分法如表3-20所示。

表 3-20　梁式桥桥墩权重分配表

部位	类别	部件	权重	重新分配后权重	计算式
上部结构	1	上部承重构件	0.70	0.70	无
	2	上部一般构件	0.18	0.18	无
	3	支座	0.12	0.12	无
下部结构	4	翼墙、耳墙	0.02	0.03	$\dfrac{0.02}{0.02+0.01+0.3+0.28+0.07+0.02}\times0.3+0.02$
	5	锥坡、护坡	0.01	0.01	$\dfrac{0.01}{0.02+0.01+0.3+0.28+0.07+0.02}\times0.3+0.01$
	6	桥墩	0.30	0.00	无
	7	桥台	0.30	0.43	$\dfrac{0.3}{0.02+0.01+0.3+0.28+0.07+0.02}\times0.3+0.3$
	8	墩台基础	0.28	0.40	$\dfrac{0.28}{0.02+0.01+0.3+0.28+0.07+0.02}\times0.3+0.28$
	9	河床	0.07	0.10	$\dfrac{0.07}{0.02+0.01+0.3+0.28+0.07+0.02}\times0.3+0.07$
	10	调治构造物	0.02	0.03	$\dfrac{0.02}{0.02+0.01+0.3+0.28+0.07+0.02}\times0.3+0.02$
桥面系	11	桥面铺装	0.40	0.40	无
	12	伸缩缝装置	0.25	0.25	无
	13	人行道	0.10	0.10	无
	14	栏杆	0.10	0.10	无
	15	排水系统	0.10	0.10	无
	16	照明、标志	0.05	0.05	无

3.4.5　桥梁总体技术状况评分计算原理

根据上部结构评分 SPCI、下部结构评分 SBCI 和桥面系评分 BDCI，以及规定的相应桥梁结构组成权重 W_{SP}（0.40）、W_{SB}（0.40）、W_D（0.20），按式（3-24）计算得出桥梁总体技术状况评分（D_r）。

桥梁总体的技术状况评分按下式计算：

$$D_r = BDCI\times W_D + SPCI\times W_{SP} + SBCI\times W_{SB} \qquad (3\text{-}24)$$

式中：D_r 为桥梁总体技术状况评分，值域为 0～100 分；W_D 为桥面系在全桥中的权重，为 0.2；W_{SP} 为上部结构在全桥中的权重，为 0.4；W_{SB} 为下部结构在全桥中的权重，为 0.4。

【例 3-7】　某梁式桥按照《公路桥梁技术状况评定标准》（JTG/T H21—2011）第三步结构计算方法对所有结构进行了计算，下面计算该桥总体得分，计算过程如表 3-21 所示。

表 3-21 梁式桥总体评分计算过程

结构名称	权重	结构得分	权重×结构得分
上部结构	0.4	60	24
下部结构	0.4	70	28
桥面系	0.2	50	10
梁式桥总体得分=24+28+10=62			
梁式桥技术状况等级：3 类			

第四步计算完成后，根据桥梁技术状况分类界限表（表 3-22）要求，按照桥梁总体得分所落区间得出桥梁的技术状况等级。

表 3-22 桥梁技术状况分类界限表

技术状况评分	桥梁技术状况等级 D_j				
	1 类	2 类	3 类	4 类	5 类
D_r（SPCI、SBCI、BDCI）	[95,100]	[80,95)	[60,80)	[40,60)	[0,40)

3.4.6 评定等级分类及综合评定界限值

（1）桥梁部件分为主要部件和次要部件。两者的技术状况评定标度为：主要部件，1 类、2 类、3 类、4 类、5 类；次要部件，1 类、2 类、3 类、4 类。

（2）桥梁总体技术状况评定等级分为 1 类、2 类、3 类、4 类、5 类。桥梁技术状况分类界限见表 3-22。

3.4.7 使用注意事项

（1）当单个桥梁存在不同结构形式时，可根据结构形式的分布情况划分评定单元，分别对各评定单元进行桥梁技术状况的等级评定。

（2）由于实际中桥梁可能由两种或者多种不同结构形式组成，当单个桥梁存在既有梁桥又有拱桥或其他桥型，或者主桥和引桥结构形式不同等情况时，可根据结构形式的分布情况采用划分评定单元的方式，逐一对各评定单元进行桥梁技术状况的等级评定，然后以技术状况等级评定结果最差的一个评定单元作为全桥的评定结果。

【例 3-8】 某桥桥跨组合为 6×20 m+3×60 m+6×20 m，共 15 跨，引桥为钢筋混凝土 T 形梁，主桥为钢筋混凝土系杆拱桥，两幅的桥墩都为双柱式桥墩，桥梁总长 420.7 m。

该桥技术状况评定：该桥由两种结构形式组成，第 7~9 跨钢筋混凝土系杆拱结构，其他部分为钢筋混凝土 T 形梁。将第 7~9 跨主桥划为主桥单元，第 1~6 跨及第 10~15 跨合并起来划为引桥单元。对于公共的桥墩，建议划分给跨径长的单元（划分给主桥系杆拱部分）。主桥系杆拱桥部分按照标准要求，采用分层综合评定法进行评定，最终评定为 4 类，引桥评定为 3 类。全桥技术状况等级评定结果以最差的一个评定单元作为全桥的评定结果，即按照主桥评定结果，全桥技术状况最终评定为 4 类。

（3）当实际工作中存在某座桥梁没有设置部件，如单跨桥梁无桥墩、部分桥梁无人行道等类似情况，需要根据此构件隶属于上部构件、下部构件或桥面系关系，将此缺失构件的权重分配给其他部件。分配方法采用将缺失部件权重按照既有部件权重在全部既有部件权重中所占比例进行分配的方法，简单易行，从而保证既有部件参与评价，使桥梁评价更符合实际情况。

（4）在桥梁技术状况评价中，有下列情况之一时，整座桥应评为 5 类桥。

① 上部结构有落梁或有梁、板断裂现象。

② 梁式桥上部承重构件控制截面出现全截面开裂或组合结构上部承重构件结合面开裂贯通，造成截面组合作用严重降低。

③ 梁式桥上部承重构件有严重的异常位移，存在失稳现象。

④ 结构出现明显的永久变形，变形大于规范值。

⑤ 关键部位混凝土出现压碎、杆件失稳倾向或桥面板出现严重塌陷。

⑥ 拱式桥拱脚严重错台、位移，造成拱顶挠度大于限值或拱圈严重变形。

⑦ 圬工拱桥拱圈大范围砌体断裂，脱落现象严重。

⑧ 腹拱、侧墙、立墙或立柱产生破坏造成桥面板严重塌落。

⑨ 系杆、吊杆出现严重锈蚀或断裂现象。

⑩ 悬索桥主缆或多根吊索出现严重锈蚀、断丝。

⑪ 斜拉桥拉索钢丝出现严重锈蚀、断丝，主梁出现严重变形。

⑫ 扩大基础冲刷深度大于设计值，冲空面积达 20%以上。

⑬ 桥墩（桥台或基础）不稳定，出现严重滑动、下沉、位移、倾斜等现象。

⑭ 悬索桥、斜拉桥索塔基础出现严重沉降、位移或悬索桥锚碇有水平位移或沉降。

（5）其他事项。

满足《公路桥梁技术状况评定标准》（JTG/T H21—2011）的 4.3 节"5 类桥梁技术状况单项控制指标"的任何一项，则整座桥梁应评为 5 类。

当上部结构和下部结构技术状况等级为 3 类、桥面系技术状况等级为 4 类，且桥梁总体技术状况评分 $40 \leqslant D_r < 60$ 时，桥梁总体技术状况等级应评定为 3 类。

全桥总体技术状况等级评定时，当主要部件评分达到 4 类或 5 类且影响桥梁安全时，可按照桥梁主要部件最差的缺损状况评定。

3.5　A 大桥技术状况评定实例

3.5.1　A 大桥概况

某高速公路 A 大桥（图 3-21）全长 788.04 m，中心桩号 FK0+944，桥梁全长 788.04 m，跨径布置为 3.04 m+3×25 m+3×25 m+3×25 m+3×30 m+2×31.74 m+63.48 m(11.74 m+40 m+11.74 m)+3×30 m +4×25 m+3×25 m+3×25 m+3.04 m。该桥为单幅，桥梁全宽 12.5 m，单幅桥面净宽 11.5 m。

（a）正面照　　　　　　　　　　　　（b）立面照

图 3-21　某高速公路 A 大桥

上部结构：第 1～3 跨、第 4～6 跨、第 7～9 跨、第 10～12 跨、第 19～22 跨、第 23～25 跨和第 26～28 跨为预应力混凝土连续箱梁，混凝土设计标号为 50 号；第 13～18 跨为预应力混凝土连续悬臂箱梁加钢结构简支挂孔。桥面设 9 cm C40 混凝土+10 cm 沥青混凝土（挂梁上为 9 cm 沥青混凝土）。

下部结构：0#、28# 桥台采用双肋式桥台、钻孔桩灌注基础；桥墩采用独柱墩、钻孔灌注桩基础；墩身、台身采用 30 号混凝土，防撞护栏为 25 号混凝土，护坡采用 7.5 号浆砌片石。

3.5.2　A 大桥外观质量检查

1. 上部结构

1）上部承重构件

该桥采用预应力混凝土连续箱梁，总体状况一般。主要病害为全桥箱梁共有裂缝 120 条，裂缝总长 297.39 m。其中第 25 跨、第 26 跨箱梁共有 2 条裂缝宽度超过《公路桥梁技术状况评定标准》（JTG/T H21—2011）规定最大限值；钢挂梁近 14# 墩挂孔支点缝宽不均匀，左右差距较大。限于篇幅，这里只介绍第 5 跨箱梁的病害情况，详见表 3-23。

表 3-23　第 5 跨箱梁裂缝状况

裂缝位置	裂缝描述	病害照片	构件标度
第 5 跨箱梁	腹板 7 条斜向裂缝（L 为裂缝长度，D 为裂缝宽度） $L_1 = 70$ cm, $D_1 = 0.19$ mm； $L_2 = 35$ cm, $D_2 = 0.10$ mm； $L_3 = 30$ cm, $D_3 = 0.08$ mm； $L_4 = 50$ cm, $D_4 = 0.10$ mm； $L_5 = 50$ cm, $D_5 = 0.08$ mm； $L_6 = 80$ cm, $D_6 = 0.17$ mm； $L_7 = 9$ cm, $D_7 = 0.08$ mm		2，35 分

2）上部一般构件

该桥无此构件。

3）支座

该桥采用盆式支座，总体状况良好。

2. 下部结构

1）桥墩

该桥桥墩采用独柱墩、钻孔灌注桩基础，总体状况尚可。主要病害为：14#墩盖梁有剥落露筋现象；18#墩盖梁有 2 处锈胀露筋现象；18#墩盖梁有水侵害现象；20#墩盖梁有 1 处网裂现象；6#墩盖梁有竖向裂缝 15 条，裂缝总长 8.45 m。限于篇幅，这里只介绍 14#墩的病害情况，详见表 3-24。

表 3-24　桥墩各构件病害状况

病害位置	病害描述	病害照片	构件标度
14#墩　盖梁	剥落、露筋，面积为 200 cm×50 cm	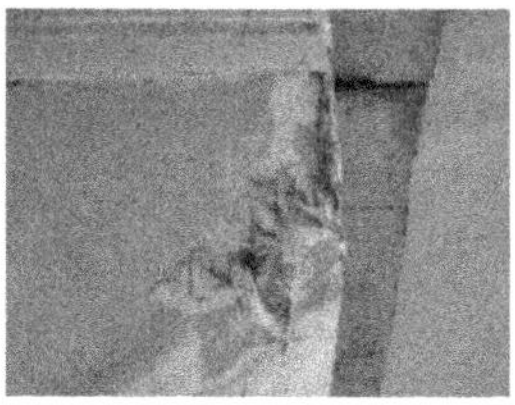	3，40 分
立柱	1 处露筋，长度为 40 cm		2，25 分

2）桥台

该桥桥台采用双肋式桥台、钻孔桩灌注基础，总体状况较好。主要病害为 28#台台帽有露筋现象，详见表 3-25。

表 3-25　桥台各构件病害状况

病害位置	病害描述	病害照片	构件标度
28#台台帽	右侧桥台露筋，长度为 50 cm		2，25 分

3）基础

该桥全桥墩台基础埋于地下未见掏空现象。

4）翼墙、耳墙

该桥全桥外侧耳墙状况良好。

5）锥坡、护坡

该桥锥坡、护坡采用 7.5 号浆砌片石，总体状况一般。2 个护坡铺砌面破损，28#台护坡沉降开裂，4 个锥坡轻微沉降。限于篇幅，这里只介绍 28#台锥坡、护坡缺损状况，详见表 3-26。

表 3-26　锥坡、护坡各构件病害状况

病害位置	病害描述	病害照片	构件标度
28#台	台前护坡沉降开裂，沉降高度为 7 cm		2，25 分
28#台	台前护坡轻微破损，破损面积为 60 cm×30 cm	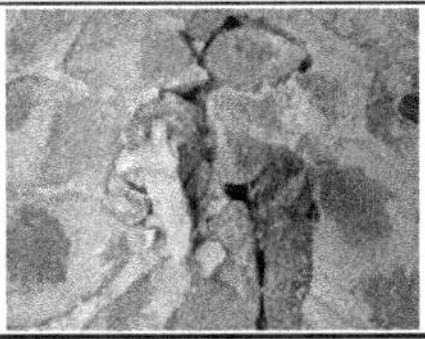	2，25 分

6）河床

该桥桥下无河床。

7）调治构造物

该桥无调治构造物。

3．桥面系

1）桥面铺装

该桥桥面铺装设 9 cm C40 混凝土+10 cm 沥青混凝土（挂梁上为 9 cm 沥青混凝土），总体状况一般。主要病害为：沥青铺装层在第 12 跨、第 15 跨有严重车辙；0#台桥外有 1 处破损；第 1 跨有多处纵向细微裂缝；第 2 跨、第 3 跨、第 4 跨局部有坑槽；全桥桥面铺装多处修补痕迹。限于篇幅，这里只介绍第 1 跨、第 3 跨的病害情况，详见表 3-27。

表 3-27　桥面铺装各构件病害状况

病害位置	病害描述	病害照片	构件标度
第 1 跨	引桥右侧护栏边缘有破损	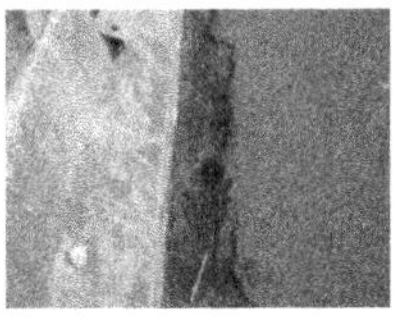	2，25 分
第 3 跨	硬路肩与二车道交界处离 2#墩 6 m 有坑槽；3#墩处伸缩缝附近沥青层有坑槽，坑槽面积为 50 cm×100 cm		2，25 分

2）伸缩缝装置

该桥采用异型钢伸缩缝，总体状况一般。主要病害为有 9 条伸缩缝杂物砂石阻塞；1 条伸缩缝橡胶条局部破损。限于篇幅，这里只介绍第25#墩伸缩缝的病害情况，详见表3-28。

表3-28　伸缩缝装置各构件病害状况表

病害位置	病害描述	病害照片	构件标度
25#墩伸缩缝	橡胶条局部破损		2，25分
	轻微阻塞		2，25分

3）人行道

该桥无人行道。

4）栏杆、护栏

该桥防撞护栏为 25 号混凝土，总体状况尚可。主要病害为左右两侧混凝土防撞护栏局部存在露筋现象，左侧护栏 1 处构件缺失，详见表3-29。

表3-29　栏杆、护栏各构件病害状况表

病害位置	病害描述	病害照片	构件标度
防撞护栏	全桥防撞护栏多处露筋	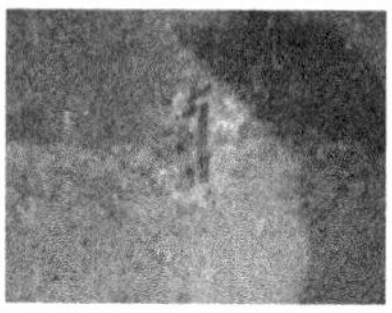	2，25分
	左侧护栏12#墩处构件缺失		2，25分

5）防排水系统

该桥防排水系统状况良好。

6）照明、标志

该桥全桥标线整体良好。

3.5.3　A 大桥无损检测

1）混凝土回弹强度检测结果

该桥混凝土强度状况良好，不再详细列出检测结果。

2）混凝土碳化状况检测结果

该桥混凝土碳化状况良好，不再详细列出检测结果。

3）混凝土保护层厚度检测结果

混凝土保护层厚度检测结果表明：6#盖梁保护层对结构混凝土耐久性有较大影响，2#盖梁、3#盖梁、4#盖梁、7#盖梁保护层对结构混凝土耐久性有影响，其他构件影响程度较小。限于篇幅，这里只列出有影响的检测结果，见表3-30。

表 3-30　混凝土保护层厚度检测结果

| 构件 | 保护层厚度/mm | | | | 特征值 D_{ne} | 设计值 D_{nd} | D_{ne}/D_{nd} | 评定标度 | 对结构钢筋的耐久性影响程度 |
	最大值	最小值	平均值	标准差					
2#盖梁	22	20	21	1.0	19.3	23	0.84	3	有影响
3#盖梁	28	20	24	2.8	19.3	23	0.84	3	有影响
4#盖梁	28	21	23	2.2	19.3	23	0.84	3	有影响
7#盖梁	28	19	24	2.6	19.6	23	0.85	3	有影响

3.5.4　A 大桥技术状况评定

根据检测结果：上部结构评分为 3 类（72.8），下部结构评分为 2 类（89.2），桥面系评分为 2 类（81.4），桥梁综合评定为 2 类（81.1）。限于篇幅，各构件评分不再列出，仅给出部分结果，见表3-31～表3-34。

表 3-31　桥梁上部结构评分

构件	权重	t	构件编号	$PCCI_i$	$SPCI = \sum PCCI_i \times W_i$	D_r（SPCI）
上部承重构件	0.85	5.64	1～28	68.0	72.8	3 类
支座	0.15	3.5	1～72	100		

表 3-32　桥梁下部结构评分

构件	权重	t	构件编号	$BCCI_i$	$SBCI = \sum BCCI_i \times W_i$	D_r（SBCI）
桥墩	0.33	4.24	1～54	83.1		
桥台	0.33	10	1～2	85.0		
基础	0.31	5.52	1～2	100.0		
翼墙、耳墙	0.02	9.5	1～4	100.0	89.2	2 类
锥坡、护坡	0.01	8.9	1～6	68.5		
河床	—	—	—	—		
调治构造物	—	—	—	—		

表 3-33　桥梁桥面系评分表

构件名称	权重	t	构件编号	$DCCI_i$	$BDCI = \sum DCCI_i \times W_i$	D_r（BDCI）
桥面铺装	0.44	5.64	1~28	83.5		
伸缩缝装置	0.28	7.9	1~11	73.5		
栏杆、护栏	0.11	10	1~2	64.57	81.4	2 类
排水系统	0.11	∞	1	100.0		
照明、标志	0.06	∞	1	100.0		

表 3-34　桥梁整体评分表

技术状况评分	上部结构	下部结构	桥面系
	SPCI	SBCI	BDCI
(SPCI、SBCI、BDCI)	3 类（72.8）	2 类（89.2）	2 类（81.4）
桥梁总体技术状况评分（D_r）	81.1		
总体技术状况等级	2 类		

3.5.5　结论及建议

全桥整体技术状况评定为 2 类，需进行小修。该桥病害对其结构耐久性造成了影响，为确保该桥在今后运营中的安全性，建议采取以下措施进行处理。

（1）对裂缝的宽度未超过《公路桥梁技术状况评定标准》（JTG/T H21—2011）限值的箱梁进行封缝、灌缝处理；对裂缝宽度超过上述规范限值的箱梁采用粘贴碳纤维或其他方式进行加固处理。

（2）对混凝土出现剥落部位进行修复；出现锈胀的构件先进行钢筋的除锈处理，再涂阻锈剂，最后进行保护层的修复。

（3）对墩台盖梁竖向裂缝进行封缝、灌缝处理。

（4）对沥青混凝土铺装层车辙处重铺沥青混凝土铺装层。

（5）修复破损的锥坡、护坡，防止雨水对其内部进一步产生侵蚀。

（6）对收缩缝缝内杂物进行清理，更换出现破损的止水橡胶条。

（7）加强巡检，做好日常养护工作，掌握桥梁使用状况，对桥梁病害做到早发现、早治疗，以免病害发展扩大。

3.6　桥梁承载能力评定

3.6.1　现行规范推荐方法

《公路桥梁承载能力检测评定规程》（JTG/T J21—2011）规定对在役桥梁应从结构或构件的强度、刚度、抗裂和稳定性 4 个方面进行承载能力检测评定。下面以圬工结构桥梁承载能力检测评定为例进行介绍。

圬工结构桥梁在计算桥梁结构承载能力极限状态的抗力效应时应根据桥梁试验检测结果，采用引入承载能力检算系数 Z_1 或 Z_2、截面折减系数 ξ_c 方法进行修正计算。

$$\gamma_0 S \leq R(f_d, \xi_c a_d) Z_1 \tag{3-25}$$

式中：γ_0 为结构的重要性系数；S 为荷载效应函数；$R(\cdot, \cdot)$ 为抗力效应函数；f_d 为结构强度设计值；a_d 为结构的几何尺寸。

抗力效应值应按现行设计规范进行计算，Z_1 应综合考虑桥梁结构或构件表观缺损状况、材质强度和桥梁结构自振频率等的检测评定结果，按照表 3-35 确定承载能力检算系数 Z_1。

表 3-35　圬工及配筋混凝土桥梁的承载能力检算系数 Z_1

承载能力检算系数评定标度 D	受弯	轴心受压	轴心受拉	偏心受压	偏心受拉	受扭	局部承压
1	1.15	1.20	1.05	1.15	1.15	1.10	1.15
2	1.10	1.15	1.00	1.10	1.10	1.05	1.10
3	1.00	1.05	0.95	1.00	1.00	0.95	1.00
4	0.90	0.95	0.85	0.90	0.90	0.85	0.90
5	0.80	0.85	0.75	0.80	0.80	0.75	0.80

注：承载能力检算系数评定标度 D 应考虑桥梁结构或构件表观缺损状况、材质强度和桥梁结构自振频率等的检测评定结果。

截面折减系数 ξ_c 是依据结构或构件截面损伤的综合评定标度 R 确定的，其中 $R = \sum_{j=1}^{n} R_j \alpha_j$。

而截面损伤的综合评定标度又与材料风化、混凝土碳化、物理与化学损伤 3 项检测指标有关。

材料风化评定标准根据构件表面是否有砂粒滚动摩擦的感觉，手掌上附着物和构件表面状态分为微风化、弱风化、中度风化、较强风化和严重风化 5 个标度（1～5）。

物理与化学损伤评定标准根据构件表面剥落面积、损伤最大深度与截面损伤发生部位及构件最小尺寸之比的大小分为 5 个标度（1～5）。

混凝土碳化评定标准根据测区混凝土碳化深度平均值与实测保护层厚度平均值之比的大小分为 5 个标度（1～5），对混凝土碳化，不需要进行检测评定时，其评定标度应取 1。

各项检测指标权重见表 3-36，截面折减系数 ξ_c 的值根据截面损伤综合评定标度 R 选取，见表 3-37。

表 3-36　材料风化、碳化及物理与化学损伤权重值

结构类别	检测指标名单	权重 α_j
砖、石结构	材料风化	0.20
	物理与化学损伤	0.80
混凝土及配筋混凝土结构	材料风化	0.10
	混凝土碳化	0.35
	物理与化学损伤	0.55

表 3-37 圬工及配筋混凝土桥梁截面折减系数 ξ_c

截面损伤综合评定标度 R	截面折减系数 ξ_c	截面损伤综合评定标度 R	截面折减系数 ξ_c
$1\leqslant R<2$	(0.98,1.00]	$3\leqslant R<4$	(0.85,0.93]
$2\leqslant R<3$	(0.93,0.98]	$4\leqslant R<5$	≤0.85

圬工桥梁正常使用极限状态一般按照现行公路桥涵设计和养护规范计算评定。

3.6.2 荷载试验法

荷载试验法主要是通过现场试验对既有桥梁承载能力进行评估的方法,包括静载试验法和动载试验法,详见 3.7 节。

3.6.3 基于实桥调查的经验方法

1. 评分系统法

该法最早用于建筑结构损伤程度的评估,并逐步发展成为一种量化的评分系统。评分标准及损伤程度分类需根据调查统计和试验分析结果预先制定。在应用时,由有经验的工程师对既有桥梁进行检查评分,并依此对材料质量、损伤程度等进行评价。加拿大安大略省借用该法评估桥面系统的运营状况,印度和我国公路界在评估桥梁承载能力时,也采用类似的评分系统确定抗力折减系数。该法的特点是应用简单,主要用于对桥梁运营状态的评估,其结论的可信程度基于评估者的工程经验和判断能力。根据《公路桥梁技术状况评定标准》(JTG/T H21—2011),桥梁技术状况评定等级分为 1 类、2 类、3 类、4 类、5 类,对桥梁整体和桥梁部件均适用。将桥梁划分为 15 个部件,根据桥梁部件的缺损程度及标度、缺损对结构使用功能的影响程度及缺损发展变化状况,对桥梁各部件分别进行评分,值域为 0~5。"0"表示完好状况,"5"表示危险状况。再根据桥梁部件的评分确定各部件的评定等级。

2. 经验系数法

经验系数法是根据大量的调查研究,确定结构损伤、材料老化、环境影响等影响承载能力的各种系数及取值范围,折算求出桥梁承载能力的方法。该法应用简便,但各系数由评估者根据现场情况决定,适用性有所限制,计算结果较为粗糙。

3. 经验公式法

经验公式法依据广泛的调查研究,确定若干影响承载能力的系数及其取值范用,对桥梁承载能力进行评估。例如,被评估桥梁的承载能力 P 可表示为

$$P = P_0 \times K_1 \times K_2 \times K_3 \times K_4 \qquad (3\text{-}26)$$

式中:P_0 为原设计承载能力;K_1 为残存承载能力系数(依结构损伤、材料老化程度而定);K_2 为反映桥面条件的系数;K_3 为反映实际交通情况的系数;K_4 为桥梁建造使用年限系数。

该法的特点是应用简便,各系数由评估者根据现场情况决定。但由于系数的确定较困难,其适用性有所限制,只能用于初步估计桥梁的承载能力。该法的缺点是不能考虑桥梁存在的各种缺陷,也就是说,该法对既有桥梁的实际承载能力较难评定。

3.6.4　专家经验方法

1. 桥梁评估专家系统

与设计相比，桥梁评估要复杂得多。一般而言，评估是考虑结构损伤和运营状态，并以整个结构体系（上部结构、下部结构和基础工程）为对象，对桥梁的可靠性（安全性、适用性、耐久性）进行分析评价并作出决策（如正常使用、限制使用、修理加固、替换更新等）的过程。不言而喻，影响评估的因素众多，因素之间相互影响、关系复杂。另外，评估与人的工程经验有着密切的关系。这也使评估中包含了许多不定因素。对如此复杂的评估问题，不可能建立一套完善的数学模型进行精确定量的描述，但却适合采用人工智能技术（如专家系统）加以理解。所谓桥梁评估专家系统，就是利用计算机模拟有经验专家的决策机理，对既有桥梁进行综合评估的方法。目前，实用的评估系统仍在研究发展之中。

2. 专家意见调查

专家意见调查（expert opinion surveys）是指直接收集、分析、归纳专家意见，对某一事件的可能结果作出评估的方法。在国外，这一方法已在军事、医学、气象预测、经济、工程等方面应用多年。在我国，对某些问题也常常采用"专家论证"的方式加以解决。

结构失效概率的评估方法有两种：一种是对失效记录和试验数据的统计分析，另一种是结构可靠度分析。对形式新颖的、采用新型材料的或可靠度高的结构，所能获取的信息十分有限；采用前一种方法来分析失效概率，就会失去统计上的意义。若不了解结构行为或失效模式或欠缺基本变量的统计分析，或结构分析模型复杂，后一种方法也不适用或费用过高。在上述情况下，可考虑采用专家意见调查的方法。

3.6.5　结构可靠性理论方法

结构可靠性理论采用失效概率 P_f 或可靠指标 β 来衡量结构的安全水平。这一理论已在结构工程的各个领域得到广泛应用。在修订桥规方面，该理论被用于结构可靠度分析和分析安全系数的选择。由于以概率统计为基础，该理论可以处理荷载和抗力的不定性，尤其是可以处理这些不定性的变化对结构可靠度的影响。因此，它可为桥梁评估提供一个合理的理论框架，应用该理论于桥梁承载能力评估，有两种方式：一种是直接评估 β（或 P_f），并与预先拟定的目标可靠指标 β_T 相比；另一种是评估既有桥梁的可靠度，并制订评估规范中的分项安全系数。

直接评估 β（或 P_f）的过程，可分成以下几个步骤。

（1）证实可能的失效模式。这些失效模式可分为构件失效模式和系统失效模式（针对多荷载路径结构而言），取决于桥梁形式和荷载类型。证实的方法可以是失效树分析、模型试验或结构分析。

（2）选择代表各失效模式的分析模型。可采用线弹性分析、非线性分析或极限分析。线弹性分析（如格栅分析）在设计中被广泛采用，但在评估中往往给出保守结果。非线性分析（如有限元法）结果可靠，费用较高，可提供全历程响应。极限分析（如屈服线法）基于功能互等原理估计极限荷载，计算简单。

3.7 桥梁结构荷载试验

3.7.1 概述

桥梁荷载试验是对桥梁结构物进行直接加载测试的一项科学试验工作，是对服役桥梁结构进行承载能力评定最有效、最直接的方法。其目的是通过荷载试验了解桥梁结构在试验荷载作用下的实际工作状态，从而判断桥梁结构的安全承载能力及评价桥梁的运营质量；验证桥梁结构的设计理论与计算方法，充实与完善桥梁结构的计算理论与施工技术，积累科学技术资料；掌握桥梁结构的工作性能，判断桥梁结构的实际承载能力。

桥梁荷载试验是新型桥梁结构性能研究、各类桥梁施工质量与结构承载能力评定工作的重要手段。桥梁荷载试验主要分为静载试验和动载试验。静载试验是指将静止的荷载作用于桥梁上的指定位置，测试结构的静应变、静位移及裂缝等，从而推断桥梁结构在荷载作用下的工作状态和使用能力。动载试验是指给桥梁施加激振力而使桥梁发生振动，测得相应的振动信号得出相应的桥梁结构频率，从而确定其工作状态。

桥梁荷载试验的主要工作包括试验准备、加载方案设计、测点设置与测试、加载控制与安全措施、试验结果分析与承载力评定及试验报告编写等内容。参考的依据主要是《公路桥梁荷载试验规程》（JTG/T J21-01—2015）、《公路桥梁承载能力检测评定规程》（JTG/T J21—2011）、《公路工程质量检验评定标准　第一册　土建工程》（JTG F80/1—2017）等相关技术规程。

一般情况下，桥梁荷载试验应按三个阶段进行，即计划与准备阶段、加载与测试阶段、分析总结阶段。

3.7.2 静载试验

1. 桥梁静载试验方案

桥梁静载试验方案应在桥梁调查和验算的基础上制定。静载试验方案应包括测试截面、试验工况、测试内容、试验荷载、测点布置、试验过程控制和试验数据分析等内容。

静载试验应保证桥梁结构整体及局部受力安全。

静载试验应包括结构控制截面应力（应变）测试、变形测试及荷载试验现象观测等基本内容。缆索承重体系桥及梁-拱组合结构桥梁还应包括索力及吊杆力测试。

静载试验工况应包括中载试验工况和偏载试验工况。

2. 荷载工况的确定

桥梁静载试验时的荷载工况选择应反映桥梁设计最不利受力状态，简单结构可选 1～2 个工况，复杂结构可适当多选几个工况但不宜过多。表 3-38 是梁桥的静载试验荷载工况及其控制截面（其他桥型参见规范条款），主要工况为必做工况，附加工况可视具体情况由试验检测者确定是否进行。

表 3-38　梁桥静载试验荷载工况及控制截面

桥梁结构形式	试验工况		控制截面
简支梁桥	主要工况	跨中截面主梁最大正弯矩	跨中截面
	附加工况	（1）L/4 截面主梁最大弯矩 （2）支点附近主梁最大剪力	（1）L/4 截面 （2）梁底距支点 h/2 截面内侧向上 45° 斜线与截面形心线相交位置
连续梁桥	主要工况	（1）主跨支点位置最大负弯矩 （2）主跨跨中截面最大正弯矩 （3）边跨主梁最大正弯矩	（1）主跨（中）支点截面 （2）主跨最大弯矩截面 （3）边跨最大弯矩截面
	附加工况	主跨（中）支点附近主梁最大剪力	计算确定具体截面位置
悬臂梁桥	主要工况	（1）墩顶支点截面最大负弯矩 （2）锚固孔跨中最大正弯矩	（1）墩顶支点截面 （2）锚固孔最大正弯矩截面

3. 静载试验测试内容

静力荷载试验的测试内容反映桥梁结构内力及变形最不利控制截面的力学特征，试验过程应关注可能出现的异常现象。表 3-39 是梁桥的测试内容。

表 3-39　梁桥的试验测试内容

桥梁结构形式	类型	测试内容
简支梁桥	主要内容	跨中截面挠度和应力（应变） 支点沉降 混凝土梁体裂缝观测
	附加内容	L/4 截面挠度 支点斜截面应力（应变）
连续梁桥	主要内容	主跨支点截面应力（应变） 主跨最大正弯矩截面应力（应变）及挠度 边跨最大正弯矩截面应力（应变）及挠度 支点沉降 混凝土梁体裂缝观测
	附加内容	支点附近斜截面应力（应变）
悬臂梁桥	主要内容	墩顶支点截面应力（应变） 锚固孔最大正弯矩截面应力（应变）及挠度 悬臂端挠度 墩顶沉降 混凝土梁体裂缝观测
	附加内容	墩顶附近斜截面应力（应变） 悬臂跨最大挠度 挂孔跨中截面应力（应变）及挠度 牛腿部分局部应力（应变）

4. 试验荷载

为了保证静载试验效果，应根据试验目的确定试验控制荷载，一般控制桥梁设计的可变作用包括汽车和人群荷载，以及需通行的特殊重型车辆荷载。试验前需要分别计算设计时所采用的控制荷载或由试验目的所决定的荷载对结构控制截面产生的内力（或变形）的最不利值，并进行比较，取其中最不利者对应的荷载作为控制荷载。荷载试验应尽量采用与控制荷载相同的荷载，而组成控制荷载的车辆是由运管车辆统计而得的概率模型。当客观条件所限，采用的试验荷载与控制荷载有差别时，为保证试验效果，在选择试验荷载的大小和加载位置时应采用静载试验荷载效率进行控制。

静载试验荷载效率是指试验荷载作用下被检测部位的内力（或变形）的计算值与包括动力扩大效应在内的标准设计荷载作用下，同一部位的内力（或变形）计算值的比值。静载试验荷载效率按下式进行计算：

$$\eta_q = \frac{S_s}{S(1+\mu)} \tag{3-27}$$

式中：S_s 为静载试验荷载作用下，某一加载试验项目对应的加载控制截面内力或位移的最大效应计算值；S 为控制荷载产生的同一加载控制截面内力或位移的最不利效应计算值；μ 为按规范取用的冲击系数；η_q 为静载试验荷载效率，一般取值 0.95～1.05；当桥梁调查、验算工作比较充分时，η_q 可采用低限值，当桥梁调查、验算不充分，尤其是缺乏设计计算资料时，η_q 可采用高限值。一般情况下，η_q 值不宜小于 0.95。

静载试验加载设备可根据加载要求及具体条件选用，一般有可行式车辆加载（建议采用三轴载重车辆）和重物直接加载两种方式。

5. 测点布置

静载试验布设的测点不宜过多，但要保证观测质量。有条件时，同一测点可用不同的测试方法进行校对。一般情况下，对主要测点的布设应能控制结构的最大应力（应变）和最大挠度（或位移）。

1）变形测点

对于装配式桥梁应在主要控制截面各构件上布置测点，以考察结构的整体工作性能；对于大跨桥梁应沿纵向布置一定数量的测试截面（四分点、八分点等），以分析结构受载后的挠曲变形规律。另外，还应结合结构受力特点及评价的需要，进行侧向位移、扭转变形、塔顶变位、纵向漂移、支点沉降等的测量。

2）应变测点

应变测点应优先布置在结构最大受力处。考虑结构材料（特别是混凝土）应变的离散性，应变测点应是足够的，重要测点可布置多个传感器。可在梁高方向等距布置一定数量的测点，以验证平截面假定。需考察结构抗剪性能时，可在最不利受力部位布置应变花。对预应力混凝土结构，应变测点设在混凝土表面即可，而对普通钢筋混凝土结构，则应重点测量受拉主筋的应变，一般采用凿开混凝土保护层（试验结束后应及时修复）直接在中性轴钢筋上布设测点的方法，也可采用大标距应变计测量结构的平均应变。

3）裂缝测点

重点测量结构关键部位受力裂缝的宽度及受载后裂缝的扩展（宽度、长度）情况，宜根据实际情况布置测点。每个加载工况在加载前、受载时、卸载后均应对控制截面或部位进行裂缝观测。

4）温度测点

选择与测点接近的部位设置 1～2 处气温观测点，此外可根据需要在桥梁主要构件表面布置温度观测点。温度测试结果可用于结构计算修正。

5）测点布置原则

测点布置应遵循必要、适量、方便观测的基本原则：①具有较强的代表性（控制截面）；②要有目的性，不宜过多；③便于仪表的安装与集中方便观测读数；④布置一定数量的校核性测点；⑤结构对称互等原理来进行数据分析校核。

上述具体测点布置可参考《公路桥梁荷载试验规程》（JTG/T J21-01—2015）。

6. 现场静载试验

现场静载试验是整个荷载试验的中心环节，是对试验准备工作的大检查，也是试验能否取得成功的关键。具体包括以下内容。

1）静载试验程序

静载初读数：是指试验开始时的零读数，不是调试阶段的仪器读数。从初读数开始，整个测试系统就开始运作了，测量、读数记录人员进入现场各司其职。

（1）加载：按桥上划定的停车线布置荷载，要安排专人指挥车辆停靠。

（2）稳定后读数：加载后结构的变形和内力需要有一个稳定过程。对不同的结构这一过程的长短都不一样，一般是以控制点的应变值或挠度值稳定为准，只要读数波动值在测试仪器的精度范围以内，就认为结构已处于相对稳定状态，可以测量读数。

（3）卸载读零：一个工况结束，荷载退下桥去，各测点要读回零值，同样要有一个稳定过程。静载过程中必须时时关注几个控制点数据的情况，一旦发现问题就要重新加载测试。这种现场数据校核的做法，可以避免实测数据出现大的差错，是非常必要的。

2）静载试验要点

（1）试验观测与记录。

第一，仪表的测读与记录。人工测读千分表、百分表时，仪表的测读应准确、迅速并记录在专门的表格上，以便于试验资料的整理和计算。

第二，裂缝观测。加载试验中裂缝观测的重点是结构承受拉力较大部位及旧桥原有裂缝较长、较宽的部位。在这些部位应量测裂缝长度、宽度，并在混凝土表面沿裂缝走向进行描绘。加载至最不利荷载及卸载后应对结构裂缝进行全面检查，尤其应仔细检查是否产生了新的裂缝，并将最后检查情况填入裂缝观测记录表。

（2）加载稳定时间控制。

进行主要控制截面最大内力荷载工况加载程序时，荷载在桥上稳定时间应不少于 5 min，有些桥梁，因连接较弱或变形缓慢造成测点观测值稳定时间定为 20～30 min。

（3）加载过程的监控。

加载试验过程应对结构控制点位移（或应变）结构总体行为和结构薄弱部位破损实行监控，并将结果随时汇报给指挥人员作为控制加载的依据。随时将控制点实测位移与计算结果比较，如发现实测值超过计算值较多或测点的测值有较大的反常变化，则应暂停加载，待查明原因再决定是否继续加载。加载过程中应指定人员随时观察结构各部位可能产生的新裂缝，注意观察构件薄弱部位是否有开裂破损，支座附近混凝土是否开裂，结构是否产生不正常的响声。

（4）终止加载控制条件。

发生下列情况应中途停止加载。

第一，控制测点应力值已达到或超过用弹性理论按《公路桥梁荷载试验规程》（JTG/TJ 21-01—2015）安全条件反算的控制应力值。

第二，控制测点变位（或挠度）超过规范允许值。

第三，由于加载使结构裂缝的长度、宽度急剧增加，新裂缝大量出现，缝宽超过允许值的裂缝大量增加，对结构使用寿命造成较大影响。

第四，发生其他损坏，影响桥梁承载能力或正常使用。

试验荷载加载控制分析是一项相当重要的工作，试验人员务必认真对待，仔细观测并进行对比分析，严格按照加载控制条件实施。

7. 试验数据分析

通过静载试验得到的原始数据、文字和图像描述材料是荷载试验最重要的资料。虽然它们是可靠的，但这些原始资料数量庞大，不直观，不能直接用于评定桥梁承载能力，故进行承载能力评定之前必须对主要（包括应变应力挠度等检测）数据进行处理分析，以满足承载能力评定的需要。

1）静载试验资料的修正

（1）测值修正。根据各类仪表的标定结果进行测试数据的修正，如机械式仪表的校正系数、电测仪表的率定系数、灵敏系数、电阻应变观测的导线电阻影响等。这类因素对测值的影响小于1%时可不予修正。

（2）温度影响修正。由于温度对测试的影响比较复杂，通常采取缩短加载时间，选择温度稳定性较好的时间进行试验等办法，尽量减小温度对测试精度的影响。必要时，一般可采用综合分析的方法来进行温度影响修正，即利用加载试验前进行的温度稳定观测数据，建立温度变化（测点处构件表面温度或空气温度）和测点测值（应变和挠度）变化的线性关系（温漂试验），然后按下式进行温度修正计算：

$$S = S' - \Delta t K_t \tag{3-28}$$

式中：S 为温度修正后的测点加载测值变化；S' 为温度修正前的测点加载测值变化；Δt 为相应于 S' 观测时间段内的温度变化，对应变宜采用构件表面温度，对挠度宜采用气温；K_t 为空载时温度上升 $1\,^{\circ}\mathrm{C}$ 时测点测值变化量。如测值变化与温度变化关系较明显时，可采用多次观测的平均值：

$$K_t = \frac{\Delta S}{\Delta t_1} \tag{3-29}$$

式中：ΔS 为空载时某一时间区段内测点测值变化量；Δt_1 为相应于 ΔS 同一时间区段内温度变

化量。

温漂试验方法：桥梁结构在空载状态下，对测试断面应力测定进行数据采集，并记录采集时刻的温度，采集时间间隔可为 10 min，通过数据处理，建立温度与时间、温度与测定应变之间的关系。试验中的应变数据根据温漂试验结果进行温度修正。

（3）支点沉降影响的修正。当支点沉降量较大时，应修正其对挠度的影响，修正量 C 按下式计算：

$$C = \frac{l-x}{x}a + \frac{x}{l}b \tag{3-30}$$

式中：C 为测点的支点沉降影响修正量；l 为 A 支点到 B 支点的距离；x 为挠度测点到 A 支点的距离；a 为 A 支点沉降量；b 为 B 支点沉降量。

2）实测变位（挠度、位移、沉降）与应变的计算

各测点变位（挠度、位移、沉降）与应变的计算根据量测数据作下列计算：

总变位（或总应变）为

$$S_t = S_I - S_i \tag{3-31}$$

弹性变位（或弹性应变）为

$$S_e = S_I - S_u \tag{3-32}$$

残余变位（或残余应变）为

$$S_p = S_t - S_e = S_u - S_i \tag{3-33}$$

式中：S_i 为加载前测值；S_I 为加载达到稳定时测值；S_u 为卸载后达到稳定时测值。

3）正应力计算

在单向应力状态下，测点应力可按下式进行计算：

$$\sigma = E\varepsilon \tag{3-34}$$

式中：σ 为测点应力；E 为构件材料的弹性模量；ε 为测点实测应变值。

8. 静载试验承载能力评定

为了评定桥梁结构整体受力性能，需对桥梁荷载试验结果与理论分析值进行比较，以判断旧桥的承载能力。可以将结构位移、应变等实测值与理论计算值列表进行比较；对结构在最不利荷载工况作用下主要控制截面测点的位移应变的实测值与理论计算值进行比较；要分别绘出荷载-位移（P-D）曲线、荷载-应变（P-e）曲线。

截面应力的计算值和实测值应列在同张表内并绘制成图，以便比较。当截面上应力的计算值和试验值之间的差别超出正常允许的误范围时，应该仔细分析，找出原因。

1）结构校验系数

为量化及描述实测值与理论计算值比较的结果，引入结构校验系数：

$$\zeta = \frac{S_e}{S_s} \tag{3-35}$$

式中：S_e 为试验荷载作用下量测的弹性变位（或应变）；S_s 为试验荷载作用下理论计算变位（或应变）。

ζ 可用实测的横截面平均值与计算值比较，也可考虑荷载试验横向不均匀分布而选用实测最大值与考虑横向增大系数的计算值进行比较。横向增大系数最好采用实测值，如无实测值也可采用理论计算值。

2）横向增大系数

横向增大系数一般为实测的变位（或应变）最大值与横向测点平均值的比值，即

$$x = \frac{S_{e\,max}}{S_e} \qquad\qquad (3\text{-}36)$$

式中：$S_{e\,max}$ 为试验荷载作用下量测的最大弹性变位（或应变）；S_e 为试验荷载作用下横桥向各测点量测的弹性变位（或应变）的平均值。

3）挠度

实测值和计算值一般都要求绘成曲线并放在一起，或列出比较表等。

3.7.3 动载试验

桥梁动载试验是利用某种激振方法激起桥梁结构的振动，测定桥梁结构的固有频率、阻尼比、振型、动力冲击系数、动力响应（加速度、动挠度）等参量的试验项目，从而判断桥梁结构的整体刚度、运营性能。

1. 试验目的

动载试验就是对桥梁结构物进行直接加载测试的一项科学试验工作，其目的是了解桥梁结构在试验荷载作用下的实际工作状态，从而判断桥梁结构的安全承载能力及评价桥梁的营运质量。对于一些在理论上难以计算的部位，通过动载试验可达到直接了解其受力状态的目的，有助于发现在一般性检查中难以发现的隐蔽病害，可以检验桥梁结构的设计与施工质量，确定旧桥结构实际的承载能力，为制订桥梁加固或改建技术方案提供依据。此外，新建桥梁结构的竣工动载试验及针对性很强的研究性试验，可为发展桥梁设计理论和提高施工工艺水平，不断地积累技术数据并提供科学依据。

2. 试验任务

桥梁动载试验的任务是根据试验的目的和要求确定的。一般来说，桥梁荷载试验主要任务如下。

1）确定桥梁结构承载能力及营运条件

对于重要的桥梁结构，除在设计阶段进行必要项目的试验研究外，常在桥梁建成竣工后，通过动载试验来鉴定桥梁结构的质量和营运条件，分析判断桥梁的实际承载能力。

对于需要改建或加固的桥梁，通过动载试验可进一步提供桥梁改造技术依据，尤其是对缺少技术资料的旧桥更为重要。

对于新型桥梁及运用新材料、新工艺的复杂桥梁结构，通过系统的动载试验，可以了解和掌握结构在荷载作用下的实际受力状态验证结构计算图式，并探索具有普遍意义的规律，为充实和发展桥梁结构计算理论与施工工艺积累科学资料。

2）分析桥梁病害原因及其变化规律

对于遭受到洪水、冰冻、地震、撞击、河床挖坑或冲刷而损伤，或使用期间发现有严重

缺陷，如过大变形或裂缝等的桥梁结构，常通过桥梁荷载进行综合分析研究，提出合理整治方案和养护措施。

3）检验桥梁结构的内在质量

对新型桥梁或加固改建桥梁进行竣工验收鉴定，以对桥梁结构整体受力性能是否达到设计文件和规范标准的要求做出评价，检验预期的设计效果。

3. 试验依据

动载试验应以国家和交通运输部颁布的有关公路工程的法规、技术标准、设计施工规范和材料试验规程为依据进行，对于某些新结构及采用新工艺的桥梁，有关的公路工程规范规程暂无相关条款规定时，可以借鉴国内或国外其他行业的相关规范、规程的有关规定。

4. 基本试验方法

桥梁动载试验的激振方法有很多，如自振法、强迫振动法、脉动法等，选用时应根据桥梁的类型和刚度进行选择，以简单易行、便于测试为原则。

1）自振法

自振法的特点是使桥梁产生有阻尼的自由衰减振动，记录的振动图形为桥梁的衰减振动曲线。为使桥梁产生自由振动，一般常用突然加载和突然卸载两种方法。常用的跳车试验即属于突然加载法。

突然加载法是在被测结构上急速施加一个冲击作用力，由于施加冲击作用的时间短促，施加于结构的作用实际上是一个冲击脉冲作用。采用突然加载法时，应注意冲击荷载的大小及作用位置，如果要激起桥梁结构的整体振动则必须在桥梁的主要受力构件上施加足够大的冲击力，冲击荷载的作用位置可按所需结构的振型来确定，如为了获得简支梁的第一振型，则冲击荷载应作用于跨中部位，测量第二振型时冲击荷载应施加在跨度的 $L/4$ 处，在现场测试中，当测试桥梁结构整体振动时，常常采用试验车辆的后轮从三角垫块上突然下落从而对桥梁产生冲击作用，激起桥梁的竖向振动，简称"跳车试验"。突然卸载法是在结构上预先施加个荷载作用，使结构产生一个初位移，然后突然卸去荷载，利用结构的弹性性质使其产生自由振动。

2）强迫振动法

强迫振动法是利用专门的激振装置，对桥梁结构施加激振力，使结构产生强迫振动。改变激振力的频率使结构产生共振现象，借助共振现象来确定结构的动力特性。对模型结构而言，常常采用激振设备来激发模型振动，常见的激振设备有机械式激振器、电动式激振器。对于原型桥梁结构，常常采用试验车辆以不同的行驶速度通过桥梁，使桥梁结构产生不同程度的强迫振动，简称"跑车试验"。当试验车辆以某一速度通过时，所产生的激振频率可能会与桥梁结构某阶固有频率比较接近，桥梁结构便产生了共振现象，此时桥梁各部位的振动响应达到最大值。在车辆驶离桥跨后，桥梁做自由衰减振动。在试验时，根据桥梁结构的设计行车速度，可采用 1 辆重 10 t 的试验车辆以 20 km/h、40 km/h、60 km/h、80 km/h 的速度进行跑车试验。

强迫振动法振动技术与试验模态分析标准技术紧密联系，基本原理一般包括单点或多点、确定性或者随机性激励的施加及量测，在桥梁结构的不同部位对结构响应在同一时间点的量测，以及对频响函数的分析。在信号比较好的前提下，可以较精确地得到桥梁结构的模态参数。激振法是用外力激发桥梁较强烈的振动，因而能够检测到有时脉动无法得到的振动。

冲击锤对较小跨径的板桥和人行天桥即可起到很有效的激励作用，但是对于柔度很大的许多大跨径桥梁，比如斜拉桥和悬索桥，其自振频率一般都在 0～1 Hz，如果采用强迫振动的方法，则需要采用非常笨重昂贵的激振设备，显然这种方法在一般情况下不太适用于大跨径桥梁的动荷载试验。

3）脉动法

脉动法是利用被测桥梁结构所处环境的微小而不规则的振动，来确定桥梁结构的动力特性的方法。这种微振动通常称为地脉动，它是由附近地壳的散小破裂和远处地震传来的脉动所产生的，或由附近风荷载、车辆、机器的振动所引起。

脉动法适合于各种跨径的桥梁，在交通荷载或者风荷载的激励下，能够非常快地得到较精确的模态参数，并且试验成本较低。脉动法通过同时量测一个或多个参考点及其他沿桥的布点，能够比较容易地得到频域、振幅，以及多个量测点的相位关系，从而较精确地得到模态参数，并且不需要复杂的激振设备。

振型判别法是结构脉动测量的好方法。振型判别法是指同一时刻检测多个点的振动，根据各点的振动频率和相位判定是否为固有频率及固有振动阶数的方法。虽然用脉动法也能得到阻尼值，但是其结果往往是不精确的，对于一些桥型（如大跨径的斜拉桥和悬索桥），需要非常细致地研究它们的颤振空气动力学性能，而阻尼数据在这种情况下则显得非常重要，通常采用自振法可以得到较精确的阻尼数据。

5. 试验数据分析

1）时域分析

（1）结构自振频率。

结构自振频率通过直接读取时程曲线的振动周期 T 换算而得，结构振动频率为

$$f = \frac{1}{T} \tag{3-37}$$

（2）动力系数。

动力系数的计算公式为

$$1 + \mu = \frac{2w_{d\max}}{w_{d\max} + w_{d\min}} = \frac{2\varepsilon_{d\max}}{\varepsilon_{d\max} + \varepsilon_{d\min}} \tag{3-38}$$

式中：$w_{d\max}$、$\varepsilon_{d\max}$ 和 $w_{d\min}$、$\varepsilon_{d\min}$ 分别为实测挠度和应变的最大值和最小值。

动应变、动挠度、振动物理量（位移、速度、加速度）的幅值、峰-峰值及动态增量，要注意扣除信号中的直流偏移量。

2）频域分析

（1）频谱分析。

对时域信号通过数字滤波、加窗处理、平均处理和快速傅里叶变换（fast Fourier transform，FFT）分析，得到每个拾振点的幅值谱（或功率谱）和相位谱，可获取结构各个方向分析频率范围内的多阶自振频率。

（2）结构阻尼系数 ξ。

通过共振曲线确定结构阻尼系数 ξ，计算公式为

$$\xi = \frac{\Delta\omega}{2\omega_n} \tag{3-39}$$

式中：ω_n 为共振频率；$\Delta\omega$ 为对应共振频率共振曲线的半功率点频率差。

（3）振型分析。

桥梁振型是个空间概念，必须利用全部测点的幅频特性和相频特性，一般可采用以下几种模态振型分析方法。

时域模态参数识别法：只需要采集结构振动的响应数据，不需要采集激励力数据，由自由振动响应数据经数学处理得到系统矩阵，然后求系统矩阵的特征值和特征向量。

频域模态参数识别法：通过采集结构激励力和响应信号，拟合结构的频率响应函数，再对频律响应函数进行单自由度拟合法和多自由度拟合法直接得到结构的模态振型。

振型的特点和精度：根据模态批示函数和模态安全判据确定试验及识别模态振型的特点和精度。

3）阻尼系数的测试和计算

桥梁结构的阻尼比，可根据行车试验测量记录的测点余振相应信号（振动衰减曲线），按下式进行计算：

$$D_r = \frac{1}{2m\pi}\ln\frac{A_i}{A_{i+m}} \tag{3-40}$$

式中：D_r 为测点阻尼比；m 为在振动衰减曲线上量取的波形数；A_i 为在振动衰减曲线上量取的第 i 个波形的幅值；A_{i+m} 为在振动衰减曲线上量取的第 $i+m$ 个波形的幅值。

桥梁结构阻尼比也可根据频谱分析得出的测点自功率谱图，用半功率点带宽按下式计算：

$$D_r = \frac{B_i}{2f_i} \tag{3-41}$$

式中：B_i 为第 i 阶自振频率相应的半功率点带宽，即 0.707 倍功率谱峰值所对应的频率差；f_i 为第 i 阶自振频率。

6. 结构动力性能的分析评价

动载试验完成后，对桥梁结构性能评价时主要考虑以下三个方面。

（1）比较实测自振频率与计算频率，当实测频率大于计算频率，可认为结构实际刚度大于理论刚度，反之则实际刚度偏小。自振频率与结构刚度有着明确的关系。自振频率也容易精确测量，利用自振频率评价桥梁的刚度也具有较高的可靠性。结构部件出现缺损时，一般自振频率会降低，振型出现变异。

（2）比较振型及阻尼比的实测值与计算数据或历史数据，可根据其变化规律初步判断桥梁技术状况是否发生变化。桥梁结构存在或出现缺损时，一般会造成振型的变异，一般来讲变异区段即缺损所在区段。阻尼比参数，可以通过与同一座桥的历史数据对比，或与同类桥梁历史经验数据对比，粗略判断桥梁结构的技术状况或是否出现劣化，如阻尼比明显偏大，则桥梁结构技术状况可能存在缺损或出现劣化。

（3）比较实测冲击系数与设计所用的冲击系数，实测值大于设计值时应分析原因。

3.8 A 大桥荷载试验实例

3.8.1 A 大桥概况

某高速公路 A 大桥（图 3-22），具体资料见 3.5.1 小节。某年对 A 大桥不中断交通情况下的动挠度进行了观测，观测数据表明钢挂梁跨中的最大正负挠度之差为 7.34 cm，远大于设计挠度差 5.79 cm，因此建议复查钢挂梁及其临近跨结构表观病害，并对 A 大桥钢挂梁跨及其临近跨、悬臂段进行荷载试验，以检验其整体受力性能。

图 3-22　某高速公路 A 大桥立面图

3.8.2 A 大桥静载试验

1. 试验内容

根据桥梁内力包络图，选取试验控制截面，确定试验工况。静载试验可包括偏载加载和对称加载，加载工况如下。

工况一：钢挂梁跨中 1-1 截面最不利正弯矩测试，横桥向对称加载。

工况二：钢挂梁跨中 1-1 截面最不利正弯矩测试，横桥向偏载。

工况三：钢挂梁支点附近 2-2 截面最不利剪力测试，横桥向对称加载。

工况四：混凝土悬臂箱梁根部 3-3 截面最不利负弯矩测试，横桥向对称加载。

工况五：混凝土箱梁跨中 4-4 截面最不利正弯矩测试，横桥向对称加载。

工况六：混凝土箱梁跨中 4-4 截面最不利正弯矩测试，横桥向偏载。

静载试验具体截面位置见图 3-23。

2. 测试截面及测点布置

本次静载试验观测的主要内容有挠度、应变（应力）、试验现象观察。

1）位移观测

位移观测采用梁底粘贴棱镜配合全站仪或桥面设置水准测点利用水准仪进行观测。位移测点主要分布在试验跨跨中、四分点和挂孔位置（图 3-24～图 3-26）；测试控制截面的挠度和桥梁挠曲线。

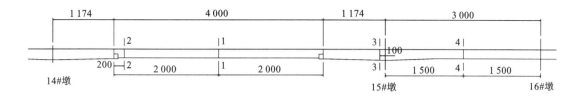

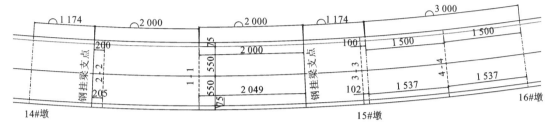

图 3-23 静载试验截面布置位置图

单位：cm

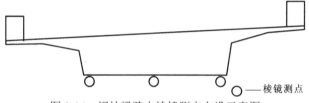

图 3-24 钢挂梁跨中棱镜测点布设示意图

图 3-25 钢挂梁 *L*/4、挂点处棱镜测点布设示意图

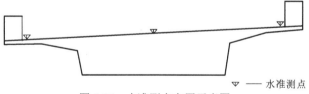

图 3-26 水准测点布置示意图

2）应变观测

试验跨跨中、悬臂箱梁根部截面，在箱梁顶板、底板和腹板布设纵向应变测点（图 3-27～图 3-28），测试主要测点的应力变化，并验证平截面假定；钢挂梁支点附近最大剪力截面，布设应变花，测试主拉应力。

图 3-27 1-1 截面应变测点示意图

图 3-28　3-3、4-4 截面应变测点示意图

3. 试验荷载

静载试验荷载采用三轴双桥工程车作为试验加载车辆。加载车辆尺寸和轴重如图 3-29 所示，共需 6 辆加载车。

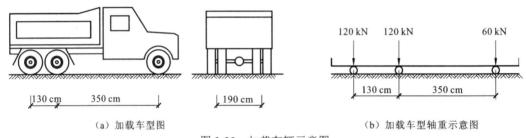

（a）加载车型图　　　　　　　　　　　　　　　（b）加载车型轴重示意图

图 3-29　加载车辆示意图

根据规范要求，静载试验荷载按控制内力、应力或变位等效原则来确定，静载试验效率系数由式（3-27）确定。

根据结构有限元静力分析和静载试验效率系数，限于篇幅，这里只给出试验工况一加载布置，如图 3-30 所示。此外，工况一下的计算内力和试验内力为 13 783.97 kN·m、13 883.02 kN·m，荷载效率系数为 1.01。各试验工况的荷载效率系数除剪力工况略低（0.92），其余工况均在 0.95～1.05 的规范范围。

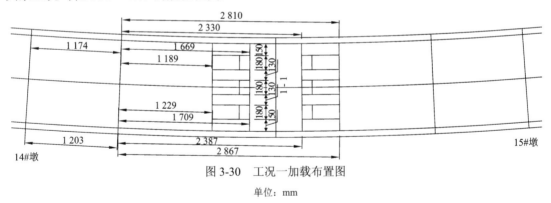

图 3-30　工况一加载布置图

单位：mm

本次静载试验车辆采用分级加载方式，分级加载的一般流程如下。

（1）预加载：使用 2 辆工程车停在跨中，作为预载，消除非弹性变形因素，10 min 后卸载。

（2）静载试验加载及卸载：静载试验共有 6 辆加载车，加载时采用分级加载，每个工况分三级，每级加 2 辆车。卸载时采用一次性卸载的方式。

（3）静载试验持荷时间：在荷载作用下，即时监测应变、变形主要响应测点的测值变化，当测量值稳定后即进行该工况下的数据测量。通常情况，在荷载保持不变的前提下，若结构最后 5 min 内的变位增量小于前 5 min 增量的 15%，或小于测量仪器的分辨值，则认为结构受力处于稳定状态，无须进一步持荷。A 大桥现场测试每级荷载一般在 10 min 之内完成。

4. 测试方法

1）应变测试

应变（应力）采用应变计进行测试。为了消除温度变化的影响，每个应变计都能同时测试温度，自身即可对温度效应进行修正。

2）挠度（位移）测试

挠度测试分别采用全站仪及高精度水准仪对桥梁挠度测点的竖向位移进行观测。

5. 试验现场实施

本次荷载试验于某天白天开展准备工作、安装各类传感器（图 3-31～图 1-33）。两天后的晚上进行试验加载和测试，于第二天早上 8 时完成所有的测试工作（图 3-34～图 3-36）。

 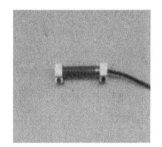 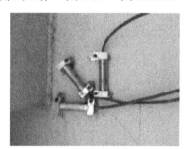

图 3-31 安装棱镜   图 3-32 安装应变计   图 3-33 安装应变花

图 3-34 应变采集   图 3-35 水准测量   图 3-36 试验加载

6. 试验结果与分析

1）挠度测量结果

各试验工况的挠度校验系数（仅列出钢挂梁跨中测点结果）见表 3-40。

表 3-40 挠度实测值与计算值比较

测点位置		工况一	工况二	工况四	工况五	工况六
钢挂梁跨中（扣除挂点位移）	实测值/mm	−30.55	−30.85	−20.21	0.11	0.25
	计算值/mm	−31.37	−31.37	−20.99	0.00	0.00
	校验系数	0.97	0.98	0.96	—	—

注：挠度数据向下为负值，向上为正值，以下同。

测试结果表明，桥跨结构主要测点的挠度校验系数介于 0.62～0.98，小于 1，处于合理范围，表明桥跨结构的刚度满足设计要求。但值得关注的是，钢挂梁的前挂点（近 14#墩）的挠度校验系数介于 0.86～1.00，而后挂点的挠度校验系数小于 0.8；现场检查时发现前挂点处的变形缝明显渗水，推测该处局部受损导致受力变形偏离正常值。扣除挂点位移后，钢挂梁跨中的挠度校验系数接近 1.0，主要是因为钢结构变形更符合理论预期值。

主要测点的相对残余挠度（仅列出钢挂梁跨中测点结果）见表 3-41。

表 3-41　挠度相对残余 （单位：%）

测点位置	工况一	工况二	工况四	工况五	工况六
钢挂梁跨中-1	1.54	-1.65	-0.48	—	—
钢挂梁跨中-2	-0.04	-2.59	1.62	—	—
钢挂梁跨中-3	0.88	-1.08	-0.93	—	—

测点在控制荷载作用下的相对残余挠度越小说明结构越接近弹性工作状况，《公路桥梁承载能力检测评定规程》（JTG/T J21—2011）要求相对残余不大于 20%。测试结果表明，各工况主要测点的挠度相对残余均小于 20%，满足规范要求。

工况一下主要测点的挠度增长曲线、桥梁挠曲线分别见图 3-37 和图 3-38。

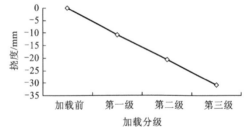

图 3-37　工况一钢挂梁跨中挠度增长曲线

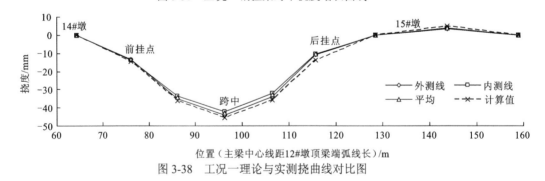

图 3-38　工况一理论与实测挠曲线对比图

从图 3-38 来看，挠度在荷载作用下，基本表现为线性增长；并且随着荷载的增长，曲线斜率没有明显增大的趋势；表明各级荷载下桥梁均工作在线弹性状态。

图 3-38 直观地反映了箱梁在受到荷载作用后的整体变形情况。各级荷载下挠度实测曲线与理论曲线，在形状上有较好的相似性，实测曲线平滑无明显突变点。由此可见，理论计算模型能够准确反映实际桥跨的受力情况。

偏载工况（工况二、工况六）的控制截面实测挠度偏载效应系数见表 3-42。

表 3-42　挠度偏载效应系数

偏载工况	实测最大值/mm	实测平均值/mm	实测偏载系数
工况二（钢挂梁跨中）	-32.18	-30.85	1.04
工况六（第 16 跨跨中）	-6.90	-5.42	1.27

从表中数据可以看出，钢挂梁偏载系数为 1.04，小于箱梁偏载系数的常用取值（1.15），钢箱梁抗扭性能良好；第 16 跨混凝土箱梁的偏载系数达到 1.27，超过了 1.15，抗扭性能要稍低一些。

2）应力测试结果

工况一下的主要测点应变校验系数见表 3-43。

表 3-43　应力实测值及与计算值比较

工况及位置		实测应变/με	计算应变/με	校验系数
钢挂梁跨中最大正弯矩截面（1-1）	箱梁底板	229	248	0.92
	腹板中部	29	114	0.25

注：应力数值受压为负值，受拉为正值。

测试结果表明，桥跨结构主要测点的应变校验系数介于 0.10～0.93，小于 1.0，满足规范要求，说明桥跨结构具有足够的强度。钢挂梁跨中的梁底应变校验系数接近 1.0，主要是由于钢结构的实测应力较好地符合理论预期值。

主要测点（仅列出 1-1 截面）的相对残余应变见表 3-44。

表 3-44　相对残余应变　　　　　　　　　　　　　　　　　　　（单位：%）

测点位置	工况一	工况二	工况三	工况四	工况五	工况六
1-1 截面底板-1	-1.02	-0.53	—	—	—	—
1-1 截面底板-2	-0.40	-0.41	—	—	—	—
1-1 截面底板-3	0.41	0.00	—	—	—	—

测点在控制荷载作用下的相对残余应变越小说明结构越接近弹性工作状况，《公路桥梁承载能力检测评定规程》（JTG/T J21—2011）要求相对残余应变不大于 20%。从表 3-42 中可以看出，各工况主要测点的相对残余应变均小于 20%，满足规范要求。

工况一下主要测点的应变增长曲线见图 3-39。

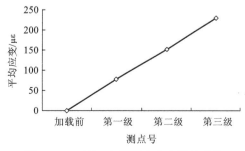

图 3-39　工况一主要测点应变增长曲线

从图 3-39 来看，应变在荷载作用下，基本表现为线性增长；并且随着荷载的增长，曲线斜率没有明显增大的趋势；表明各级荷载下桥梁均工作在线弹性状态。

7. 试验结论

（1）实测主要测点的挠度、应变校验系数均小于 1.0，处于合理范围，表明桥梁刚度和强度满足规范要求。

（2）前挂点处的挠度校验系数明显高于后挂点，且前挂点处渗水明显，推测前挂点位置的混凝土结构存在损伤。

（3）各加载工况下的相对残余应变（变形）满足规范不大于20%的要求，且逐级加载时主要测点的挠度（应变）表现为线性增长趋势，表明桥梁目前工作在弹性状态，卸载后挠度（应变）基本能够得到恢复。

（4）钢挂梁整体抗扭性能良好，偏载工况下实测偏载系数为 1.04；第 16 跨混凝土箱梁的抗扭性能较薄弱。

3.8.3 A 大桥动载试验

1. 试验内容

桥梁在移动的车辆、人群、风力及地震等动力荷载作用下将产生振动、冲击等动力反应，这种反应除与桥梁及车辆的结构特性（质量、刚度、阻尼）有关外，还与桥梁和荷载两个振动系统的相互作用、车辆的行驶速度和桥面的不平整度有关。桥梁结构的动力特性是桥梁承载能力评定的重要参数，同时也是识别桥梁结构工作性能和桥梁抗震分析的重要参数。具体试验内容包括以下 4 项。

（1）通过行车试验，实测汽车荷载冲击系数；同时测试竖向、横向加速度。

（2）通过跳车试验，测量主跨的基频；同时测试跳车作用时的振幅。

（3）通过桥梁的自由振动，进行模态分析及阻尼比的测定。

（4）测试桥墩墩顶位置的纵、横向加速度。

2. 测试截面测点布置

（1）动应力测点布置：动应力测点布置在钢挂梁跨中截面梁底。

（2）拾振器测点布置：拾振传感器主要用来采集速度或加速度信号，本次试验将分别布设在15#墩墩顶位置、钢挂梁四分点位置和主墩处的箱梁顶面。模态测试的布设位置如图 3-40所示。

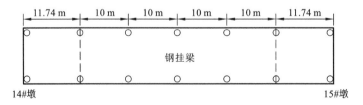

图 3-40　模态测试拾振传感器布设示意图

3．试验荷载

行车试验和跳车试验采用 1 辆双桥工程车。跑车分别以 10 km/h、20 km/h、30 km/h、40 km/h 的速度匀速跑过桥面，采集控制截面的动应变。A 大桥平曲线转弯半径较小，因此离心力效应不可忽视，本次跳车试验时，还将在跨中布设横向拾振传感器，采集桥梁的横向振动特征。跳车时，在钢挂梁跨中处桥面设置高度约为 4 cm 的障碍物，模拟桥面铺装的局部不平整或损伤状态。让 1 辆汽车以 20 km/h 的速度匀速通过桥跨结构，在跨越障碍时对桥梁形成冲击作用，激起桥梁较大的竖向振动。

自振特性测试则采用环境脉动信号作为激励源。环境脉动信号包括地脉动、风振动、周边其他振动源等。

4．试验结果与分析

1）自振特性实测结果

自振特性测试结果见表 3-45，实测振型曲线见图 3-41。

表 3-45　桥梁结构自振特性测试结果

序号	实测频率/Hz	计算频率/Hz	振型	阻尼比
1	2.15	1.763	钢挂梁跨竖弯 1 阶	0.070

频率2.15 Hz　温度7.03%

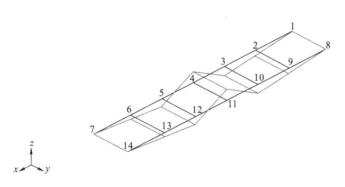

图 3-41　主梁竖向 1 阶振型曲线

从实测结果可以看出以下几方面。

（1）钢挂梁竖向振动基频为 2.15 Hz，大于理论计算值，可以认为主梁竖向刚度较好。

（2）采用脉动法实测的桥跨结构阻尼比为 0.07。通常桥梁结构的阻尼比在 0.01～0.08，测试桥梁阻尼比落在这一区间，基本正常。

（3）桥跨结构的实测竖向振型曲线和理论曲线形态一致，计算模型较好模拟了桥梁的动态特征。

2）动应变、冲击系数测试结果

桥梁结构各测试部位实测应变时域图见图 3-42（限于篇幅，不再罗列 20 km/h、30 km/h 和 40 km/h 行车动应变曲线）。根据实测应变时域图分析得到的钢挂梁跨中应变冲击系数分别为：0.029（车速 10 km/h）、0.044（车速 20 km/h）、0.066（车速 30 km/h）、0.104（车速 40 km/h）。随着车速的增加，跨中冲击系数逐步增大，最大达到 0.104。而依据桥梁设计规范取用的冲击系数设计值为 0.084。

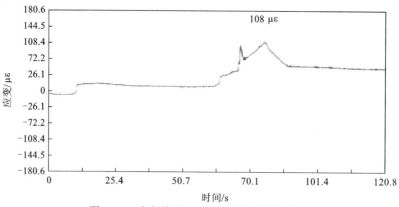

图 3-42　跨中截面 10 km/h 行车动应变曲线

3）加速度测试结果

桥梁结构跨中竖向加速度时程曲线见图 3-43（限于篇幅，不再罗列横向加速度时程曲线），根据实测加速度时域图分析得到桥梁结构各截面处实测加速度结果见表 3-46。

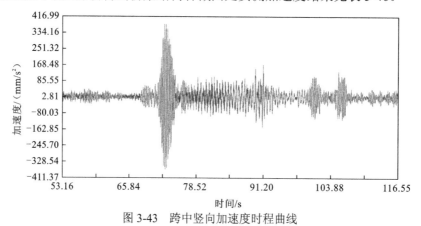

图 3-43　跨中竖向加速度时程曲线

10 km/h 跑车测试

表 3-46　主梁跨中截面实测振动加速度　　　　　　　（单位：m/s^2）

车速/（km/h）	激振类型	竖向		横向	
		最小	最大	最小	最大
10	跑车	-0.34	0.37	-0.03	0.02
20	跑车	-0.26	0.25	-0.06	0.05
30	跑车	-0.28	0.31	-0.10	0.06

从测试结果可以看出以下几方面。

（1）钢挂梁跨中竖向、横向加速度分别介于-0.34～0.37 m/s^2 和-0.10～0.06 m/s^2。

（2）在运营车辆随机荷载作用时，15#墩墩顶纵向、横向加速度分别介于-0.08～0.11 m/s^{2}和-0.15～0.16 m/s^2。

《铁路桥梁检定规范》（铁运函〔2004〕120 号）10.0.5 条第 2 项规定："当列车通过时，桥跨结构在荷载平面的横向振动加速度不应超过 1.4 m/s^2"，铁路荷载和公路差异很大，无法直接使用这一规定。查阅国内外研究资料，车辆行驶时桥梁结构最大竖向加速度不宜超过0.065g（g 为重力加速度），否则人体感到不适。0.065g 即为 0.637 m/s^2。本次跑车测试的最大竖向加速度为 0.37 m/s^2，还未达到使人体明显不适的程度。由于条件限制，未对更高车速情况下的加速度进行测试，因此不排除更高车速时加速度幅值高于0.065g。

4）跳车测试结果

跳车时程曲线如图 3-44 所示，从图中可以看出，跳车激振后振动逐步衰减，计算得到阻尼比为 0.012，比脉动试验得到的阻尼比更小。一般说来，跳车采用外部强迫激振，测试结果更为可靠。实测阻尼比在 0.01～0.08 的常值范围内。

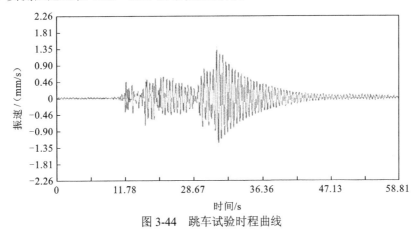

图 3-44　跳车试验时程曲线

跳车频谱曲线如图 3-45 所示，从图中可以得到桥梁基频为 1.95 Hz，比脉动试验得到的基频要低，但仍然高于理论计算值，可认为桥梁的竖向刚度较好。

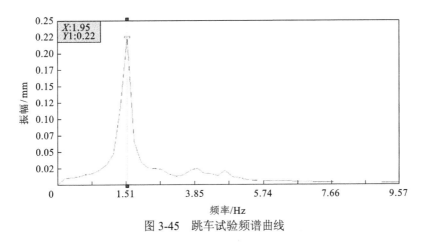

图 3-45　跳车试验频谱曲线

5）行车舒适性分析

测试桥梁在正常通行车辆时，人体确实感觉振动幅度较大，原因分析如下。

（1）测试桥梁主跨采用钢挂梁结构，从计算结果及静载试验结果都可以看出，钢挂梁自身挠度较大（相比于混凝土结构），这就导致车辆通过时梁体振幅较大。

（2）测试桥梁钢挂梁和混凝土悬臂梁之间设置了伸缩缝，有研究表明车辆通过伸缩缝时的冲击加速度响应远大于通过桥跨时的结构振动；区别于一般桥梁的伸缩缝设置在桥墩顶部，测试桥梁挂点处的伸缩缝位于桥跨中，因此车辆对伸缩缝处的竖向冲击无法直接传递给下部墩台，而是扩散至整个桥跨，这进一步加剧了车辆对桥跨的冲击效应。这一冲击荷载对挂点受力也相当不利，长期作用下挂点处容易产生结构性损伤，危及整个桥跨结构的安全。

（3）测试桥梁实测冲击系数偏大，高于设计取用值，可能与桥面铺装不够平整相关，这也是桥梁振动幅度偏大的一个因素。

（4）测试桥梁位于平曲线上，车辆通过时的离心力给桥跨附加了一个横向荷载作用，加剧了桥梁的振动幅度。

（5）测试桥梁的桥墩较高，横向刚度相对较弱，因此对上部结构横向振动的约束也相对不足，这也是该桥振动幅度较大的一个因素。

5. 试验结论

钢挂梁主跨的竖向基频为 1.95 Hz（跳车试验结果），大于理论计算基频，可以认为钢挂梁竖向刚度较好。主跨实测一阶振型和理论振型基本吻合；实测阻尼比在常值范围内。实测冲击系数最大为 0.104，高于设计取用值，表明车辆冲击效应较显著。

第4章 基于非概率理论的桥梁可靠性评估

现有的在役桥梁结构可靠性评估方法（主要有外观调查法、荷载试验法、专家经验法和概率可靠性法）之间存在一定的区别和联系。外观调查法是由有经验的工程师对在役桥梁的健康状况进行评估，给出桥梁的综合评分。该方法主要用于对桥梁运营状态评估，其结论的可信程度依赖于评估者的工程经验和判断能力。荷载试验法通常取设计荷载，实测结构响应（如裂缝宽度、挠度、应力和应变），并与规范容许值做比较，由此推算对应的荷载等级和承载能力。借助对结构动力特性和响应（如振动周期、振幅、阻尼系数和冲击系数等）的测定，分析桥梁的运营状况。该方法原始、实用、有效、人为影响因素小、实验数据说服性强。专家经验法是聘请一批经验丰富的专家，到现场查看桥梁的现实状况，各专家根据自己的经验和判断，提出评估意见。最后由专家组组长统一大家的意见，写出鉴定意见结果。该方法简便易行、节省资金和时间。概率可靠性法是将不确定因素归结为参数的随机性，基于实测的大样本空间考虑参数的概率密度分布函数，采用概率统计学方法通过严格的数学运算得到结构的可靠度，该方法严谨、客观、可靠。

以上4种在役桥梁结构可靠性评估方法在实际工程中被广泛运用，但各自的局限性也在一定程度上限制其发展。外观调查法的结论可信程度依赖评估者的工程经验和判断能力；荷载试验法存在荷载试验的成本较高、对病害桥梁造成进一步损伤的缺点；专家经验法由于没有检测，对结构安全可靠性的判断全凭主观因素和历史经验，不同专家所得结论差异较大。概率可靠性法由于具有严格的数学理论基础，得到工程人员一致的认同，在桥梁的可靠性评估中虽然得到了广泛的运用，同时该方法也存在一定的局限性：一是，概率可靠性法建立在已知概率分布函数和隶属函数基础上，而分布函数和隶属函数要通过大量的统计资料获得，而在役桥梁结构通常不能得到各个参数的准确分布；二是，概率可靠性对概率模型参数的变化很敏感，概率数据的微小误差可能导致结构可靠性计算出现较大误差，对于实际的在役桥梁，由于历史资料的残缺、现场测量数据不完整、试验经费和周期的限制，研究者往往采用主观假设参数服从某种概率分布规律，所得到的分布密度函数不能反映桥梁结构的真实状态，导致概率体系下的可靠性计算结果不可靠；三是，采用概率方法进行可靠性分析时，在所选择的失效概率非常低（10^{-5} 量级）的情况下，其结果是可靠的，但对于实际工程分析，难以实现如此低的失效概率评估。

为克服传统评估方法的局限性，工程界急于发展一种原始信息需求量小、计算成本较低、偏于保守的结构可靠性分析方法——非概率可靠性分析（陈旭勇，2010）。与随机理论对应完整和精确的信息不同，采用非概率模型分析方法，只需知道不确定变量的界限，而不要求其具体的分布形式，可大大降低对原始数据的要求，且计算过程较为简便，能有效降低计算工作量。在所掌握的原始数据较少的情况下，非概率可靠性分析为结构评估提供了新的途径，为桥梁的加固改造提供强有力的理论基础。因此，采用非概率模型对在役桥梁进行可靠性评估，具有重要的应用价值和现实的工程意义。

4.1 非概率可靠性基本理论

20 世纪 90 年代以来，外国学者 Ben-Haim（1993）和 Elishakoff（1995）等率先提出并倡导使用不确定性的凸集模型描述不确定性，并首次提出了非概率可靠性的概念。传统的概率可靠性理论是基于参数的概率分布进行结构的可靠性评估，评估的结果表征的是结构能够在规定时间内完成其功能要求的概率。与之相对应，非概率可靠性理论是基于参数的变化范围进行结构的可靠性评估，评估的结果表征的是在保障结构绝对满足预定功能的前提下，系统容许不确定参数可任意波动的最大范围。此处的非概率可靠性是系统对不确定性的鲁棒性的度量。本节从非概率可靠性理论中的区间模型展开，着重阐述非概率可靠性的基本理论。

4.1.1 不确定参数

工程结构的工作状态通常受作用效应、材料性能、结构几何参数等诸多因素的影响。在进行结构可靠度分析和设计时，应针对所要求的结构各种功能，把这些有关因素作为基本变量 X 来考虑，由基本变量组成的描述结构功能的函数 $g(x)=g(x_1,x_2,\cdots,x_n)$ 称为结构功能函数。结构功能函数是用来描述结构完成功能状况的、以基本变量为自变量的函数。实际上，也可以将若干基本变量组合成综合变量。例如，将作用效应方面的基本变量组合成综合作用效应 S，抗力方面的基本变量组合成综合抗力 R，从而结构的功能函数为

$$Z = R - S \tag{4-1}$$

如果对功能函数 $Z=R-S$ 作一次观测，可能出现图 4-1 中的三种情况。图中，$R=S$ 直线表示结构处于极限状态，此时作用效应 S 恰好等于结构抗力 R；图中位于直线上方的区域表示结构可靠，即 $S<R$；位于直线下方的区域表示结构失效，即 $S>R$。

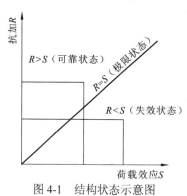

图 4-1　结构状态示意图

4.1.2 区间变量

在实际工程中，参数被定义为各种影响结构性能的变量，例如混凝土梁的梁高、截面钢筋配筋率、混凝土的强度等。这些参数由于现实世界的不确定性，往往不能确定为定值，若

结构的某一不确定参数 x 在某区间内变化，其上、下界分别为 x^u、x^l，则 $x \in X^I = [x^u, x^l]$ 称为区间变量。定义为

$$x^c = \frac{x^u + x^l}{2}, \quad x^r = \frac{x^u - x^l}{2} \tag{4-2}$$

则有

$$x^l = x^c - x^r, \quad x^u = x^c + x^r \tag{4-3}$$

且区间 x^I 和区间变量 x 可以分别表示为

$$x^I = x^c + x^r \Delta^I, \quad x = x^c + x^r \delta_i \tag{4-4}$$

式中：$\Delta^I = [-1, 1]$ 为标准化区间。$\delta_i \in \Delta^I$ 称为标准化区间变量。显然，任意实值区间 x^I 可由 x 和 x^r 两参数唯一确定。x^c 为区间数的算术平均值，称为 x^I 或 x 的均值。x^r 表示区间数相对于均值 x^c 的分散程度，称为 x 的离差。

基于非概率理论对桥梁进行非概率可靠性评估时，评估结果对区间参数变化非常敏感，区间估计准确度直接影响桥梁可靠性评估的结果。区间参数数据主要来源于现场实测，获取的数据十分有限。如何对有限的样本数据进行处理优化，获得精确的参数区间具有重要意义。将改进的灰自助抽样与灰色估计理论相结合，应用到桥梁参数的区间估计中。

假设桥梁某参数现场实测所得样本数据列向量为

$$\boldsymbol{X} = \{x_{(t)}; \quad t = 1, 2, \cdots, n\} \tag{4-5}$$

根据自助法抽样，将数据由小到大进行排序

$$\boldsymbol{X}' = \{x'_{(t)}; \quad t = 1, 2, \cdots, n\} \tag{4-6}$$

经验分布的函数值为

$$0, \frac{1}{n-1}, \frac{2}{n-1}, \cdots, \frac{n-2}{n-1}, 1 \tag{4-7}$$

对经验分布进行抽样的过程包括以下几个步骤。

（1）在 $(0, 1)$ 区间产生随机数 r。

（2）令 $\beta = (n-1) r$，$i = \text{int}(\beta) + 1$。

（3）得到随机数 $\boldsymbol{X}^*_{(k)} = \boldsymbol{X}_{(k)} + (\beta - i + 1)(\boldsymbol{X}_{(i+1)} - \boldsymbol{X}_{(i)})$。

重复抽样 n 次可得第一个自助样本，重复多次，即可得到多个自助样本。对每个自助样本分别进行升序、降序排列，分别通过灰色 GM(1,1) 预测模型预测下一个值，相当于对每个自助样本区间边界进行扩展，改善了自助法在原始样本范围内抽样的局限性。灰色 GM(1,1) 预测模型原理如下。

对每个自助样本排序后累加生成新的数据序列，按均值生成法构造背景值：

$$\begin{cases} Y = \{y_i\} = \left\{ \sum_{j=1}^{i} \tilde{x}_j \right\} \\ Z = \{z_k\} = \{0.5 y_k + 0.5 y_{k-1}\} \end{cases} \tag{4-8}$$

式中：Y 为 $x_1, x_2, \cdots, x_i$ 的和，Z 为背景值函数。

建立 GM(1,1) 模型的白化方程为

$$\frac{\mathrm{d}y}{\mathrm{d}t} + ay = b \tag{4-9}$$

估计发展系数 a，灰色作用量 b：

$$[a\ b]^{\mathrm{T}} = (\boldsymbol{B}^{\mathrm{T}}\boldsymbol{B})^{-1}\boldsymbol{B}^{\mathrm{T}}\boldsymbol{A} \tag{4-10}$$

式中：$\boldsymbol{B} = \begin{bmatrix} -Z_2 & 1 \\ \vdots & \vdots \\ -Z_n & 1 \end{bmatrix}$，$\boldsymbol{A} = \begin{bmatrix} \tilde{x}_1 \\ \vdots \\ \tilde{x}_n \end{bmatrix}$。

求解得到相应函数为

$$y_{t+1} = \left(y_1 - \frac{b}{a} \right) \mathrm{e}^{-at} + \frac{b}{a} \tag{4-11}$$

通过累减还原得到该样本的预测值。

灰色估计理论是将每个样本与整个样本空间的距离关系定义为灰色距离测度，在给定的灰色置信度下求解区间变量的理论值流程包括以下几步。

（1）计算样本中某一数据相对于样本中其他数据的灰色距离：

$$d(x_i, x_j) = |x_i - x_j| \tag{4-12}$$

（2）计算样本中所有样本点的平均灰色距离：

$$J_i = \frac{1}{n} \sum_{j=1}^{n} d(x_i, x_j) \tag{4-13}$$

（3）计算每个样本点的灰色权重：

$$\omega_i = \frac{J_i}{\sum_{j=1}^{n} J_j} \tag{4-14}$$

（4）计算整个样本的灰色估计值：

$$\tilde{x} = \sum_{i=1}^{n} \omega_i x_i \tag{4-15}$$

（5）在给定的灰色置信度 α 下，灰色置信区间为

$$[x^{\mathrm{l}}, x^{\mathrm{u}}] = \left[\frac{\alpha \tilde{x} - (1-\alpha)(D_1 + D_2)}{\alpha}, \frac{\alpha \tilde{x} + (1-\alpha)(D_1 + D_2)}{\alpha} \right] \tag{4-16}$$

式中：$D_1 = \xi|\max(x_i) - \tilde{x}|$；$D_2 = (1-\xi)|\max(x_i) - \tilde{x}|$；$\xi$ 为分辨率，可取为 0.5。

（6）求解每个样本的灰色置信区间，通过取交集的方式获取更加精确的灰色置信区间，从而得到区间变量的取值。

4.1.3 非概率可靠性的度量

设 $X = \{x_1, x_2, \cdots, x_n\}$ 表示各种影响结构性能的参数集合，其中，$x_i \in X_i^{\mathrm{I}}(i = 1, 2, \cdots, n)$。同概率可靠性问题一样，取

$$M = g(x) = g(x_1, x_2, \cdots, x_n) \tag{4-17}$$

上式为结构失效准则确定的功能函数。在结构设计原理中，功能函数表征为结构抗力与结构内力的差值，当功能函数值为正，表示结构处于安全状态，功能函数值为负，表示结构处于失效的状态。当功能函数值恰好为 0 时，表明结构处于临界状态。当 $g(\cdot)$ 为变量 x_i 的连

续函数时，函数值 M 也为区间变量。设其均值和离差分别为 M^c 和 M^r，并定义：

$$\eta = \frac{M^c}{M^r} \qquad (4\text{-}18)$$

按结构非概率可靠性理论，称超曲面 $g(x) = 0$ 为失效面。它将结构的基本参量空间分为失效域和安全域两部分。$g(x) < 0$ 和 $g(x) > 0$ 分别表示结构处于失效和安全状态。根据式（4-18），当 $\eta > 1$ 时，$\forall x_i \in X_i^I (i = 1, 2, \cdots, n)$，均有 $g(x) > 0$，此时，结构处于安全状态。当 $\eta < -1$，$\forall x_i \in X_i^I (i = 1, 2, \cdots, n)$，均有 $g(x) < 0$，此时，结构失效。当 $-1 \leqslant \eta \leqslant 1$ 时，$\forall x_i \in X_i^I (i = 1, 2, \cdots, n)$，$g(x) \geqslant 0$ 和 $g(x) \leqslant 0$ 均有可能，即结构可能安全，也可能不安全。由于区间变量属于确定性区间，在区间内取任何值的可能性均存在。从严格意义上讲，此时不能认为结构是可靠的。因此，当结构的所有不确定参数均为区间变量时，可认为结构只有两种确定性状态：可靠或不可靠。由式（4-18）易知，η 的值越大，结构的安全程度越高。因而，可用 η 作为结构安全可靠程度的度量。

当功能函数为特殊情况——多区间变量的线性函数时，考虑功能方程：

$$M = \sum_{i=1}^{n} a_i r_i - \sum_{j=m+1}^{n} b_j s_j = 0 \qquad (4\text{-}19)$$

式中：$r_i \in R_i^I$、$s_j \in R_j^J$ 为不相关区间变量；a_i、b_i 为常数。对变量作标准化变换，将方程转化为标准区域：

$$M = \sum_{i=1}^{m} a_i R_i^r \delta_{r_i} - \sum_{j=m+1}^{n} b_i S_j^r \delta_{s_j} + \left(\sum_{i=1}^{m} a_i R_i^c - \sum_{i=1}^{n} b_i S_j^c \right) = 0 \qquad (4\text{-}20)$$

显然，功能函数在标准化区间变量 W 组成的新空间保持线性特性，线性功能函数的非概率可靠性指标的求解可以表示为

$$\eta = \begin{cases} \dfrac{\displaystyle\sum_{i=1}^{m} a_i R_i^c - \sum_{i=m+1}^{n} b_j S_j^c}{\displaystyle\sum_{i=1}^{m} |a_i| R_i^r + \sum_{i=m+1}^{n} |b_j| S_j^r}, & \displaystyle\sum_{i=1}^{m} a_i R_i^c - \sum_{i=m+1}^{n} b_j S_j^c > 0 \\[4mm] 0, & \displaystyle\sum_{i=1}^{m} a_i R_i^c - \sum_{i=m+1}^{n} b_j S_j^c \leqslant 0 \end{cases} \qquad (4\text{-}21)$$

4.1.4　非概率可靠性指标的物理意义

对区间变量做正则化处理得：$x_i = x_i^c + x_i^r \delta_i$。其中，$\delta_i$ 为标准化区间变量，本质上是一个表征比例的值。同概率可靠性理论基于结构的失效准则得到功能函数，并将标准化的区间变量代入根据失效准则定义的功能函数中，可得

$$M = g(\boldsymbol{\delta}) = g(\delta_1, \ \delta_2, \cdots, \ \delta_n) \qquad (4\text{-}22)$$

式中：

$$\boldsymbol{\delta} = (\delta_1, \delta_2, \cdots, \delta_n) \in C_\delta = \{\boldsymbol{\delta} : |\delta_i| \leqslant 1, i = 1, 2, \cdots, n\} \subset C_\delta^\infty = \{\boldsymbol{\delta} : \delta_i \in (-\infty, +\infty), i = 1, 2, \cdots, n\}$$

其中，C_δ 是由 $\boldsymbol{\delta}$ 形成的对称凸域，C_δ^∞ 是 C_δ 在无限空间中的扩展。

定义 $g(\boldsymbol{\delta})=0$ 为标准化空间中的极限状态曲面，表示在标准化的空间中，使结构性能处于临界状态的参数集合。基于区间模型的结构非概率可靠性指标定义为

$$\begin{cases} \eta = \min\left(\lVert \boldsymbol{\delta} \rVert_\infty\right) = \min \lVert \delta_1, \delta_2, \cdots, \delta_n \rVert_\infty \\ \text{s.t.} \quad G(\boldsymbol{\delta}) = 0 \end{cases} \tag{4-23}$$

非概率可靠性指标 η 的几何解释为：在标准化区间变量的拓展空间中，按照无穷范数度量从坐标原点到失效面的最短距离。当 η 大于 1 时表明结构性能的实际波动范围与失效区域无交点，结构处于绝对安全的状态，而 η 小于 1 时，结构的安全状态处于不确定状态。含有两个参数的标准化空间内的非概率可靠性指标，如图 4-2 所示。

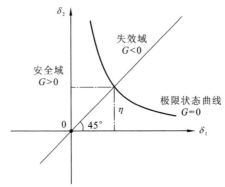

图 4-2　可靠性指标几何示意图

4.1.5　算例

某结构的某功能方程为 $M = r_1 + \dfrac{1}{\sqrt{2}} r_2 - s = 0$，式中，$r_1$ 和 r_2 分别为元件 1 和元件 2 的强度，结构的强度由两个元件共同决定，s 为结构所受外荷载。其变化范围分别为：$r_1 \in [180, 220]$MPa，$r_2 \in [270, 330]$MPa，$s \in [160, 240]$MPa。试用定义法求解非概率可靠性指标。

解　将影响结构功能的区间变量标准化可得

$$r_1 = 200 + 20\delta_{r_1}, \quad r_2 = 300 + 30\delta_{r_2}, \quad s = 200 + 40\delta_s$$

将标准化的区间变量代入功能方程中得

$$M = (200 + 20\delta_{r_1}) + \frac{1}{\sqrt{2}} \times (300 + \delta_{r_2}) - (200 + 40\delta_s) \approx 20\delta_{r_1} + 21\delta_{r_2} - 40\delta_s + 212.1$$

对应此功能函数的非概率可靠性指标为

$$\eta = \frac{\displaystyle\sum_{i=1}^{m} a_i R_i^{\mathrm{c}} - \sum_{i=m+1}^{n} b_j S_j^{\mathrm{c}}}{\displaystyle\sum_{i=1}^{m} \lvert a_i \rvert R_i^{\mathrm{r}} + \sum_{i=m+1}^{n} \lvert b_j \rvert S_j^{\mathrm{r}}} = \frac{212.1}{20 + 21.2 + 40} \approx 2.61$$

因此，求得非概率可靠性为：$\eta \approx 2.61 > 1$，结构处于可靠的状态。

4.2 改进的一维优化算法

4.2.1 算法基本理论

非概率可靠性指标的算法对非概率理论的工程运用具有极其重要的意义，本节在定义法的基础上，阐述改进的一维优化算法。分两个部分介绍，首先是证明了非概率可靠性指标只可能存在于变量标准化扩展空间的角点上，其次为了提高计算效率，采用参数的单调性来减少需要求解方程的个数，提升了求解效率。

设 C_δ^∞ 中标准化失效面 $M = g(\boldsymbol{\delta}) = 0$ 上的任意 n 维非零向量为 $\boldsymbol{\delta} = (\delta_1, \delta_2, \cdots, \delta_n)$，其一定满足 $M = g(\boldsymbol{\delta}) = G(\delta_1, \delta_2, \cdots, \delta_n) = 0$，向量 $\boldsymbol{\delta} = (\delta_1, \delta_2, \cdots, \delta_n)$ 的无穷范数和 2 范数分别为 $\|\boldsymbol{\delta}\|_\infty = \max\{|\delta_1|, |\delta_2|, \cdots, |\delta_n|\}$ 和 $\|\boldsymbol{\delta}\|_2 = \sqrt{\sum_{i=1}^{n} \delta_i^2}$。且二者有如下关系：

$$\|\boldsymbol{\delta}\|_2 \leqslant \sqrt{n} \|\boldsymbol{\delta}\|_\infty \tag{4-24}$$

因为式（4-24）恒成立，对该式两端都取最小化仍然恒成立，则可得 $\boldsymbol{\delta}$ 的 2 范数和结构或系统的非概率可靠性指标 η 有如下不等式关系：

$$\min\left\{\frac{1}{\sqrt{n}} \|\boldsymbol{\delta}\|_2\right\} \leqslant \eta = \min\{\|\boldsymbol{\delta}\|_\infty\} = \min\{\max\{|\delta_1|, |\delta_2|, \cdots, |\delta_n|\}\} \tag{4-25}$$

又由泛函分析可知，只有当 $\boldsymbol{\delta}$ 的各分量满足 $|\delta_1| = |\delta_2| = \cdots = |\delta_n|$ 时，式中的等号才成立。

设 $|\delta_1| = |\delta_2| = \cdots = |\delta_n| = \varphi$（任意正实数），则 $\eta = \frac{1}{\sqrt{n}} \|\boldsymbol{\delta}\|_2 = \frac{1}{\sqrt{n}} \sqrt{\sum_{i=1}^{n} \varphi^2} = \frac{\sqrt{n\varphi^2}}{\sqrt{n}} = \varphi$。由此可得，非概率可靠性指标 η 只可能存在于无穷空间 C_δ^∞ 中通过原点和顶点 $P_\delta^j (j = 1, 2, \cdots, 2^n)$ 的超射线与标准化失效面的某一交点处。算法的核心是将 $\delta_1 = \pm\delta_2 = \cdots = \pm\delta_n$ 代入功能方程中进行求解，得到最小绝对值即为 η 值。

当模型中区间向量的维数是 n 时，需要数值求解的一元目标函数的个数是 2^{n-1} 个。可见计算量相对于区间向量的维数是 n 呈几何级数增长。考虑各个变量对函数值的单调关系，可减少方程的数量。

当满足 $\begin{cases} M = G(\delta_1, \delta_2, \cdots, \delta_n) = 0 \\ \eta = |\delta_1| = |\delta_2| = \cdots = |\delta_n| \end{cases}$，$\frac{\partial M}{\partial \delta_i} > 0$，$\frac{\partial M}{\partial \delta_j} > 0$ 时，必有 $\delta_i = \delta_j$，当 $\frac{\partial M}{\partial \delta_i} < 0$，$\frac{\partial M}{\partial \delta_j} < 0$ 时，有 $\delta_i = \delta_j$；当 $\frac{\partial M}{\partial \delta_i} > 0$，$\frac{\partial M}{\partial \delta_j} < 0$ 或 $\frac{\partial M}{\partial \delta_i} < 0$，$\frac{\partial M}{\partial \delta_j} > 0$ 时，有 $\delta_i = -\delta_j$。

通过该结论，由变量的单调性来确定变量的取值，从而减少方程组的个数。如原需代入 $\delta_i = \pm\delta_j$ 进行求解，而通过变量的单调性可确定 $\delta_i = -\delta_j$ 或 $\delta_i = \delta_j$。同时，由于 $\delta_i (i = 1, 2, \cdots, n)$ 的取值为扩展后的无穷空间，在此空间内不易判断函数的单调性，所以需要进一步缩小变量的取值范围为 λ，从而在该范围内判断单调性。

实践应用中，λ 的取值往往取决于各变量 δ_i 前系数的最大绝对值，即 $\max|x_i^r|$，令 $\max|x_i^r|$ 对应的变量不为 0，其他变量取为 0，则可解得 $|\delta_i| = \lambda'$（任意正实数）。由 λ 的定义，可得

$$|\delta_i| = \lambda' \geqslant \lambda \qquad (4\text{-}26)$$

由于 λ' 的范围大于或等于 λ，初步计算可用 λ' 代替 λ，通过确定各变量最大 $|x_i^r|$，易得 λ（详细的证明步骤由于篇幅有限，此处不做详细的说明）。

改进一维优化算法具体包括以下步骤。

（1）将由结构失效准则确定的功能函数通过标准化变换映射为 C_δ 与 C_δ^∞ 空间中的标准化失效面。

（2）通过判定最大 $|x_i^r|$ 值，初步确定 λ 值，并判断各函数的单调性，此时，当大多数变量的单调性不易确定时，令 $M = G(\delta) = G(0,\cdots,\delta_i,\cdots,0) = 0$，解方程得 δ_i，从而确定 $|\delta_i|$ 的取值范围 $|\delta_1| = |\delta_2| = \cdots = |\delta_n| < \lambda = \min|\delta_i|$。

（3）在第（2）步确定的取值范围 $[-\lambda, \lambda]$ 内，若 $\dfrac{\partial M}{\partial x_i} > 0$，则令标准化形式极限状态函数中的 $\delta_i = -\delta$，同时，令与 $\dfrac{\partial M}{\partial x_i} < 0$ 对应的 $\delta_i = \delta$。对于不易确定增减性的，令 $|\delta_i| = \pm\delta$ 分别代入计算。

（4）将第（3）步中确定的变量分别代入第（1）步中的标准化失效面方程，得到多个关于 δ 的一元函数并求解。

（5）舍去复数解，对实数解取绝对值，其中最小值就是该结构或构件的非概率可靠性指标。

4.2.2 算例

如图 4-3 所示悬臂梁，在距固定端为 b_1、b_2 处分别作用集中载荷 P_1 和 P_2。若在荷载作用下梁中产生的弯矩最大值 $M_{\max}$ 与梁所能承受的极限弯矩 M_{cr} 满足关系式 $M_{\max} > M_{cr}$ 时，结构失效。设有界不确定参数分别为 $P_1 \in [4.4, 5.6]\,\mathrm{kN}$，$P_2 \in [1.7, 2.3]\,\mathrm{kN}$，$b_1 \in [1.8, 2.2]\,\mathrm{m}$，$b_2 \in [4.5, 5.5]\,\mathrm{m}$，$M_{cr} \in [32, 40]\,\mathrm{kN \cdot m}$，试求该结构的非概率可靠性指标。

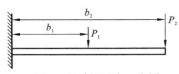

图 4-3　悬臂梁受力示意图

解　建立极限方程为

$$M_{cr} - P_1 b_1 - P_2 b_2 = 0$$

区间变量标准化：

$$P_1 = 5 + 0.6\delta_{P_1}, \quad P_2 = 2 + 0.3\delta_{P_2}, \quad b_1 = 2 + 0.2\delta_{b_1}, \quad b_2 = 5 + 0.5\delta_{b_2}, \quad M_{cr} = 36 + 4\delta_{M_{cr}}$$

将标准化后的区间变量代入极限状态方程得

$$M = 36 + 4\delta_{M_{cr}} - (5 + 0.6\delta_{p_1})(2 + 0.2\delta_{p_2}) - (2 + 0.3\delta_{b_1})(5 + 0.5\delta_{b_2}) = 0$$

比较所有变量前的系数，发现 $\delta_{M_{cr}}$ 前的系数 4 最大，因此参照步骤令其他变量为 0，得方程：

$$M(\delta_{M_{cr}}, 0, 0, 0, 0) = 0$$

解得 $\delta_{M_{cr}} = -4$，则有 $\eta = |\delta_{M_{cr}}| = |\delta_{p_1}| = |\delta_{p_2}| = |\delta_{b_1}| = |\delta_{b_2}| < 4$，确定了各变量的取值范围。求得的各变量取值范围内，对各变量求导判断其单调性：

$$\frac{\partial M}{\partial \delta_{M_{cr}}} = 4 > 0$$

$$\frac{\partial M}{\partial \delta_{p_1}} = -0.6(2 + 0.2\delta_{p_2}) < 0$$

$$\frac{\partial M}{\partial \delta_{p_2}} = -0.2(5 + 0.6\delta_{p_1}) < 0$$

$$\frac{\partial M}{\partial \delta_{b_1}} = -0.3(5 + 0.5\delta_{b_2}) < 0$$

$$\frac{\partial M}{\partial \delta_{b_2}} = -0.5(2 + 0.3\delta_{b_1}) < 0$$

由各参数对函数值的单调关系可得：$\delta_{M_{cr}} = -\delta$；$\delta_{p_1} = \delta$；$\delta_{p_2} = \delta$；$\delta_{b_1} = \delta$；$\delta_{b_2} = \delta$。将各个变量之间的关系代入功能函数，可以得到一元方程：

$$M = 16 - 8.7\delta - 0.27\delta^2 = 0$$

解得　　　　　　　　　　$\delta_1 = -33.967, \qquad \delta_2 = 1.744\ 6$

因此非概率可靠性指标 $\eta = 1.744\ 6$，判定结构可靠。

4.3　改进的全局最优解算法

4.3.1　算法基本理论

由于可靠性指标完全由最可能失效点确定，而最可能失效点是全部可能失效点中按无穷范数确定的最小值。虽然多数最可能失效点位于标准化空间沿各个象限的均分线上，但根据实际观测，有时最可能失效点可能会与某些坐标轴相切。所以，在下面的分析中，将通过几何分析，从二维、三维、直到 n 维情况在极限状态曲面上求解全部的失效点，这些失效点包括极限状态函数的极值点和根值点，再比较全部失效点的量值，确定最可能失效点，并按无穷范数最小值计算可靠性指标。

满足条件 $g(\delta_1, \delta_2) = 0$ 为一条平面曲线，$\max(|u_1|, |u_2|)$ 为求解曲线上指定点的最大坐标值，$\min(\|\boldsymbol{u}\|_\infty)$ 为按无穷范数度量求解最小值点。作 45° 线将平面内第一象限划分为 2 个区域，可能失效点可以在 45° 线以上区域，如图 4-4（a）所示、45° 线以下区域，如图 4-4（b）所示，或在 45° 线上（两个区域的边上），如图 4-4（c）所示。

若最可能失效点在 45° 线以上区域，由于 $|u_1| > |u_2|$，有

$$\eta = \min(\|\boldsymbol{u}\|_\infty) = \min|u_2|_\infty \tag{4-27}$$

相当于将极限状态曲线 $g(\delta_1, \delta_2) = 0$ 转化为显式表达式 $u_2 = F(u_1)$，该函数的极小值点 (u_1, u_2) 即为最可能失效点。

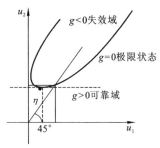
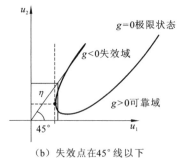
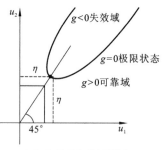

| （a）失效点在45°线以上 | （b）失效点在45°线以下 | （c）失效点位于45°线上 |

图 4-4　二维情况下可能失效点示意图

若最可能失效点在 45° 线以下区域，由于 $|u_1|>|u_2|$，有

$$\eta = \min\left(\|\boldsymbol{u}\|_\infty\right) = \min|u_1| \tag{4-28}$$

相当于将极限状态曲线 $g(\delta_1, \delta_2)=0$ 转化为显式表达式 $u_1=F(u_2)$，该函数的极小值点 (u_1,u_2) 即为最可能失效点。

根据上述分析可知，最可能失效点只可能出现在极限状态方程 $G(u_1,u_2,\cdots,u_n)=0$ 的极值点和根值点，故解析方法计算可靠性指标过程如下。

（1）求解极限状态方程 $G(u_1,u_2,\cdots,u_n)=0$ 关于 $u_1,u_2,\cdots,u_n$ 的全部极小值点。

（2）降维，求 $G(u_i=\pm,u_2,\cdots,u_n)=0$ 共 $n(n-1)$ 个方程的全部极小值点（按 $(n-1)$ 维问题进行计算）。

（3）再降维，按 $(n-2)$ 维、$(n-3)$ 维、$\cdots$、2 维问题进行计算，求极小值点。

（4）根据极限状态方程，判定 $|x_i^j|$ 的最大值，初步确定 λ，并判断各函数的单调性。若大多数变量的单调性不易确定，则令 $M=G(u)=g(0,\cdots,u_i,\cdots,0)=0$，解方程求得 u_i，从而确定 $|u_i|$ 的取值范围 $|u_1|=|u_2|=\cdots=|u_n|\leqslant\lambda=\min(|u_i|)$。

（5）在步骤（4）确定的取值范围 $[-\lambda,\lambda]$ 内，若 $\partial M/\partial x_i>0$，则令标准化形式极限状态函数中的 $u_i=u_j$，同时若 $\partial M/\partial x_i<0$，令与对应的 $u_i=-u_j$。对于不易确定增减性的，令 $|u_i|=\pm u$ 分别代入计算。

（6）将步骤（5）中确定的变量分别代入作标准变换的状态方程中，求解多个关于 u 的一元函数。

（7）舍去复数解，并对实数解取绝对值，求得根值点，则可靠性指标 η 为方程全部解的最小值，则可靠性指标 η 为方程全部解的最小值。

4.3.2　算例

已知某一结构某一功能对应的功能函数为

$$M = 567\times(0.6+0.072u_1)(2.18+0.109u_2)-0.5\times(32.8+1.64u_3)^2$$

求解非概率可靠性指标。

解　采用该方法，得到极值点 $(-8.33,-20,-20)$。

求解根值点情况：

比较所有变量前的系数，发现 u_3 前的系数 1.64 最大，令变量 u_1 和 u_2 为 0，得到方程：

$$M = G(u) = G(0, 0, u_3) = 0$$

解得 $u_3 = 3.45$，则有

$$\eta = |u_1| = |u_2| = |u_3| \leqslant 3.45$$

从而确定各变量的取值范围。

参考步骤（5），在上述各变量取值范围内，对各变量求导并得到如下判断：

$$\frac{\partial M}{\partial u_1} > 0, \quad \frac{\partial M}{\partial u_2} > 0, \quad \frac{\partial M}{\partial u_3} < 0$$

参考步骤（6），可得

$$u_1 = -u, \quad u_2 = -u, \quad u_3 = u$$

将其代入原功能函数中，可得

$$38.88 - 29.22u + u^2 = 0$$

参考步骤（7），解上述方程得

$$u_1 = 1.155\,6, \quad u_2 = 56.773\,2$$

最可能失效点落在根值点上，对实数解取绝对值，得 $\eta = 1.155\,6$。

4.4 在役桥梁的参数灵敏性分析

由于在役桥梁结构在使用过程中会发生一定程度的磨损、老化，在进行结构可靠性分析时，若完全使用桥梁设计初期的参数，则可靠性评估由于会产生较大的误差，从而失去可靠性评估的意义，所以用于在役桥梁结构可靠性分析的参数主要来源于实测。检测的主要内容为：结构的外形外观检查与测量、主要构件的量测、混凝土所用材料的力学性能检测及重车的轴距、轴载等参数。受测量手段及经济等因素的影响，有些数据不易获得，同时不同参数对桥梁可靠性的影响程度也大小不一，部分参数发生较小的波动就会给结构可靠性带来较大的影响，部分参数则相反，因此，对结构的参数进行灵敏性分析是必要的。进行参数灵敏性分析具有两点重要意义：其一，基于各个参数的灵敏性大小，对实测工作做出指导，对灵敏性高的参数进行细致的测量，对灵敏性很小的参数，进行粗略测量或直接利用竣工资料；其二，在役桥梁的评估中，不定参数的数量对计算效率起到决定性的作用，若将每个参数按变量考虑，势必影响评估的效率，通过灵敏性分析，可将灵敏性低的参数剔除，选取定值进行计算，提高评估效率。

4.4.1 参数灵敏性定义

对于静定结构或常规的超静定结构，通过解析法，一般可直接得到构件某一功能状态的显式函数表达式即功能方程，从而对方程中各参数进行灵敏性分析。令极限状态方程为

$$M = g(x_1, \cdots, x_i, \cdots, x_n) = G(\delta_1, \cdots, \delta_i, \cdots, \delta_n) = 0 \qquad (4\text{-}29)$$

式中：x_i、δ_i 的定义同前。

区间变量 x_i 的变异系数为 f_i，令 x_i 的变异系数由 0 向 f_i 变化，其他区间变量不变，从而得到变化的非概率可靠性指标 η_i。x_i 的变异系数为 f_i 时的非概率可靠性指标为 η_0，令非概率

可靠性参数的灵敏性指标为

$$K_i = \frac{\eta_i - \eta_0}{\eta_0} \qquad (4\text{-}30)$$

K_i 即为 x_i 对应的灵敏性指标,当 $K_i < \xi$(容许误差值,本章取 5%)时,说明 x_i 的变异系数的变化对最终非概率可靠性指标的影响很小,即表明计算非概率可靠性指标时,可将 x_i 考虑为一定值,现场测量时可粗测或直接根据竣工图确定,不需要进行详细测量。$K_i > \xi$ 则说明该参数对结构可靠度影响较大,必须将其作为不确定变量来考虑。

4.4.2 实心板简支梁桥实例分析

某既有桥梁每跨由 10 块宽 0.99 m 的实心板组成,实心板简支梁的受力如图 4-5 所示。该桥梁的下部结构运营状况较好,对上部结构中的主梁进行非概率可靠性评估,并结合此例进行该类桥型参数的灵敏性分析,剔除灵敏度较低的参数,为减少实测工作量、提高计算效率奠定基础。参照竣工资料及现场实测,各参数的取值见表 4-1。取该桥中一块质量最差的实心板进行非概率可靠性评估。

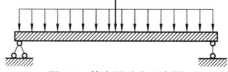

图 4-5 简支梁受力示意图

表 4-1 现场实测各参数取值

参数	中值	离差	变异系数 f
钢筋抗拉强度 f_{sd}/kPa	388 280	26 600	0.068 5
受拉钢筋面积 A_s/m^2	0.002 815	0.000 099	0.035
实心板厚度 h/m	0.32	0.019 2	0.06
钢筋保护层厚度 α_s/m	0.05	0.003	0.06
混凝土轴心抗压强度 f_{cd}/kPa	31 200	4 680	0.15
实心板截面宽度 b/m	0.99	0.049 5	0.05
实心板容重 ρ_1/(kN/m^3)	25	2	0.08
实心板计算跨径 l/m	5.6	0.28	0.05
桥面铺装厚度 h'/m	0.1	0.01	0.1
桥面铺装容重 ρ_2/m	26	2.08	0.08
汽车作用荷载 F/kN	300	30	0.1
荷载横向分布系数 a	0.26	0.026	0.1

建立实心板的极限状态方程:

$$M = M_u - M_s = f_{sd}A_s\left(h - \alpha_s - \frac{f_{sd}A_s}{2f_{cd}b}\right) - \frac{bh\rho_1 l^2}{8} - \frac{bh'\rho_2 l^2}{8} - \frac{F\alpha l}{4} = 0$$

将区间变量标准化后,可建立如下极限状态方程:

$$M = M_{\mathrm{u}} - M_{\mathrm{s}}$$

$$= (388\,280 + 26\,600\delta_{f_{sd}})(0.002\,815 + 0.000\,99\delta_{A_s})$$

$$\times \left[(0.32 + 0.019\,2\delta_h) - (0.05 + 0.003\delta_{\alpha_s}) - \frac{(388\,280 + 26\,600\delta_{f_{sd}})(0.002\,815 + 0.000\,99\delta_{A_s})}{2(31\,200 + 4\,680\delta_{f_{cd}})(0.99 + 0.049\,5\delta_b)} \right]$$

$$- \frac{(0.99 + 0.049\,5\delta_b)(0.32 + 0.019\,2\delta_h)(25 + 2\delta_{\rho_1})(5.6 + 0.28\delta_l)^2}{8}$$

$$- \frac{(0.99 + 0.049\,5\delta_b)(0.1 + 0.01\delta_{h'})(26 + 2.08\delta_{\rho_2})(5.6 + 0.28\delta_l)^2}{8}$$

$$- \frac{(300 + 30\delta_F)(0.26 + 0.026\delta_\alpha)(5.6 + 0.28\delta_l)}{4}$$

$$= 0$$

根据改进一维优化算法，解得非概率可靠性指标为 $\eta = 1.415$。说明该桥上部结构可靠。目前该桥未见明显病害，说明对该桥进行的非概率可靠性评估是合理的、有效的。

为减少实测工作量，提高计算效率。进一步探讨各参数对在役桥梁承载能力极限状态非概率可靠性指标的影响规律，结合该工程实例，探讨 12 个参数对非概率可靠性指标的影响。在分析参数的灵敏性时，假设一参数的变异系数由 0 分阶段、均匀地变化到表 4-1 中的变异系数值，其他参数取值不变，分别求得相应的非概率可靠性指标，如图 4-6 所示。

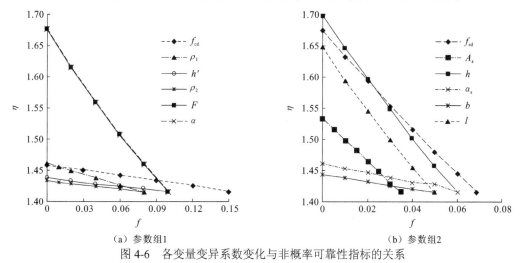

（a）参数组1   （b）参数组2

图 4-6　各变量变异系数变化与非概率可靠性指标的关系

由图 4-6 中曲线变化规律可得到如下结论。

（1）随着各参数变异系数的增大，非概率可靠性指标是减小的。

（2）参数 f_{cd}、ρ_1、h'、ρ_2、α_s、b 的变异系数变化对非概率可靠性指标 η 的影响较小，影响值最大仅为 3.25%。

（3）参数 f_{sd}、h、l、F、a 的变异系数变化对非概率可靠性指标 η 的影响较大，影响值最大达到了 20%。

（4）参数 A_s 的变异系数变化对非概率可靠性指标 η 的影响趋于中等，影响值为 8.34%。

由以上分析可知 f_{cd}、ρ_1、h、ρ_2、α_s、b 对非概率可靠性指标 η 的影响较小，A_s 的影响一般。因此，可以考虑上述区间变量取常数值，而剩余变量继续按区间变量考虑，进行非概率可靠性指标计算。

从计算可知，当 6 个变量取最不利值时，非概率可靠性指标与实际仅相差 0.07，相差比例不到 5%，取中值时，非概率可靠性指标值相差 0.224，相差比例为 15.83%；当 7 个变量取最不利值时，非概率可靠性指标与实际仅相差 0.119，相差比例为 8.4%，取中值时，相差 0.385，相差比例为 27.2%。因此，为尽量减少计算量，快速评估可靠性，可考虑将影响不大的 6 个或 7 个变量取最不利值参与非概率可靠性指标的计算。

功能函数中，抗力的主要影响值为 f_{sd}、A_s、h，作用效应部分，l 是一个重要影响因素，F、a 主要由汽车荷载所占的比重决定。数值分析结果验证了各重要参数，同时说明了该桥汽车荷载比重较大。对几个重要参数进一步分析，f_{sd} 与 A_s 及 F 与 a 在图 4-6 的斜率是一样的，这也符合其物理公式，但 f_{sd} 对非概率可靠性指标的影响较 A_s 大，而 F 对非概率可靠性指标的影响与 a 一样大，f_{sd} 与 A_s 的变异系数不一样，而 F 与 a 的变异系数一样大，从而说明了变异系数对非概率可靠性指标的影响较大，这与非概率可靠性指标公式的定义具有一致性。

本小节对在役桥梁参数灵敏性进行分析，主要讨论了基于显式极限状态方程的在役桥梁参数灵敏性分析。在实际工程运用中，由于桥梁结构的复杂性，并不一定可以直接得到功能函数的显式表达，对极限状态方程没有解析表达式的在役桥梁，可以通过等价的方式判断参数的灵敏性，基于实测与设计资料，建立结构的有限元模型，采用控制变量的方式，令一个变量的变异系数变化，其他变量取中值，从而获取该参数的变异系数对结构响应的影响，从而获知该参数是否为灵敏参数，进一步为结构参数实测与评估奠定基础。

4.5　在役桥梁的非概率可靠性评估

《公路桥涵设计通用规范》（JTG D60—2015）规定桥梁设计应符合技术先进、安全可靠、适应耐久、经济合理的要求，同时设计者还应考虑美观、环境保护及可持续发展的要求。在役桥梁和拟建桥梁既有共性又有区别，在役桥梁是已建好提供服务的桥梁，因而，它必须满足总体要求，即总要求中的安全可靠和适应耐久，包括安全性、实用性和耐久性。安全性属于承载能力极限状态，是指桥梁结构或其构件达到最大承载能力或出现不适合继续承载的变形或变位的状态，这是结构安全可靠的前提条件，必须满足。实用性和耐久性属于正常使用极限状态，是指桥梁结构或构件达到正常使用或耐久性的某项限值的状态，它是保证桥梁在使用期间正常运行的必要条件。目前，关于在役桥梁可靠度的研究主要基于《公路工程结构可靠性设计统一标准》（JTG 2120—2020）及相应的设计规范或现场检测，在役桥梁的概率可靠性评估主要存在三个方面的问题：一是，概率分布函数和隶属函数要通过大量的统计资料，而现场检测多为小样本，得到的分布函数不准确；二是，若对桥梁进行大量的检测，需要很高的费用，对绝大多数桥梁而言，地方管理部门是无法承受的；三是，参照规范评估是有缺陷的，规范多是统计国省道上的桥梁，对大多数县乡道上的桥梁不一定适用，且这类桥梁的施工队参差不齐。

4.5.1　承载能力极限状态下非概率可靠性评估

进行非概率可靠性评估时，首先建立基于非概率可靠性评估的在役桥梁承载能力极限状态方程：$M=R-S=0$，式中 R 表示结构的抗力，S 表示作用效应，其中 S 主要包括结构恒载效应、汽车荷载效应及人群荷载效应。在役桥梁的评估主要针对主要承力构件，一般指桥梁的上部结构，如简支梁桥的梁板、拱桥的主拱圈等。针对主要承力构件的极限状态方程的建立不同，得到在役桥梁非概率可靠性评估的主要流程（图4-7）。

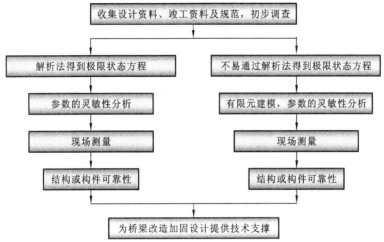

图 4-7　承载能力极限状态非概率可靠性评估流程图

（1）收集设计资料、竣工资料及规范，初步调查。主要是指对于在役桥梁的管理部门收集到设计资料及竣工资料，查看可靠度规范及现场初步调查，基本拟定各参数的取值范围。对于没有设计资料和竣工资料的，则必须进行现场初步测量。

（2）参数灵敏性分析的意义及方法具体见 4.4 节。

（3）现场测量。针对参数的灵敏性，有针对性地进行测量，同时，也是为了缩小灵敏性较大参数的变异性，使得非概率可靠性评估更准确。

（4）对于解析法得到的极限状态方程，采用改进一维优化算法进行求解非概率可靠性指标，并进行可靠性分析。

【例】　某 4×10 m 简支梁桥位于国道 106 上，1993 年建成通车，行车道宽 15 m，双向四车道，一跨由 11 块空心板通过横向联系构成，设计荷载汽车-超 20 级，挂车-120。由于该路段位于矿区，经常有超重车通过，主梁实际上所承受荷载已经超过桥梁的原始设计荷载。由于该桥在运营情况下振动较大等原因，甲方考虑是否拆除上部结构重建。现对一中板（图 4-8）进行可靠性评估，为工程可行性研究提供技术支持。

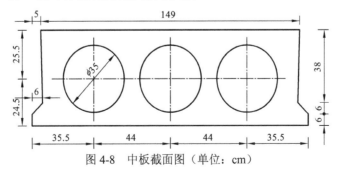

图 4-8　中板截面图（单位：cm）

1. 概率可靠性评估

取一空心板进行计算分析，得跨中各荷载标准值为：永久作用标准值 $S_{GK}=211$ kN·m；

可变作用标准值 $S_{QK}=207$ kN·m；抗力标准值 $R_K=799$ kN·m。根据《公路工程结构可靠度设计统一标准规范》（JTG 2120—2020），取得相应统计参数：结构自重正态分布，结构自重随机变量平均值与标准值的比值 $K_G=1.0148$，结构自重随机变量的变异系数 $\delta_G=0.0431$；抗力服从对数正态分布，抗力随机变量平均值与标准值的比值 $K_R=1.2262$，抗力随机变量的变异系数 $\delta_R=0.1414$；密集运行状态汽车荷载效应弯矩服从极值 I 型分布，汽车荷载随机变量平均值与标准值的比值 $K_Q=0.7995$，汽车荷载随机变量的变异系数 $\delta_Q=0.0862$。

据相关理论及公式，对该桥进行动态可靠性评估，经检测发现，5 年左右该桥发生钢筋锈蚀，认为该桥抗力退化速率为中等。运用验算点法［该方法为国际结构安全度委员会（Joint Committee on Structure Safety）推荐的方法，简称 JC 法］计算出桥梁的动态可靠性指标，如图 4-9 所示。截至 2007 年，该桥已运营 13 年，求得可靠指标为 6.262，结果表明该桥状况完好。

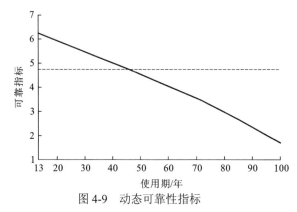

图 4-9　动态可靠性指标

2. 非概率可靠性评估

根据现场测量值，各主要参数变化区间：挖孔圆直径 $\in[33, 37]$ cm；空心板高度 $\in[47, 51]$ cm；纵向受力钢筋根数（$\phi20$）$\in[21, 23]$ 根；混凝土强度（标号）$\in[22, 27]$；钢筋混凝土容重 $\in[23, 25]$ kN/m³；最大汽车荷载 $\in[600, 700]$ kN。汽车冲击系数主要根据现场测量一辆重车在运动及静止情况下，跨中产生的挠度比，得出汽车冲击系数 $\mu\in[1.3, 1.4]$。

建立极限状态方程：
$$M=R-S_G-\mu S_Q=0$$

根据组合法得到各主要参数的区间变量：$R\in[646, 829]$ kN·m，$S_G\in[180, 227]$ kN·m，$\mu\in[1.3, 1.4]$，$S_Q\in[235, 275]$ kN·m。则极限状态方程标准化为
$$189.75+91.5\delta_R-27\delta_Q-12.75\delta_\mu-23.5\delta_G-\delta_\mu\delta_Q=0$$
利用改进一维优化算法，计算得到 $\eta=1.216$。

3. 结果比较

从计算的结果看，采用概率可靠性分析方法，当桥梁运营 45 年后，其可靠性指标 β 仍大于 4.7，说明该桥状态良好。若以 $0.85\beta_0$ 计，则桥梁使用寿命可达到 60 年。但由于概率模型是根据现有规范进行假设得到的，评估只能作为参考。采用基于凸集的非概率可靠性评估方法是根据实际测量进行的，计算结果显示该桥的使用寿命仅为 22 年，超过该时间段，其安全性没

有保障。实际上，该桥运营 13 年后，超载车辆的作用导致该桥动挠度过大，从安全可靠性角度出发，已对该桥拆除上部结构重建。因此非概率可靠性评估的 22 年安全期更符合实际情况。

4.5.2 正常使用极限状态下非概率可靠性评估

在役桥梁正常使用极限状态可靠性评估主要是对结构或构件的最大裂缝宽度和最大挠度进行验算及控制。同在役桥梁的承载能力极限状态可靠性评估一样，正常使用极限状态也可建立极限状态方程：

$$M = R - S = 0 \tag{4-31}$$

式中：R、S 为广义抗力和广义荷载效应，广义抗力如裂缝宽度或挠度极限值等，广义荷载是指作用效应所产生的裂缝宽度或挠度等，在非概率可靠性评估中，R、S 为包含多区间变化的函数，如材料的弹性模量、钢筋的抗拉强度、钢筋面积及结构几何尺寸等。对式（4-31）进行非概率可靠性指标的求解，从而进行非概率可靠性评估。本小节主要对裂缝宽度和挠度的正常使用极限状态非概率可靠性评估进行研究。

1. 基于裂缝宽度的正常使用可靠性评估

目前，规范规定矩形、T 形和工字形截面的钢筋混凝土构件极限裂缝宽度值，其最大裂缝宽度可按下式计算得

$$w_{\max} = \alpha \varphi \frac{\sigma_s}{E_s} \left(1.9 c_s + 0.08 \frac{d_{eq}}{\rho_{te}} \right) \tag{4-32}$$

因此，建立在役桥梁裂缝宽度非概率可靠性评估的极限状态方程：

$$M = [W] - W_{\max} = 0 \tag{4-33}$$

式中：$[W]$ 为极限裂缝宽度，在非概率可靠性评估中认为它是一区间变量，规范规定了各类构件最大裂缝宽度的极限值。

裂缝宽度的非概率可靠性评估具有以下特性。

（1）国内外一般给出最大裂缝宽度的极限值，但用各国规范公式计算得到的裂缝规范具有很大的差异性。

（2）裂缝宽度的极限值在一定范围内，人眼能看到的最小裂缝为 0.1 mm，根据工程实践经验，一般环境下当裂缝宽度大于 0.3 mm 时，钢筋会因混凝土的开裂而锈蚀，从而使抗力极大下降，因此，一般裂缝应限制在此范围内。

$[W]$的选取可根据《公路工程结构可靠性设计统一标准》（JTG 2120—2020）规范和以上两点进行确定，一般将$[W]$考虑以区间变量为$[W-\delta, W+\delta]$，其中，W 为规范规定的各类环境下的裂缝宽度极限值，δ 为离差，应根据具体情况进行选择。

2. 基于挠度的正常使用可靠性评估

同类裂缝宽度一样，可建立在役桥梁挠度非概率可靠性评估的极限状态方程：

$$M = W_{\max} - [W] = 0 \tag{4-34}$$

式中：$[W]$为挠度极限值，以上规定了其取值。同样，在非概率可靠性评估中认为它是一区间变量，即$[W] = [W_m - \delta, W_m + \delta]$，其中，$W_m$ 为以上规定的各类构件的极限值，δ 为离差，应根据

具体情况进行选择。可采用以下方法进行挠度的非概率可靠性评估。

（1）利用本章介绍的公式，进行挠度的灵敏性分析，并利用非概率改进一维优化算法或改进全局最优算法进行求解，材料参数按新规范进行折算。

（2）做灵敏性分析后，直接利用本节介绍的失效点寻优法进行求解，以有限于计算的实际挠度值为基准。

（3）现场测量。当重车通过时，测量其挠度值，即将 W 值直接测量得到，进行非概率可靠性评估。

4.6　在役桥梁可靠性评估实例

4.6.1　工程概况

位于黄梅县的龙感湖大桥全长 9.634 km，共 480 孔。大桥全宽 24 m，分左右两幅，单幅桥宽 11.5 m，桥面净宽 10.75 m（图 4-10）。大桥上部结构为带悬臂的先简支后桥面连续的预应力混凝土空心板，下部结构为分离式钢筋混凝土盖梁接双柱式桥墩。桥梁情况见表 4-2。

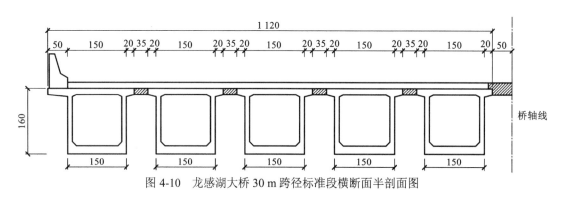

图 4-10　龙感湖大桥 30 m 跨径标准段横断面半剖面图

表 4-2　龙感湖大桥桥梁概况

跨径/m	跨数	结构形式	梁高/cm	单幅桥标准段横向板数	标准段板间距/cm	盖梁	桥墩	桩基
20	474	先张法空心板	110	4	284	分离式钢筋混凝土盖梁	单幅桥 2 根直径100 cm 圆柱式墩	单幅桥 2 根直径 125 cm 钻孔灌注桩
30	4	后张法空心板	160	5	225			
13.8	2	先张法空心板	110	4	284			

桥梁运营 9 年半后，为掌握大桥的使用状况，对大桥进行了较为详细的检查。检查中发现的主要问题为上部结构梁端一定范围出现了较多裂缝，跨中出现开裂现象。具体病害表现为（图 4-11）：梁体腹板斜裂缝、跨中底板附近垂直裂缝、底板底面支座附近斜向裂缝、底板底面支座附近出现平行的短裂缝、支座病害、桥面病害等。

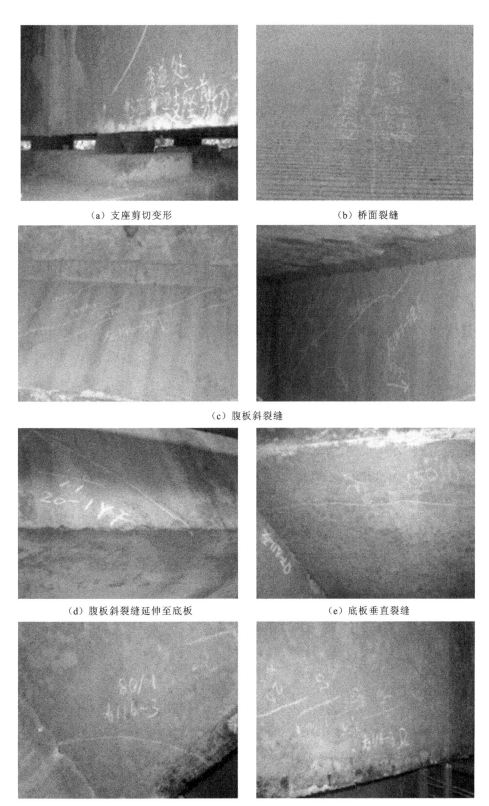

（a）支座剪切变形

（b）桥面裂缝

（c）腹板斜裂缝

（d）腹板斜裂缝延伸至底板

（e）底板垂直裂缝

（f）底板底面平行短裂缝

图 4-11　桥梁主要病害

对在役桥梁的非概率可靠性评估，首先要选取原始参数，通过收集工程实例的资料、现场初步调查等最大限度地获取数据信息。取龙感湖大桥其中一跨 30 m 的简支梁进行实测，由于该桥是对称结构，所以测量其半副梁体结构的尺寸，可以确定各个变量的参数取值范围（表 4-3）。

表 4-3　参数取值范围表

参数	中值	离差	变异系数
计算跨径 l_0/m	30.0	0.12	0.004
桥面宽度 b/m	11.5	0.05	0.004
梁的高度 h/m	1.6	0.08	0.05
混凝土轴心抗压强度 f_{cd}/MPa	28.0	3.5	0.125
钢绞线抗压强度 f_{pd}/MPa	1395	130	0.093
钢绞线总面积 A_s/m²	510	50	0.098
腹板厚度 d_1/m	0.12	0.03	0.25
桥面铺装厚度 d_2/m	0.15	0.02	0.13
受拉区钢筋保护层厚度 d/m	0.05	0.01	0.2
钢筋混凝土容重 γ/(kN/m³)	25	2	0.08

4.6.2　模型建立

对龙感湖大桥其中一跨 30 m 的预应力简支梁进行评估，下部结构双柱式桥墩无明显滑动、下沉和倾斜现象，评估验算仅对桥梁的上部结构进行。已知单跨半幅桥长 $l_0=30$ m，$b=11.5$ m。30 m 跨径预应力简支梁标准段横截面、箱梁尺寸、预应力钢束布置如图 4-12～图 4-13 所示。

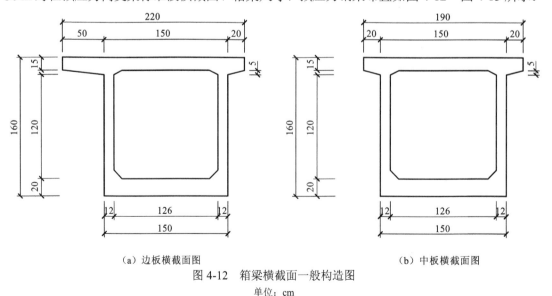

（a）边板横截面图　　　　　　　　　　　（b）中板横截面图

图 4-12　箱梁横截面一般构造图

单位：cm

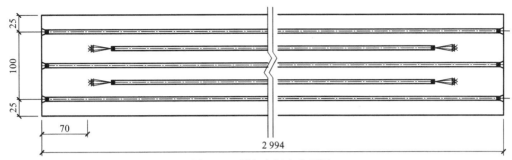

图 4-13 预应力钢束布置图

单位：cm

箱梁混凝土使用 Solid45 实体单元进行模拟，弹性模量为 3.25×10^4 MPa，泊松比为 0.2；预应力钢绞线采用 Link10 单元模拟，弹性模型为 1.95×10^5 MPa，泊松比为 0.3。建模步骤包括以下几步。

（1）建立箱梁截面的关键点，通过关键点进而生成截面。

（2）通过横向拉伸界面，生成整个箱梁模型。

（3）利用初应变模拟预应力施加，采用实体切分法构建预应力钢绞线。

（4）通过多次剖分几何模型，采用映射网格划分单元，将全桥模型共划分为 233 812 个节点，46 500 个单元。

（5）通过梁体梁端的关键点对箱梁进行约束，最后对梁体赋予自重，并施加面荷载。

经过分析可以得到跨中截面的内力与变形最大（图 4-14），因此，只需对跨中截面进行非概率可靠性计算。采用单元节点力求和方法计算出截面的内力。

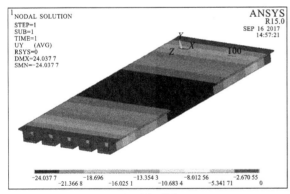

（a）位移云图（单位：mm）　　　　　　　（b）应力云图（单位：Pa）

图 4-14 建成后的箱梁的位移云图及应力云图

4.6.3 灵敏性分析

由于实践工程需要测量的工作量较大，又受到技术方法或者经济条件等主客观因素的制约，难以获得大量且精准的参数信息，因此需要对所有参数进行灵敏性分析，尽量减少变量的个数。通过各个参数因素变化的离散度对功能函数的相对影响大小来判断参数的灵敏度，对灵敏性不大的参数通过图纸或是实测直接取得，采用固定值进行计算。对于灵敏性比较大的参数，对其测量必须尽量精准，将这类参数定为区间变量。所以，灵敏性分析不仅可以避免因变量太多所增加的计算工作量，而且可以选取更加适当的可靠性参数，从而提高评估的准确性。通过跨中弯矩的控制进行灵敏性分析，结果见图 4-15。

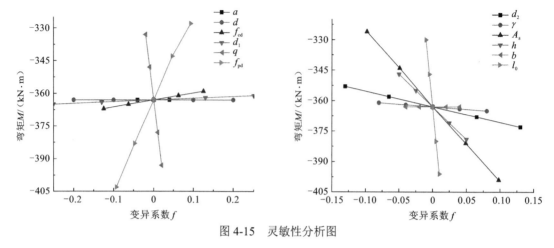

图 4-15　灵敏性分析图

从图 4-15 可知，各参数的斜率反映了其对结构的影响程度，斜率越大即对结构的影响程度越大，当斜率为正时，随着取值的增大，对结构则越有利，反之亦然，且各参数对函数有且仅具有单调性。但是变异系数 f 对 M 的影响不能定量分析，因此引入灵敏性指标对各参数进行灵敏性指标分析，结果见表 4-4。

表 4-4　各参数等效灵敏性指标

参数	变异系数	等效灵敏性指标 K'_i
计算跨径 l_0/m	0.004	(-9.1%,9.1%)
桥面宽度 b/m	0.004	0
梁的高度 h/m	0.05	(-4.4%,4.4%)
混凝土轴心抗压强度 f_{cd}/MPa	0.125	(-0.4%,0.4%)
钢绞线抗拉强度 f_{pd}/MPa	0.1	(-11%,9.6%)
钢绞线总面积 A_s/m^2	0.093	(-9.9%,10.2%)
腹板厚度 d_1/m	0.25	(-0.6%,0.6%)
桥面铺装厚度 d_2/m	0.13	(-2.8%,2.8%)
受拉区钢筋保护层厚度 d/m	0.2	0
钢筋混凝土容重 γ/（kN/m^3）	0.08	(-0.5%,0.5%)
梁顶面荷载 q_1/（kN/m^2）	0.017	(-8.2%,8.2%)
横向荷载分布系数 a	0.04	0

由表 4-4 可知，对跨中截面而言，有以下结论。

（1）参数 a、b、d 在变异系数内变化对 M 无影响。

（2）参数 f_{cd}、d_1、d_2、γ 在变异系数内变化对 M 影响不明显，其中参数桥面铺装厚度 d_2 的等效灵敏性指标最高，为 2.8%。

（3）参数 l_0、h、f_{pd}、A_s、q 在变异系数范围内对 M 影响较大，其中参数钢绞线总面积 A_s 的等效灵敏性指标最高，达到 10.2%。

根据灵敏性分析结果，在该实践工程中选取灵敏性影响较明显的 l_0、h、f_{pd}、A_s、q 5 个参数为控制变量，其余参数均取定值进行非概率可靠性指标的计算。

4.6.4 承载能力极限状态下非概率可靠性评估

摘取第二块边板进行分析计算，选取 5 个变量，令钢绞线抗拉强度 f_{pd} 为 x_1，令第二块边板钢绞线面积 A_{s1} 为 x_2，令梁顶面荷载 q_1 为 x_3，令梁的高度 h 为 x_4，令计算跨径 l_0 为 x_4，利用非概率响应面法构造响应面函数：

$$M = a_0 + b_1 x_1 + b_2 x_2 + b_3 x_3 + b_4 x_4 + b_5 x_5 + c_1 x_1^2 + c_2 x_2^2 + c_3 x_3^2 + c_4 x_4^2 + c_5 x_5^2$$

式中：$x_1 = 1.395 \pm 0.13f$，$x_2 = 102 \pm 10f$，$x_3 = 11.84 \pm 0.2f$，$x_4 = 1.6 \pm 0.08f$，$x_5 = 30 \pm 0.12f$。$x_1, x_2, \cdots, x_5$ 的初始点选取见表 4-5。

表 4-5 初始点选取表

序号	初始点	M	序号	初始点	M
1	(1.39，102，11.84，1.6，30)	-363.00	7	(1.135，92，12.04，1.52，30.12)	-601.12
2	(1.26，102，11.84，1.6，30)	-389.40	8	(1.135，82，12.04，1.52，30.12)	-647.09
3	(1.26，92，11.84，1.6，30)	-461.08	9	(1.135，82，12.24，1.52，30.12)	-700.41
4	(1.26，92，12.04，1.6，30)	-519.32	10	(1.135，82，12.24，1.44，30.12)	-703.20
5	(1.26，92，12.04，1.52，30)	-525.98	11	(1.135，82，12.24，1.44，30.24)	-721.66
6	(1.26，92，12.04，1.52，30.12)	-544.06			

利用 MATLAB 可得功能函数：

$$M = 3\,764.78 + 2\,644.37 x_1 - 18.01 x_2 - 1782.5 x_3 - 864.38 x_4 + 642.58 x_5 - 918.93 x_1^2$$
$$+ 0.13 x_2^2 + 62.5 x_3^2 + 340.69 x_4^2 - 13.19 x_5^2$$

采用 4.3.1 小节改进的全局最优解法求解中步骤（1）～（3）可知方程无极值点。

求解根值点情况：参照步骤（4），比较所有变量前的系数，发现 x_1 前的系数 $2\,644.37$ 最大，令其他变量为 0，得

$$M = G(x) = G(0, 0, 0, 0, x_5) = 0$$

解得 $x_5 = 1.42$，则有：$\eta = |x_1| = |x_2| = |x_3| = |x_4| = |x_5| \leqslant 1.42$，从而确定了各变量的取值范围。参考步骤（5），在上述各变量取值范围内，对各变量求导并得到如下判断：

$$\frac{\partial M}{\partial x_1} = 2\,644.37 - 1\,837.86 x_1 > 0$$

$$\frac{\partial M}{\partial x_2} = -18.1 - 0.26 x_2 < 0$$

$$\frac{\partial M}{\partial x_3} = -1\,782.5 + 125 x_3 < 0$$

$$\frac{\partial M}{\partial x_4} = -864.38 - 609.38 x_4 < 0$$

$$\frac{\partial M}{\partial x_5} = 642.58 - 26.38x_5 > 0$$

参考步骤（6），可得

$$x_1 = -x, \quad x_2 = x, \quad x_3 = x, \quad x_4 = x, \quad x_5 = -x$$

将其代入原功能函数中，可得

$$-6.7 + 10.4x + x^2 = 0$$

参考步骤（7），解上述方程得

$$x_1 = 6086, \quad x_2 = -11.0086$$

综上，可以得到初始可靠性指标：

$$\eta = \min(\|x\|_\infty) = \min\{\max(|x_1|, |x_2|, \cdots, |x_n|)\} = 0.6086$$

经过 5 次迭代计算（表 4-6）后求得非概率可靠性指标为 $\eta = 0.7501$，此时计算结果满足收敛条件：

$$|\eta_5 - \eta_4| = |0.7501 - 0.7433| = 0.0068 < \varepsilon|\eta_4| = 0.01 \times 0.7433 = 0.0074$$

表 4-6 计算求解可靠性指标

迭代次数	迭代点	非概率可靠性指标
1	(1.395, 102, 11.84, 1.6, 30)	0.6086
2	(1.316, 95.9, 11.96, 1.55, 30.07)	0.6712
3	(1.317, 108.7, 11.97, 1.55, 30.08)	0.7156
4	(1.488, 109.2, 11.98, 1.54, 30.08)	0.7433
5	(1.491, 109.4, 11.69, 1.54, 30.09)	0.7501

即最后得到非概率可靠性指标是 $\eta_5 = 0.7501 < 1$，表明极限使用状态下该结构可靠性不符合要求。

4.6.5 计算结果分析

通过上述对工程实例的非概率可靠性指标的求解，判定结构跨中截面不可靠，需要进行加固改造。此外，由经验可知，梁端处截面也常对桥梁起到控制作用。因此，对梁端处截面也进行如下适当的处理。

（1）跨中区域底板底面粘贴钢板（图 4-16）。

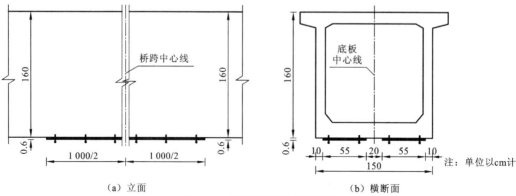

（a）立面   （b）横断面

图 4-16 底板粘贴钢板示意图

（2）梁端腹板外侧粘贴钢板带（图 4-17）。

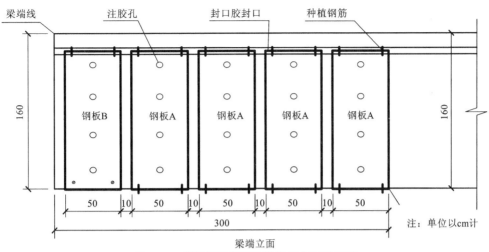

图 4-17　箱梁梁端腹板粘贴钢板立面示意图

（3）钢板的防腐：采用五层防腐漆防腐。

4.6.6　加固后效果评估

对桥梁进行加固后，将变化的参数重新代入，再次求解非概率可靠性指标，检测结构是否满足可靠性要求。利用改进的全局最优解评估方法，经过计算可得，加固后的非概率可靠性指标为 $\eta = 2.159 > 1$。由此可知，加固后该桥梁安全可靠。该桥按以上措施加固后已实际荷载工作 8 年，各项指标符合要求，整体性良好。

本节将改进的非概率全局最优解法及其梁桥可靠性评估方法应用到工程实例中，首先通过实测法确定参数及灵敏性分析结果后选取 5 个区间变量，对该梁桥在承载能力极限状态下进行 ANSYS 建模分析，通过 11 次 ANSYS 有限元分析得到 11 组初始点，利用 MATLAB 得到一个近似的响应面函数，采用改进的全局最优解求得一个非概率可靠性指标，最后通过 5 次迭代可以得到相对精度比较高的非概率可靠性指标，求得非概率可靠性指标 $\eta = 0.7501 < 1$，桥梁不可靠，因此对该桥采用粘贴钢板加固。加固后再次评估，得到可靠性指标为 $\eta = 2.159 > 1$，桥梁可靠。其评估方法不仅表明改进的非概率全局最优解法是可行的，同时也表明基于改进的全局最优解法的梁桥可靠性评估方法在实际工程中是适用的，很好地处理实践工程中的非概率可靠性指标的求解问题，本节方法的提出具有较强的工程实际意义和应用价值。

第5章 梁桥上部结构加固

5.1 梁桥加固基本原理

5.1.1 梁的基本力学图示

在竖向荷载作用下，梁结构（图 5-1）是一种同时受到弯矩与剪力的结构；荷载在结构上既产生弯矩又引起剪力。梁上不同的截面上弯矩与剪力的量值有差别，材料力学给出了弹性状态下正应力的计算公式：

$$\sigma = \frac{M}{W} \tag{5-1}$$

式中：σ 为荷载作用下主梁产生的正应力；M 为荷载对主梁产生的弯矩；W 为主梁截面的几何抗弯弹性模量。

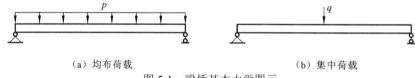

（a）均布荷载   （b）集中荷载

图 5-1 梁桥基本力学图示

由此可见，梁式桥的主梁受力状况由三个要素决定，即荷载（恒载、活载）作用产生的内力（弯矩）、主梁截面面积决定的截面几何特性（惯性矩、几何抗弯弹性模量）及主梁材料的自身强度。

当外界条件改变，如车辆荷载增加、超限、超重等，桥梁的内力增大，超过主梁结构和材料强度的允许范围时，势必造成主梁受拉部位开裂、破损、承载力下降，成为危桥，随着运营年限的增加，各种外界因素导致材料性能恶化、强度降低，也将造成原桥承载力下降、开裂、破损，最终成为旧危桥。

5.1.2 加固基本原理

目前梁式桥加固、提高承载力的方法和技术种类繁多，但基本原理却是相同的。归纳起来都是遵循力学的基本原理，从桥梁结构的外界因素和内在状况改变的角度进行加固补强，提高承载力。

1. 从外因角度通过结构性能改变提高主梁的承载力

1）增大截面

采用喷射混凝土、现浇混凝土、外包混凝土加大主梁截面尺寸等加固方法，都是属于增加截面的加固方法和技术。从式（5-1）可知，采用增大主梁截面的方法加固，目的是增加主梁截面抗弯惯性矩或几何抗弯模量。当荷载产生的内力（弯矩）不变或荷载等级提高时，通过改变截面几何特性的途径，减少主梁截面承受的拉应力（通常压应力不控制设计），使其不超过主梁材料性能承受范围，即 $\sigma < [\sigma]$，从而达到加固主梁、提高承载力的目的。

2）增加主梁的强度

对主梁采用环氧砂浆（胶浆）粘贴钢板（筋），环氧玻璃钢、碳纤维布、芳纶纤维布等高强材料，增加主梁的强度，都是属于此类加固方法和技术。从式（5-1）可知，在不改变原主梁截面的前提下，当荷载等级不变或荷载等级增加时，提高主梁受拉区材料强度，使荷载在主梁上产生的拉应力小于补强材料的强度，即 $\sigma < [\sigma]$，从而达到加固主梁、提高主梁承载力的目的。

2. 从内因角度通过调整内力提高主梁的承载力

改变原桥结构体系，将简支梁体系改变为连续梁体系、加八字支撑改变桥梁的跨径，或施加预应力将主梁结构由弯剪结构变为压弯剪结构，通过改变结构内力或应力分布，以达到提高承载能力的目的。

综上所述，无论采取何种加固方法和技术，还是采取外部条件改变主梁的结构性能，或是通过结构体系的改变调整主梁内力的加固方法，其基本原理都是为了减少主梁承受的拉应力或增强主梁承受拉应力的能力，满足结构受力的需要，提高原桥梁的承载能力。

5.2 增大截面加固法

5.2.1 加固基本原理

增大截面加固法，是增大构件截面和配筋，用以提高构件的强度、刚度、稳定性和抗裂性，适用于钢筋混凝土和预应力混凝土受弯构件、钢筋混凝土受压构件的加固。

1. 受弯构件加固受力特征

增大截面加固法属于被动加固法，根据被加固构件的受力特点和加固目的及要求、构件部位与尺寸、施工方便等可设计为单侧、双侧或三侧加固，以从四周外包加固。根据不同的加固目的和要求，又可分为增大截面为主的加固和加配钢筋为主的加固，或者两者同时采用的加固。增大截面为主的加固，为了保证补加的混凝土正常工作，也需适当配置构造钢筋。加配钢筋为主的加固，为了保证配筋的正常工作，需按钢筋的间距和保护层等构造要求决定适当增大截面尺寸。

钢筋混凝土和预应力混凝土受弯构件采用增大截面法加固设计，主要有增大混凝土截面和增大受力主筋截面两种方法。增大混凝土截面是增设现浇混凝土层来增大正截面高度，进而提高正截面抗弯承载力和刚度。增大受力主筋截面是在受拉区截面外增设纵向钢筋，为了保证加固纵向钢筋的正常工作，需要按构造要求浇筑混凝土保护层，进而增大截面尺寸。因此，旧桥受弯构件的加固设计，应根据现场结构的实际情况，分别采用受压区或受拉区两种不同的加固形式。

该加固方法有以下特点。

（1）主梁受力明确，计算简单方便，加固后主梁的承载能力、刚度、稳定性得到明显提高，加固效果较好。

（2）施工简便，经济有效。桥面施工活动全部在桥面进行，操作便利，易于控制工程质量。与其他加固方法相比，增大截面法加固可获得较好的经济效益。

（3）加大构件截面，会使上部结构恒载增加，对原桥梁结构的下部结构有一定影响。

（4）现场湿作业工作量大，养护期较长，加固期间需适当中断交通。

（5）若对梁底增大尺寸，会使桥下净空有所减小。

2. 加固构造规定

（1）新浇混凝土应符合三个要求：①新浇混凝土强度级别宜比原构件混凝土强度提高一级，并不低于 C25；②新浇混凝土层的最小厚度，对板不宜小于 100 mm；对梁和受压构件不宜小于 150 mm；③当新浇混凝土层厚度小于 100 mm 时，可采用小石子混凝土或喷射高性能抗拉复合砂浆。在结构尺寸复杂和新浇混凝土施工条件差的情况下，可采用微膨胀或自密实混凝土。

（2）加固用的受力钢筋直径不小于 12 mm，不宜大于 25 mm，构造钢筋直径不小于 10 mm，箍筋直径不宜小于 8 mm。

（3）新增钢筋应符合两个要求：①当新增纵向钢筋与原构件受力钢筋采用短筋焊接时，短筋的直径不宜小于 12 mm，各短筋的中距不应大于 500 mm；②当用单侧或双侧加固时，应设置 U 形箍筋或封闭式箍筋。

（4）在受拉区增设混凝土加固的受弯构件，新增纵向钢筋需截断时，应从计算截断点至少再延长锚固长度。受压构件新增纵向受力钢筋应伸入与之相连的原结构中，并满足锚固要求。

（5）新老混凝土接合面处，原构件的表面应凿成凹凸差不小于 6 mm 的粗糙面。

5.2.2 适用范围

（1）增大受力主筋截面：原结构因主筋应力超过容许范围，而桥下净空受到限制时宜采用，由于施工复杂，现已较少使用。

（2）增大混凝土截面：主梁间距较大、净空较足的桥梁，如 T 形梁桥、带拱肋的拱桥等宜采用该法。

（3）锚喷混凝土：结构下缘出现超过容许值的裂缝，结构较高或不宜立模施工的桥梁，由于喷射混凝土技术难度较大，目前应用较少。

（4）加厚桥面板：原桥承载能力不足，而墩台及基础较好的桥梁，常用于工字形梁桥和 Π 形梁桥等。

5.2.3 施工工序

（1）为了加强新、旧混凝土的接合，应对原构件混凝土存在的缺陷清理至密实部位，并将构件表面凿毛，要求打成麻坑或沟槽，沟槽深度不宜小于 6 mm，间距不宜大于箍筋的间距或 200 mm。

（2）当采用三面或四面外包方法加固旧桥构件时，应将构件的棱角敲掉，同时应除去浮渣、尘土。

（3）原有混凝土表面应冲洗干净，浇筑新混凝土前，原混凝土表面应以水泥浆等界面剂进行处理，以加强新、旧混凝土的接合。

（4）对原有和新设受力钢筋应进行除锈处理，有条件时逐根分区分段分层进行焊接，以减少原受力钢筋的热变形，在受力钢筋施焊前采取卸荷或支顶措施，使原结构的承载力不致遭受较大影响。

（5）外包混凝土加固法施工不如整体浇筑混凝土构件方便，必须采取措施，保证模板搭设、钢筋安置及新混凝土浇筑和振捣的质量，以达到混凝土密实要求。同时，应加强新浇混凝土的养护，养护期最好达 14 d 以上。

5.2.4　结构加固计算

1. 受拉区加固受弯构件正截面承载力计算

在受拉区加固受弯构件正截面的承载力计算基于下列基本假定。

（1）构件弯曲后，其截面仍保持为平面。

（2）在受弯承载能力极限状态下，截面受压边缘混凝土应变达到极限压应变 ε_{cu}。截面受压区混凝土应力等效为矩形应力图形，混凝土抗压强度取原构件混凝土轴心抗压强度设计值 f_{cd1}，截面受拉混凝土的抗拉强度不予考虑。

（3）在承载能力极限状态计算时，受拉区钢筋应力取抗拉强度设计值 f_{sd}，受压区钢筋应力取抗压强度设计值 f'_{sd}。

（4）钢筋应力等于钢筋应变与其弹性模量的乘积，但不大于其强度设计值。

（5）构件达到受弯承载能力极限状态时，新增普通钢筋的拉应变 ε_{s2} 按平截面假定确定，新增普通钢筋的拉应力 σ_{s2} 应为钢筋的弹性模量 E_{s2} 与其拉应变 ε_{s2} 的乘积。

1）矩形截面

矩形截面钢筋混凝土受弯构件的受拉区在进行抗弯加固时，其正截面受弯承载力按式（5-2）计算，如图 5-2 所示。

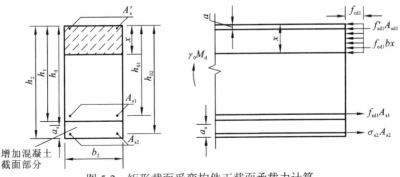

图 5-2　矩形截面受弯构件正截面承载力计算

$$\gamma_0 M_d \leqslant f_{cd1} b_2 x \left(h_0 - \frac{x}{2} \right) + f'_{sd1} A'_{s1} (h_0 - a'_{s1}) \tag{5-2}$$

混凝土受压区高度按式（5-3）、式（5-4）确定：

$$f_{cd1} b_2 x = f_{sd1} A_{s1} - f'_{sd1} A'_{s1} + \sigma_{s2} A_{s2} \tag{5-3}$$

$$\sigma_{s2} = \varepsilon_{s2} E_{s2} \leqslant f_{sd2} \tag{5-4}$$

混凝土受压区高度应符合下列条件：

$$2a'_{s1} \leqslant x \leqslant \xi_b h_{01} \tag{5-5}$$

式中：γ_0 为桥梁结构的重要性系数，按结构设计安全等级采用，对于公路桥梁安全等级一级、二级和三级，分别取用 1.1、1.0 和 0.9；M_d 为第二阶段弯矩组合设计值；f_{cd1} 为原构件混凝土轴心抗压强度设计值，可根据现场检测强度推算值按照现行《公路钢筋混凝土及预应力混凝土桥涵设计规范》（JTG 3362—2018）确定；f_{sd1}、f'_{sd1} 分别为原构件纵向普通钢筋的抗拉强度设计值和抗压强度设计值；A_{s1}、A'_{s1} 分别为原构件受拉区和受压区纵向普通钢筋的截面面积；A_{s2} 为新增纵向普通钢筋的截面面积；b_2、h_2 分别为加固后构件截面宽度和高度；h_0 为加固后构件截面有效高度，$h_0 = h_2 - a_s$，此处 h_2 为加固后截面全高，a_s 为受拉区纵向普通钢筋 A_{s1} 和 A_{s2} 的合力作用点至截面受拉区边缘的距离；h_{01} 为原构件截面有效高度，即原构件受拉区纵向普通钢筋 A_{s1} 合力作用点至截面受拉区边缘的距离；x 为等效矩形应力图形的混凝土受压区高度；σ_{s2} 为新增纵向普通钢筋的拉应力；E_{s2} 为新增纵向普通钢筋的弹性模量；ε_{s2} 为构件达到承载能力极限状态时，新增纵向普通钢筋的拉应变，按式（5-9）计算；f_{sd2} 为新增纵向普通钢筋的抗拉强度设计值；ξ_b 为正截面相对界限受压区高度，依据原构件混凝土和受拉钢筋强度级别，按照规范选用。

当 $x < 2a'_{s1}$ 时，正截面抗弯承载力按式（5-6）计算：

$$\gamma_0 M_d \leqslant f_{sd1} A_{s1} (h_{01} - a'_{s1}) + \sigma_{s2} A_{s2} (h_{02} - a'_{s1}) \tag{5-6}$$

式中：h_{02} 为新增纵向普通钢筋的合力作用点至截面受压边缘的距离。

2）T 形截面

对翼缘位于受压区的 T 形钢筋混凝土截面受弯构件，在其受拉区采用增大截面进行抗弯加固后的正截面抗弯承载力应按以下规定计算：

当混凝土受压区高度 $x \leqslant h'_f$ 时，应按宽度为 b'_f 的矩形截面[图 5-3（a）]进行计算。

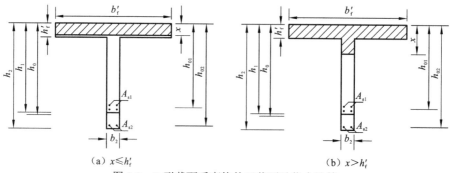

图 5-3　T 形截面受弯构件正截面承载力计算

当混凝土受压区高度 $x > h'_f$ 时，其正截面抗弯承载力应按下式计算[图 5-3（b）]：

$$\gamma_0 M_d \leqslant f_{cd}\left[b_2 x\left(h_0 - \frac{x}{2}\right) + (b'_f - b_2)h'_f\left(h_0 - \frac{h'_f}{2}\right)\right] \tag{5-7}$$

混凝土受压区高度应按下式计算，并应满足 $x \leqslant \xi_b h_{01}$：

$$f_{cd}b_2 x + f_{cd}(b'_f - b_2)h'_f = f_{sd1}A_{s1} + \sigma_{s2}A_{s2}$$
$$\sigma_{s2} = \varepsilon_{s2}E_{s2} \leqslant f_{sd2} \tag{5-8}$$

式中：h'_f 为 T 形截面受压翼缘厚度；b'_f 为 T 形截面受压翼缘有效宽度。

T 形截面梁的翼缘有效宽度 b'_f 应按下列规定采用。

（1）内梁翼缘有效宽度 b'_f 应按下列规定采用。对于简支梁，取计算跨径的 1/3。对于连续梁，各中间跨正弯矩区段，取该计算跨径的 0.2 倍；边跨正弯矩区段，取该跨计算跨径的 0.27 倍；各中间支点负弯矩区段，取该支点相邻两计算跨径之和的 0.07 倍。相邻两梁的平均距离为 $b + 2b_h + 12h'_f$，式中，b 为梁腹板宽度，b_h 为承托长度，h'_f 为受压区翼缘悬出板的厚度。当 $h_h / b_h < 1/3$ 时，b_h 应以 $3h_h$ 代替，h_h 为承托根部厚度。

（2）外梁翼缘的有效宽度取相邻内梁翼缘有效宽度的一半，加上腹板宽度的 1/2，再加上外侧悬臂板平均厚度的 6 倍或外侧悬臂板实际宽度两者中的较小值。

预应力混凝土梁在计算预应力引起的混凝土应力时，预应力作为轴向力产生的应力可按实际翼缘全宽计算；由预应力偏心引起的弯矩产生的应力可按翼缘有效宽度计算。

对超静定结构进行作用（或荷载）效应分析时，T 形截面梁的翼缘有效宽度可取实际全宽。

3）新增纵向普通钢筋拉应变 ε_{s2}

在受拉区采用增大截面加固的钢筋混凝土受弯构件达到受弯承载力极限状态时，新增纵向普通钢筋的拉应变 ε_{s2} 按式（5-9）计算（图 5-4）：

$$\varepsilon_{s2} = \frac{\varepsilon_{cu}(\beta h_{02} - x)}{x} - \frac{\varepsilon_{c1}(h_{02} - x_1)}{x_1} \tag{5-9}$$

$$\varepsilon_{c1} = \frac{M_{d1}}{E_{c1}I_{cr}}x_1 \tag{5-10}$$

式中：M_{d1} 为阶段弯矩组合设计值；ε_{cu} 为混凝土极限压应变，当混凝土强度等级为 C50 及 C50 以下时，取 $\varepsilon_{cu} = 0.0033$；$\beta$ 为截面受压区矩形应力图高度与实际受压区高度的比值，当混凝土强度等级为 C50 及 C50 以下时，取 $\beta = 0.8$；h_{02} 为受拉区新增纵向普通钢筋 A_{s2} 合力作用点至截面受压区边缘距离；ε_{c1} 为在 M_{d1} 作用下，原构件截面上边缘的混凝土压应变；x_1 为加固前原构件开裂截面换算截面的混凝土受压区高度；I_{cr} 为加固前原构件开裂截面换算截面的惯性矩；E_{c1} 为原构件混凝土的弹性模量。

图 5-4 截面应变示意图

图 5-4 中，ε_{s1} 为在 M_{d1} 作用下原构件截面上受拉区纵向普通钢筋的拉应变。

4）原构件开裂截面换算截面的几何特性

（1）矩形截面（图 5-5）

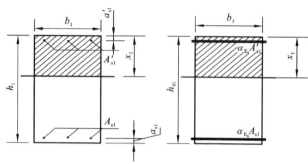

图 5-5 矩形截面换算示意图

加固前原构件开裂截面换算矩形截面的混凝土受压区高度：

$$\begin{cases} x_1 = \sqrt{A_1^2 + B_1} - A_1 \\ A_1 = \dfrac{\alpha_{E_s}(A_{s1} + A'_{s1})}{b_1} \\ B_1 = \dfrac{2\alpha_{E_s}(A_{s1}h_{01} + A'_{s1}a'_{s1})}{b_1} \end{cases} \quad (5\text{-}11)$$

加固前原构件开裂截面换算截面的惯性矩：

$$I_{cr} = \frac{b_1 x_1^3}{3} + \alpha_{E_s} A_{s1}(h_{01} - x_1)^2 + \alpha_{E_s} A'_{s1}(x_1 - a'_{s1})^2 \quad (5\text{-}12)$$

（2）T 形截面（图 5-6）

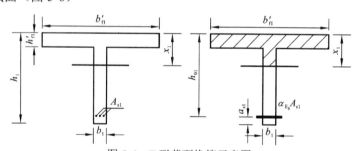

图 5-6 T 形截面换算示意图

$$\begin{cases} x_1 = \sqrt{A_1^2 + B_1} - A_1 \\ A_1 = \dfrac{\alpha_{E_s} A_{s1} + (b'_{f1} - b_1)h'_{f1}}{b_1} \\ B_1 = \dfrac{2\alpha_{E_s} A_{s1}h_{01} + (b'_{f1} - b_1)(h'_{f1})^2}{b_1} \end{cases} \quad (5\text{-}13)$$

加固前原构件开裂截面换算 T 形截面的惯性矩：

$$I_{cr} = \frac{b'_{f1} x_1^3}{3} - \frac{(b'_{f1} - b_1)(x_1 - h'_{f1})^3}{3} + \alpha_{E_s} A_{s1}(h_{01} - x_1)^2 \quad (5\text{-}14)$$

2. 受压区加固受弯构件正截面承载力计算

在受压区加固受弯构件正截面的承载力计算基于下列基本假定。

（1）构件弯曲后，其截面仍保持为平面。

（2）在受弯承载能力极限状态下，截面受压区新旧混凝土应力等效为矩形应力图形，其大小为相应的混凝土轴心抗压强度设计值，截面受拉区混凝土的抗拉强度不予考虑。

（3）在承载能力极限状态计算时，受拉区钢筋应力取其抗拉强度设计值 f_{sd}，受压区钢筋应力取其抗压强度设计值 f'_{sd}。

1）矩形截面

在矩形截面钢筋混凝土受弯构件的受压区进行抗弯加固时，一般采用加厚桥面板对受压区补强，其正截面受弯承载力计算如图 5-7 所示。

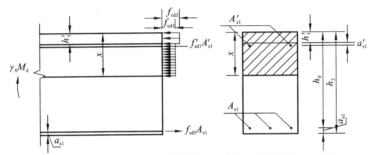

图 5-7 受压区叠合后矩形截面受弯构件正截面承载力计算

由截面上对受拉钢筋合力作用点的力矩之和等于零的平衡条件，可得到

$$\gamma_0 M_d \leqslant f_{cd1}b_2(x-h'_1)\left(h_0-h'_1-\frac{x-h'_1}{2}\right)+f_{cd2}b_2h'_1\left(h_0-\frac{h'_1}{2}\right)+f'_{sd1}A'_{s1}(h_0-a'_{s1}-h'_1) \qquad (5\text{-}15)$$

混凝土受压区高度按下式确定：

$$f_{cd1}b_2(x-h'_1)+f_{cd2}b_2h'_1 = f_{sd1}A_{s1}-f'_{sd1}A'_{s1} \qquad (5\text{-}16)$$

混凝土受压区高度应符合下列条件：

$$2(a'_{s1}+h'_1) \leqslant x \leqslant \xi_b h_0 \qquad (5\text{-}17)$$

当 $x < 2(a'_{s1}+h'_1)$ 时，正截面抗弯承载力按下式计算：

$$\gamma_0 M_d \leqslant f_{sd1}A_{s1}(h_0-a'_{s1}-h'_1) \qquad (5\text{-}18)$$

式中：h'_1 为后加混凝土层的厚度；f_{cd2} 为后加混凝土轴心抗压强度设计值。

2）T 形截面

（1）第一类 T 形截面承载能力应以宽度为 b'_f 的矩形截面进行计算。

（2）第二类 T 形截面其正截面承载力按式（5-19）计算（图 5-8）：

$$\gamma_0 M_d \leqslant f_{cd1}b_2(x-h'_1)\left(h_0-h'_1-\frac{x-h'_1}{2}\right)+f_{cd1}(b'_f-b_2)h'_{f1}\left(h_0-h'_1-\frac{h'_{f1}}{2}\right)$$
$$+f_{cd2}b'_f h'_1\left(h_0-\frac{h'_1}{2}\right) \qquad (5\text{-}19)$$

式中：h'_{f1} 为原翼缘板厚度。

$$f_{cd1}b_2(x-h_1') + f_{cd1}h_{f1}'(b_f'-b_2) + f_{cd2}b_f'h_1' = f_{sd1}A_{s1} \qquad (5\text{-}20)$$

式（5-20）适用条件为 $x \le \xi_b h_0$。

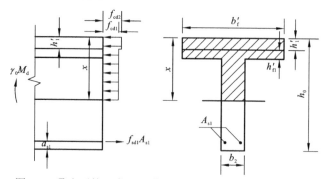

图 5-8　叠合后第二类 T 形截面受弯构件正截面承载力计算

5.2.5　计算示例

【例 5-1】　某装配式钢筋混凝土简支 T 形梁，采用 C25 混凝土，纵向受力钢筋采用 HRB335 级钢筋，截面尺寸如图 5-9 所示。翼板有效宽度 $b_f' = 1\,500\,\text{mm}$，肋板宽度 $b_2 = 180\,\text{mm}$，翼板高度 $h_f' = 110\,\text{mm}$，梁高 $h_1 = 1\,300\,\text{mm}$。配置纵向受拉钢筋及配筋 $8\Phi32+2\Phi20$（$A_{s1} = 7\,062\,\text{mm}^2$），$a_{s1} = 106\,\text{mm}$。I 类环境条件，安全等级为二级。由于旧路改建，原桥设计荷载等级由汽车-20 级，挂车-100 提高到公路-I 级。需对构件进行加固补强。增加截面尺寸如图 5-9 所示，纵向配置 HRB400 钢筋为 $3\Phi25$（$A_{s2} = 1\,473\,\text{mm}^2$），$a_{s2} = 50\,\text{mm}$。已知第一阶段弯矩组合设计值 $M_{d1} = 1\,800\,\text{kN}\cdot\text{m}$，第二阶段弯矩组合设计值 $M_d = 2\,800\,\text{kN}\cdot\text{m}$。试验算加固后构件正截面抗弯承载能力。

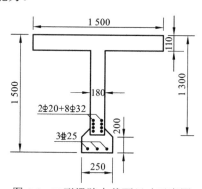

图 5-9　T 形梁跨中截面尺寸示意图

解　由题意可知：

$$f_{cd} = 11.5\,\text{MPa}，\quad E_{c1} = 2.8\times10^4\,\text{MPa}，\quad f_{sd1} = 280\,\text{MPa}，\quad f_{sd2} = 330\,\text{MPa}，$$

$$E_{s1} = E_{s2} = 2.0\times10^5\,\text{MPa}，\quad \varepsilon_{cu} = 0.003\,3，\quad \xi_b = 0.53，\quad \gamma_0 = 1.0$$

（1）原梁开裂截面换算截面几何特性计算截面有效高度：

$$h_{01} = h_0 - a_{s1} = 1\,300 - 106 = 1\,194\,\text{mm}$$

钢筋与混凝土弹性模量之比为

$$\alpha_{E_s} = E_{s1} / E_{c1} = 2 \times 10^5 / 2.8 \times 10^4 = 7.143$$

原构件开裂截面换算截面得混凝土受压区高度

$$x_1 = \sqrt{A_1^2 + B_1} - A_1$$

$$A_1 = \frac{\alpha_{E_s} A_{s1} + (b_{f1}' - b_1) h_{f1}'}{b_1}$$

$$= \frac{7.143 \times 7\,062 + (1\,500 - 180) \times 110}{180}$$

$$= 1\,087 \text{ mm}$$

$$B_1 = \frac{2\alpha_{E_s} A_{s1} h_{01} + (b_{f1}' - b_1)(h_{f1}')^2}{b_1}$$

$$= \frac{2 \times 7.143 \times 7\,062 \times 1\,194 + (1\,500 - 180) \times 110^2}{180}$$

$$= 757\,955 \text{ mm}^2$$

则有

$$x_1 = \sqrt{1\,087^2 + 757\,955} - 1\,087 = 305.7 \text{ mm} > h_f' = 110 \text{ mm}$$

开裂截面惯性矩为

$$I_{cr} = \frac{b_{f1}' x_1^3}{3} - \frac{(b_{f1}' - b_1)(x_1 - h_{f1}')^3}{3} + \alpha_{E_s} A_{s1}(h_{01} - x_1)^2$$

$$= 1\,500 \times \frac{305.7^3}{3} - (1\,500 - 180) \times \frac{(305.7 - 110)^3}{3} + 7.143 \times 7\,062 \times (1\,194 - 305.7)^2$$

$$= 50\,790 \times 10^6 \text{ mm}^4$$

（2）原构件截面受压边缘混凝土在 M_{d1} 的作用下压应变：

$$\varepsilon_{c1} = \frac{M_{d1}}{E_{c1} I_{cr}} x_1 = \frac{1800 \times 10^6}{2.8 \times 10^4 \times 50\,790 \times 10^6} \times 305.7 = 3.9 \times 10^{-4}$$

（3）加固后跨中正截面承载力计算：

受拉区纵向钢筋 A_{s1} 和 A_{s2} 的合力作用点至截面受拉边缘距离为

$$a_s = \frac{7\,062 \times (106 + 200) + 1\,473 \times 50}{7\,062 + 1\,473} = 261.8 \text{ mm}$$

截面有效高度为

$$h_0 = h_2 - a_s = 1\,500 - 261.8 = 1\,238.2 \text{ mm}$$

受拉区新增纵向普通钢筋 A_{s2} 合力作用点至截面受压区边缘距离为

$$h_{02} = h_2 - a_{s2} = 1\,500 - 50 = 1\,450 \text{ mm}$$

新增纵向普通钢筋的拉应变 ε_{s2} 为

$$\varepsilon_{s2} = \frac{\varepsilon_{cu}(\beta h_{02} - x)}{x} - \frac{\varepsilon_{c1}(h_{02} - x_1)}{x_1}$$

$$= \frac{0.003\,3 \times (0.8 \times 1\,450 - x)}{x} - \frac{3.9 \times 10^{-4} \times (1\,450 - 305.7)}{305.7}$$

$$= \frac{3.828}{x} - 0.004\,76$$

新增纵向普通钢筋的拉应力 σ_{s2} 为

$$\sigma_{s2} = \varepsilon_{s2}E_{s2} = \left(\frac{3.828}{x} - 0.004\,76\right) \times 2 \times 10^5$$

混凝土受压区高度按下式计算：

$$f_{cd}b_2x + f_{cd}(b_f' - b_2)b_f' = f_{sd1}A_{s1} + \sigma_{s2}A_{s2}$$

代入数据得

$$11.5 \times 180 \times x + 11.5 \times (1\,500 - 180) \times 110 = 280 \times 7\,062 + \left(\frac{3.828}{x} - 0.004\,76\right) \times 2 \times 10^5 \times 1\,473$$

求解 $h_{f1}' = 110\,\text{mm} < x = 519.6\,\text{mm} < \xi_b h_{01} = 0.53 \times 1\,194 = 632.8\,\text{mm}$

跨中截面抗弯承载力

$$\begin{aligned}
M_u &= f_{cd}\left[b_2x\left(h_0 - \frac{x}{2}\right) + (b_f' - b_2)h_f'\left(h_0 - \frac{h_f'}{2}\right)\right] \\
&= 11.5 \times \left[180 \times 519.6 \times \left(1\,238.2 - \frac{519.6}{2}\right) + (1\,500 - 180) \times 110 \times \left(1\,238.2 - \frac{110}{2}\right)\right] \\
&= 3\,028 \times 10^6\,\text{N} \cdot \text{mm} = 3\,028\,\text{kN} \cdot \text{m} > \gamma_0 M_d = 1.0 \times 2\,800 = 2\,800\,\text{kN} \cdot \text{m}
\end{aligned}$$

加固后的正截面承载力满足要求。

5.3 粘贴加固法

5.3.1 概述

粘贴加固法是采用环氧树脂等黏结剂将抗拉材料粘贴在钢筋混凝土结构受拉区域或薄弱部位，用以代替需增设的补强钢筋，使之与原结构形成整体，提高结构的承载能力，达到补强效果的一种加固方法。随着科技的发展，目前粘贴加固法中常用的抗拉材料有钢板、钢筋、玻璃钢、碳纤维片、芳纶纤维布等，其中应用较广的为粘贴钢板和粘贴纤维复合材料。

粘贴加固桥梁在国内外已得到广泛应用，该法有以下优点。

（1）不需要破坏被加固的原有结构物。

（2）加固工程几乎不增大原结构尺寸。

（3）尽管工程质量要求很高，但施工时并不要求高级的专门技术人员操作。

（4）能在短期内完成加固工程。

（5）几乎可以不改变具有历史价值建筑的原有艺术特点。

要求按现场检测结果确定原结构构件混凝土强度：钢筋混凝土受弯构件不低于 C20，受压构件不低于 C15，预应力钢筋混凝土构件不低于 C30。

5.3.2 粘贴钢板加固法

1. 加固基本原理

粘贴钢板加固法采用环氧树脂系列黏结剂，将钢板直接粘贴在被加固的钢筋混凝土结构物的受拉区或抗剪薄弱部位（图 5-10），使之与结构物形成整体，用以代替需增设的补强钢

图 5-10　粘贴钢板图

筋，通过钢板与补强结构的共同作用，提高其刚度，限制裂缝展开，改善钢筋及混凝土的应力状态，提高梁的承载能力，以达到补强效果。

用粘贴钢板来加固桥梁，在国外已得到广泛的应用，国内也有不少实例。这种加固法具有以下特点。

（1）不损伤原有结构物。

（2）施工工艺简单，施工质量易于控制。

（3）施工工期短，经济性较好。

（4）钢板所占空间小，加固工程几乎不增大原结构物的尺寸，不影响桥下净空，桥梁自重增加很小。

（5）可在不影响或少影响交通的情况下施工。尽管工程质量要求很高，但施工时并不要求高级的专门技术人员操作。

（6）几乎可以不改变具有历史价值建筑的原有艺术特点。

（7）黏结剂的质量及耐久性是影响加固效果的主要因素。

（8）加固钢板容易锈蚀，必须进行严格的防锈处理。

2．适用范围

该方法适用于对钢筋混凝土受弯、大偏心受压和受拉构件的加固。加固时，一般将钢板粘贴在被加固结构受力部位的表面，既能充分发挥粘贴钢板的作用，又能封闭粘贴部位的裂缝和缺陷，从而有效提高构件的强度、刚度和抗裂性。设计时，可根据需要，在不同的部位粘贴钢板，有效地发挥钢板的抗弯、抗剪、抗压性能。

3．施工工序

1）混凝土表面处理

混凝土表面应先凿除粉饰层及油垢、污物，然后用角磨机打磨除去厚 1～2 mm 的表层，较大凹陷处用找平胶修补平整，打磨完毕用压缩空气机吹净浮尘，最后用棉布蘸丙酮拭净表面，待粘贴面完全干燥后备用。

2）钢板表面处理

钢板粘贴面应用角磨机进行粗糙、除锈处理，直至打磨出现光泽，使用前若洁净仅用干布擦拭即可，否则可用棉布蘸丙酮拭净表面，待完全干燥后备用。

3）加压固定及卸荷系统准备

加压固定宜采用千斤顶、垫板、顶杆所组成的系统，该系统不仅能产生较大压力，而且加压固定的同时卸去了部分加固构件承担的荷载，能更好地使后粘钢板与原构件协同受力，加固效果最好，施工效率较高。

4）胶黏剂配制

建筑结构胶常为多组分，取洁净容器（塑料或金属盆，不得有油污、水和杂质）和称重衡器，按说明书配合比混合，并用搅拌器搅拌至色泽均匀为止。搅拌时最好沿同一方向搅拌，尽量避免混入空气形成气泡，配置场所宜通风良好。

5）涂胶和粘贴

胶黏剂配制完成后，用腻刀涂抹在已处理好的钢板面（或混凝土表面）上，胶断面宜呈三角形，中间厚 3 mm 左右，边缘厚 1 mm 左右，然后将钢板粘贴在混凝土表面，用准备好的固定加压系统固定，适当加压，以胶液刚从钢板边缝挤出为宜。

6）检验

检验时可用小锤轻击粘贴钢板，从声音判断粘贴效果，也可采用超声仪检测。若锚固区有效黏结面积占比小于 90%，非锚固区有效黏结面积占比小于 70%，应剥离钢板，重新粘贴。锚栓的植入深度应符合设计要求，钻孔深度偏差不应大于 5 mm。目测钢板边缘的溢胶色泽应均匀，胶体应固化。钢板的有效黏结面积占比应不小于 95%，可采用三种方法检查：敲击检测法、超声波检测法和红外线检测法。

7）维护

加固后钢板宜采用 20 mm 厚的 M15 水泥砂浆抹面保护，也可采用涂防锈漆保护，以避免钢材的腐蚀。

4. 加固计算

1）基本假定

试验研究表明，钢板与被加固构件之间将产生滑移，截面应变并不完全满足平截面假定，但是根据平截面假定计算的加固构件承载力与试验值相差不多，故认为平截面假定依然适用。钢板在达到抗拉或抗压设计强度之前，认为钢板的应力应变关系满足胡克定律，故采用粘贴钢板对混凝土构件加固时，做如下假定。

（1）构件弯曲后，截面仍保持为平面。

（2）截面受压混凝土的应力图形简化为矩形，其压力强度取混凝土的轴心抗压强度设计值 f_{cd}；截面受拉混凝土的抗拉强度不予考虑。

（3）极限状态计算时，受拉区钢筋应力取其抗拉强度设计值 f_{sd}；受压区钢筋应力取其抗压强度设计值 f'_{sd}。

（4）钢筋应力等于钢筋应变与其弹性模量的乘积，但不大于其强度设计值。

（5）构件达到受弯承载能力极限状态时，应按平截面假定确定钢板的拉应变 ε_{sp}，钢板应力 σ_{sp} 等于拉应变 ε_{sp} 与弹性模量 E_{sp} 的乘积，且小于钢板抗拉强度设计值。

（6）在达到受弯承载力极限状态前，必须采取可靠的锚固措施，避免发生钢板与混凝土之间的黏结剥离破坏。

2）基本公式

粘贴钢板加固桥梁构件的作用效应宜分别按下列两个阶段计算。

第一阶段：粘贴钢板加固施工前，作用（或荷载）应考虑加固时包括原构件自重在内的实际恒载和施工时的其他荷载。

第二阶段：粘贴钢板加固后，作用（或荷载）应考虑包括构件自重在内的恒载、二期恒载作用及使用阶段的可变作用。作用效应组合系数取值：恒载的荷载效应分项系数取 1.2；使用阶段的可变作用效应分项系数按现行《公路桥涵设计通用规范》（JTG D60—2015）取值。

（1）矩形截面

正截面受弯承载力计算如图 5-11 所示。在正截面承载能力极限状态，构件加固后截面受压边缘混凝土的压应变达到极限压应变 $\varepsilon_{cu} = 0.003\,3$，原构件截面纵向受拉钢筋已屈服，取抗拉强度设计值 f_{sd}，而钢板的应力由其应变确定，取 $\sigma_{sp} = E_{sp}\varepsilon_{sp}$，但应小于其抗拉强度设计值 f_{sd}。

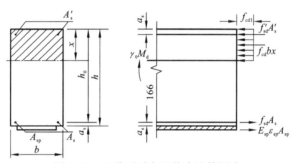

图 5-11　正截面受弯承载力计算图式

加固后的正截面承载力按下式计算：

$$\gamma_0 M_d \leqslant f_{cd1}bx\left(h_0 - \frac{x}{2}\right) + f_{sd}'A_s'(h_0 - a_s') + E_{sp}\varepsilon_{sp}A_{sp}a_s \qquad （5-21）$$

或

$$\gamma_0 M_d \leqslant f_{cd1}bx\left(h - \frac{x}{2}\right) + f_{sd}'A_s'(h - a_s') - f_{sd}A_s a_s \qquad （5-22）$$

混凝土受压区高度按式（5-23）确定：

$$f_{cd1}bx = f_{sd}A_s + E_{sp}\varepsilon_{sp}A_{sp} - f_{sd}'A_s' \qquad （5-23）$$

混凝土受压区高度应满足：

$$2a_s' \leqslant x \leqslant \xi_b h_0$$

式中：γ_0 为桥梁结构的重要性系数，按结构设计安全等级采用，对于公路桥梁安全等级一级、二级和三级，分别取用 1.1、1.0 和 0.9；M_d 为第二阶段弯矩组合设计值；f_{cd1} 为原构件混凝土轴心抗压强度设计值；x 为等效矩形应力图形的混凝土受压区高度；b、h 分别为原构件截面宽度和高度；f_{sd}、f_{sd}' 分别为原构件纵向普通钢筋的抗拉和抗压强度设计值；E_{sp} 为加固钢板的弹性模量；ε_{sp} 为构件达到承载能力极限状态时，加固钢板的拉应变；A_{sp} 为加固钢板的截面面积；A_s、A_s' 分别为原构件受拉区、受压区纵向普通钢筋的截面面积；a_s、a_s' 分别为受拉区、受压区普通钢筋合力作用点至受拉区边缘、受压区边缘的距离；h_0 为原构件截面有效高度，$h_0 = h - a_s$；ε_{cu} 为混凝土极限压应变，当混凝土强度等级为 C50 及 C50 以下时，取 $\varepsilon_{cu} = 0.0033$；$\xi_b$ 为相对界限受压区高度。

当 $x < 2a_s'$ 时，正截面抗弯承载力按式（5-24）计算：

$$\gamma_0 M_d \leqslant f_{sd} A_s (h_0 - a_s') + E_{sp} \varepsilon_{sp} A_{sp} (h - a_s') \tag{5-24}$$

（2）翼缘位于受压区的钢筋混凝土 T 形截面：

当混凝土受压区高度 $x \leqslant h_f'$ 时，应按宽度为 b_f' 的矩形截面计算。

当混凝土受压区高度 $x > h_f'$ 时，其正截面抗弯承载力应按下式计算：

$$\gamma_0 M_d \leqslant f_{cd1} \left[bx \left(h_0 - \frac{x}{2} \right) + (b_f' - b) h_f' \left(h_0 - \frac{h_f'}{2} \right) \right] + E_{sp} \varepsilon_{sp} A_{sp} a_s \tag{5-25}$$

或

$$\gamma_0 M_d \leqslant f_{cd1} \left[bx \left(h - \frac{x}{2} \right) + (b_f' - b) h_f' \left(h - \frac{h_f'}{2} \right) \right] - f_{sd} A_s a_s \tag{5-26}$$

混凝土受压区高度按式（5-27）计算，并应满足 $2a_s' \leqslant x \leqslant \xi_b h_0$

$$f_{cd1} bx + f_{cd1} (b_f' - b) h_f' = f_{sd} A_s + E_{sp} \varepsilon_{sp} A_{sp} \tag{5-27}$$

式中：h_f' 为 T 形截面受压翼缘厚度；b_f' 为 T 形截面受压翼缘的有效宽度。

（3）加固钢板的拉应变 ε_{sp} 按下列公式计算：

$$\varepsilon_{sp} = \frac{\varepsilon_{cu}(\beta h - x)}{x} - \frac{\varepsilon_{c1}(h - x_1)}{x_1} \tag{5-28}$$

$$\varepsilon_{c1} = \frac{M_{d1}}{E_c I_{cr}} x_1 \tag{5-29}$$

式中：M_{d1} 为第一阶段弯矩组合设计值；β 为截面受压区矩形应力图高度与实际受压区高度的比值。当混凝土强度等级为 C50 及 C50 以下时，取 $\beta = 0.8$；ε_{c1} 为在 M_{d1} 作用下，原构件截面上边缘的混凝土压应变；x_1 为加固前原构件开裂截面换算截面的混凝土受压区高度；I_{cr} 为加固前原构件开裂截面换算截面的惯性矩；E_c 为原加固构件混凝土的弹性模量。

（4）原构件截面几何特性计算：参见 5.2 节增大截面加固法。

（5）钢板的最小粘贴延伸长度：采用钢板加固受弯构件，钢板应有足够的延伸长度 l_p 用于传递钢板与被加固构件界面之间的黏结剪应力，最小延伸长度是考虑桥梁结构的受力特点而确定的。截断位置距其充分利用截面的距离应不小于按式（5-30）确定的粘贴延伸长度。

$$l_p = \frac{f_{sp} A_{sp}}{\tau_p b_p} + 300 \tag{5-30}$$

式中：l_p 为受拉钢板粘贴延伸长度；对于梁，b_p 为受拉面粘贴钢板的总宽度，对于板，b_p 为 1 m 板宽范围内粘贴钢板的总宽度；f_{sp} 为加固钢板的抗拉强度设计值；τ_p 为钢板与混凝土之间的黏结强度设计值，按表 5-1 取用。

表 5-1　钢板与混凝土之间的黏结强度设计值　　　　（单位：MPa）

混凝土强度等级	C15	C20	C25	C30	C35	C40	C45	C50	>C60
黏结强度设计值 τ_p	0.61	0.80	0.94	1.05	1.14	1.21	1.26	1.31	1.35

5. 计算示例

【例 5-2】　某 T 形梁跨中截面如图 5-12 所示，采用 C25 混凝土，HRB400 级钢筋，受拉钢筋为 8ϕ32＋2ϕ25（$A_s = 7\,416\,\text{mm}^2$），不考虑受压钢筋，结构重要性系数 $\gamma_0 = 1.0$。设计荷载由汽-20，挂-100 提高到公路-I 级，第一阶段弯矩组合设计值为 $M_{d1} = 1\,095\,\text{kN·m}$，第二阶段弯矩组合设计值为 $M_d = 2\,450\,\text{kN·m}$。验算原梁承载力是否满足设计要求，若不满足，试进行粘贴钢板加固设计，如图 5-12 所示。

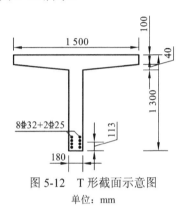

图 5-12　T 形截面示意图

单位：mm

解　由题意可知：

$f_{cd1} = 11.5\,\text{MPa}$，$E_c = 2.8 \times 10^4\,\text{MPa}$，$f_{sd} = 330\,\text{MPa}$，$E_s = 2.0 \times 10^5\,\text{MPa}$，$a_s = 113\,\text{mm}$，$a_s' = 45\,\text{mm}$，$h_f' = 120\,\text{mm}$，$b = 180\,\text{mm}$，$b_f' = 1\,500\,\text{mm}$，$f_{sp} = 215\,\text{MPa}$，$E_{sp} = 2.06 \times 10^5\,\text{MPa}$，$\varepsilon_{cu} = 0.003\,3$，$\xi_b = 0.53$。

（1）原梁承载力验算。

截面有效高度

$$h_0 = h - a_s = 1300 - 113 = 1187\,\text{mm}$$

假设 $x > h_f'$，则

$$\begin{aligned}
x &= \frac{f_{sd}A_s - f_{cd1}(b_f' - b)h_f'}{f_{cd1}b} \\
&= \frac{330 \times 7\,416 - 11.5 \times (1500 - 180) \times 120}{11.5 \times 180} \\
&= 302.3\,\text{mm}(\, > h_f' = 120\,\text{mm})
\end{aligned}$$

原跨中截面抗弯承载力

$$\begin{aligned}
M_u &= f_{cd1}(b_f' - b)h_f'\left(h_0 - \frac{h_f'}{2}\right) + f_{cd1}bx\left(h_0 - \frac{x}{2}\right) \\
&= 11.5 \times (1500 - 180) \times 120 \times \left(1187 - \frac{120}{2}\right) + 11.5 \times 180 \times 302.3 \times \left(1187 - \frac{302.3}{2}\right) \\
&= 2\,701.1\,\text{kN·m} < \gamma_0 M_d = 2\,750\,\text{kN·m}
\end{aligned}$$

钢筋与混凝土弹性模量之比

$$\alpha_{E_s} = E_{s1} / E_{c1} = 7.143$$

假设 $x > h'_f$，则

$$A_1 = \frac{\alpha_{E_s} A_S + (b'_f - b) h'_f}{b}$$

$$= \frac{7.143 \times 7\,416 + (1\,500 - 180) \times 120}{180}$$

$$= 1174 \text{ mm}$$

$$B_1 = \frac{2\alpha_{E_s} A_S h_0 + (b'_f - b)(h'_f)^2}{b}$$

$$= \frac{2 \times 7.143 \times 7\,416 \times 1187 + (1\,500 - 180) \times 120^2}{180}$$

$$= 804\,248 \text{ mm}^2$$

加固前原构件开裂截面换算截面的混凝土受压区高度

$x_1 = \sqrt{A_1^2 + B_1} - A_1 = \sqrt{1174^2 + 804\,248} - 1174 = 303 \text{ mm} > h'_f = 120 \text{ mm}$，假设正确。

计算开裂截面惯性矩

$$I_{cr} = \frac{b'_f x_1^3}{3} - \frac{(b'_f - b)(x_1 - h'_f)^3}{3} + \alpha_{E_s} A_s (h_0 - x_1)^2$$

$$= 1\,500 \times \frac{303^3}{3} - (1\,500 - 180) \times \frac{(303 - 120)^3}{3} + 7.143 \times 7\,416 \times (1187 - 303)^2$$

$$= 5.3 \times 10^{10} \text{ mm}^4$$

原构件截面受压边缘混凝土在 M_{d1} 的作用下压应变

$$\varepsilon_{c1} = \frac{M_{d1}}{E_{c1} I_{cr}} x_1 = \frac{1\,095 \times 10^6}{2.8 \times 10^4 \times 5.3 \times 10^{10}} \times 303 = 2.2 \times 10^{-4}$$

（2）粘贴钢板截面积估算。

假设 $x > h'_f$，由式（5-27）得

$$\gamma_0 M_d = f_{cd1} \left[bx \left(h - \frac{x}{2} \right) + (b'_f - b) h'_f \left(h - \frac{h'_f}{2} \right) \right] - f_{sd} A_s a_s$$

代入数据，即

$$1.0 \times 2\,750 \times 10^6 = 11.5 \times \left[180x \left(1\,300 - \frac{x}{2} \right) + (1\,500 - 180) \times 120 \times \left(1\,300 - \frac{120}{2} \right) \right]$$

$$- 330 \times 7\,416 \times 113$$

则混凝土受压区高度 $x = 326 \text{ mm} > h'_f = 120 \text{ mm}$，假设正确。

钢板应变为

$$\varepsilon_{sp} = \frac{\varepsilon_{cu}(\beta h - x)}{x} - \frac{\varepsilon_{c1}(h - x_1)}{x_1}$$

$$= \frac{0.003\,3 \times (0.8 \times 1\,300 - 326)}{326} - \frac{2.2 \times 10^{-4} \times (1\,300 - 303)}{303}$$

$$= 0.007$$

钢板应力 $\sigma_{sp} = E_{sp}\varepsilon_{sp} = 2.06 \times 10^5 \times 0.007 = 1\,340\,\text{MPa} > 215\,\text{MPa}$，钢板达到屈服，应力取

$$\sigma_{sp} = f_{sp} = 215\,\text{MPa}$$

由式（5-28）计算所需钢板截面积

$$A_{sp} = \frac{f_{cd1}bx + f_{cd1}(b'_f - b)h'_f - f_{sd}A_s}{f_{sp}}$$

$$= \frac{11.5 \times 180 \times 326 + 11.5 \times (1\,500 - 180) \times 120 - 330 \times 7\,416}{215}$$

$$= 228.6\,\text{mm}^2$$

选择钢板宽度为 160 mm，厚度为 6 mm，截面积为 $A_{sp} = 160\,\text{mm} \times 6\,\text{mm} = 960\,\text{mm}^2$

（3）加固后主梁承载力复核。

将 $\sigma_{sp} = f_{sp} = 215\,\text{MPa}$ 及 $A_{sp} = 960\,\text{mm}^2$ 代入式（5-28），则混凝土受压区高度为

$$x = \frac{f_{sd}A_s + f_{sp}A_{sp} - f_{cd1}(b'_f - b)h'_f}{f_{cd1}b}$$

$$= \frac{330 \times 7\,416 + 215 \times 960 - 11.5 \times (1\,500 - 180) \times 120}{11.5 \times 180}$$

$$= 402\,\text{mm} > h'_f = 120\,\text{mm}$$

由式（5-26）计算 T 形梁跨中截面抗弯承载力如下：

$$M_u = f_{cd1}\left[bx\left(h_0 - \frac{x}{2}\right) + (b'_f - b)h'_f\left(h_0 - \frac{h'_f}{2}\right) \right] + E_{sp}\varepsilon_{sp}A_{sp}a_s$$

$$= 11.5 \times \left[180 \times 402 \times \left(1\,187 - \frac{402}{2}\right) + (1\,500 - 180) \times 120 \times \left(1\,187 - \frac{120}{2}\right) \right]$$

$$\quad + 215 \times 960 \times 113$$

$$= 2\,896.8\,\text{kN·m} > \gamma_0 M_d = 2\,750\,\text{kN·m}$$

计算结果表明，加固后的 T 形梁跨中截面抗弯承载力由 2 701.1 kN·m 提高到 2 896.8 kN·m，提高了 7.25%，满足要求。

5.3.3 粘贴纤维增强复合材料加固法

1. 加固基本原理

粘贴纤维增强复合材料加固法是采用环氧树脂或建筑结构胶，将纤维增强复合材料粘贴在被加固构件的表面，使之与被加固构件形成整体共同受力，从而提高构件承载力及延性等的一种加固方法。

粘贴纤维增强复合材料加固有以下特点。

（1）粘贴厚度小，不增加断面尺寸，不增加桥梁恒载。

（2）可以随结构外形变化施工，从而降低施工难度，缩短施工工期。

（3）施工简便，无须大型设备，可在不影响或少影响交通的情况下施工。

（4）能有效地封闭混凝土的裂缝。

（5）具有良好的耐腐蚀性，寿命较长，便于养护。

2. 适用范围

粘贴纤维增强复合材料加固法适用于梁、板的加固，可提高梁、板的承载力，对刚度的提高效果相对较差；也可用于加固钢筋混凝土受压柱，以提高其承载力、延性、耐久性等。

粘贴纤维增强复合材料加固构件，主要适用于以下情况。

（1）原构件受拉主筋或腹筋配筋不足的梁和板，抗弯、抗剪加固效果较为显著。

（2）原构件受拉钢筋严重腐蚀或受损，以致承载力无法满足安全及使用要求。

（3）提高构件的抗裂性，可制约裂缝的发展。

（4）以延长结构使用年限为主要目的的耐久性加固。

（5）混凝土墩柱的抗剪、抗压补强及抗震延性补强。

3. 施工工序

1）施工准备

首先，认真阅读设计施工图，然后根据施工现场和被加固构件混凝土的实际情况，拟订施工方案和施工计划。最后对所使用的碳纤维片材、配套树脂、机具等做好施工前的准备工作。

2）表面处理

清除被加固构件表面的剥落、疏松、蜂窝、腐蚀等劣化混凝土，露出混凝土结构层，并用修复材料将表面修复平整。然后按设计要求对裂缝进行灌缝或封闭处理。把被粘贴的混凝土表面打磨平整，除去表层浮浆、油污等杂质，直至完全露出混凝土结构新面。转角粘贴处应进行导角处理并打磨成圆弧状，圆弧半径不应小于 20 mm。混凝土表面应清理干净并保持干燥。

3）涂刷底层树脂

该工序用于渗透入混凝土表面，促进黏结并形成长期持久界面的基础；油灰用于填充整个表面空隙并形成平整表面，以便使用碳纤维片材；对于浸渍树脂或黏结树脂，前者用于碳纤维布粘贴，后者用于碳纤维板粘贴。按产品生产厂提供的工艺规定配制底层树脂。采用滚筒刷将底层树脂均匀涂抹于混凝土表面。可以在底层树脂表面指触干燥后，尽快进行下一工序的施工。

4）找平处理

按产品生产厂提供的工艺规定配制找平材料。对混凝土表面凹陷部位用找平材料填补平整，不应有棱角。转角处应采用找平材料修理成光滑的圆弧，半径不应小于 20 mm。可以在找平材料表面指触干燥后，尽快进行下一工序的施工。

5）粘贴碳纤维片材

（1）粘贴碳纤维布。按设计要求的尺寸裁剪碳纤维布；按产品生产厂提供的工艺规定配制浸渍树脂，并均匀涂抹于粘贴部位；将碳纤维布用手轻压放在需粘贴的位置，采用专用的滚筒顺纤维方向多次滚压，挤除气泡，使浸渍树脂充分浸透碳纤维布，滚压时不得损伤碳纤维布；多层粘贴时重复上述步骤，并宜在纤维表面的浸渍树脂指触干燥后尽快进行下一层粘贴；在最后一层碳纤维布的表面均匀涂抹浸渍树脂。

（2）粘贴碳纤维板。按设计要求的尺寸裁剪碳纤维板，并按产品生产厂提供的工艺规定配制黏结树脂；将碳纤维板表面擦拭干净至无粉尘。当需粘贴两层时，底层碳纤维板的两面均应擦拭干净；擦拭干净的碳纤维板应立即涂刷黏结树脂，树脂层应呈突起状，平均厚度不应小于 2 mm；将涂有黏结树脂的碳纤维板用手轻压贴于需粘贴的位置。用橡皮滚筒顺纤维方向均匀平稳压实，使树脂从两边挤出，保证密实无空洞。当平行粘贴多条碳纤维板时，两条板带之间的空隙不应小于 5 mm；需粘贴两层碳纤维板时，应连续粘贴。当不能立即粘贴时，在开始粘贴前应对底层碳纤维板重新进行清理。

6）表面防护

防紫外线辐照、防火和保证防护材料与碳纤维片材之间有可靠的黏结。施工宜在 5 ℃以上环境温度条件下进行，环境温度低于 5 ℃时，应使用适用于低温环境的配套树脂或采用升温处理措施。在表面处理和粘贴碳纤维片材前，应按加固设计部位放线定位。

7）检查与验收

碳纤维片材粘贴施工各项要求参见表 5-2。碳纤维片材实际粘贴面积应不小于设计量，位置偏差应不大于 10 mm 碳纤维片材与混凝土之间的黏结质量可用小锤轻轻敲击或手压碳纤维片材表面的方法来检查，总有效黏结面积占比不应低于 95%。当碳纤维布的空鼓面积小于 10 000 mm^2 时，可采用针管注胶的方式进行补救，空鼓面积大于 10 000 mm^2 时，宜将空鼓处的碳纤维片材切除，重新搭接贴上等量的碳纤维片材，搭接长度应不小于 100 mm。

表 5-2 碳纤维片材粘贴施工质量要求

项次	检验项目		合格标准	检验方法	频数
1	碳纤维布材粘贴误差		中心线偏差≤10 mm	钢尺测量	全部
2	碳纤维布材粘贴		≥设计数量	计算	全部
3	粘贴质量	空鼓面积之和与总粘贴面积之比	<5%	小锤敲击法	全部或抽样
		胶黏剂厚度 板材	2 mm±1.0 mm	钢尺测量	构件 3 处
		胶黏剂厚度 布材	<2 mm		
		硬度	>70°	测量	—

4. 结构加固计算

1）基本假定

根据《公路桥梁加固设计规范》（JTG/T J22—2008）规定，受弯构件的加固计算应遵守以下基本假定。

（1）构件弯曲后，截面仍保持为平面。

（2）截面受压混凝土的应力图形简化为矩形，其压应力强度取混凝土的轴心抗压强度设计值 f_{cd}；截面受拉混凝土的抗拉强度不予考虑。

（3）极限状态计算时，受拉区钢筋应力取其抗拉强度设计值 f_{sd}；受压区钢筋应力取其抗压强度设计值 f'_{sd}。

（4）钢筋应力等于钢筋应变与其弹性模量的乘积，但不大于其强度设计值。

（5）达到受弯承载能力极限状态时，按平截面假定确定纤维增强复合材料的拉应变ε_f，且纤维增强复合材料的拉应变ε_f不应超过纤维增强复合材料的允许拉应变$[\varepsilon_f]$。纤维增强复合材料应力ε_f取拉应变ε_f与弹性模量E_f的乘积，即$\sigma_f = E_f \varepsilon_f$。

（6）构件达到正截面承载能力极限状态时，纤维增强复合材料与混凝土之间不应发生黏结剥离破坏。

（7）受弯构件的作用荷载效应应按两个阶段受力进行计算。

第一阶段为加固前，作用（或荷载）应包括原构件自重在内的实际恒载及施工荷载。

第二阶段为加固后，作用（或荷载）应考虑包括构件自重在内的恒载、二期恒载作用及使用阶段的可变作用。作用效应组合系数取值：恒载的荷载效应分项系数取1.2；使用阶段的可变作用效应分项系数按现行《公路桥涵设计通用规范》（JTG D60—2015）取用。

2）基本公式

（1）矩形截面或翼缘位于受拉区的钢筋混凝土 T 形截面。

矩形截面或翼缘位于受拉区的钢筋混凝土 T 形截面受弯构件，在受拉面粘贴加固时，正截面承载力按下列公式计算（图 5-13）：

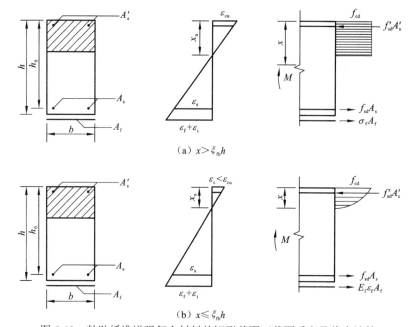

（a）$x > \xi_{fb} h$

（b）$x \leq \xi_{fb} h$

图 5-13 粘贴纤维增强复合材料的矩形截面正截面受弯承载力计算

当混凝土受压区高度x满足$\xi_{fb} h < x < \xi_b h_0$时

$$\gamma_0 M_d \leq f_{cd} bx\left(h_0 - \frac{x}{2}\right) + f'_{sd} A'_s(h_0 - a'_s) + E_f \varepsilon_f A_f a_s \tag{5-31}$$

混凝土受压区高度x和受拉面纤维增强复合材料拉应变ε_f按下列公式联立确定：

$$f'_{sd} A'_s + f_{cd} bx = f_{sd} A_s + E_f \varepsilon_f A_f \tag{5-32}$$

$$(\varepsilon_{cu} + \varepsilon_f + \varepsilon_1)x = 0.8\varepsilon_{cu} h \tag{5-33}$$

当混凝土受压区高度$x \leq \xi_{fb} h$时

$$\gamma_0 M_d \leq f_{sd} A_s(h_0 - 0.5\xi_{fb} h) + E_f[\varepsilon_f] A_f h(1 - 0.5\xi_{fb}) \tag{5-34}$$

当混凝土受压区高度 $x < 2a_s'$ 时

$$\gamma_0 M_d \leqslant f_{sd} A_s (h_0 - a_s') + E_f [\varepsilon_f] A_f (h - a_s') \tag{5-35}$$

式中：γ_0 为结构的重要性系数，按结构设计安全等级采用，对于公路桥梁安全等级，一级、二级和三级分别取用 1.1、1.0 和 0.9；M_d 为第二阶段弯矩组合设计值；f_{cd} 为原构件混凝土轴心抗压强度设计值，可根据现场检测强度推算值按照现行《公路钢筋混凝土及预应力混凝土桥涵设计规范》（JTG 3362—2018）确定；x 为等效矩形应力图形的混凝土受压区高度；b、h 分别为原构件截面宽度和高度；h_0 为原构件截面有效高度，$h_0 = h - a_s$；f_{sd}、f_{sd}' 分别为原构件纵向普通钢筋的抗拉强度设计值和抗压强度设计值；A_s、A_s' 分别为原构件受拉区和受压区纵向普通钢筋的截面面积；A_f 为受拉面粘贴的纤维增强复合材料的截面面积；a_s、a_s' 分别为受拉区、受压区普通的钢筋合力作用点至受拉区边缘、受压区边缘的距离；E_f 为纤维增强复合材料的弹性模量；ε_f 为构件达到承载能力极限状态时，纤维增强复合材料的拉应变；ξ_{fb} 为纤维增强复合材料达到其允许拉应变与混凝土压坏同时发生时的界限相对受压区高度：

$$\xi_{fb} = \frac{0.8\varepsilon_{cu}}{\varepsilon_{cu} + [\varepsilon_f] + \varepsilon_1} \tag{5-36}$$

式中：ε_1 为考虑二次受力影响时，加固前构件在初始弯矩作用下截面受拉边缘混凝土的初始应变，按式（5-38）计算；当不考虑二次受力时，取 0；ε_{cu} 为混凝土极限压应变，当凝土强度等级为 C50 及 C50 以下时，取 $\varepsilon_{cu} = 0.0033$；$\xi_b$ 为相对界限受压区高度；$[\varepsilon_f]$ 为纤维增强复合材料的允许拉应变，取 $[\varepsilon_f] = \kappa_m \varepsilon_{fu}$，且不应大于纤维增强复合材料极限拉应变的 2/3 和 0.007 两者中的较小值，ε_{fu} 为纤维增强复合材料的极限拉应变；κ_m 为纤维增强复合材料强度折减因子，取 κ_{m1} 与 κ_{m2} 中的较小值，κ_{m1} 按式（5-37）计算，κ_{m2} 的取值见表 5-3。

$$\kappa_{m1} = \begin{cases} 1 - \dfrac{n_f E_f t_f}{428\,000}, & n_f E_f t_f \leqslant 214\,000 \\[2mm] \dfrac{107\,000}{n_f E_f t_f}, & n_f E_f t_f > 214\,000 \end{cases} \tag{5-37}$$

式中：n_f 为纤维增强复合材料的层数；t_f 为每层纤维增强复合材料的厚度；当 $\kappa_m > 0.9$ 时，取 $\kappa_m = 0.9$。

表 5-3 纤维增强复合材料环境影响折减系数 κ_{m2}

环境分类	片材类型	折减系数
I 类	碳纤维	0.85
	芳纶纤维	0.75
	玻璃纤维	0.65
II、III、IV 类	碳纤维	0.85
	芳纶纤维	0.70
	玻璃纤维	0.50

加固前在第一阶段弯矩 M_{d1} 作用下，截面受拉边缘混凝土的初始应变 ε_1（纤维增强复合材料的滞后应变）按下列公式计算：

$$\varepsilon_1 = \frac{M_{d1}(h - x_1)}{E_c I_{cr}} \qquad (5\text{-}38)$$

式中：M_{d1} 为第一阶段弯矩组合设计值；x_1 为加固前原构件开裂截面换算截面的混凝土受压区高度；E_c 为原加固构件混凝土的弹性模量；I_{cr} 为加固前原构件开裂截面换算截面的惯性矩。

当弯矩 M_{d1} 小于未加固截面受弯承载力的 20% 时，可忽略二次受力的影响。

（2）翼缘位于受压区的钢筋混凝土 T 形截面。

当混凝土受压区高度 $x \leqslant h_f'$ 时，应按宽度为 b_f' 的矩形截面计算。

当混凝土受压区高度 $x > h_f'$，且 $\xi_{fb}h < x < \xi_b h_0$ 时，正截面抗弯承载力按下式计算：

$$\gamma_0 M_d \leqslant f_{cd}\left[bx\left(h_0 - \frac{x}{2}\right) + (b_f' - b)h_f'\left(h_0 - \frac{h_f'}{2}\right)\right] + f_{sd}'A_s'(h_0 - a_s') + E_f \varepsilon_f A_f a_s \qquad (5\text{-}39)$$

混凝土受压区高度按下式计算，并应满足 $2a_s' \leqslant x$：

$$f_{cd}bx + f_{cd}(b_f' - b)h_f' + f_{sd}'A_s' = f_{sd}A_s + E_f \varepsilon_f A_f \qquad (5\text{-}40)$$

$$(\varepsilon_{cu} + \varepsilon_f + \varepsilon_1)x = 0.8\varepsilon_{cu}h \qquad (5\text{-}41)$$

当混凝土受压区高度 $x > h_f'$，且 $x < \xi_{fb}h$ 时，其正截面抗弯承载力按下式计算：

$$\gamma_0 M_d \leqslant f_{sd}A_s(h_0 - 0.5\xi_{fb}h) + E_f[\varepsilon_f]A_f h(1 - 0.5\xi_{fb}) \qquad (5\text{-}42)$$

应满足 $2a_s' \leqslant x$。

式中：h_f' 为 T 形截面受压翼缘厚度；b_f' 为 T 形截面受压翼缘的有效宽度。

计算正截面受弯承载力时，应满足要求：受压区高度不宜大于 $0.8\xi_b h_0$；加固后在荷载效应基本组合下受拉钢筋的拉应力不应超过其抗拉强度设计值。

5. 计算示例

【例 5-3】 某钢筋混凝土简支梁 T 形截面如图 5-14 所示，截面高度 $h = 1200\,\text{mm}$，翼板有效宽度 $b_f' = 1600\,\text{mm}$，梁肋宽度 $b = 220\,\text{mm}$；采用 C25 混凝土，HRB335 级钢筋（经检测材料强度不做折减）。截面受拉钢筋为 $8\Phi32 + 2\Phi16$（$A_s = 6836\,\text{mm}^2$），$a_s = 106\,\text{mm}$；I 类环境条件，安全等级为二级。荷载等级提高后，截面处弯矩设计值 $M_{Gk} = 2150\,\text{kN·m}$。验算截面抗弯承载力，若不满足，试采用粘贴碳纤维增强复合材料进行加固，加固前恒载作用下截面处弯矩 $M_{Gk} = 418.3\,\text{kN·m}$。

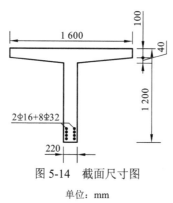

图 5-14 截面尺寸图

单位：mm

解 由题意，材料强度等参数取值为

$$f_{cd} = 11.5 \text{ MPa} , \quad f_{sd} = 280 \text{ MPa} , \quad E_c = 2.8 \times 10^4 \text{ MPa} , \quad E_s = 2 \times 10^5 \text{ MPa} ,$$

$$\xi_b = 0.56, \quad \gamma_0 = 1.0, \quad \varepsilon_{cu} = 0.003\,3$$

$$\alpha_{E_s} = \frac{E_s}{E_c} = 7.143$$

（1）正截面承载力复核。

翼板平均厚度
$$h'_f = \frac{140 + 100}{2} = 120 \text{ mm}$$

有效高度
$$h_0 = h - a_s = 1\,200 - 106 = 1\,094 \text{ mm}$$

判定 T 形截面类型如下：

$$x = \frac{f_{sd} A_s}{f_{cd} b'_f} = \frac{280 \times 6836}{11.5 \times 1600} = 104 \text{ mm} < h'_f = 120 \text{ mm}$$

故为第一类 T 形截面。

正截面抗弯承载力为

$$M = f_{cd} b'_f x \left(h_0 - \frac{x}{2} \right) = 11.5 \times 1600 \times 104 \times \left(1094 - \frac{104}{2} \right)$$
$$= 1994 \text{ kN} \cdot \text{m} < 2150 \text{ kN} \cdot \text{m}$$

则正截面抗弯承载力不满足要求，需要进行加固补强。

（2）截面加固设计。

采用梁底架设支架进行粘贴施工，施工中封闭桥上车辆通行，故不计活载作用，第一阶段弯矩组合设计值为

$$M_{d1} = 1.2 M_{Gk} = 1.2 \times 418.3 = 502.4 \text{ kN} \cdot \text{m}$$

①截面受拉边缘混凝土初始应变 ε_1 计算。

假设开裂截面受压区高度 $x_1 > h'_f$，换算截面受压区高度 x_1 计算式为

$$x_1 = \sqrt{A_1^2 + B_1} - A_1$$

$$A_1 = \frac{[\alpha_{E_s} A_s + (b'_f - b) h'_f]}{b}$$
$$= \frac{[7.143 \times 6\,836 + (1\,600 - 220) \times 120]}{220}$$
$$= 975 \text{ mm}$$

$$B_1 = \frac{[2\alpha_{E_s} A_s h_0 + (b'_f - b)(h'_f)^2]}{b}$$
$$= \frac{[2 \times 7.143 \times 6\,836 \times 1\,094 + (1\,600 - 220) \times 120^2]}{220}$$
$$= 5.76 \times 10^5 \text{ mm}^2$$

于是

$$x_1 = \sqrt{A_1^2 + B_1} - A_1 = \sqrt{975^2 + 5.76 \times 10^5} - 975 = 261 \text{ mm} > h'_f = 120 \text{ mm}$$

假设正确。

开裂截面惯性矩

$$I_{cr} = \frac{b'_f x_1^3}{3} - \frac{(b'_f - b)(x_1 - h'_f)^3}{3} + \alpha_{E_s} A_s (h_0 - x_1)^2$$

$$= 1\,600 \times \frac{261^3}{3} - (1\,600 - 220) \times \frac{(261 - 120)^3}{3} + 7.143 \times 6\,836 \times (1\,094 - 261)^2$$

$$= 4.2 \times 10^{10} \text{ mm}^4$$

加固前在第一阶段弯矩 M_{d1} 作用下，截面受拉边缘混凝土的初始应变为

$$\varepsilon_1 = \frac{M_{d1}}{E_{c1} I_{cr}}(h - x_1) = \frac{502.4 \times 10^6}{2.8 \times 10^4 \times 4.2 \times 10^{10}} \times (1\,200 - 261) = 4.01 \times 10^{-4}$$

②粘贴碳纤维板面积 A_f 的估算

假设在梁底粘贴一层 I 级碳纤维板材进行加固，纤维板材厚度 $t_f = 1.2$ mm，弹性模量 $E_f = 1.6 \times 10^5$ MPa，抗拉强度标准值为 $2\,400$ MPa。

$$n_f E_f t_f = 1 \times 1.6 \times 10^5 \times 1.2 = 192\,000 \leqslant 214\,000，\text{故 } \kappa_{m1} = 1 - \frac{192\,000}{428\,000} = 0.551$$

I 类环境条件下碳纤维 $\kappa_{m2} = 0.85$，κ_m 取 κ_{m1} 和 κ_{m2} 中较小值，即 $\kappa_m = 0.551$。

$$\varepsilon_{fu} = \frac{2\,400}{1.6 \times 10^5} = 0.015$$

$$[\varepsilon_f] = \kappa_m \varepsilon_{fu} = 0.551 \times 0.015 > \min\left(\frac{2}{3}\varepsilon_{fu}, 0.007\right) = 0.007，\text{取} [\varepsilon_f] = 0.007$$

$$\xi_{fb} = \frac{0.8\varepsilon_{cu}}{\varepsilon_{cu} + [\varepsilon_f] + \varepsilon_1} = \frac{0.8 \times 0.003\,3}{0.003\,3 + 0.007 + 0.000\,4} = 0.247$$

$$\xi_{fb} h = 0.247 \times 1\,200 = 296 \text{ mm}$$

假定 $x < h'_f$，且 $x > \xi_{fb} h$，由下式求解混凝土受压区高度：

$$M = f_{cd} b'_f x \left(h_0 - \frac{x}{2}\right) - f_{sd} A_s a_s$$

代入数据，即

$$2\,150 \times 10^6 = 11.5 \times 1500x(1\,200 - x/2) - 280 \times 6836 \times 106$$

解得，$x = 111.8$ mm $< h'_f = 120$ mm，$x < \xi_{fb} h = 296$ mm，表明纤维板材在达到允许应变时，受压区混凝土应变尚未达到 ε_{cu}。

当仅在梁底粘贴时，可有

$$A_f = \frac{M - f_{sd} A_s (h_0 - 0.5\xi_{fb} h)}{E_f [\varepsilon_f] h (1 - 0.5\xi_{fb})}$$

代入数据，即

$$A_f = \frac{2150 \times 10^6 - 280 \times 6\,836 \times (1\,094 - 0.5 \times 0.247 \times 1\,200)}{1.6 \times 10^5 \times 0.007 \times 1\,200 \times (1 - 0.5 \times 0.247)} = 288.1 \text{ mm}^2$$

则需粘贴宽度 $b_f = \frac{A_f}{t_f} = 288.1 \div 1.2 = 240$ mm $> b = 220$ mm，故在梁底粘贴一层 200 mm 宽的碳纤维板材，在梁肋两侧各粘贴一层 50 mm 高的碳纤维板材，50 mm $< \frac{h}{4} = 300$ mm，粘贴的板材面积为

$$A_f = 200 \times 1.2 + \left(1 - 0.5 \times \frac{50}{1\,200}\right) \times 50 \times 1.2 \times 2 = 357.5 \text{ mm}^2$$

粘贴碳纤维板材面积形心至梁底距离为

$$a_{\mathrm{f}} = \frac{50 \times 1.2 \times 2 \times \dfrac{50}{2} - 200 \times 1.2 \times 2 \times \dfrac{1.2}{2}}{50 \times 1.2 \times 2 + 200 \times 1.2} = 8 \text{ mm}$$

粘贴碳纤维板材面积形心至梁底受压边缘距离为

$$h_{\mathrm{f0}} = h - a_{\mathrm{f}} = 1\,200 - 8 = 1\,192 \text{ mm}$$

③加固后承载力计算。

假设 $x > h_{\mathrm{f}}' = 120$ mm，$x > \xi_{\mathrm{fb}}h = 296$ mm，联立下列两式求解受压区高度和纤维布应变为

$$f_{\mathrm{cd}}bx + f_{\mathrm{cd}}(b_{\mathrm{f}}' - b)h_{\mathrm{f}}' = f_{\mathrm{sd}}A_{\mathrm{s}} + E_{\mathrm{f}}\varepsilon_{\mathrm{f}}A_{\mathrm{f}}$$

$$(\varepsilon_{\mathrm{cu}} + \varepsilon_{\mathrm{f}} + \varepsilon_1)x = 0.8\varepsilon_{\mathrm{cu}}h_{\mathrm{f0}}$$

代入数据，即

$$11.5 \times 220x + 11.5 \times (1\,600 - 220) \times 120 = 280 \times 6\,836 + 1.6 \times 10^5 \times \varepsilon_{\mathrm{f}} \times 357.5$$

$$(0.003\,3 + \varepsilon_{\mathrm{f}} + 0.000\,4)x = 0.8 \times 0.003\,3 \times 1\,192$$

联立以上两式解得

$$x = 229.8 \text{ mm}, \quad \varepsilon_{\mathrm{f}} = 0.01$$

$$\varepsilon_{\mathrm{f}} = 0.01 > [\varepsilon_{\mathrm{f}}] = 0.007$$

$$x > h_{\mathrm{f}}' = 120 \text{ mm}$$

$2a_{\mathrm{s}}' = 90$ mm $< x < \xi_{\mathrm{fb}}h = 296$ mm，$x < 0.8\xi_{\mathrm{b}}h_0 = 0.8 \times 0.56 \times 1\,200$ mm $= 490$ mm

加固后截面抗弯承载力为

$$M_{\mathrm{u}} = f_{\mathrm{sd}}A_{\mathrm{s}}(h_0 - 0.5\xi_{\mathrm{fb}}h) + E_{\mathrm{f}}[\varepsilon_{\mathrm{f}}]A_{\mathrm{f}}h(1 - 0.5\xi_{\mathrm{fb}})$$

$$= 280 \times 6\,836 \times (1\,094 - 0.5 \times 0.247 \times 1\,192) + 1.6 \times 10^5 \times 0.007 \times 357.5$$

$$\times 1\,192 \times (1 - 0.5 \times 0.247) = 2\,230.8 \text{ kN} \cdot \text{m} > 2\,150 \text{ kN} \cdot \text{m}$$

故加固后正截面承载力满足要求。

5.4　体外预应力加固法

5.4.1　加固基本原理

体外预应力加固法是通过增设体外预应力筋（包括钢绞线、高强钢丝束和精轧螺纹钢筋）对既有混凝土梁体主动施加外力，以改善原结构的受力状况的加固方法。该方法是在桥梁结构构件的受拉区施加体外预应力，使其产生与原桥的不利弯矩方向相反的轴向压力和弯矩，以抵消部分自重及外荷载产生的应力，从而提高桥梁的承载能力，如图 5-15 所示。

图 5-15　体外预应力加固法

体外预应力加固法有如下优点。

（1）对交通影响小。体外预应力加固可在不中断交通的条件下进行，对桥梁的运营影响小，预应力筋布置在加固构件截面以外，施工过程对结构主体无影响，原结构仍可使用，不影响交通。

（2）主动性强。体外预应力对结构施加了预应力，能够有效地控制原结构的裂缝，使裂缝部分全部闭合，增加截面的刚度，同时施加预应力对结构的反拱可以减小结构的跨中挠度。

（3）对桥下净空影响小。体外预应力可以根据需要布置于结构的侧面，做到不影响桥下净空，即使布置于桥梁底面，对净空影响也很小。

（4）承载力提高显著。体外预应力筋的布置，增加了受力筋的面积，可大幅提高结构的承载能力。同时，体外预应力加固也有缺点：体外预应力筋由于无混凝土的保护，易在火灾下失效。转向和锚固装置因承受着较大的局部受力，局部应力复杂，易产生局部裂缝等损伤。体外预应力无黏结，完全依靠端部锚固，锚固的失效则意味着预应力的丧失，对锚具的锚固性能及耐久性要求高。体外预应力结构在极限状态下可能因延性不足而产生没有预兆的失效。

体外预应力加固法的关键在于合理选择体外预应力筋的布置和张拉方案及体外预应力筋的锚固和转向装置的构造设计，此外要注意体外预应力加固的防腐处理。体外预应力加固适用于以下范围：正截面受弯承载能力不足或正截面受拉区钢筋锈蚀的结构；由于正截面承载力不足，跨中裂缝开展比较严重的结构；梁抗弯刚度不足导致的梁挠度超过规范或由于刚度太小导致梁的受拉区裂缝宽度超过规范规定的结构；梁斜截面受剪承载能力不足的结构。

5.4.2　适用范围

体外预应力加固法适用情况如下。

（1）正截面抗弯承载力不足或正截面受拉区钢筋锈蚀。

（2）梁抗弯刚度不足导致原梁挠度超过规范规定或由于刚度太小导致梁的受拉区裂缝宽度超过规范规定。

（3）梁斜截面抗剪承载力不足。

5.4.3　施工工序

体外预应力体系有 4 个基本组成部分，即体外预应力束、体外束锚固系统、体外束转向装置和体外束防腐系统。体外预应力混凝土结构是一种采用体外预应力体系的混凝土结构，根据其是否同时配置体内预应力筋，可区分为体内、体外混合预应力混凝土结构和全体外预应力混凝土结构。

1. 预应力筋加工与运输

（1）预应力所用的粗钢筋、钢绞线等预应力材料在下料安装之前要密封包裹，防止锈蚀。

（2）运输过程中要防止钢材之间相互碰撞而变形损坏。预应力材料必须保持清洁，在存放和搬运过程中应避免机械损伤和锈蚀。例如材料进场后需长时间存放，必须安排人员定期进行外观检查。仓储保管时，仓库应干燥、防潮、通风良好、无腐蚀性气体和介质；室外保管时，时间不宜超过 6 个月，不得直接堆放在地面上，必须采取下面垫以枕木并在其上用防雨布覆盖等有效措施，防止雨露和各种腐蚀性气体、介质的影响。

（3）钢绞线、精轧螺纹钢筋应采用切断机或砂轮锯切断，不得采用电弧切割。预应力筋的下料长度应通过计算确定，计算时应考虑张拉设备所需的工作长度、冷拉伸长值、弹性回缩值、张拉伸长值和外露长度等因素。

2. 安装及张拉

1）简支梁桥体外预应力加固

按设计要求凿出锚固槽口，在槽口内按设计要求的角度钻孔，并粘贴锚固钢板。按设计要求安装转向装置。对称、均衡张拉至设计吨位，拉杆的松紧度应调整一致。张拉方法按现行《公路桥涵施工技术规范》（JTG/T 3650—2020）执行。

2）箱梁体外预应力加固

按设计要求增设横隔板或齿板，安装锚具，在横梁、转向块位置的混凝土上粘贴钢板，待结构胶完全达到强度后才能进行张拉。为了使预应力钢绞线在锚固点附近成喇叭口状分布在锚具上，锚固端 400 mm 范围内应将孔道逐渐扩宽满足锚具安装要求。

各体外束的张拉应按设计要求进行。当设计未做具体要求时，施加张拉力次序为：$0 \rightarrow 15\%P \rightarrow 0 \rightarrow 50\%P \rightarrow 80\%P \rightarrow 100\%P$（$P$ 为张拉控制力）。

3. 齿板、转向块（板）及滑块

1）齿板

首先按照设计图纸进行放样，确定齿板纵向位置。探测出底板原预应力筋位置，如果与新增齿板位置有冲突时，可经设计同意后调整齿板横向位置。然后凿除底板混凝土保护层，露出新鲜混凝土面，将混凝土碎渣清理干净，使底板纵向和横向钢筋外露，并用钢刷除去钢筋上的锈迹。按照设计要求在底板植筋。待植筋胶固化后，绑扎齿板钢筋，调整锚具位置及角度，并将齿板钢筋和原底板钢筋焊接成整体。立模浇筑齿板混凝土，待齿板混凝土强度达到设计强度后才能张拉预应力束。

2）转向块

新浇混凝土转向块与梁体间接缝处必须人工凿毛处理，需要植筋时可参照相关规范的要求。为减少体外索水平筋（束）在活载作用下发生振动，应沿其纵向设置水平筋（束）减振装置。

3）滑块

滑块可用钢材或混凝土浇筑成型，用混凝土需预留孔道，以穿入水平预应力钢筋。水平滑块的钢垫板需粘贴在梁的底面。当在水平滑块上设置聚四氟乙烯滑板时，可将其预先粘贴在钢垫板上或滑块的顶面上。水平预应力钢筋的定位座可粘贴在跨中梁底位置上。

4. 防腐与防护

体外预应力筋张拉结束后，应按设计要求进行防腐处理。当体外预应力筋采用成品索，自身带有防腐功能时，可不采取防腐措施。

5.4.4 结构加固计算

1. 基本假定

正截面抗弯承载力计算时做如下基本假定。

（1）在极限状态下，加固梁仍须为适筋梁破坏，受拉区的混凝土退出工作，全部拉力由原梁中的预应力钢筋或普通钢筋与体外索共同承担。

（2）加固后原梁的正截面变形仍符合平截面假设。

（3）受压区混凝土的应力分布按矩形应力图考虑，其应力大小取为混凝土抗压强度设计值 f_{cd}，混凝土的极限压应变取为 $\varepsilon_{cu} = 0.003$。

（4）原混凝土梁中普通钢筋或预应力钢筋应力分别达到其抗拉强度设计值 f_{sd} 或 $f_{pd,i}$。

（5）体外索水平筋（束）在极限状态下的应力达到其极限应力 $\sigma_{pu,e}$。

2. 正截面抗弯承载力计算

（1）体外索加固梁的正截面抗弯承载力计算（图 5-16）。

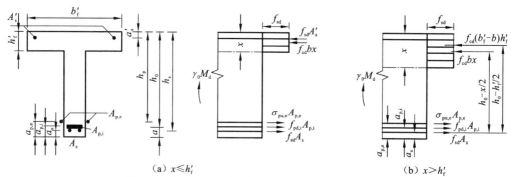

图 5-16 矩形、T 形截面梁正截面抗弯承载力计算图

（2）加固结构抗弯承载力的计算。

矩形截面或中性轴位于 T 形或 I 形截面翼板内（$x \leqslant h_f'$）：

$$f_{cd}b_f'x + f_{sd}'A_s' = \sigma_{pu,e}A_{p,e} + f_{pd,i}A_{p,i} + f_{sd}A_s \tag{5-43}$$

$$\gamma_0 M_d \leqslant f_{cd}b_f'x\left(h_0 - \frac{x}{2}\right) + f_{sd}'A_s'(h_0 - a_s') \tag{5-44}$$

T 形或 I 形截面且中性轴位于腹板内（$x > h_f'$）：

$$f_{cd}bx + f_{cd}(b_f' - b)h_f' + f_{sd}'A_s' = \sigma_{pu,e}A_{p,e} + f_{pd,i}A_{p,i} + f_{sd}A_s \tag{5-45}$$

$$\gamma_0 M_d \leqslant f_{cd}bx\left(h_0 - \frac{x}{2}\right) + f_{cd}(b_f' - b)h_f'\left(h_0 - \frac{h_f'}{2}\right) + f_{sd}'A_s'(h_0 - a_s') \tag{5-46}$$

为确保加固后的混凝土梁仍为塑性破坏，上述公式中的截面受压区高度 x 应满足下列条件：

$$x \leqslant \xi_b h_s \quad 或 \quad x \leqslant \xi_b h_p$$

$$x \geqslant 2a_s'$$

式中：γ_0 为桥梁结构的重要性系数；M_d 为计算截面弯矩组合设计值；$A_{p,e}$ 为体外预应力水平钢筋（束）的截面面积；$\sigma_{pu,e}$ 为当构件达到极限抗弯承载能力时，体外预应力筋（束）的极限应力计算值；$A_{p,i}$ 为原梁体内预应力筋的截面面积；$f_{pd,i}$ 为原梁体内预应力筋的抗拉强度设计值；A_s 为原梁体内纵向受拉普通钢筋的截面面积；A'_s 为原梁体内纵向受压普通钢筋的截面面积；f_{sd} 为原梁体内纵向受拉普通钢筋的抗拉强度设计值；f_{cd} 为混凝土抗压强度设计值；b'_f 为受压翼板的有效宽度；b 为矩形截面宽度或 T 形截面的腹板宽度；h'_f 为受压翼板的厚度；h_s、h_p 分别为原梁中普通钢筋和预应力钢筋的合力作用点至梁顶面的距离；h_0 为体（内）外预应力筋和原梁普通钢筋的合力作用点到梁顶面的距离；a 为受拉区体内（外）预应力筋（束）和普通钢筋的合力作用点至受拉区边缘的距离；a'_s 为受压普通钢筋的合力作用点至受压区边缘的距离；ξ_b 为原钢筋混凝土梁或原预应力混凝土梁的相对界限受压区高度。

（3）相对界限受压区高度 ξ_b 的取值。

相对界限受压区高度 ξ_b 可根据原梁中受拉钢筋的种类由表 5-4 查取。

表 5-4　相对界限受压区高度 ξ_b

原结构中的钢筋种类	C50 及以下	C55、C60	C65、C70
HPB300	0.58	0.56	0.54
HRB400、HRBF400、RRB400	0.53	0.51	0.49
HRB500	0.49	0.47	0.46

注：截面受拉区内配置不同种类钢筋的受弯构件，其 ξ_b 值应选用相应于各种钢筋的较小者。

（4）体外索的水平筋（束）的极限应力 $\sigma_{pu,e}$。

理论和试验研究表明，影响体外预应力筋极限应力的主要因素有普通钢筋面积、体外预应力钢筋面积、混凝土强度、跨高比、加载方式、布索方式 6 项。

正截面抗弯承载力计算中，体外索的水平筋（束）的极限应力 $\sigma_{pu,e}$ 按下式计算：

$$\sigma_{pu,e} = \sigma_{pe,e} + 0.03E_{p,e}\frac{h_{p,e}-c}{\gamma_p l_e} \leqslant f_{pd,e} \tag{5-47}$$

式中：$\sigma_{pe,e}$ 为体外预应力筋（束）的永存预应力；l_e 为计算跨体外索的有效长度，$l_e = \dfrac{2l_i}{N_s+2}$，$N_s$ 为构件失效时形成的塑性铰数量，对于简支梁 $N_s=0$，对于连续梁 $N_s=n-1$，n 为连续梁的跨数，l_i 为两端锚具间体外索的总长度，对于简支梁加固体系，$l_e = l_i$；γ_p 为体外预应力钢材的安全系数，取 $\gamma_p = 2.2$；$h_{p,e}$ 为体外预应力筋（束）合力作用点到截面顶面的距离；$E_{p,e}$ 为体外预应力筋（束）的弹性模量；c 为截面中性轴到混凝土受压区顶面的距离。

对于 T 形截面：

$$c = \frac{A_{p,e}\sigma_{pu,e} + A_s f_{sk} + A_{p,i} f_{pk,i} - A'_s f'_{sk} - 0.75 f_{cu,k}\beta(b'_f - b)h'_f}{0.75 f_{cu,k} b\beta} \tag{5-48}$$

对于矩形截面：

$$c = \frac{A_{p,e} f_{pu,e} + A_s f_{sk} + A_{p,i} f_{pk,i} - A'_s f'_{sk}}{0.75 f_{cu,k} b\beta} \tag{5-49}$$

式中：β 为混凝土受压区高度折减系数，取值 0.80，当混凝土强度等级高于 C50 时，应按表 5-5 折减；f_{sk} 为原梁体内纵向受拉普通钢筋的抗拉强度标准值；$f_{pk,i}$ 为原梁体内预应力钢筋的抗拉强度标准值；f'_{sk} 为原梁体内纵向受压普通钢筋的抗拉强度标准值；$f_{cu,k}$ 为混凝土立方体抗压强度标准值；$f_{pu,e}$ 为体外预应力筋（束）的极限抗拉强度；$f_{pd,e}$ 为体外预应力筋（束）的抗拉强度设计值；$A_{p,e}$ 为体外预应力（束）的截面面积。

表 5-5　系数 β 取值

系数	C55	C60	C65	C70	C75	C80
β	0.79	0.78	0.77	0.76	0.75	0.74

5.4.5　计算示例

【例 5-4】　某跨径为 16 m 的钢筋混凝土简支 T 形梁，采用 30 号混凝土，纵向钢筋采用 HRB335 钢筋 10Φ28，$A_s = 6158\ \text{mm}^2$，保护层厚度 $c = 35\ \text{mm}$，$a_s = 114\ \text{mm}$。跨中截面尺寸如图 5-17 所示。原桥设计荷载等级为汽车-0 级，挂车-100，拟采用体外预应力加固方法将该桥的设计荷载提高至公路-I，提高后的跨中截面弯矩组合设计值 $\gamma_0 M_d = 2\,201.6\ \text{kN·m}$，结构重要性系数 $\gamma_0 = 1.0$。

体外预应力钢筋拟采用 1×7 标准型钢绞线，抗拉强度标准值 $f_{pk,e} = 1860\ \text{MPa}$，抗拉强度设计值 $f_{pd,e} = 1\,260\ \text{MPa}$，弹性模量 $E_{p,e} = 1.95 \times 10\ \text{MPa}$。采用 1$\Phi^s$15.2 钢绞线，截面面积 $A_{p,e} = 139 \times 3 = 417\ \text{mm}^2$。加固后的跨中截面配筋如图 5-18 所示，体外索纵向布置形式见图 5-19。试对加固后跨中截面抗弯承载力进行验算。

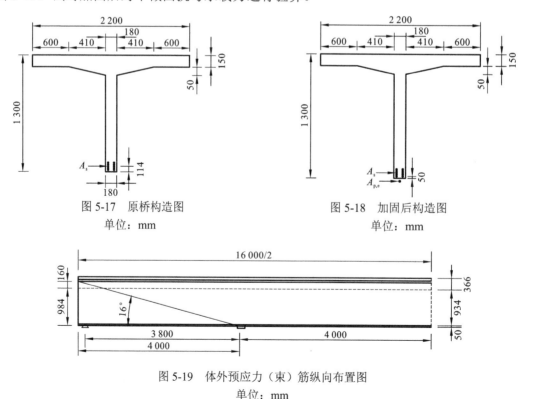

图 5-17　原桥构造图　　　　　　　　图 5-18　加固后构造图
单位：mm　　　　　　　　　　　　单位：mm

图 5-19　体外预应力（束）筋纵向布置图
单位：mm

解 由题意知换算后的

$f_{cu,k} = 28\,\text{MPa}$，$f_{dk} = 18.74\,\text{MPa}$，$f_{cd} = 12.88\,\text{MPa}$，$f_{sd} = 330\,\text{MPa}$，$A_s = 6158\,\text{mm}^2$，

$a_s = 114\,\text{mm}$，$f_{pk,e} = 1860\,\text{MPa}$，$E_{p,e} = 1.95 \times 10^5\,\text{MPa}$，$A_{p,e} = 139 \times 3 = 417\,\text{mm}^2$，

$$f_{pd,e} = 1260\,\text{MPa}，\quad \xi_b = 0.56$$

（1）原梁抗弯承载力校核。

判定 T 形截面类型：

$$h_f' = 150 + \left(\frac{2 \times \dfrac{1}{2} \times 410 \times 50}{2\,200 - 180} \right) = 160\,\text{mm}，\quad b_f' = 2\,200\,\text{mm}$$

$$h_0 = h - a_s = 1300 - 114 = 1186\,\text{mm}$$

$$x = \frac{f_{sd}A_s}{f_{cd}b_f'} = \frac{330 \times 6158}{12.88 \times 2\,200} = 71.7 < \xi_b h_0 = 0.56 \times 1186 = 664\,\text{mm}，\text{ 且小于 } h_f' = 160\,\text{mm}。$$

中性轴在受压翼缘中，为第一类 T 形截面。

正截面抗弯承载力计算：

$$M_u = f_{cd}b_f'x\left(h_0 - \frac{x}{2}\right) = 12.88 \times 2\,200 \times 60.9 \times \left(1186 - \frac{60.9}{2}\right) = 1994.1\,\text{kN}\cdot\text{m} < \gamma_0 M_d$$
$$= 2\,201.6\,\text{kN}\cdot\text{m}$$

故需要进行加固。

（2）加固设计计算。

①体外预应力筋的极限应力 $\sigma_{pu,e}$

体外预应力筋合力作用点到截面顶面的距离 $h_{p,e}$ 为

$$h_{p,e} = h + a_{pe} = 1300 + 50 = 1350\,\text{mm}$$

计算跨体外索的有效长度 $l_e = 16\,322\,\text{mm}$，体外预应力筋（束）的永存预应力为

$$\sigma_{pe,e} = 1\,066.4\,\text{MPa}$$

体外预应力筋的极限应力 $\sigma_{pu,e}$ 为

$$\sigma_{pu,e} = \sigma_{pe,e} + 0.03E_{p,e}\frac{h_{p,e} - c}{\gamma_p l_e}$$

假设截面中性轴到混凝土受压区顶面的距离 c 位于 T 形截面翼板内，且该桥为钢筋混凝土桥，梁体内未配预应力钢筋，$A_{p,i}f_{pk,i} = 0$，梁体内未配受压钢筋，$A_s'f_s' = 0$，则截面中性轴到混凝土受压区顶面的距离 c 为

$$c = \frac{A_{p,e}\sigma_{pu,e} + A_s f_{sk}}{0.75f_{cu,k}b\beta}$$

体外预应力筋的极限应力 $\sigma_{pu,e}$ 为

$$\sigma_{pu,e} = \frac{0.75f_{cu,k}b\beta\sigma_{pe,e}\gamma_p l_e + 0.75f_{cu,k}b\beta0.03E_{p,e}h_{p,e} - 0.03E_{p,e}A_s f_{sk}}{0.75f_{cu,k}b\beta\sigma_{pe,e}\gamma_p l_e + 0.03E_{p,e}A_{p,e}}$$

$$= \frac{0.75 \times 28 \times 180 \times 0.8 \times 1\,066.4 \times 2.2 \times 16\,332 + 0.75 \times 28 \times 180 \times 0.8 \times 0.03 \times 1.95 \times 10^5 \times 1350}{0.75 \times 28 \times 180 \times 0.8 \times 1\,066.4 \times 2.2 \times 16\,332 + 0.03 \times 1.95 \times 10^5 \times 417}$$

$$+ \frac{0.03 \times 19.5 \times 10^5 \times 6158 \times 335}{0.75 \times 28 \times 180 \times 0.8 \times 1\,066.4 \times 2.2 \times 16\,332 + 0.03 \times 1.95 \times 10^5 \times 417} = 1149.4\,\text{MPa}(<1\,260\,\text{MPa})$$

②正截面抗弯承载力计算

受拉区体外预应力筋和普通钢筋的合力作用点至受拉区边缘的距离 a 为

$$a = \frac{A_s f_{sd} a_s - A_{p,e} \sigma_{pu,e} a_{pe}}{A_s f_{sd} + A_{p,e} \sigma_{pu,e}} = \frac{6\,158 \times 280 \times 114 - 417 \times 1\,149.4 \times 50}{6\,158 \times 280 + 417 \times 1\,149.4} = 78 \text{ mm}$$

体外预应力筋和原梁普通钢筋的合力作用点到梁顶面的距离 h_0 为

$$h_s = h - a_s = 1\,300 - 114 = 1\,186 \text{ mm}, \quad h_0 = h - a = 1\,300 - 78 = 1\,222 \text{ mm}$$

由 $f_{cd} b_f' x = A_{p,e} \sigma_{pu,e} + A_s f_{sd}$ 求截面受压区高度 x，即

$$x = \frac{A_{p,e} \sigma_{pu,e} + A_s f_{sd}}{f_{cd} b_f'} = \frac{1\,149.4 \times 417 + 280 \times 6\,158}{12.88 \times 2\,200} = 77.8 \text{ mm} < \xi_b h_0 = 0.56 \times 1\,186 = 664 \text{ mm}$$

小于 $h_f' = 160 \text{ mm}$，说明中性轴位于 T 形截面翼缘内。

加固后梁的抗弯承载力为

$$M_u = f_{cd} b_f' x \left(h_0 - \frac{x}{2} \right) = 12.88 \times 2\,200 \times 88.6 \times \left(1\,222 - \frac{77.8}{2} \right) = 2\,608.2 \text{ kN} \cdot \text{m} > \gamma_0 M_d$$
$$= 2\,201.6 \text{kN} \cdot \text{m}$$

计算表明，加固后跨中正截面抗弯承载力满足要求。

5.5 其他加固方法

5.5.1 增加辅助构件加固法

1. 加固基本原理

当桥梁承载能力不能满足要求，但梁体结构基本完好时，为了提高荷载等级，可以考虑采用增加辅助构件的方法。

增加辅助构件加固一般采用增设主梁和横梁的方法，增设主梁一般也有两种方式，其一是增设主梁的同时对桥面进行拓宽；其二是不拓宽桥面增设主梁。增设主梁对桥面进行拓宽时，新增设的主梁在横桥向的布置方式将直接影响施工的难易，改变新旧主梁的受力状态（主要是荷载横向分布），具体情况可参考有关文献。

不拓宽桥面增设主梁时，新增主梁一般设置在原有内梁两侧，在新增主梁位置上将原桥面凿开，切断横梁，现场浇筑新增主梁混凝土，或者将预制好的主梁安装就位。对于预应力混凝土桥梁，如果无张拉空间时，新增预应力梁只能先在预制场张拉后再安装。新增主梁加固方法对过去常见的少主梁或双主梁整体现浇式桥梁的加固特别有利，这是因为这种结构主梁间距大，新主梁容易布置，如果原主梁密集，个别主梁技术状况不好时，也可考虑更换其中的几个主梁。更换主梁时，可考虑采用截面尺寸更大的主梁，通过荷载横向分布与主梁的刚度成正比的关系，改善原有主梁受力，以达到加固目的。此时的新主梁最好对称布置。为了使新旧结构形成整体共同受力，应将原主梁的横梁内钢筋与新梁横梁的钢筋焊接起来，或通过预埋钢板将新旧横梁连接。如果横向受力需要，还可将横梁加宽，加高并连通。同时，整修浇筑桥面铺装混凝土，其中应设置 1～2 层钢筋网，以进一步加强其整体性。

增设横梁的方法常用于因横向整体性差而降低承载能力的桥梁上部结构，以增强其各主梁之间的横向联系；改善荷载横向分布。在新增横梁部位的主梁梁肋上钻孔，并设置贯通全

桥宽的粗钢筋，粗钢筋可采用精轧螺纹钢，钢筋的两端用螺帽锚固在两侧主梁梁肋外侧并予以防护。

2. 增加辅助构建加固实例

广西某桥为 4×22 m 预制装配式 T 形梁桥，原设计荷载为汽-13，拖-60，1966 年建成。为了满足大化电站建设需要，能够通行 201 t 大型拖车，1981 年采用增加纵梁的方法对该桥进行了加固补强。鉴于大型拖车靠中间行驶，只在桥中线竖侧各现浇一片新梁，把原桥的纵梁由 7 梁式变为 9 梁式。施工步骤如下。

（1）首先掀开桥面铺装，将设计需要增建的新主梁处的旧梁的翼板凿除，切断横隔梁。

（2）利用原桥悬挂脚手架，支立模型板。

（3）安装钢筋骨架，安好支座。

（4）浇筑混凝土，待混凝土强度达到 75%时，再卸架拆除模板。

（5）焊接新旧混凝土横隔梁连接部位的钢板，并浇筑横隔梁底部的扩大截面和接缝处的混凝土。

（6）焊接上翼板处的钢筋和绑扎好桥面的钢筋，并及时浇筑上翼板和桥面的混凝土。

同时，为了加强全桥的横向刚度，还应该在横隔梁的两侧各增设一根 ϕ32 mm 的钢筋，让其横穿全桥。并且在横隔梁部位也应增加 2 根 ϕ25 mm 的钢筋，以加强横隔梁部位刚度。

加固后的试验证明：由于增设了纵梁，桥梁性能和承载能力均得到了较大的改善，与原桥相比整体刚度较大，横向分布性能好，达到了通行 201 t 大型拖车设计荷载的要求，取得了较好的经济效益。

5.5.2　改变结构体系加固法

1. 加固基本原理

改变结构体系加固，实际就是通过改变桥梁结构体系以调整结构上内力的分布，例如：在简支梁下增设支架或桥墩，或把简支梁与简支梁加以连接从而变为连续梁，或者在梁下增设钢折架等的加劲梁或叠合梁，或者改小桥为涵洞等。改变结构体系的根本目的在于提高桥梁的承载能力。

改变结构体系的方法很多，但往往皆要在桥下操作，或设置永久设施，因而影响桥下净空。因此，要在不影响通航及桥梁泄洪能力的情况下使用。

该法加固效果较好，也是一种解决临时通行超重车辆常见的加固措施。重车通过后临时支墩可以拆除，故对通航、排洪影响不大。

改变桥梁原结构受力体系会使某些控制截面内力减小，但也会使某些截面内力增大，或者支承反力发生变化。因此，使用该法加固梁桥要求：对需要采用改变体系法加固的结构，需进行深入、细致的方案论证；采用改变结构受力体系加固法，应对新、旧整体结构的各受力阶段进行验算；必要时综合使用其他加固法作为加固补充；施工中应严格执行规定的施工方法。

1）简支梁变为连续梁加固法

采用在简支梁下增设临时支墩，或把相邻的简支梁加以连接的方法，可改变原有结构物的受力体系，由简支梁变为连续梁。

（1）构造措施应满足的条件。

墩顶采用设置普通钢筋形成连续构造时，纵向受力钢筋应为螺纹钢筋，直径不应小于12 mm；布设长度应超出连续梁墩顶的负弯矩包络图范围并不应小于梁高的2倍，还应与原梁钢筋牢固连接；连接困难时，也可以采用植筋技术或锚栓技术与原梁形成整体。墩顶采用设置预应力钢束形成连续构造时，宜采用小吨位预应力扁锚分散错位锚固，纵向错位间距不宜小于1.5 m，布设长度应超出连续梁墩顶负弯矩包络图范围并不宜小于梁高的4倍。

墩顶连续构造处顶面应设置一定数量的防裂钢筋，新老混凝土接合面应设置一定数量抗剪钢筋。墩顶两端横隔板间宜现浇形成整体横梁，混凝土强度应高于原梁一个等级，并采取措施做好桥面防水。

墩顶宜采用新设单支座。确需保留双排支座形式时，应对墩柱承载力进行计算。

连续钢筋或预应力钢束具体构造应严格按照《公路钢筋混凝土预应力混凝土桥涵设计规范》（JTG 3362—2018）规定，行车道板内主钢筋直径不应小于10 mm，人行道板内的主钢筋直径不应小于8 mm。

（2）施工工序。

掀开桥面铺装层，将梁顶保护层凿除，使主筋外露，并将箍筋切断拉直。然后，沿梁顶增设纵向受力主筋；钢筋直径和根数依梁端连接处所受负弯矩大小而配置。

浇筑梁顶加高混凝土和梁端接头混凝土。

拆除原有支座，用一组带有加劲垫板的新支座代替原有的两个支座。

重新做好桥面铺装。

2）加劲梁或叠合梁加固法

加劲梁或叠合梁以增强主梁的承载能力，也是常用的改变桥梁结构体系的一种加固法。

采用加劲梁和叠合梁加固时，应根据加固时结构体系转换的实际受力状态，分清主次，进行合理的抽象和简化，得出计算图示，进行补强计算。因实际结构比较复杂，各种结构部分之间存在多种多样的联系，而决定联系性质的主要因素是结构各部分的刚度比值。因此新旧结构体系可依据相对刚度大小分解为基本部分和附属部分，以分开计算其内力，如分为主梁与次梁、主跨与副跨，并注意略去结构的次要变形，从而得到较简明的力学图式。

2. 改变结构体系加固法加固实例

某桥为4×25 m预应力混凝土简支梁桥，设计荷载为原汽车-超20级，挂车-120（即现在的的公路-I级），桥面宽为净11.0 m+2.5×0.5 m。上部结构主梁截面形式为等高度箱形截面，每孔由4片箱梁组成。主梁截面尺寸为：梁高1.25 m，顶板宽3 m，底板宽1 m。腹板为斜腹板，厚度为15 cm，在距支点1.6 m处逐渐加宽至25 cm。横隔梁仅设在梁端处。

预应力混凝土主梁采用C50混凝土。每片主梁均布置4束5ϕ^s15预应力钢束和1束6ϕ^s15预应力钢束。锚具采用柳州欧维姆机械股份有限公司锚具产品OVM（oriental cone anchorage）型锚具及其配套设备，锚垫板等预埋钢板采用低碳钢。预应力管道用钢波纹圆、扁管成形。

由于交通量增加迅速，桥梁承载能力不能满足交通量的需求，交通安全受到严重影响。通过对原桥进行实桥检测，发现主梁跨中区段的腹板上存在竖向裂缝，缝宽0.15～0.30 mm，梁底也存在沿钢筋方向的细小裂缝，均有继续发展的趋势。混凝土保护层碳化、剥落严重，导致钢筋部分锈蚀。实测主梁混凝土强度等级为 C45。此外，主梁在汽车荷载作用下最大挠度已超出容许变形 20 mm。桥梁伸缩缝或阻塞或破损，引起跳车现象。

针对该桥现已查明的病害和存在的缺陷，在计算分析的基础上提出对原桥进行改变结构体系加固。通过在墩顶两侧一定范围内的主梁上部布设局部预应力短束，将原四跨简支梁改变为四跨一联的连续梁，从而减小跨中正弯矩，提高桥梁的承载能力。加固后，不但减小了原结构所承受的内力，加固效果显著，而且提高了行车的舒适性，同时对桥下净空及原桥外观均无影响。但是在加固中需设置负弯矩束，加固过程中需要中断交通。详细过程如下。

（1）凿除原桥面铺装和简支梁端部封锚混凝土，拆除伸缩缝。先将第一、二跨及第三、四跨间隙用膨胀混凝土填塞密实，达到设计强度后，布置并张拉负弯矩区预应力钢束并压注水泥浆。

（2）浇筑第二、三跨连续段接头混凝土，达到设计强度后，布置并张拉负弯矩区预应力筋并压注水泥浆。

（3）拆除相邻简支梁之间的支座，主梁支承在新设的永久支座上，完成体系转换，形成四跨连续梁。

（4）重新安装伸缩缝，浇筑整体桥面混凝土并养生至设计强度。

第6章　拱桥上部结构加固

6.1　拱桥加固基本原理

6.1.1　拱的基本力学理论

拱结构的基本力学图如图6-1所示。拱在荷载（恒载、活载）作用下，除承受荷载产生的竖向压力外，还承受荷载产生的弯矩和剪力。由于剪力影响相对较小，所以拱式结构通常被认为是以压弯受力为主的结构。根据结构力学，截面上任意点在弹性状态下的正应力为

$$\sigma = \frac{N}{A} \pm \frac{M}{W} \qquad (6-1)$$

式中：σ 为主拱圈某点的正应力；N 为主拱截面轴向力；A 为主拱圈截面面积；M 为主拱截面弯矩；W 为主拱圈截面抗弯几何弹性模量。

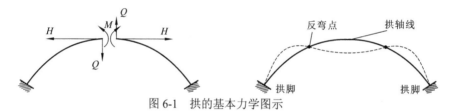

图6-1　拱的基本力学图示

M 为拱顶处的弯矩；Q 为拱顶处的剪力；H 为拱顶处的水平推力

由此可见，拱式结构以受压为主。在竖向荷载作用下，拱桥产生水平反力，造成墩台基础竖向沉降及水平位移，墩台的位移往往会引起主拱受力体系产生较大的位移附加应力，使得压力线和拱轴线发生偏离，造成拱轴截面偏心受压，当偏心距大于限值时，拱圈将有可能开裂破坏。

拱式桥梁主拱圈结构受力状况由三个要素决定，即荷载（活载、恒载）作用产生的内力（轴力、弯矩），主拱圈截面的面积、抗弯惯性矩和抗弯截面模量等几何特性，以及主拱圈材料的自身强度。当车辆荷载增加，超限、超载车辆行驶，对桥梁引起的内力超过主拱圈材料强度的允许范围时，势必造成主拱圈受拉部位开裂破损、承受力下降甚至成为危桥；或者随着运营年限增加，各种因素作用导致材料性能恶化、强度降低，也将造成原桥承载力下降，成为危桥。

6.1.2　加固基本原理

目前加固拱桥、提高承载力的方法和技术种类繁多，但基本原理却是相同的。归纳起来都是遵循力学的基本原理，从桥梁结构的外界因素和内在状况改变的角度进行加固补强，提高承载力。

1. 从外因角度通过改变结构性能来提高拱圈的承载力

（1）增大主拱圈截面面积，增加主拱圈的抗弯刚度，对拱圈采用喷射混凝土、现浇混凝土、外包混凝土等加固方法，都属于此类加固技术和方法。从式（6-1）可知，采用增大拱圈截面的方法加固，其目的是：在荷载等级不变的前提下减小拱圈截面的拉应力；当荷载等级增加时，使拱圈截面承受的拉应力保持在拱圈材料性能承受范围内，即 $\sigma < [\sigma]$，从而达到加固拱圈、提高承载力的目的。

（2）增加拱圈的强度，降低主拱圈的轴力 N。对拱圈采用环氧树脂砂浆（胶浆）粘贴钢板、钢筋、玻璃钢、碳纤维布和芳纶纤维布等高强度材料，增加拱圈的强度都属于此类加固方法和技术。从式（6-1）可知，采用增加拱圈强度的方法加固，其目的是：增加拱圈的强度，使荷载在拱圈上产生的拉应力小于补强材料的强度，即 $\sigma < [\sigma]$，从而达到加固主拱圈、提高承载力的目的。

2. 从内因角度通过改变结构体系、减轻拱上建筑恒载重量来提高拱圈的承载力

（1）改变结构体系，减小主拱圈的内力。采用梁拱结合共同受力的方式，将原桥重力式拱上建筑改变为轻型的桁架或刚架，或减轻拱圈承受的恒载重量，从而减小拱圈上拉应力，即 $\sigma < [\sigma]$，从而达到加固主拱圈、提高承载力的目的。

（2）减轻拱上建筑恒载重量，减小主拱圈的内力。采用减轻桥面系自重和减轻拱上建筑自重，减小拱圈承受的恒载内力，达到提高拱桥承受活载的能力的目的。

综上所述，拱桥加固的根本目标之一是减小拱圈上的拉应力。对于抗压性能极好的圬工或钢筋混凝土拱桥，减小主拱圈的拉应力，也就意味着提高主拱圈即原桥的承载能力。随着科学技术的不断进步和发展，将有更多的桥梁加固新材料、新技术不断地涌现，促进拱桥的维修、养护、加固和技术改造。

6.2　增大截面加固法

6.2.1　适用范围

当因断面不足或施工质量不佳、墩台地基沉降、桥梁长期超载运营等引起拱圈开裂和变形时，可采用增大拱圈截面的方法加固。最常用的方法是：用钢纤维混凝土、钢筋混凝土、钢筋钢纤维混凝土，或钢筋钢丝网钢纤维混凝土（简称三钢混凝土）加大主拱圈的厚度。还可用钢筋混凝土外包石拱桥、双曲拱桥的拱肋截面，或在双曲拱肋波背部加盖钢筋混凝土倒槽形板，或用预制拱肋加固桁架拱等。

6.2.2　施工工序

1. 主拱圈下缘增大截面加固法

实腹式拱桥存在实腹段。拱圈截面承载力不足时，如果采取拆除拱上实腹部分加固主拱

圈拱背难度大，费工、费时、费用高，又要中断交通。在桥下净空容许或根据水文资料桥下泄水面积容许压缩时，可在原拱圈下面喷射钢筋网混凝土或紧贴原拱圈下面浇筑钢筋混凝土新拱圈进行加固。

该方法不用开挖拱上填料，具有不中断交通的优点；但是施工难度较大，应特别注意新旧拱圈的密切结合。为了增强新旧拱圈之间的连接强度，需要采用在拱腹植入锚筋等措施。在设计时，应验算墩台能否满足加固要求；必要时，需增大墩台尺寸。

1）钢筋网混凝土拱圈内壁喷固法

该方法在主拱圈拱腹，按一定间距钻孔设置锚杆，再在锚杆上焊接或绑扎钢筋网，然后喷射混凝土加固。喷射混凝土的厚度，按结构受力需要确定，如图 6-2 所示。

目前，通常采用的锚杆为高强膨胀锚栓。条件受限、没有膨胀锚栓时，也可采用传统的钢筋砂浆锚杆或楔缝式金属锚杆，如图 6-3 所示。砂浆锚杆由于需要灌浆施工，存在一定难度。此外，还可以采用聚酯树脂锚杆、膨胀锚栓等锚杆形式。

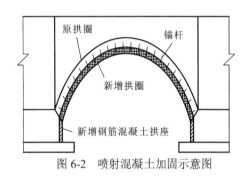

图 6-2 喷射混凝土加固示意图

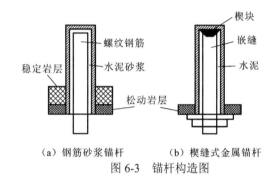

图 6-3 锚杆构造图

喷锚加固施工工艺如下。

（1）先去除剥落、松散的表层，并用水冲洗干净。若有裂缝存在，可采用前述修补裂缝方法，先对裂缝进行修补和处置。

（2）钻锚杆孔、安装锚杆、布设钢筋网。按照提高承载能力的需要，在主拱下缘布设钢筋网。通常按一定间距设置锚杆，将钢筋沿桥的纵横方向焊接到锚栓上构成钢筋骨架，钢筋网的作用在于承受拉应力，提高喷护层强度，传递温度应力，减少收缩裂纹，加强喷射混凝土的整体性等。

（3）喷射混凝土。喷射混凝土层的厚度根据设计需要确定，每次喷护厚度不宜超过 5～8 cm；若需加厚，应反复多喷几次。受喷混凝土时间应视水泥品种、施工时间的气温和速凝剂掺量等因素而定。

2）钢筋混凝土复合拱圈加固法

钢筋混凝土复合拱圈（肋）加固实腹式石拱桥技术，主要针对实腹式拱桥的主要承重构件——拱圈，适用于实腹式拱桥因拱石风化、砂浆脱落、拱圈开裂或拱圈发生不可恢复的永久性变形而导致的结构承载力不足等情况下的拱桥加固与增强。采用增设钢筋混凝土复合拱圈（肋）技术加固后，可较大幅度地提高拱圈的强度、刚度和承载力。

该加固技术通过在原拱圈拱腹和两侧面增设一层钢筋混凝土加固层（呈 ⌐ 形），或仅在原拱圈拱腹增设钢筋混凝土拱板形成复合拱圈。通过复合拱圈的协调变形、共同作用来承担后期荷载，达到增大拱圈刚度与强度、提高桥梁承载力的目的。该加固技术的构造示意图如图 6-4 所示。

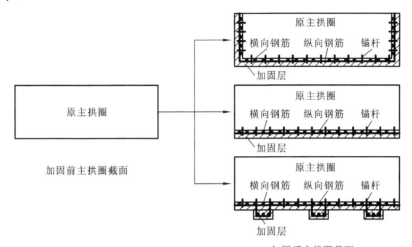

图 6-4 钢筋混凝土复合拱圈加固构造示意图

新增混凝土加固层和原石砌体结构层之所以能够形成复合主拱圈主要是因为两种材料之间的黏结作用及锚杆的锚固作用；同时，两种材料的线膨胀系数很接近（混凝土：$1 \times 10^{-5}/℃$，砌体：$0.8 \times 10^{-5}/℃$），在温度升高或降低情况下两结构层能协调变形，界面层不会产生大的应变差，进而界面间产生的剪应力也较小。

此外，由于混凝土的弹性模量比石砌体的弹性模量大，混凝土加固层能够分担更多的荷载，充分利用了加固层材料的强度。加固后由于钢筋混凝土附加拱圈的作用，原主拱圈表面裂纹变为内部裂纹，如图 6-5 所示。

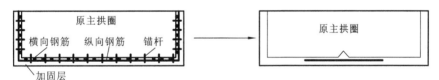

图 6-5 钢筋混凝土加固层抑制裂纹扩展示意图

采用增设钢筋混凝土复合拱圈（肋）技术加固后，在原主拱圈与加固层之间的界面上就能传递剪应力；剪应力由两个结构层的黏结力（混凝土、砂浆和原主拱圈之间的胶着力）、界面之间的摩阻力承担。因此，加固过程中对原拱圈的凿毛处理也能够增大界面层的摩阻力；锚杆的安设也能增强加固层和原结构的连接，提高两者之间的协调变形能力。由以上分析可知，加固层和原结构能够协调变形、共同承载。

增设钢筋混凝土复合拱圈加固技术的锚杆锚固技术，是基于岩土锚固技术的锚固理论及植筋技术中的黏结锚固机理和荷载传递理论。锚杆所起的主要作用：首先是挂设纵、横钢筋网；其次是加强新、老结构层的黏结。锚杆从抗拔和抗剪两方面的力学性态来增强加固层与原结构层的黏结强度，保障复合拱圈的整体性。

具体做法与上述喷固法相似，在采用以上清理和维修处理措施后，再在原拱圈下绑扎钢筋网；在正确位置搭架、支模、固定后，浇筑混凝土形成新拱圈，如图 6-6 所示。为加强新旧拱圈的连接强度，可在混凝土中掺加一定膨胀剂，加强养生工作。

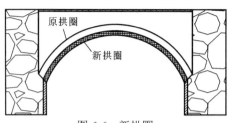

图 6-6　新拱圈

该加固技术根据实腹式拱桥的病害严重程度及原拱圈的宽度，分为增设钢筋混凝土拱板加固技术和增设钢筋混凝土板肋加固技术。对于原桥技术等级较高、情况较好和主拱圈宽度大于或等于 9 m 的实腹式拱桥（根据实际需要），可以考虑采用增设钢筋混凝土板肋加固技术。

2. 主拱上缘增大截面加固法

1）局部增大截面加固法

绝大多数无铰拱桥主拱圈的拱脚是荷载作用下内力最大的控制截面，按照结构受力的需要，无铰拱的主拱圈本应设计为变截面形式，但施工难度较大。为了方便施工，绝大多数拱桥都是以拱脚为控制截面，采用等截面形式。因此，在荷载作用下，除拱脚外其他截面一般情况下都有不同程度的冗余。通常，在拱脚截面及其附近也是病害多发区。基于上述原因，对绝大多数空腹式拱桥，为了方便施工、减少加固费用，可采用在主拱圈上缘局部增大主拱圈截面的加固方法，以提高原桥的承载能力。

采用该方法加固拱圈的施工要点如下。

（1）清除主拱圈拱背上面的破损部分和风化层，再凿毛、清理干净。

（2）按一定间距钻孔，植入锚固钢筋后布设纵、横向钢筋网。钢筋的直径，根据结构受力需要确定，最小直径应不小于 12 mm。

（3）浇筑混凝土，混凝土强度不得低于 C30。一般情况下可采用普通混凝土，当拉应力较大时，或大跨径拱桥应采用钢纤维混凝土浇筑，以提高承受拉应力的能力；必要时，还可在钢筋网上铺设高强钢丝网，采用三钢混凝土增强加固层的结构性能，提高拱桥加固后的承载能力。

2）全拱加固法

如果拱桥病害严重或承载力显著不足，采用局部增大截面法已不能满足要求。为了提高结构的承载能力，在对拱圈缺陷和病害进行处置后，可采取拆除拱上建筑，在全拱浇筑一层钢筋混凝土，以增大截面的方法进行加固补强。采用轻型梁式拱上建筑，取代实腹拱或拱式重力式腹拱，提高了综合承载能力。

该方法的施工工艺如下。

（1）如原拱圈有开裂、损坏等病害，应对主拱圈进行修复、补强。

（2）对称、均衡和分步拆除原桥拱上的建筑。需要强调的是，拆除原桥拱上建筑时，宜从两拱脚对称向跨中进行，并保留拱顶一定范围内的填料，直到两侧拆除完毕才最后拆除，以防止主拱"冒顶"造成主拱圈开裂甚至坍塌。

（3）在全拱浇筑钢筋混凝土加固层。浇筑混凝土时也应按照对称、均衡加载原则进行。

（4）对称、均衡砌筑拱上建筑和桥面系。

全拱加固法，需要预先设计好加固卸载、加载程序，严格按设计规定程序进行施工。施工烦琐，难度大、工程造价高，需较长时间中断交通，通常较少采用。

6.2.3 结构加固计算

1. 轴心受压构件正截面加固

采用增大截面加固钢筋混凝土轴心受压构件时，其正截面受压承载力应按下列公式计算：

$$\gamma_0 N_d \leqslant 0.9\varphi(f_{cd1}A_{c1} + f'_{sd1}A'_{s1} + \sigma_{c2}A_{c2} + \sigma_{s2}A'_{s2}) \tag{6-2}$$

式中：γ_0 为桥梁结构的重要性系数，按公路桥涵的设计安全等级，一级、二级、三级分别取用 1.1、1.0、0.9，桥梁抗震设计时不考虑结构重要性系数；N_d 为第二阶段轴向力组合设计值；φ 为轴心受压构件稳定系数，按表 6-1 采用；f_{cd1}、f'_{sd1} 为原构件混凝土轴心抗压强度设计值和纵向钢筋抗压强度设计值；A_{c1}、A_{c2} 为原件和新增部分混凝土毛截面面积；A'_{s1}、A'_{s2} 为原有纵向钢筋和新增纵向钢筋的截面面积；σ_{c2} 为在达到承载力极限状态时，新增混凝土的应力：$\sigma_{c2} = E_{c2}\varepsilon_{c2} \leqslant f_{cd2}$；$\varepsilon_{c2}$ 为新增混凝土的应变，其值为

$$\varepsilon_{c2} = \varepsilon_{cu} - \frac{N_{d1}}{(b_1 h_1 + \alpha_{E_s}A'_{s1})E_{c1}} \tag{6-3}$$

式中：σ_{s2} 为达到承载力极限状态时，新增纵向钢筋 A'_{s2} 的应力 $\sigma_{s2} = E_{s2}\varepsilon_{s2} \leqslant f'_{sd2}$；$\varepsilon_{s2}$ 为新增钢筋 A_{s2} 的应变 $\varepsilon_{s2} = \varepsilon_{c2}$；$\varepsilon_{cu}$ 为轴心受压混凝土极限压应变，计算时可取 $\varepsilon_{cu} = 0.002$；E_{c1}、E_{c2} 为构件混凝土弹性模量和新增纵向受压钢筋的弹性模量；α_{E_s} 为原构件纵向普通钢筋与混凝土弹性模量比，$\alpha_{E_s} = E_{s1}/E_{s2}$；$b_1$、$h_1$ 为原构件截面宽度与高度；N_{d1} 为第一阶段轴向力组合设计值。

表 6-1　钢筋混凝土轴心受压构件的稳定系数 φ

l_0/b_2	l_0/d_2	$l_0/r2$	φ
≤8	≤7	≤28	1.00
10	8.5	35	0.98
12	10.5	42	0.95
14	12.0	48	0.92
16	14.0	55	0.87
18	15.5	62	0.81
20	17.0	69	0.75
22	19.0	76	0.70
24	21.0	83	0.65
26	22.5	90	0.60
28	24.0	97	0.56
30	26.0	104	0.52
32	28.0	111	0.48

l_0/b_2	l_0/d_2	$l_0/r2$	φ
34	29.5	118	0.44
36	31.0	125	0.40
38	33.0	132	0.36
40	34.5	139	0.32
42	36.5	146	0.29
44	38.0	150	0.26
46	40.0	160	0.23
48	41.5	167	0.21
50	43.0	174	0.19

当加固后截面全部纵向钢筋配筋率大于3%时，式（6-2）中的 A_{c1} 应改用 $A_{n1} = A_{c1} - A'_{s1}$，$A_{c2}$ 应改用 $A_{n2} = A_{c2} - A'_{s2}$。

2. 偏心受压

采用增大截面法加固偏心受压构件的主要目的是增强构件的刚度、稳定性及强度。加固偏心受压构件最适合采用增大截面法。增大截面时应主要增加偏心力方向的尺寸，以有效地增大构件抗弯刚度。同样假设截面应变分布符合平截面假定，不考虑混凝土的抗拉作用。通过必要的设计及施工措施，保证增大截面后，新、旧混凝土黏结可靠、变形协调一致。钢筋混凝土矩形截面偏心受压构件，可采用在原构件截面的单侧加厚和两侧加厚法。

如图 6-7 所示，两侧加厚的矩形截面偏心受压正截面抗压承载力的计算应符合下列规定：

$$\gamma_0 N_d \leqslant f_{cd1}bx + f'_{sd2}A'_{s2} + f'_{sd1}A'_{s1} - \sigma_{s1}A'_{s1} - \sigma_{s2}A_{s2} \tag{6-4}$$

$$\gamma_0 N_d e_s \leqslant f_{cd1}bx\left(h_0 - \frac{x}{2}\right) + f'_{sd2}A'_{s2}(h_0 - a'_{s2}) + f'_{sd1}A'_{s1}(h_0 - a'_{s1}) \tag{6-5}$$

$$f_{cd1}bx\left(e_s - h_0 + \frac{x}{2}\right) = (\sigma_{s1}A_{s1} - \sigma_{s2}A_{s2})e_s - (f'_{sd1}A'_{s1} + f'_{sd2}A'_{s2})e'_s \tag{6-6}$$

$$e_s = \eta e_0 + \frac{h_2}{2} - a_s \tag{6-7}$$

$$e'_s = \eta e_0 + \frac{h_2}{2} - a'_s \tag{6-8}$$

式中：N_d 为第二阶段轴向力组合设计值；e_s 为轴向力作用点至截面受拉边或受压较小边纵向钢筋 A_{s1} 和 A_{s2} 合力点的距离；e_0 为轴向力对加固后截面重心轴的偏心距，$e_0 = M_d/N_d$；M_d 为对应于轴向力 N_d 的第一阶段弯矩组合设计值；x 为加固后构件截面混凝土受压区高度；f_{cd1} 为原构件混凝土抗压强度设计值；σ_{s1}、σ_{s2} 为构件达到承载能力极限状态时，原构件截面受拉边或受压较小边的纵向钢筋应力和新增的纵向钢筋应力，$\sigma_{s1} \leqslant f_{sd1}$，$\sigma_{s2} \leqslant f_{sd2}$；$A'_{s1}$、$A'_{s2}$ 为原构件截面受压较大边缘的纵向钢筋截面积和增加的纵向钢筋截面积；A_{c1}、A_{c2} 为原构件截面受拉或受压较小边的纵向钢筋截面积和增加的纵向钢筋截面积；f'_{cd1}、f'_{sd2} 为原构件截面受压较大边缘纵向钢筋抗压强度设计值和增加的纵向钢筋抗压强度设计值；h_2 为加固后截面的高度；h_0 为加固后构件截面受拉边或受压较小边纵向钢筋 A_{s1} 和 A_{s2} 截面重心至受压较大边缘的距离，$h_0 = h - a_s$；η 为偏心受压构件轴向力偏心距增大系数，按规范的规定计算；a_s 为原构件截面受拉边（或受压较小边）钢筋 A_{s1} 和增加的钢筋 A_{s2} 的合力作用点至加固后截面受拉边或受压较小边的距离；a_s' 为原构件截面受压较大边钢筋 A_{s1}' 和增加的钢筋 A_{s2}' 的合力作用点至加固后截面受压较大边缘的距离。

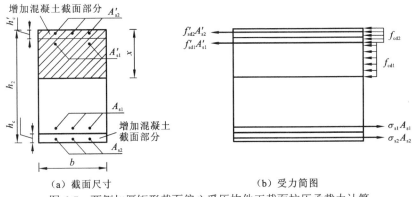

（a）截面尺寸　　　　　（b）受力简图

图 6-7　两侧加厚矩形截面偏心受压构件正截面抗压承载力计算

（1）为了保证构件破坏时大偏心受压构件截面受压钢筋能达到抗压强度设计值，必须满足：

$$x \geqslant 2a_s' \tag{6-9}$$

若不符合式（6-9）的条件时，加固后的偏心受压构件正截面抗压承载力应按下式计算：

$$\gamma_0 N_d e_s' \leqslant f_{sd1} A_{s1}(h_2 - a_{s1} - a_s') + f_{sd2} A_{s2}(h_2 - a_{s2} - a_s') \tag{6-10}$$

式中：f_{sd1}、f_{sd2} 分别为受拉边原构件纵向普通钢筋和新增纵向普通钢筋的抗拉强度设计值。

（2）对于小偏心受压构件，当轴向力作用在纵向钢筋 A_{s1}' 和 A_{s1}' 合力点与 A_{s1} 和 A_{s2} 合力点之间时，抗压承载力按下式计算：

$$\gamma_0 N_d e' \leqslant f_{cd1} h_2 \left(h_0' - \frac{h_2}{2} \right) + f_{sd1}' A_{s1}(h_0' - a_{s1}) + f_{sd2}' A_{s2})(h_0' - a_{s2}) \tag{6-11}$$

$$e' = \frac{h_2}{2} - e_0 - a_s' \tag{6-12}$$

式中：e' 为轴向力作用点至截面受压较大边纵向钢筋 A_{s1} 和 A_{s2} 合力点的距离，计算时偏心距 e_0 可不考虑增大系数 η；h_0' 为截面受压较小边边缘至受压较大边纵向钢筋合力点的距离，$h_0' = h_2 - a_s'$。

（3）纵向普通钢筋 A_{s1} 的应力 σ_{s1} 取值。

当 $\xi \leqslant \xi_b$ 时为大偏心受压构件，此处，相对受压区高度 $\xi = x/h_0$，$h_0 = h_2 - a_s$，h_2 为加固后截面的高度。原构件截面受拉边纵向钢筋 A_{s1} 的应力取 $\sigma_{s1} \leqslant f_{sd1}$。

当 $\xi > \xi_b$ 时为小偏心受压构件，原构件截面受拉边纵向钢筋 A_{s1} 的应力可按下列公式计算：

$$a_{s1} = \varepsilon_{cu} E_{s1} \left(\frac{\beta h_{01}}{x - \beta h_c'} - 1 \right) \tag{6-13}$$

$$-f_{sd1} \leqslant \sigma_{s1} \leqslant f_{sd1} \tag{6-14}$$

式中：σ_{s1} 为构件达到承载能力极限状态时，原构件截面受拉边或受压较小边的纵向钢筋应力，压应力为负号，拉应力为正号；ε_{cu} 为混凝土极限区应变，当混凝土强度等级为 C50 及以下时，取 $\varepsilon_{cu} = 0.0033$；$E_{s1}$ 为原构件截面受拉边或受压较小边的纵向钢筋的弹性模量；h_0 为构件加固前的截面有效高度，$h_0 = h - a_s$；h_{01} 为原构件截面有效高度；f_{sd1} 为原构件纵向普通钢筋的抗拉强度设计值；x 为混凝土受压区高度；β 为截面受压区矩形应力图高度与实际受压区高度的比值，当混凝土强度等级为 C50 及以下时，取 $\beta = 0.8$。

（4）纵向普通钢筋 A_{s2} 的应力 σ_{s2} 取值。

两侧加厚的矩形截面偏心受压构件截面受拉边或受压较小边新增加的纵向普通钢筋应力 σ_{s2} 按下式计算：

$$-f_{sd2} \leqslant \sigma_{s2} = E_{s2}\varepsilon_{s2} \leqslant f_{sd2} \tag{6-15}$$

$$\varepsilon_{s2} = \left(\frac{\beta h_{02} - x}{x - \beta h_c'}\right)\varepsilon_{cu} - \varepsilon_{s2}' \tag{6-16}$$

式中：E_{s2} 为截面受拉边或受压较小边增加的纵向钢筋 A_{s2} 的弹性模量；h_{02} 为加固后截面受拉边或受压较小边新增纵向受拉钢筋 A_{s2} 截面重心至受压较大边缘距离，$h_{02} = h_2 - a_{s2}$；ε_{s2} 为受拉边或受压较小边新增加纵向普通钢筋的应变，拉应变为正号，压应变为负号。

（5）确定 ε_{s2}'。

第一阶段受力时原矩形截面偏心受压构件截面受压较大边缘混凝土压应变 ε_{c1} 和相应于新增纵向普通钢筋 A_{s2} 位置处的应变 ε_{s2}' 按下列情况进行计算。

当原构件为轴心受压构件时

$$\varepsilon_{s2}' = \frac{N_{k1}}{[bh + \alpha_{E_s}(A_{s1} + A_{s1}')]E_c} \tag{6-17}$$

$$\varepsilon_{c1} = \varepsilon_{s2}' \tag{6-18}$$

式中：N_{k1} 为第一阶段轴向力组合设计值；b_1、h_2 分别为原构件矩形截面的宽度和高度；A_{s1}、A_{s1}' 为原构件截面受拉边或受压较小边纵向普通钢筋面积和截面受压较大边纵向普通钢筋面积；α_{E_s} 为原构件钢筋与混凝土弹性模量之比；E_c 为原构件混凝土弹性模量。

当原构件为大偏心受压构件时

$$\varepsilon_{s2}' = \frac{x_1 - h_{02} + h_c'}{x_1}\varepsilon_{c1} \tag{6-19}$$

式中：h_{02} 为加固后截面受拉边或受压较小边新增纵向受拉钢筋 A_{s2} 截面重心至受压较大边缘距离，$h_{02} = h_2 - a_{s2}$；x_1 为原构件开裂截面换算截面的混凝土受压区高度；h_c' 为截面受压较大边的加厚混凝土厚度；ε_{c1} 为原构件截面受压较大边混凝土的计算压应变。

当原构件为小偏心受压构件时

$$\varepsilon_{s2}' = \varepsilon_{c1} - \frac{h_{02} - h'c_c}{h_{01} - h_c'}(\varepsilon_{c1} - \varepsilon_{s1}) \tag{6-20}$$

式中：h_{01} 为原构件截面受拉边或受压较小边纵向受拉钢筋 A_{s1} 至受压较大截面的距离；ε_{s1} 为第一阶段原构件截面受拉边或受压较小边纵向普通钢筋 A_{s1} 的应变。

（6）确定偏心距增大系数 η。

计算偏心受压构件正截面承载力时，对长细比 $l_0/i > 17.5$ 的构件，应考虑构件在弯矩作用平面内的挠曲对轴向力偏心距的影响。此时，应将轴向力对截面重心的偏心距 e_0 乘以偏心

距增大系数 η ，可按下列公式计算：

$$\eta = \left[1 + \frac{1}{1\,400e_0/h_0}\left(\frac{l_0}{h}\right)^2 \zeta_1\zeta_2\right]\psi_\eta \tag{6-21}$$

$$\zeta_1 = 0.2 + 2.7\frac{e_0}{h_0} \leqslant 1.0 \tag{6-22}$$

$$\zeta_2 = 1.15 - 0.01\frac{l_0}{h_0} \leqslant 1.0 \tag{6-23}$$

式中：l_0 为构件的计算长度；ζ_1 为荷载偏心率对截面曲率的影响系数；ζ_2 为构件长细比对截面曲率的影响系数；ψ_η 为偏心距增大系数的修正系数，可按截面增大形式选用：采用对称形式的增大截面，当 $e_0/h_2 \geqslant 0.3$ 时，$\psi_\eta = 1.1$；当 $e_0/h_2 < 0.3$ 时，$\psi_\eta = 1.2$。采用非对称形式的增大截面，当 $e_0/h_2 \geqslant 0.3$ 时，$\psi_\eta = 1.2$；当 $e_0/h_2 < 0.3$ 时，$\psi_\eta = 1.3$。

对于加固后偏心受压构件，还应按轴心受压构件复核垂直于弯矩作用平面的承载力。此时不考虑弯矩作用，按第二阶段作用轴心受压构件计算。

3. 钢筋混凝土矩形截面偏心受压构件应力（应变）计算

采用增大截面法加固钢筋混凝土偏心受压构件正截面承载力计算，第一阶段荷载作用下原构件截面受压较大边缘混凝土应变 ε_{c1} 及受拉边纵向钢筋应变 ε_{s1} 的计算方法是以混凝土构件弹性理论为基础。

（1）偏心距增大系数 η_1。

偏心距增大系数 η_1 按下式计算：

$$\eta_1 = \frac{1}{1 - \dfrac{kN_{d1}}{10\alpha_e E_c I_c}l_0^2} \tag{6-24}$$

式中：k 为系数，一般可取 1.8；N_{d1} 为第一阶段轴向力设计组合值；α_e 为刚度修正系数，按表 6-2 采用；E_c 为混凝土弹性模量；I_c 为混凝土全截面对其重心轴的惯性矩，$I_c = 1/12b_1h_1^3$；b_1、h_1 分别为构件截面宽度和高度；l_0 为构件在其弯矩作用平面内的计算长度。对于矩形截面构件，当 $\dfrac{l_0}{h_0} \leqslant 8$ 时，取 $\eta_1 = 1.0$。

表 6-2 系数 a_e 的取值

e/h_1	a_e	e/h_1	a_e
0.05	0.560	0.40	0.327
0.10	0.493	0.50	0.303
0.15	0.445	0.60	0.285
0.20	0.410	0.70	0.271
0.25	0.382	0.80	0.260
0.30	0.360	0.90	0.251
0.35	0.342	$\geqslant 1.0$	0.250

（2）小偏心受压构件。

原构件截面（图 6-8）受压较大边缘混凝土应力 σ_{c1} 与应变 ε_{c1} 按下式计算：

$$\sigma_{c1} = -\frac{N_{d1}}{A_0} - \eta_1 \frac{N_{d1}e_0}{I_0} y' \tag{6-25}$$

$$\varepsilon_{c1} = \frac{\sigma_{c1}}{E_c} \tag{6-26}$$

式中：N_{d1} 为第一阶段轴向力设计组合值；A_0 为构件全截面的换算截面面积，其值为 $A_0 = b_1 h_1 + (\alpha_{Es} - 1)(A_{s1} + A'_{s1})$；$I_0$ 为构件全截面换算截面对换算截面重心轴的惯性矩，$I = \frac{1}{3} b_1 (y'^3 + y^3) + (\alpha_{Es} - 1)[A'_{s1}(y' - a'_{s1})^2 + A_{s1}(y - a_{s1})^2]$；$y'$ 为构件截面受压较大边至换算截面重心轴的距离，其值为：$y = h_1 - y'$；e_0 为轴向力作用点至换算截面重心轴的距离，其值为：$e_0 = e + y' - h_1/2$；e 为轴向力作用点至混凝土截面重心轴的距离，其值为：$e = M_{d1}/N_{d1}$；M_{d1} 为第一阶段弯矩设计组合值；E_c 为混凝土弹性模量。

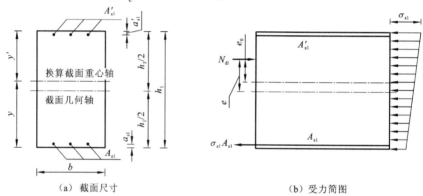

（a）截面尺寸　　　　　　　　　　　（b）受力简图

图 6-8　小偏心受压构件截面及计算简图

截面受压较小边钢筋的应力与应变按下式计算：

$$\sigma_{s1} = \alpha_{Es}\left[-\frac{N_{d1}}{A_0} + \eta_1 \frac{N_{d1}e_0(y - a_{s1})}{I_0} \right] \tag{6-27}$$

$$\varepsilon_{s1} = \sigma_{s1}/E_c \tag{6-28}$$

（3）大偏心受压构件。

原构件截面（图 6-9）受压较大边缘混凝土的应力应变按下式计算

$$\sigma_{c1} = -\frac{N_{d1}}{A_0} + \eta_1 \frac{N_{d1}e_0}{I_{cr}} y' \tag{6-29}$$

$$\varepsilon_{c1} = \sigma_{c1}/E_c \tag{6-30}$$

式中：N_{d1} 为第一阶段轴向力设计组合值；A_{01} 为原构件开裂截面换算截面面积，$A_{01} = b_1 x_1 + \alpha_{E_s} A_{s1} + (\alpha_{E_s} - 1)A'_{s1}$；$y'$ 为开裂换算截面重心轴至截面受压边缘距离，

$y' = \dfrac{\frac{1}{2} b_1 x_1 + \alpha_{E_s} A'_{s1} \alpha'_{s1} + (\alpha_{E_s} - 1)A_{s1} h_{01}}{A_{01}}$；$h_{01}$ 为受拉区纵向钢筋重心至受压区边缘距离，

$h_{01} = h_1 - a_{s1}$；y 为开裂换算截面重心轴至截面受压边缘距离，$y = h_1 - y'$；I_{cr} 为开裂截面换算截面惯性矩：$I_{cr} = \frac{1}{3} b_1 [y'^3 + (x_1 - y')^3] + (\alpha_{E_s} - 1)A'_{s1}(y' - \alpha'_{s1})^2 + \alpha_{E_s} A_{s1}(y' - a_{s1})^2$；$e_0$ 为轴向力作

用点至原构件开裂截面换算截面重心轴距离，$e_0 = y' + e_N$；η_1 为偏心距增大系数。

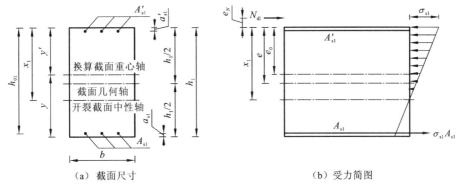

图 6-9　大偏心受压构件截面及计算简图

原构件截面受拉边纵向钢筋 A_{s1} 重心处应变 ε_{s1} 按下式计算：

$$\varepsilon_{s1} = \frac{\sigma_{s1}}{E_s} \tag{6-31}$$

$$\sigma_{s1} = \alpha_{E_s} \frac{\sigma_{c1}}{x_1}(h_{01} - x_1) \tag{6-32}$$

矩形截面受压区高度 x_1 为

$$Ax_1^3 + Bx_1^2 + Cx_1 + D = 0 \tag{6-33}$$

$$A = b_1 \tag{6-34}$$

$$B = 3b_1 e_N \tag{6-35}$$

$$C = 6\alpha_{E_s}(A_{s1}g_{s1} + A'_{s1}g'_{s1}) \tag{6-36}$$

$$D = -6\alpha_{E_s}(A_{s1}h_{01}g_{s1} + A'_{s1}A'_{s1}g'_{s1}) \tag{6-37}$$

式中：b_1 为矩形截面的宽度；e_N 为轴向力 N_{d1} 作用点至截面受压区边缘的距离，$e_N = e - h_1/2$，N_{d1} 位于截面外为正，位于截面内为负；h_{01} 为受拉区纵向钢筋重心至受压区边缘的距离，$h_{01} = h_1 - a_{s1}$；g_{s1} 为受拉区纵向钢筋重心至 N_d 作用点的距离，$g_{s1} = h_{01} - e_N$；a'_{s1} 为受压区纵向钢筋重心至受压区边缘的距离；g_{s1} 为受压区纵向钢筋重心至 N_d 作用点的距离，$g'_{s1} = a'_{s1} - e_N$。

（4）两种偏心受压构件的判断。

当偏心距 $\eta_1 e_0 \leqslant a$ 时，为小偏心受压；偏心距 $\eta_1 e_0 > a$ 时，为大偏心受压。截面核心距 a 按下式计算：

$$a = \frac{I_0}{A_0 y'} \tag{6-38}$$

6.2.4　计算示例

【例 6-1】　钢筋混凝土偏心受压构件截面（图 6-10）尺寸为 $b_1 \times h_1 = 400\,\text{mm} \times 600\,\text{mm}$，弯矩作用平面内及垂直于模具作用平面内的计算长度 l_0 均为 6 m。采用 C25 混凝土，HRB335 钢筋，受拉区钢筋为 4φ20（$A_{s1} = 1\,256\,\text{mm}^2$），受压区钢筋为 4φ22（$A'_{s1} = 1\,520\,\text{mm}^2$），

$a_{s1} = a'_{s1} = 50\,\text{mm}$，截面承受轴向力计算值 $N = \gamma_0 N_d = 1300\,\text{kN}$，弯矩计算值 $M = \gamma_0 M_d = 390\,\text{kN·m}$。该构件承载力是否满足要求？若不满足要求，拟在两侧加厚进行加固，在受拉侧和受压侧各加厚 100 mm C30 混凝土，配置 3ϕ12 的 HRB400 纵向钢筋，$A_{s2} = A'_{s2} = 339\,\text{mm}^2$，$a_{s2} = a'_{s2} = 40\,\text{mm}$。加固前截面承受的轴向力组合设计值 $N_{d1} = 1000\,\text{kN}$，弯矩组合设计值 $M_{d1} = 300\,\text{kN·m}$。试对加固后构件的承载力进行复核。

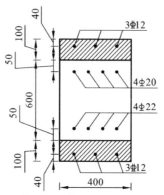

图 6-10 偏心受压构件截面（单位：mm）

解 由题意可知：

$$f_{cd1} = 11.5\,\text{MPa}, \qquad f_{cd2} = 13.8\,\text{MPa}, \qquad f_{sd1} = f'_{sd1} = 280\,\text{MPa},$$

$$f_{sd2} = f'_{sd2} = 330\,\text{MPa}, \qquad \xi_b = 0.56, \qquad \beta = 0.8,$$

$$E_{c2} = 3 \times 10^4\,\text{MPa}, \qquad E_{c1} = 2.8 \times 10^4\,\text{MPa}, \qquad E_{s1} = E'_{s1} = 2.0 \times 10^5\,\text{MPa}$$

1. 原构件承载力计算

构件在垂直有弯矩作用方向上的长细比 $l_0/b_1 = 6\,000/400 = 15$，查表得稳定性系数 $\varphi = 0.895$，则有

$$\begin{aligned}
N_d &= 0.9\varphi[f_{cd1}b_1h_1 + f'_{sd1}(A_{s1} + A'_{s1})] \\
&= 0.9 \times 0.895 \times [11.5 \times 400 \times 600 + 280 \times (1\,256 + 1\,520)] \\
&= 2\,489 \times 10^3\,\text{N} = 2\,849\,\text{kN} > N = 1300\,\text{kN}
\end{aligned}$$

承载力满足要求。

2. 在弯矩作用平面内的截面复核

（1）偏心距增大系数计算。

在第二阶段荷载作用下偏心距为

$$e_0 = \frac{M_d}{N_d} = \frac{390 \times 10^3}{1\,300} = 300\,\text{mm}$$

原截面有效高度为

$$h_{01} = h_1 - a_{s1} = 600 - 50 = 550\,\text{mm}$$

偏心受压构件考虑二阶弯矩影响的轴向压力偏心距增大系数为

$$\xi_1 = 0.2 + 2.7 \frac{e_0}{h_{01}} = 0.2 + 2.7 \times \frac{300}{550} = 1.67 > 1.0, \quad \text{取} 1.0$$

$$\xi_2 = 1.15 - 0.01 \frac{l_0}{h_1} = 1.15 - 0.01 \times \frac{6\,000}{600} = 1.05 > 1.0, \quad \text{取} 1.0$$

则

$$\eta = 1 + \frac{1}{1\,400 e_0 / h_{01}} \left(\frac{l_0}{h_1}\right)^2 \xi_1 \xi_2 = 1 + \frac{1}{1\,400 \times 300 / 550} \times \left(\frac{6\,000}{600}\right)^2 \times 1.0 \times 1.0 = 1.13$$

（2）大小偏心初步判定。

$$\eta e_0 = 1.13 \times 300 = 339 \text{ mm} > 0.3 h_{01} = 0.3 \times 550 = 165 \text{ mm}$$

初步判断为大偏心受压。

（3）混凝土受压高度 x 计算。

$$e_s = \eta e_0 + \frac{h_1}{2} - a_{s1} = 1.13 \times 300 + 600 / 2 - 50 = 589 \text{ mm}$$

$$e_s' = \eta e_0 - \frac{h_1}{2} + a_{s1}' = 1.13 \times 300 - 600 / 2 + 50 = 89 \text{ mm}$$

假设构件为大偏心受压构件，对 N_d 合力作用点取矩得

$$f_{cd1} b_1 x \left(e_s - h_{01} + \frac{x}{2}\right) = f_{sd1} A_{s1} e_s - f_{sd1}' A_{s1}' e_s'$$

代入数据

$$11.5 \times 400 \times x \times \left(589 - 550 + \frac{x}{2}\right) = 280 \times 1256 \times 589 - 280 \times 1520 \times 89$$

解得

$$x = 235.1 \text{ mm} > 2 a_{s1}' = 2 \times 50 = 100 \text{ mm}, \quad \xi = \frac{x}{h_0} = \frac{235.1}{550} = 0.43 < \xi_b = 0.56$$

故为大偏心受压构件。

（4）承载力验算。

$$N_d = f_{cd1} b_1 x + f_{sd1}' A_{s1}' - f_{sd1} A_{s1}$$
$$= 11.5 \times 400 \times 235.1 + 280 \times 1520 - 280 \times 1256 = 1155 \text{ kN} < N = 1\,300 \text{ kN}$$

3. 第一阶段受力时原构件截面相应于新增钢筋截面 A_{s2} 位置处的应变计算

（1）偏心距增大系数 η_1 的计算。

由于 $\lambda = \dfrac{l_0}{h_1} = \dfrac{6\,000}{600} = 10 > 8$ 轴向力作用点至混凝土截面重心轴的距离为

$$e = \frac{M_{d1}}{N_{d1}} = \frac{300 \times 10^3}{1\,000} = 300 \text{ mm}$$

$\dfrac{e}{h_1} = \dfrac{300}{600} = 0.5$，查表得：$\alpha_e = 0.303$。

混凝土全截面对其重心轴的惯性矩为

$$I_c = \frac{1}{12} b_1 h_1^3 = \frac{1}{12} \times 400 \times 600^3 = 7.2 \times 10^9 \text{ mm}^4$$

偏心距增大系数为

$$\eta_1 = \cfrac{1}{1 - \cfrac{kN_{d1}}{10\alpha_e E_c I_c} \times l_0^2}$$

$$= \cfrac{1}{1 - \cfrac{1.8 \times 1\,000 \times 10^3}{10 \times 0.303 \times 2.8 \times 10^4 \times 7.2 \times 10^9} \times 6\,000^2} = 1.12$$

（2）判断加固前构件的大小偏心。

钢筋与混凝土弹性模量之比为

$$\alpha_{E_s} = \frac{E_{s1}}{E_{c1}} = \frac{2 \times 10^5}{2.8 \times 10^4} = 7.143$$

构件全界面换算截面面积为

$$\begin{aligned} A_0 &= b_1 h_1 + (\alpha_{E_s} - 1)(A_{s1} + A'_{s1}) \\ &= 400 \times 600 + (7.143 - 1) \times (1\,256 + 1\,520) \\ &= 2.57 \times 10^5 \, \text{mm}^2 \end{aligned}$$

构件截面受压较大边至换算截面重心轴的距离为

$$\begin{aligned} y' &= \cfrac{\frac{1}{2} b_1 h_1^2 + (\alpha_{E_s} - 1)[A'_{s1} \alpha'_{s1} + A_{s1}(h_1 - \alpha_{s1})]}{A_0} \\ &= \cfrac{\frac{1}{2} \times 400 \times 600^2 + (7.143 - 1)[1\,520 \times 50 + 1\,256 \times (600 - 50)]}{2.57 \times 10^5} \\ &= 298.5 \, \text{mm} \end{aligned}$$

构件截面受压较小边至换算截面中心轴的距离为

$$y = h_1 - y' = 600 - 298.5 = 301.5 \, \text{mm}$$

构件全截面换算截面对换算截面重心轴的距离为

$$\begin{aligned} I_0 &= \frac{1}{3} b_1 (y' + y) + (\alpha_{E_s} - 1)[A_{s1}(y' - \alpha'_{s1}) + A_{s1}(y - \alpha_{s1})^2] \\ &= \frac{1}{3} \times 400 \times (298.5^3 + 301.5^3) \\ &\quad + (7.143 - 1) \times [1\,520 \times (298.5 - 50)^2 + 1\,256 \times (301.5 - 50)^2] \\ &= 8.27 \times 10^9 \, \text{mm}^4 \end{aligned}$$

截面核心距为

$$a = \frac{I_0}{A_0 y'} = \frac{8.27 \times 10^9}{2.57 \times 10^5 \times 298.5} = 107.8 \, \text{mm}$$

轴向力作用点至混凝土截面重心轴的距离为

$$e = \frac{M_{d1}}{N_{d1}} = \frac{300 \times 10^3}{1000} = 300 \, \text{mm}$$

轴向力作用点至换算截面重心轴的距离为

$$e_0 = e + y' - \frac{h_1}{2} = 300 + 298.5 - \frac{600}{2} = 298.5 \, \text{mm}$$

判断大小偏心：

$$\eta e_0 = 1.12 \times 298.5 = 334.3 \text{ mm} > a = 107.8 \text{ mm}$$

因此原构件为大偏心受压构件。

（3）矩形截面受压区高度的 x_1 计算。

轴向力 N_{d1} 作用点至截面受压边缘的距离为

$$e_N = e - \frac{h_1}{2} = 300 - \frac{600}{2} = 0 \text{ mm}$$

受拉区纵向钢筋重心至受压边缘的距离为

$$h_{01} = h_1 - a_{s1} = 600 - 50 = 550 \text{ mm}$$

受拉区纵向钢筋重心至 N_{d1} 作用点的距离为

$$g_{s1} = h_{01} + e_N = 550 + 0 = 550 \text{ mm}$$

受压区纵向钢筋重心至 N_{d1} 作用点的距离为

$$g'_{s1} = a_{s1} + e_N = 50 + 0 = 50 \text{ mm}$$

按下式计算 x_1 值：

$$A x_1^3 + B x_1^2 + C x_1 + D = 0$$

式中：

$$A = b_1 = 400 \text{ mm}$$

$$B = 3 b_1 e_N = 3 \times 400 \times 0 = 0 \text{ mm}^2$$

$$\begin{aligned} C &= 6 \alpha_{E_s} (A_{s1} g_{s1} + A'_{s1} g'_{s1}) \\ &= 6 \times 7.143 \times (1\,256 \times 550 + 1\,520 \times 50) \\ &= 3.286 \times 10^7 \text{ mm}^3 \end{aligned}$$

$$\begin{aligned} D &= -6 \alpha_{E_s} (A_{s1} h_{s1} g_{s1} + A'_{s1} \alpha'_{s1} g'_{s1}) \\ &= -6 \times 7.143 \times (1256 \times 550 \times 550 + 1520 \times 50 \times 50) \\ &= -1.645 \times 10^{10} \text{ mm}^4 \end{aligned}$$

用牛顿迭代法解得 $x_1 = 267.5 \text{ mm}$。

（4）原截面受压较大边缘混凝土的应力应变计算。

原截面开裂截面换算截面面积为

$$\begin{aligned} A_{01} &= b_1 x_1 + \alpha_{E_s} A_{s1} + (\alpha_{E_s} - 1) A'_{E_s} \\ &= 400 \times 267.5 + 7.143 \times 1256 + (7.143 - 1) \times 1520 \\ &= 1.253 \times 10^5 \text{ mm}^2 \end{aligned}$$

开裂截面换算截面重心轴至截面受压边缘距离为

$$\begin{aligned} y' &= \frac{\frac{1}{2} b_1 x_1^2 + \alpha_{E_s} A'_{s1} \alpha'_{s1} + (\alpha_{E_s} - 1) A_{s1} h_{01}}{A_{s1}} \\ &= \frac{\frac{1}{2} \times 400 \times 267.5^2 + 7.143 \times 1\,520 \times 50 + (7.143 - 1) \times 1256 \times 550}{1.253 \times 10^5} \\ &= 152.4 \text{ mm} \end{aligned}$$

开裂截面换算截面重心轴至截面受拉边缘距离为

$$y = h_1 - y' = 600 - 152.4 = 447.6 \text{ mm}$$

开裂截面换算截面惯性矩为

$$I_0 = \frac{1}{3} b_1 [y'^3 + (x_1 - y')^2] + (\alpha_{E_s} - 1) A'_{s1} (y' - \alpha'_{s1})^2 + A_{s1} \alpha_{E_s} (y - \alpha_{s1})^2$$

$$= \frac{1}{3} \times 400 \times [152.4^3 + (267.5 - 152.4)^3] + (7.143 - 1) \times 1520 \times (152.4 - 50)^2$$

$$+ 7.143 \times 1\,256 \times (447.6 - 50)^2$$

$$= 2.191 \times 10^9 \, \text{mm}^4$$

轴向力作用点至构件开裂截面换算截面重心轴距离为

$$e_0 = y' + e_N = 152.4 + 0 = 152.4 \, \text{mm}$$

N_{d1} 作用下原截面受压边缘混凝土的应力 σ_{c1} 为

$$\sigma_{c1} = -\frac{N_{d1}}{A_{01}} - \eta \frac{N_{d1} e_0 y'}{I_{cr}}$$

$$= -\frac{1\,000 \times 10^3}{1.253 \times 10^5} - 1.12 \times \frac{1\,000 \times 10^3 \times 152.4 \times 152.4}{2.191 \times 10^9}$$

$$= -19.9 \, \text{MPa}$$

原截面受压边缘混凝土的应变 ε_{c1} 为

$$\varepsilon_{c1} = \frac{\sigma_{c1}}{E_{c1}} = -\frac{19.9}{2.8 \times 10^4} = -7.107 \times 10^{-4}$$

（5）第一阶段受力时原构件截面相应于新增纵向普通钢筋 A_{s2} 位置处的应变计算新增手拉钢筋重心至受压边的距离为

$$h_{02} = h_2 - a_{s2} = 800 - 40 = 760 \, \text{mm}$$

第一阶段受力时原构件截面相应于新增纵向普通钢筋 A_{s2} 位置处的应变为

$$\varepsilon'_{s2} = \frac{x_1 - h_{02} + h'_c}{x_1} \varepsilon_{c1}$$

$$= \frac{267.5 - 760 + 100}{267.5} \times (-7.107 \times 10^{-4}) = 1.043 \times 10^{-3}$$

4. 加固后的承载力计算

（1）垂直于弯矩作用平面内的截面复核。

新增钢筋和混凝土的应变 ε_{s2}、ε_{c2} 为

$$\varepsilon_{s2} = \varepsilon_{c2} = \varepsilon_{cu} - \frac{N_{d1}}{(b_1 h_1 + \alpha_{E_s} A'_{s1}) E_{c1}}$$

$$= 0.002 - \frac{1\,000 \times 10^3}{(400 \times 600 + 7.143 \times 1\,520) \times 2.8 \times 10^4}$$

$$= 1.858 \times 10^{-3}$$

新增钢筋的应力 σ_{s2} 为

$$\sigma_{s2} = E_{s2} \varepsilon_{s2} = 1.858 \times 10^{-3} \times 2 \times 10^5 = 371.6 \, \text{MPa}$$

由于 $\sigma_{s2} = E_{s2} \varepsilon_{s2} > f_{sd2} = 330 \, \text{MPa}$，取 $\sigma_{s2} = 330 \, \text{MPa}$，新增混凝土的应力 σ_{c2} 为

$$\sigma_{c2} = E_{c2} \varepsilon_{c2} = 1.858 \times 10^{-3} \times 3 \times 10^4 = 55.7 \, \text{MPa}$$

由于 $\sigma_{c2} = E_{c2} \varepsilon_{c2} > f_{sd2} = 13.8 \, \text{MPa}$，取 $\sigma_{c2} = 13.8 \, \text{MPa}$。

加固后截面全部纵向钢筋配筋率为

$$\rho = \frac{1256 + 1520 + 2 \times 339}{400 \times 600 + 2 \times 100 \times 400} = 1.07\% < 3\%$$

构件在垂直于弯矩作用方向上的长细比 $l_9 / b_1 = 6000/400 = 15$ ，查表 6-1 得轴心受压构件稳定系数 $\varphi = 0.895$ ，则有

$$\begin{aligned}
N_d &= 0.9\varphi(f_{cd1}A_{c1} + f_{sd1}A_{s1} + f'_{sd1}A'_{s1} + \sigma_{c2}A_{c2} + \sigma_{s2}A_{s2} + \sigma'_{s2}A_{s2}) \\
&= 0.9 \times 0.895 \times (11.5 \times 400 \times 600 + 280 \times 1256 + 280 \times 1520 + 13.8 \times 2 \times 100 \times 400 + 2 \times 330 \times 339) \\
&= 3.891 \times 10^6 \text{ N} = 3\,891 \text{ kN} > N = 1\,300 \text{ kN}
\end{aligned}$$

承载力满足要求。

（2）在弯矩作用平面内的截面复核。

原构件截面受拉边纵向普通钢筋 A_{s1} 和新增纵向普通钢筋 A_{s2} 的合力作用点至加固后截面受拉边的距离为

$$a_s = \frac{40 \times 339 + (100 + 50) \times 1\,256}{339 + 1\,256} = 126.6 \text{ mm}$$

原构件截面受压较大边纵向普通钢筋 A'_{s1} 和新增纵向普通钢筋 A'_{s2} 的合力作用点至加固后截面受压较大边缘的距离为

$$a'_s = \frac{40 \times 339 + (100 + 50) \times 1\,520}{339 + 1\,520} = 129.9 \text{ mm}$$

截面有效高度为

$$h_0 = h_2 - a_s = 800 - 126.6 = 673.4 \text{ mm}$$

由于 $\dfrac{e_0}{h_2} = \dfrac{300}{800} = 0.375 > 0.3$ ，偏心距增大系数的修正系数 $\psi_\eta = 1.1$ 。

偏心受压构件考虑二阶弯矩影响的轴向压力偏心距增大系数 η 计算如下：

$$\xi_1 = 0.2 + 2.7\frac{e_0}{h_0} = 0.2 + 2.7 \times \frac{300}{673.4} = 1.4 > 1.0, \quad \text{取 } \xi_1 = 1.0$$

$$\xi_2 = 1.15 - 0.01\frac{l_0}{h_2} = 1.15 - 0.01 \times \frac{6\,000}{800} = 1.075 > 1.0, \quad \text{取 } \xi_2 = 1.0$$

则

$$\begin{aligned}
\eta &= \left[1 + \frac{1}{1\,400 e_0 / h_0}\left(\frac{l_0}{h_2}\right)^2 \xi_1\xi_2\right]\psi_\eta \\
&= \left[1 + \frac{1}{1\,400 \times 300 / 673.4} \times \left(\frac{6\,000}{800}\right)^2 \times 1.0 \times 1.0\right] \times 1.1 = 1.2
\end{aligned}$$

偏心压力作用点至受拉钢筋合力作用点的距离为

$$e_s = \eta e_0 + \frac{h_2}{2} - a_s = 1.2 \times 300 + \frac{800}{2} - 126.6 = 633.4 \text{ mm}$$

偏心压力作用点至受压钢筋合力作用点距离为

$$e'_s = \eta e_0 - \frac{h_2}{2} + a'_s = 1.2 \times 300 - \frac{800}{2} + 129.9 = 89.9 \text{ mm}$$

截面受拉边新增纵向普通钢筋的应变为

$$\varepsilon_{s2} = \frac{\beta h_{02} - x}{x - \beta h'c} \varepsilon_{cu} - \varepsilon'_{s2}$$

$$= \frac{0.8 \times 760 - x}{x - 0.8 \times 100} \times 0.003\,3 - 1.043 \times 10^{-3}$$

先假定加固后构件为大偏心受压构件，则 $\sigma_{s1} = f_{sd1} = 280\,\text{MPa}$。

由于

$$f_{cd1}bx\left(e_s - h_0 + \frac{x}{2}\right) = (\sigma_{s1}A_{s1} + \sigma_2 A_{s2})e_s - (f'_{sd1}A'_{s1} + f'_{sd2}A'_{s2})e'_s$$

代入数据得

$$11.5 \times 400 \times x \times \left(633.4 - 673.4 + \frac{x}{2}\right)$$

$$= (280 \times 1\,256 + \sigma_{s2} \times 339) \times 633.4 - (280 \times 1\,520 + 330 \times 339) \times 89.9$$

其中：

$$\sigma_{s2} = E_{s2}\varepsilon_{s2} = 2 \times 10^5 \times \left[\left(\frac{0.8 \times 760 - x}{x - 0.8 \times 100}\right) \times 0.0033 - 1.043 \times 10^{-3}\right]$$

联立求得

$$x = 369.7\,\text{mm} > 2a'_s = 2 \times 129.9 = 259.8\,\text{mm}$$

$$\xi = \frac{x}{h} = \frac{369.7}{760} = 0.49 < \xi_b = 0.53$$

确实为大偏心受压构件，原假设正确。

将 $x = 369.7\,\text{mm}$ 代入，得 $\sigma_{s2} = 334.5\,\text{MPa} > 280\,\text{MPa}$，故 $\sigma_{s2} = 280\,\text{MPa}$。

加固后正截面承载力为

$$N_u = f_{cd1}b_2 x + f'_{sd2}A'_{s2} + f'_{sd1}A'_{s1} - \sigma_{s1}A_{s1} - \sigma_{s2}A_{s2}$$

$$= 11.5 \times 400 \times 369.7 + 330 \times 339 + 280 \times 1\,520 - 280 \times 1\,256 - 330 \times 339$$

$$= 1\,777\,\text{kN} > N = 1\,300\,\text{kN}$$

加固后构件的承载力满足设计要求。

6.3 粘贴钢板加固法

6.3.1 概述

在荷载作用下拱圈产生拉应力，如果超过其材料强度时，将导致拱圈开裂、破损，承载力削弱甚至拱圈坍塌。除采用增大截面法加固的途径外，还可在拱圈的受拉区段粘贴钢板、钢筋或玻璃纤维布（玻璃钢）、碳纤维布、芳纶纤维布等高强材料，以增加拱圈的强度，提高桥梁的承载力。

粘贴钢板加固法，对石拱桥、钢筋混凝土拱桥等各类桥型的拱式桥梁均适用。由于钢材强度远远高于原拱圈基材的强度，而且粘贴面的大小可根据结构受力状况全拱圈宽度粘贴，也可间隔分段粘贴，如图 6-11 所示。因此，该法是拱桥中较常采用的加固方法。加固设计时，加固用钢板一般设在拱圈的受拉部位；可按拱圈受拉开裂强度估算补强钢板（或钢筋）的配置数量，补强范围宜沿整个负弯矩区或正弯矩区导致截面出现拉应力的范围，并向外延伸 1～2 m。粘贴用钢板的厚度，一般宜采用 5～10 mm；为便于钢板沿拱腹线成型，钢板不宜太长；可分段粘贴，每段长度为 1.2～1.5 m，接头处搭接钢板或锚缝。钢板在工厂按设计要求加工成型，并沿粘贴面设置一定数量的膨胀锚栓，在环氧砂浆初凝前对钢板加压和固定，保证钢板与拱圈的粘贴效果。粘贴钢板加固拱桥的施工工艺与梁桥的施工方法基本相同。

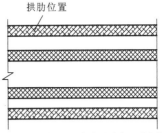

图 6-11 粘贴钢板加固法示意图

6.3.2 结构加固计算

粘贴钢板加固法一般用于加固拱桥的受拉区段，其目的主要是增强其抗拉能力。拱圈为压弯构件，因受压区界限高度的不同又分为大、小偏心。粘贴钢板加固拱圈一般适用于大偏心受压构件。

偏心受压的钢筋混凝土构件的正截面承载力（图 6-12）应按下列公式计算：

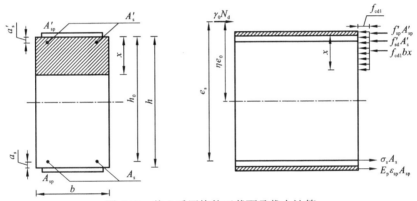

图 6-12 偏心受压构件正截面承载力计算

$$\gamma_0 N_{\rm d} = f_{\rm cd1}bx + f'_{\rm sd}A'_{\rm s} + f'_{\rm sd}A'_{\rm sp} - \sigma_{\rm s}A_{\rm s} - E_{\rm sp}\varepsilon_{\rm sp}A_{\rm sp} \qquad (6\text{-}39)$$

$$\gamma_0 N_{\rm d}e_{\rm s} = f_{\rm cd1}bx\left(h_0 - \frac{x}{2}\right) + f'_{\rm sd}A'_{\rm s}(h_0 - a'_{\rm s}) + f'_{\rm sd}A'_{\rm sp}h_0 - E_{\rm sp}\varepsilon_{\rm sp}A_{\rm sp}a_{\rm s} \qquad (6\text{-}40)$$

$$f_{\rm cd1}bx\left(e_{\rm s} - h_0 + \frac{x}{2}\right) = \sigma_{\rm s}A_{\rm s}e_{\rm s} + E_{\rm sp}\varepsilon_{\rm sp}A_{\rm sp}(e_{\rm s} + a_{\rm s}) - f'_{\rm sd}A'_{\rm s}e'_{\rm s} - f'_{\rm sp}A'_{\rm sp}(e'_{\rm s} - a'_{\rm s}) \qquad (6\text{-}41)$$

$$e_{\rm s} = \eta e_0 + \frac{h}{2} - a_{\rm s} \qquad (6\text{-}42)$$

$$e'_{\rm s} = \eta e_0 + \frac{h}{2} - a'_{\rm s} \qquad (6\text{-}43)$$

式中：γ_0 为桥梁结构的重要性系数；$N_{\rm d}$ 为第二阶段轴向力组合设计值；$f_{\rm cd1}$ 为原构件混凝抗压强度设计值；$A_{\rm s}$、$A'_{\rm s}$ 分别为原构件受拉钢筋和受压钢筋的截面面积；$A_{\rm sp}$、$A'_{\rm sp}$ 为受拉钢板和受压钢板的截面面积；x 为混凝土受压区高度；b、h 分别为原构件截面宽度和高度；$a_{\rm s}$ 为纵向受拉钢筋合力点至截面最近边缘的距离；$a'_{\rm s}$ 为纵向受压钢筋合力点至混凝土受压区边缘的距离；h_0 为原构件截面有效高度，$h_0 = h - a_{\rm s}$；$e_{\rm s}$、$e'_{\rm s}$ 为轴向力作用点至截面受拉钢筋 $A_{\rm s}$

合力作用点和受压普通钢筋 A_s' 合力作用点的距离；e_0 为轴向力对截面重心轴的偏心距，$e_0 = M_d / N_d$；η 为偏心受压构件考虑二阶弯矩影响的轴向压力偏心距增大系数；f_{sp}' 为加固钢板的抗压强度设计值；σ 为受拉边或受压较小边纵向钢筋的应力；M_d 为相应于 N_d 的第二阶段弯矩组合设计值；E_{sp} 为加固钢板的弹性模量；ε_{sp} 为构件达到承载能力极限状态时加固钢板的拉应变。

（1）为了保证构件破坏时大偏心受压构件截面上的受压钢筋能达到抗压强度设计值，必须满足：

$$x \geqslant 2a_s' \tag{6-44}$$

若 $x < 2a_s'$，加固后的偏心受压构件正截面抗压承载力按下式计算：

$$\gamma_0 N_d e_s' \cdot \sigma_s A_s (e_s - e_s') + E_{sp} \varepsilon_{sp} A_{sp} (e_s - e_s' + a_s) + f_{sp}' A_{sp}' (e_s' - a_s') \tag{6-45}$$

（2）对于小偏心受压构件，当轴向力作用在纵向钢筋 A_s 合力点与 A_s' 合力点之间，且 e_0 很小时，构件全截面受压。若靠近偏心压力一侧的纵向钢筋 A_s' 配置较多，远离偏心压力一侧的纵向钢筋 A_s 配置较少时，钢筋 A_s 的应力可能达到受压屈服强度，离偏心受力较远一侧的混凝土也有可能压坏。为使钢筋 A_s 数量不致过少，抗压承载力计算应满足下式：

$$\gamma_0 N_d e' \cdot f_{cd1} bh \left(h_0' - \frac{h}{2} \right) + f_{sd}' A_s (h_0' - a_s) + f_{sp}' A_{sp} h_0' - E_{sp} \varepsilon_{sp} f_{sp}' A_{sp}' a_s' \tag{6-46}$$

$$e' = \frac{h}{2} - e_0 - a_s' \tag{6-47}$$

式中：e' 为轴向力作用点至截面受压较大边纵向钢筋 A_s' 合力点的距离，计算时偏心距 e_0 可不考虑增大系数 η；h_0' 为截面受压较小边边缘至受压较大边纵向钢筋合力点的距离，$h_0' = h - a_s$；h 为原构件截面高度。

（3）普通钢筋应力 σ_s 的取值。

当 $\xi \leqslant \xi_b$ 时，为大偏心受压构件，截面受拉边原构件纵向钢筋 A_s 的应力取 $\sigma_s = f_{sd}$。

当 $\xi > \xi_b$ 时，为小偏心受压构件，截面受拉边原构件纵向钢筋 A_s 的应力可按下列公式计算：

$$\sigma_s = \varepsilon_{cu} E_s \left(\frac{\beta h_0}{x} - 1 \right) \tag{6-48}$$

$$-f_{sd} \leqslant \sigma_s \leqslant f_{sd} \tag{6-49}$$

（4）加固钢板应力 σ_{sp} 的取值。

$$-f_{sd} \sigma_{sp} = \varepsilon_{sp} E_{sp} f_{sp} \tag{6-50}$$

$$\varepsilon_{sp} = \frac{\beta h - x}{x} \varepsilon_{cu} - \varepsilon_{pl} \tag{6-51}$$

式中：ε_{sp} 为截面受拉边或受压较小边钢板的应变，拉应变为正号，压应变为负号；ε_{pl} 为原构件在第一阶段荷载作用下受拉边或受压较小边钢板的滞后应变，计算时应计入应变符号，拉应变为正号，压应变为负号。

（5）加固钢板的滞后应变 ε_{pl} 的取值。

在第一阶段受力时，原构件为轴心受压构件

$$\varepsilon_{pl} = \frac{N_{kl}}{[bh + \alpha_{E_s} (A_s + A_s')] E_c} \tag{6-52}$$

$$\varepsilon_{c1} = \varepsilon_{p1} \quad (6\text{-}53)$$

式中：α_{E_s} 为原构件普通钢筋与混凝土弹性模量之比。

在第一阶段受力时，原构件为大偏心受压构件

$$\varepsilon_{p1} = -\frac{h - x_1}{x_1} \varepsilon_{c1} \quad (6\text{-}54)$$

式中：x_1 为加固前原构件开裂截面换算截面的混凝土受压区高度；ε_{c1} 为原构件受压较大边混凝土的应变（负号），计算方法同增大截面法。

原构件为小偏心受压构件时

$$\varepsilon_{p1} = \varepsilon_{c1} - \frac{h}{h_0}(\varepsilon_{c1} - \varepsilon_{s1}) \quad (6\text{-}55)$$

式中：ε_{s1} 为第一阶段原构件截面受拉边或受压较小边纵向普通钢筋的应变，计算方法与增大截面法相同。

（6）单侧粘贴钢板加固或两侧粘贴钢板加固的 I 形截面偏心受压构件，正截面承载力参照上述方法计算。

6.3.3 计算示例

【例 6-2】 某钢筋混凝土偏心受压构件截面尺寸 $b \times h = 400\,\text{mm} \times 500\,\text{mm}$，弯矩作用平面内的计算长度为 $l_{0y} = 4\,\text{m}$，垂直于弯矩作用平面内的计算长度 $l_{0x} = 5.71\,\text{m}$，结构重要性系数 $\gamma_0 = 1.0$。采用 C25 混凝土，HRB335 钢筋，受拉钢筋为 $4\underline{\Phi}22\,(A_{s1} = 1\,520\,\text{mm}^2)$，受压区钢筋 $3\underline{\Phi}20\,(A_{s1} = 942\,\text{mm}^2)$，$a_s = a_s' = 45\,\text{mm}$，如图 6-13 所示，承受轴向力计算值 $N_2 = \gamma_1 N_0 = 250\,\text{kN}$，弯矩计算值 $M_2 = \gamma_0 M_d = 230\,\text{kN}\cdot\text{m}$。试验算该构件是否满足承载力要求。若不满足，拟在受拉和受压侧分别粘贴 $200\,\text{mm} \times 4\,\text{mm}$ 和 $200\,\text{mm} \times 5\,\text{mm}$ 的 Q235 钢板进行加固。加固前原构件承受的第一阶段轴向力计算值 $N_1 = \gamma_0 N_{d1} = 200\,\text{kN}$，弯矩计算值 $M_1 = \gamma_0 M_{d1} = 120\,\text{kN}\cdot\text{m}$，对加固后构件的承载力进行复核。

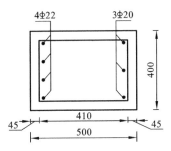

图 6-13 某钢筋混凝土偏心受压构件截面（单位：mm）

解 由题意可知：

$f_{cd1} = 11.5\,\text{MPa}$，$f_{sd} = f_{sd}' = 280\,\text{MPa}$，$E_c = 2.8 \times 10^4\,\text{MPa}$，$f_{sp} = 215\,\text{MPa}$，$\varepsilon_b = 0.56$，$\varepsilon_{cu} = 0.003\,3$

1. 原构件承载力验算

截面有效高度为

$$h_0 = h - a_s = 500 - 45 = 455 \text{ mm}$$

钢筋与混凝土弹性模量之比为

$$\alpha_{E_s} = E_s / E_c = 7.143$$

（1）垂直于弯矩作用平面内正截面承载力验算。

构件在垂直于弯矩作用平面内的长细比 $l_0 / b = 5700 / 400 = 14.3$，查《公路钢筋混凝土及预应力混凝土桥涵设计规范》（JTG 3362—2018）得轴心受压构件稳定系数 $\varphi = 0.91$，则有

$$\begin{aligned} N_d &= 0.9\varphi[f_{cd1}bh + f'_{sd}(A_s + A'_s)] \\ &= 0.9 \times 0.91 \times [11.5 \times 400 \times 500 + 280 \times (942 + 1520)] \\ &= 2448.29 \times 10^3 \text{ N=2 488.29 kN} > \gamma_0 N_d = 250 \text{ kN} \end{aligned}$$

承载力满足要求。

（2）在弯矩作用平面内正截面承载力验算。

偏心距增大系数计算，在第二阶段荷载作用下偏心距为

$$e_0 = \frac{M_2}{N_2} = \frac{230 \times 10^3}{250} = 920 \text{ mm}$$

偏心受压构件考虑二阶弯矩影响的轴向压力偏心距增大系数按下式计算：

$$\xi_1 = 0.2 + 2.7\frac{e_0}{h_0} = 0.2 + 2.7 \times \frac{920}{455} = 5.66 > 1.0, \quad 取 \xi_1 = 1.0$$

$$\xi_2 = 1.15 - 0.01\frac{l_0}{h_2} = 1.15 - 0.01 \times \frac{4000}{500} = 1.07 > 1.0, \quad 取 \xi_2 = 1.0$$

则

$$\eta = 1 + \frac{1}{1400e_0 / h_{01}}\left(\frac{l_0}{h_1}\right)^2 \xi_1\xi_2 = 1 + \frac{1}{1400 \times 920 / 455} \times \left(\frac{4000}{500}\right)^2 \times 1.0 \times 1.0 = 1.02$$

大小偏心初步判定：

$$\eta e_0 = 1.02 \times 920 = 938.4 \text{ mm} > 0.3h_{01} = 136.5 \text{ mm}$$

初步判定为大偏心受压构件。

混凝土受压区高度 x 计算

$$e_s = \eta e_0 + \frac{h}{2} - a_s = 1.02 \times 920 + 500/2 - 45 = 1143.4 \text{ mm}$$

$$e'_s = \eta e_0 - \frac{h}{2} + a'_s = 1.02 \times 920 - 500/2 + 45 = 733.4 \text{ mm}$$

假设构件为大偏心受压构件，对 $\gamma_0 N_d$ 作用点取矩，则有

$$f_{cd}bx\left(e_s - h_0 + \frac{x}{2}\right) = f_{sd}A_s e_s - f'_{sd}A'_s e'_s$$

代入数据，即

$$11.5 \times 400 \times x \times (1143.4 - 455 + x/2) = 280 \times 1520 \times 1143.3 - 280 \times 942 \times 733.4$$

解得：$x = 87 \text{ mm}$，$\xi = \dfrac{x}{h_0} = \dfrac{87}{455} = 0.19 < \xi_b = 0.56$，故为大偏心受压构件。

承载力验算

$$\begin{aligned} N_d &= f_{cd}bx + f'_{sd}A'_s - f_{sd}A_s \\ &= 11.5 \times 400 \times 87 + 280 \times 942 - 280 \times 1520 = 238.4 \text{ kN} < \gamma_0 N_d = 250 \text{ kN} \end{aligned}$$

故原构件不满足承载力要求，需要加固。

2. 钢板的滞后应变计算

（1）偏心距增大系数 η_1 的计算。

由于 $\lambda = \dfrac{l_0}{h_1} = \dfrac{6000}{600} = 10 > 8$，所以 $\eta_1 = 1.0$。

（2）判断加固前构件的大小偏心。

构件全截面换算截面面积为

$$
\begin{aligned}
A_0 &= bh + (\alpha_{E_s} - 1)(A_s + A_s') \\
&= 400 \times 500 + (7.143 - 1) \times (1\,520 + 942) \\
&= 2.2 \times 10^5 \ \text{mm}^2
\end{aligned}
$$

构件截面受压较大边至换算截面重心轴的距离为

$$
\begin{aligned}
y' &= \dfrac{\dfrac{1}{2}bh^2 + (\alpha_{E_s} - 1)[A_s'\alpha_s' + A_s(h - \alpha_s)]}{A_0} \\
&= \dfrac{\dfrac{1}{2} \times 400 \times 500^2 + (7.143 - 1)[942 \times 45 + 1\,520 \times (500 - 45)]}{2.2 \times 10^5} \\
&= 247.8 \ \text{mm}
\end{aligned}
$$

构件截面受压较小边至换算截面重心轴的距离为

$$
y = h - y' = 500 - 247.8 = 252.2 \ \text{mm}
$$

构件全截面换算截面对换算截面重心轴的惯性矩为

$$
\begin{aligned}
I_0 &= \dfrac{1}{3}b(y'^3 + y^3) + (\alpha_{E_s} - 1)[A_s'(y' - \alpha_s')^2 + A_s(y - \alpha_s)^2] \\
&= \dfrac{1}{3} \times 400 \times (247.8^3 + 252.2^3) \\
&\quad + (7.143 - 1) \times [942 \times (247.8 - 45)^2 + 1\,520 \times (252.2 - 45)^2] \\
&= 4.8 \times 10^9 \ \text{mm}^4
\end{aligned}
$$

截面核心距为

$$
a = \dfrac{I_0}{A_0 y'} = \dfrac{4.8 \times 10^9}{2.2 \times 10^5 \times 247.8} = 88 \ \text{mm}
$$

轴向力作用点至混凝土截面重心轴的距离为

$$
e = \dfrac{M_{d1}}{N_{d1}} = \dfrac{120 \times 10^3}{200} = 600 \ \text{mm}
$$

轴向力作用点至换算截面重心轴的距离为

$$
e_0 = e + y' - \dfrac{h}{2} = 600 + 247.8 - \dfrac{500}{2} = 597.8 \ \text{mm}
$$

判断大小偏心：

$$
\eta e_0 = 1 \times 597.8 = 597.8 \ \text{mm} > a = 88 \ \text{mm}
$$

则原构件为大偏心受压构件。

（3）矩形截面受压区高度 x_1 的计算。

轴向力 N_{d1} 作用点至截面受压边缘的距离为

$$e_N = e - \frac{h_1}{2} = 600 - \frac{500}{2} = 350 \text{ mm}$$

受拉区纵向钢筋重心至受压边缘的距离为

$$h_{01} = h_1 - a_s = 500 - 45 = 455 \text{ mm}$$

受拉区纵向钢筋重心至 N_{d1} 作用点的距离为

$$g_{s1} = h_{01} + e_N = 455 + 350 = 805 \text{ mm}$$

受压区纵向钢筋重心至 N_{d1} 作用点的距离为

$$g'_{s1} = a_{s1} + e_N = 45 + 350 = 395 \text{ mm}$$

由下式求解 x_1：

$$Ax_1^3 + Bx_1^2 + Cx_1 + D = 0$$

式中：

$$A = b = 400 \text{ mm}$$
$$B = 3be_N = 3 \times 400 \times 350 = 4.2 \times 10^5 \text{ mm}^2$$
$$\begin{aligned} C &= 6\alpha_{E_s}(A_{s1}g_{s1} + A'_{s1}g'_{s1}) \\ &= 6 \times 7.143 \times (1\,520 \times 805 + 942 \times 395) \\ &= 6.84 \times 10^7 \text{ mm}^3 \end{aligned}$$
$$\begin{aligned} D &= -6\alpha_{E_s}(A_{s1}h_{s1}g_{s1} + A'_{s1}\alpha'_{s1}g'_{s1}) \\ &= -6 \times 7.143 \times (1\,520 \times 455 \times 805 + 942 \times 45 \times 395) \\ &= -2.46 \times 10^{10} \text{ mm}^4 \end{aligned}$$

解得： $x_1 = 165 \text{ mm}$。

（4）原截面受压较大边缘混凝土的应力应变计算。

原构件开裂截面换算截面面积为

$$\begin{aligned} A_{01} &= bx + \alpha_{E_s}A_s + (\alpha_{E_s} - 1)A'_{E_s} \\ &= 400 \times 165 + 7.143 \times 1\,520 + (7.143 - 1) \times 942 \\ &= 8.3 \times 10^4 \text{ mm}^2 \end{aligned}$$

开裂截面换算截面重心至截面受压边缘距离为

$$\begin{aligned} y' &= \frac{\frac{1}{2}bx^2 + \alpha_{E_s}A'_s\alpha'_s + (\alpha_{E_s} - 1)A_s h_{01}}{A_{01}} \\ &= \frac{\frac{1}{2} \times 400 \times 165^2 + 7.143 \times 942 \times 45 + (7.143 - 1) \times 1\,520 \times 455}{8.3 \times 10^4} \\ &= 120 \text{ mm} \end{aligned}$$

开裂截面换算截面重心轴至截面受拉边缘距离为

$$y = h_1 - y' = 500 - 120 = 380 \text{ mm}$$

开裂截面换算截面惯性矩为

$$I_0 = \frac{1}{3}b[y'^3 + (x_1 - y')^2] + (\alpha_{E_s} - 1)A_s'(y' - \alpha_s')^2 + A_s\alpha_{E_s}(y - \alpha_s)$$

$$= \frac{1}{3} \times 400 \times [120^3 + (165 - 120)^3] + (7.143 - 1) \times 942 \times (120 - 45)^2$$

$$+ 7.143 \times 1520 \times (380 - 45)^2$$

$$= 1.5 \times 10^9 \text{ mm}^4$$

轴向力作用点至原构件开裂截面换算截面重心轴距离为

$$e_0 = y' + e_N = 120 + 350 = 470 \text{ mm}$$

原截面受压边缘混凝土应力为

$$\sigma_{c1} = -\frac{N_{d1}}{A_{01}} - \eta\frac{N_{d1}e_0 y'}{I_{cr}}$$

$$= -\frac{200 \times 10^3}{8.3 \times 10^4} - 1.0 \times \frac{200 \times 10^3 \times 470 \times 120}{1.5 \times 10^9}$$

$$= -9.93 \text{ MPa}$$

原截面受压边缘混凝土压应变为

$$\varepsilon_{c1} = \sigma_{c1}/E_{c1} = -9.93/(2.8 \times 10^4) = -3.5 \times 10^{-4}$$

（5）钢板滞后应变的计算。

$$\varepsilon_{p1} = -\frac{h - x_1}{x_1}\varepsilon_{c1} = -\frac{500 - 165}{165} \times (-3.5 \times 10^{-4}) = 7.1 \times 10^{-4}$$

3. 加固后承载力验算

（1）受拉侧钢板截面积

加固后构件大小偏心判断，先假定加固后构件为大偏心受压构件，则 $\sigma_b = f_{sd} = 280 \text{ MPa}$。

将下面两式联立：

$$f_{cd1}bx\left(e_s - h_0 + \frac{x}{2}\right) = \sigma_s A_s e_s + E_{sp}\varepsilon_{sp}A_{sp}(e_s + a_s) - f_s'A_s'e_s' - f_p'A_p'(e_s' - a_s')$$

$$\varepsilon_{sp} = \frac{\beta h - x}{x}\varepsilon_{cu} - \varepsilon_{pd}$$

代入数据，得

$$11.5 \times 400x(1143.4 - 455 + x/2)$$

$$= 280 \times 1520 \times 1143.4 + 2.06 \times 10^5 \times \varepsilon_{sp} \times 800 \times (1143.4 + 45)$$

$$-280 \times 942 \times 733.4 - 215 \times 1000 \times (733.4 - 45)$$

$$\varepsilon_{sp} = \frac{0.8 \times 500 - x}{x} \times 0.0033 - 7.1 \times 10^{-4}$$

解得 $\varepsilon_{sp} = 2.822 \times 10^{-3}$，则 $E_{sp}\varepsilon_{sp} = 2.06 \times 10^5 \times 2.812 \times 10^{-3} = 581.25 \text{ MPa} > 215 \text{ MPa}$。

已经屈服，取 $\sigma_{sp} = f_{sp} = 215 \text{ MPa}$。

将 $\sigma_{sp} = 215 \text{ MPa}$ 代入上式解得 $x = 102.7 \text{ mm}$。

可知 $2\alpha_s' = 90 \text{ mm} < x < \xi_b h_0 = 0.56 \times 455 = 254.8 \text{ mm}$，故构件为大偏心受压构件，原假设正确。

（2）承载能力验算。

$$N_u = f_{cd1}bx + f'_{sd}A'_s + f'_{sp}A'_{sp} - f_{sd}A_{s1} - f_{sp}A_{sp}$$
$$= 11.5 \times 400 \times 102.7 + 280 \times 942 + 215 \times 1\,000 - 280 \times 1\,520 - 215 \times 800$$
$$= 353.6\ \text{kN} > N_d = 250\ \text{kN}$$

加固后构件的承载力满足设计要求。

6.4 改变结构体系加固方法

改变结构体系法是通过改变桥梁结构体系以调整结构内力分布，最终实现提高承载能力的加固方法。不同结构体系其受力性能是不尽相同的，通过改变既有结构的体系来改善其受力状况，主动改善原结构受力薄弱截面，以改善和提高桥梁承载能力。采用该方法，需要对原结构进行全面调查，对其承载潜能进行正确评价，用周密、细致和可靠的计算分析确定体系转换的方法和施工工艺流程，以达到加固、增强的目的。

6.4.1 梁拱结合体系加固法

清除拱上建筑及实腹段范围内的填料，然后浇筑钢筋混凝土桥面板或安装预应力混凝土桥面板，并用混凝土将拱上建筑与桥面板相结合，从而加强拱上建筑刚度，使原来单一的拱式体系转化为梁拱体系，使整个体系向拱-梁结合体系转化，如图 6-14 所示。

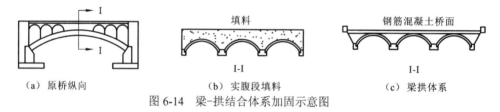

（a）原桥纵向　　　　　　（b）实腹段填料　　　　　　（c）梁拱体系

图 6-14　梁-拱结合体系加固示意图

6.4.2 转换桥型加固法

1. 将箱板拱、箱肋拱、等腹式拱桥转换为拱桁结合拱

拆除原拱桥上建筑，将原桥由箱板拱、箱肋拱或拱桥等腹拱式拱桥转化为拱桁结合体系，以减轻拱上建筑重量，并使拱圈主要承受全部活载及活载引起的轴力。拆除拱上建筑时，如旧桥是钢筋混凝土拱，应保留横墙脚钢筋，以便桁架结点固定到主拱圈上；如旧桥是石拱桥或横墙下无钢筋时，应加设一定数量的锚固钢筋，用于锚固桁架的腹杆。桁架腹杆以采取三角形为宜，它的下结点较少，可减少构造上的困难，桁架拱的布置如图 6-15 所示。

2. 将箱板拱、箱肋拱、双曲拱和石拱桥转换为刚架拱

当钢筋混凝土拱横墙底座无钢筋，或石拱桥改造为桁架有一定困难时，可将拱上结构改造为刚架拱，如图 6-16 所示。计算结果表明，刚架拱在空腹范围内主拱圈的弯矩要比上述拱式桥梁小，而且拱脚弯矩也将减少得特别多。

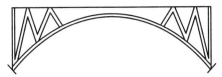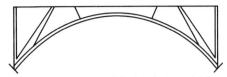

图 6-15 拱桁结合体系加固示意图　　　　图 6-16 拱上结构转换为钢架拱示意图

对双曲拱来讲，不仅改善了双曲拱自身的受力状况，同时也减轻了拱上建筑的重量，起到卸载的作用。从另一个角度来说，加固过程中首先卸载双曲拱桥的拱上建筑，使拱肋截面加大部分能充分参与承担拱上建筑的重量，提高了拱肋截面加大的使用效率，也能提高桥梁的承载能力。

但是，必须说明的是，此法加固施工时，须拆除旧桥拱上结构。因此，要特别注意使拱受力平衡，防止倒塌。在拆除过程中，必须由跨中对称地向拱脚方向进行，两侧的拆除进度基本一致，应控制在计算许可值的 2 m 范围内。

6.4.3　加固示例

1. 桥梁概况

湖州市八一线某桥为一双曲拱桥，1966 年建造，原桥总长 31.2 m，为单孔双曲拱桥，主拱净跨径为 24 m，净矢跨比为 1/6，行车道宽 7.0 m，附设 2×0.5 m 护轮带，栏杆宽 2×0.2 m，全桥宽 8.4 m。由于桥梁使用年代久远，且近年来桥梁经常处于超载运营状态，交通量大；日积月累，有些建桥材料的性质逐渐发生退化、衰变，使得该桥拱圈及上部结构腹拱等部位发生了不同程度的病害；桥台基础也出现了一定程度的沉降。

为了适应城市交通发展的需要，1991 年在该桥两侧进行了拓宽改造，两侧各新建一座钢筋混凝土刚架拱桥。

2. 桥梁主要病害特征

桥梁加固前，经外观检查和无损检测，该桥主要病害特征如下。

（1）主拱圈与小拱圈脱离，脱离宽度最大处有 50 mm；跨中有一条贯穿裂缝，缝宽 2～9 mm，随车辆通行，上下抖动。

（2）老桥与两侧新建桥梁设置的联系梁大部分断裂，钢筋锈蚀严重。

（3）主拱肋之间横系梁接头处混凝土剥落、露筋、钢筋锈蚀。

（4）拱上建筑裂缝较多，腹拱圈病害较多。

（5）用超声-回弹综合法检测拱肋混凝土强度发现，实测混凝土强度低于原设计强度，则混凝土强度降低。

（6）主拱圈拱顶轻微下沉。

（7）主拱肋未发现明显裂缝，桥台基本完好，未发现明显水平位移。

3. 加固方案

经检测认为，双曲拱桥部分需加固方能保证该桥安全运营，满足正常使用要求。通过对原桥现状及病害调查分析，确定将双曲拱桥改变结构体系为刚架桥的加固处理方案。方案设计简述如下。

（1）拆除原桥拱上建筑构件。将原桥的拱上建筑及桥面系全部拆除，拱板、拱波也拆除，仅保留主拱肋；下部结构经检测基本可以满足设计要求而不做变动。

（2）对原有拱肋进行加固。保留原有拱肋横系梁，改造和新增拱肋间横系梁为厚 20 cm 的横隔板，以保证拱肋之间有足够的横向联系。为了不损伤主拱肋，主拱肋的横向联系间采用厚 8 mm 的 Q235 钢板抱箍，钢板抱箍与原拱肋间采用环氧树脂黏结，横隔板与钢板抱箍之间焊接连接。横隔板采用二次浇筑完成，第一次浇筑至拱肋顶，待拱波安装之后再进行二次浇筑。

主拱圈横向联系改造如图 6-17 所示。拱肋-横隔板连接图和拱肋碳纤维增强聚合物（carbon fiber reinforced polymer，CFRP）复合材料加固图如图 6-18 所示。

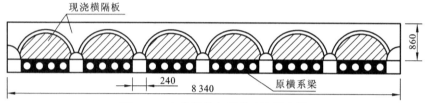

图 6-17　主拱圈横向联系改造示意图

单位：mm

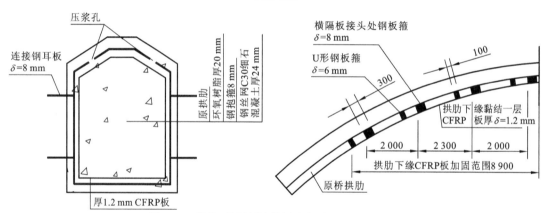

图 6-18　拱肋-横隔板连接图和拱肋 CFRP 加固图

（3）改建上部结构体系。重新预制拱波，浇筑拱板混凝土。预制拱波前需先进行现场放样，内配 4@6 cm×6 cm 钢丝网，拱背拉毛；连接横隔板钢筋与拱板钢筋，第二次浇筑横隔板混凝土；绑扎拱板钢筋，浇筑拱板混凝土，形成主拱圈。为了保证拱肋、拱波、拱板混凝土能够充分黏结，防止新老混凝土的收缩差异所引起的裂缝，需对拱肋接触面进行凿毛处理，并涂刷混凝土界面剂，拱肋和拱波接触面采用环氧树脂黏结，拱板采用微膨胀混凝土浇筑。经改造后结构体系成为刚架体系，既能保证设计要求，弥补肋双曲拱的不利情况，又能与两侧新建的桥梁保持结构体系的一致。

待拱板混凝土强度达到 25 MPa 后，在拱脚区段立支架进行拱上结构——钢筋混凝土上弦杆的浇筑及桥面行车道板的浇筑。

重做桥面系并铺装，根据现场实际的桥面高程曲线，放样施工，桥面混凝土内配 10 cm×10 cm、ϕ10 mm 的钢筋网；面层摊铺 6 cm 沥青混凝土。

4. 加固拱脚局部

拱脚区域合身采用钻孔植筋，钢筋为Φ12@50 cm×50 cm、外挂Φ6@15 cm 钢丝网，采用 C30 细石混凝土粉刷表面，厚 5 cm。全桥加固改造内容及成桥体系如图 6-19 所示。

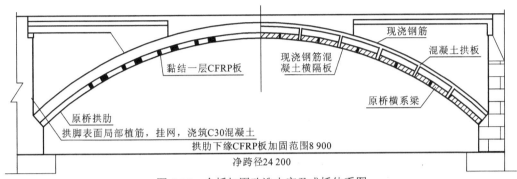

图 6-19　全桥加固改造内容及成桥体系图

单位：mm

采用 CFRP 加固拱肋、改双曲拱桥结构体系为刚架结构体系的改造方法，工程工期仅用 3 个月时间，加固后经检测达到预期目标，加固改造取得了成功。

6.5　拱桥吊杆更换技术

自 20 世纪 60 年代国内开始兴建带有吊杆构造的拱桥，目前该类桥梁已相当普及。近年来，国内吊杆拱桥多次发生事故，其原因很多，有使用维护不当、车祸或人为事故、环境因素等，也可能存在计算理论、设计方法上的失误。这类桥梁的检测和结构损伤诊断与防治的工作受到越来越多的关注。自宜宾小南门大桥吊杆断裂垮塌事故以来，吊杆拱桥备受关注，尤其加强了对吊杆的防护及检测力度，以便对病害严重的吊杆及时进行更换，避免此类事故的再次发生。工程界高度重视吊杆拱桥的养护与管理，关于结构检测与使用寿命评估的研究已成为热点。大桥吊杆断裂垮塌照片如图 6-20、图 6-21 所示。

图 6-20　宜宾小南门大桥吊杆断裂垮塌

图 6-21　新疆孔雀河桥吊杆断裂垮塌

吊杆是中下承式拱桥十分重要的构件。由于人们对吊杆的防腐、疲劳性能等认识不足，早些年建成的一些拱桥在使用过程中，吊杆出现了锈蚀、破损等一些典型的问题，严重影响了拱桥的耐久性，埋下了安全隐患。随着我国桥梁事业的发展，针对这些问题的工程实践和科学研究正在紧锣密鼓地进行，但是要彻底地解决这些问题仍需时日。对于吊杆出现问题的拱桥，更换吊杆是解除拱桥安全隐患的有效办法。

6.5.1　吊杆病害产生原因

1. 吊杆破损形式

吊杆的破损形式主要有以下几个方面。

（1）吊杆防护措施失效。吊杆破损的外在表现为钢丝（索）因受到腐蚀而断裂，其根本原因应归结为防护措施的失效，如吊杆护套破裂等。吊杆护套的破裂直接导致钢丝（索）与空气和水接触，引起腐蚀破坏。

（2）钢丝（索）与下锚头连接处的破损。防护措施不当就会导致下锚头的破损，从而无法保证钢丝（索）与下锚头连接处封闭、不渗漏水。

（3）短吊杆的破坏。短吊杆处于拱肋和桥道系交界附近，自由长度小，抗弯刚度相对较大，在车辆荷载和温度荷载下，短吊杆与桥道系相连节点会随桥道系产生纵向水平位移，引起吊杆倾斜，相当于给吊杆施加了不同程度的周期性剪力作用，极易造成吊杆的疲劳，引起破坏。

2. 吊杆破损的原因

引起吊杆破损的原因很多，归结起来主要有设计构造、腐蚀和疲劳等几方面。

（1）构造不合理。构造不合理包括吊杆防护构造设计和拱桥构造设计不合理两方面。吊杆防护构造设计不合理，是由于早期吊杆采用防护套和灌注砂浆的方法，由于吊杆受到外力反复作用，吊杆内的砂浆出现开裂，一旦空气和水渗入，容易造成吊杆内钢材锈蚀引起断裂。拱桥构造设计不合理，主要体现在桥道系布置与短吊杆两方面。由于短吊杆位于拱肋与桥道系附近，在温度变化下桥道系发生伸长或缩短，而变化量最大处恰好在短吊杆附近，具有一定抗弯刚度的短吊杆在外力作用下极易被破坏。

（2）疲劳破坏。疲劳是造成吊杆失效的主要原因之一，中下承式混凝土拱桥吊杆的主要受力部位为吊杆内的钢丝（索），吊杆的疲劳问题就归结为钢材的疲劳。吊杆疲劳破坏的影响因素有：吊杆的位置、吊杆间距、吊杆横截面积、吊杆抗弯刚度、混凝土收缩和徐变等。

6.5.2　更换吊杆施工

吊杆更换过程，可分为安装临时吊杆、拆除原吊杆和安装新吊杆三个阶段。安装临时吊杆的主要目的是承担原吊杆的荷载。这样即使原吊杆拆除，整个结构的受力也不会发生很大的变化，保证吊杆更换期间桥梁的安全。

在原吊杆的荷载向临时吊杆转移过程中，为了使临时吊杆与原吊杆之间的荷载能够平稳转换，宜采取逐级卸载的方法。首先张拉完成每级荷载，然后切断原吊杆相应荷载比例的钢丝，切除位置宜选择在桥面附近。重复以上步骤，直到原吊杆完全割断，从而实现了第一次等效置换。

在安装新吊杆的过程中，要将临时吊杆上的拉力转移到新吊杆上。施工方法与原吊杆拆除时的程序基本一致，不同之处是临时吊杆的索力是用千斤顶逐级放松的。张拉之前先利用千斤顶对新吊杆进行预紧张拉，然后再张拉新吊杆。张拉步长与拆除旧吊杆时步长一致，同时放松临时吊杆，并使张拉的新吊杆力等于放松的临时吊杆力，直到临时吊杆力全部转移到新吊杆上，从而实现了第二次等效置换。

新吊杆张拉并完全调整到位后，拆除临时吊杆体系，转移到对下一对吊杆的更换。因此，在吊杆更换过程中存在两次索力等效置换问题。要将索力控制在设计范围之内，如控制不好，会影响结构受力，影响桥面变形，甚至导致桥面开裂。

目前国内已有多座危旧吊杆拱桥进行了吊杆更换，取得了良好的效果，积累了宝贵的经验。

6.5.3 加固示例

1. 桥梁概况

四川省德阳市区某大桥，是一座连接东西两岸市区主干道的城市桥梁。该桥于 1992 年开工建设，1995 年竣工投入使用。桥梁全长 307 m，桥宽布置为 5 m 人行道＋2.5 m 绿化带＋18 m 车行道＋2.5 m 绿化带＋5 m 人行道=33 m，设计荷载为汽-20、挂-100，人群荷载 4.5 kN/m²。

桥跨结构为 26.65 m 简支梁＋54.85 m 刚架桥＋27.88 m 简支梁＋81.24 m 中承式提篮拱桥＋27.88 m 简支梁＋54.85 m 刚架桥＋26.65 m 简支梁。简支梁和刚架桥的主梁均按预弯预应力钢筋混凝土结构进行设计（预弯预应力钢筋混凝土新结构在完成了短期和长期荷载试验并经专家评审后首次应用于该桥梁）。提篮拱矢跨比为 1/2，拱平面倾斜角为 13°；提篮拱和拱跨横梁及桥道板均按普通钢筋混凝土结构设计。桥梁总体布置如图 6-22 所示。

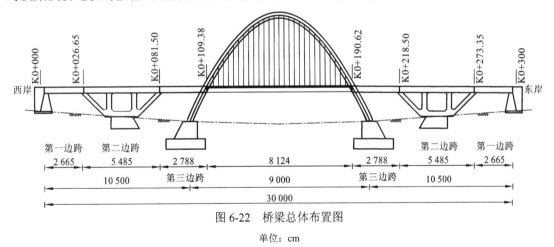

图 6-22 桥梁总体布置图

单位：cm

2. 中承式拱桥的主要病害

拱肋混凝土：裂缝较少，拱圈在桥面横梁附近有混凝土局部脱落、露筋锈蚀情况。
拱桥横梁：梁底有横向分布裂缝，裂缝宽度为 0.08～0.30 mm、深度为 76～110 mm。
拱桥纵梁：裂缝较少，底部及侧面局部混凝土脱落较多。

拱桥桥面板：桥面板底部有水泥抹浆、油毡等杂物，并有多处局部漏水等。

吊杆下锚头锚杯打开检测发现，锚杯内均有积水甚至充满整个锚杯，下锚固钢丝有锈斑。对吊杆表现状况进行详细检测，并选择部分吊杆（共6根）打开保护层进行内部钢丝的检测。吊杆外防护表面裂痕、鼓包、麻面情况较多。从抽检的6根吊杆可见，吊杆钢丝锈蚀严重，锈层厚度最大达到2.2 mm，钢丝锈坑深度达到1.8 mm。打开检测的吊杆钢丝锈蚀面积，上游吊杆所检测的锈蚀钢丝面积损失介于3.96%~22.56%，下游吊杆所检测3根吊杆中最大锈蚀钢丝面积损失分别为18.00%、24.08%、34.32%。

与理论索力值相比，上游侧吊杆索力变化量介于-15.42%~6.07%，下游侧吊杆索力变化量除1号吊杆为37.5%外，介于-17.61%~0.03%。与2005年实测索力值相比，上游侧吊杆索力变化量介于-19.54%~14.82%，下游侧吊杆索力变化量介于-19.96%~21.90%。实测吊杆索力，与理论值及邻近的2005年测试值相比有较大的变化；部分吊杆索力变化幅度超过10%，表明拱结构受力出现较显著变化。

桥梁的静载试验结论：在荷载效率系数为0.80~1.00的试验荷载作用下，桥梁拱肋挠度结构校验系数介于0.43~0.79，略小于0.6~1.0的合理范围；简支梁及刚架桥的挠度结构校验系数介于0.42~0.73，略小于0.50~0.90的合理范围。拱肋应力校验系数介于0.34~0.67，略小于0.60~1.00的合理范围；简支梁及刚架桥应力校验系数为0.47~0.72，均在0.40~0.80的合理范围之内。静载试验结果表明桥梁结构承载能力满足设计荷载等级要求。

该桥建设于1992~1995年，在当时时代背景下，普遍存在桥梁施工队伍技术人员匮乏、施工水平不高、管理相对宽松等不足；检测过程中，发现该桥存在局部混凝土缺陷、钢筋保护不足等问题，导致桥梁在使用13年后存在多处结构局部蜂窝麻面、脱落、露筋、锈蚀、渗水等现象。

拱桥吊杆普遍锈蚀严重，是国内同时代建造的中承式拱桥的一个通病，主要限于当时国内吊缆制作耐久性防护技术相对较差，致使此类拱桥的吊杆一般在使用10~15年后即需更换。据了解，国内同类拱桥吊杆的有效使用年限一般在10~15年；该桥梁吊杆已使用14年，且该次桥梁检测表明吊杆钢丝普遍锈蚀严重，近2年吊杆变化尤其明显，故应及时更换。基于该桥的1/2矢跨比主拱结构特点和桥梁美观的考虑，原设计的吊索上锚点位于拱肋混凝土箱内。该次吊杆更换需要对拱肋进行结构性开窗处理，以满足操作人员和设备进出拱箱需要，又考虑便于后期多次换索的需要，拱肋的结构性开窗后不做结构性恢复。

3. 吊杆更换施工

吊杆更换施工主要包含三个步骤：拆除旧吊杆、安装新吊杆与调索。

1）拆除旧吊杆

（1）在拱肋腹板拟开窗区域周围粘贴钢板做局部加强处置。

（2）按设计要求开凿人孔及设备兼通风孔，进行开凿区域附近结构状态的观测。

（3）在需换吊杆的桥道系横梁下完成临时支墩基础及支墩的施工。

（4）在桥道系横梁下安装顶升千斤顶，在旧吊杆下端安装张拉千斤顶，张拉旧吊杆以拆除吊杆的下锚环。

（5）在临时支墩上用千斤顶顶紧桥道系横梁的同时，利用旧吊杆下端千斤顶逐步卸载松索，在桥道系横梁高程无明显变化条件下实现由旧吊杆支撑转移至临时支墩支撑。

（6）在旧吊杆上端安装辅助缆索，通过辅助缆索略微提起上锚头，以便拆除上锚环。

（7）放松辅助缆索，使旧吊杆沿拱箱和桥道系横梁吊杆套筒退出（图6-23）。

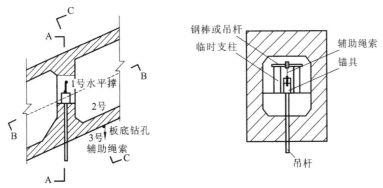

（a）利用辅助缆索提放吊杆施工示意图　　　（b）A—A断面

图6-23　利用辅助缆索放吊杆示意图

2）安装新吊杆

（1）通过拱箱和桥道系横梁吊杆套筒放下辅助缆索与新吊杆上锚头连接。

（2）逐渐收紧辅助缆索使新吊杆上锚头穿过桥道系横梁和拱箱吊杆套筒就位并安装上锚环。

（3）在桥道系横梁下安装千斤顶缓慢张拉新吊杆，同时放松临时支墩上的千斤顶的支撑，在桥道系横梁高程无明显变化条件下实现由临时支墩支撑转移至新吊杆支撑。

（4）调节吊杆下端千斤顶使张拉力和桥面高程均满足设计要求。

（5）旋紧吊杆下锚具的锚环后使张拉千斤顶卸载并拆除。

（6）对套筒内外吊杆及锚具进行防护处理。

（7）待全桥吊杆更换完成后，对拱肋上的所有施工孔做结构性恢复。

安装新吊杆如图6-24、图6-25所示。

图6-24　安装新吊杆（一）

图6-25　安装新吊杆（二）

3）调索

（1）吊杆更换完成后，进行索力测量。

（2）根据吊杆索力和桥梁结构线性测量结果，优化和确定调索方案，使调索数量最少。

（3）实施索力调整，使调整后的索力和桥梁结构线形满足设计要求。

（4）吊杆更换效果分析。

对主跨中承式拱桥拱肋开孔和吊杆更换各施工阶段和后期的使用阶段分析表明，主拱结构和桥面系结构各阶段的应力及变形均明显小于《公路钢筋混凝土及预应力混凝土桥涵设计规范》（JTG 3362—2018）的允许应力限值，吊杆工作的安全系数为 4.1，说明该桥梁的施工和使用各阶段是安全的。

6.6　其他加固方法

6.6.1　体外预应力加固法

目前，用外部预应力加固桥梁上部结构的方法多用于梁桥，对于拱圈纵向开裂或横向开裂，以及桥台产生位移、拱顶下挠的拱式桥梁，也有用此法加固的工程实例。

在拱桥加固中采用的体外预应力加固方法，主要有钢板箍套钢筋拉杆加固法、钢筋混凝土拉杆法。通过顺桥向设置的钢筋混凝土拉杆或钢拉杆施加预应力进行加固，具体施工工艺与后张法预应力梁桥的施工方法相同。

为降低拱脚水平推力，可采用钢杆件拉紧法。为了降低拱脚的水平推力，防止拱脚位移，提高拱的承载能力，也可在拱圈根部凿开混凝土，外露钢筋后焊接拉杆铆座（或在清理混凝土表层后以环氧砂浆黏结铆座），装置拉杆螺栓（带有花篮螺丝伸缩装置的拉杆）铆固拱脚后施加预拉力，如图 6-26 所示。采用钢拉杆的加固措施，使桥下净空大幅度降低，将会影响通航，因此仅用于一般不通航河道上的桥梁。

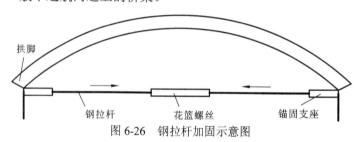

图 6-26　钢拉杆加固示意图

6.6.2　调整主拱圈内力加固法

1. 调整拱轴线与压力线加固法

1）局部调整拱轴线加固方法

拱轴线不仅决定了拱圈的线形，更重要的是决定主拱圈的内力分布，同时还与经济合理性及施工安全等密切相关。理想的拱轴线，是与拱上各种荷载的压力线重合，这时主拱截面上只有轴向压力而无弯矩及剪力，应力分布均匀能充分利用圬工材料的良好抗压性能。因此，在加固过程中可以调整拱轴线，使拱轴线与压力线尽量吻合，来改善拱圈的受力情况。通常的做法是从局部或者全跨加大拱圈截面，调整实际拱轴线的位置使其与压力线趋于吻合。

2）调整拱轴线与压力线加固法

在拱桥的设计中，一般拱脚的控制弯矩是负弯矩，拱顶的控制弯矩是正弯矩。如果能在拱脚产生正弯矩、在拱顶产生负弯矩，这对改善拱圈的受力是有利的。根据上述原理，可以通过调整拱轴线与压力线的相对位置改善拱圈的受力状况，达到加固补强的目的。

在空腹式拱桥中，由于腹孔部分的恒载重量是过腹孔墩以集中力的形式作用于主拱圈上，恒载就不是分布作用了，如 6-27（a）所示。因此，恒载压力线就不能与光滑的悬链线吻合，仅与其三铰拱的恒载压力线保持五点重合，其他截面两者存在偏离，如图 6-27（b）所示。一般在实腹段的范围内（从拱顶至 1/4 点附近），压力线在拱轴线之上，而在空腹段的范围内，压力线大多在拱轴线之下，拱轴线与压力线存在一个正弦波的曲线差。由于实腹段恒载决定的拱轴系数 $m_{实}$ 比空腹段恒载决定的拱轴系数 $m_{空}$ 要大，而用五点重合法确定拱轴线时，实际采用的拱轴系数 $m_{轴}$ 由于要兼顾实腹与空腹两部分，故 $m_{轴}$ 必然介于 $m_{实}$ 与 $m_{空}$ 之间，即 $m_{实} > m_{轴} > m_{空}$。鉴于从拱顶到 1/4 点附近恒载，压力线与实腹段的恒载相对应，其拱轴系数比 $m_{轴}$ 大，故该段的压力线应在拱轴线上，而从 1/4 点到拱脚的恒载压力线是与空腹段部分的恒载相对应，其拱轴系数比 $m_{轴}$ 小，因而，该段的压力线应在拱轴线之下。众所周知，压力线与拱轴线的偏离会在拱内产生附加内力，如图 6-27（c）所示。由其引起附加赘余力在拱顶产生负弯矩，而在拱脚产生正弯矩，与拱顶、拱脚的控制弯矩相反，对拱顶、拱脚有利，可以改善主拱的受力状况，如图 6-27（d）所示。

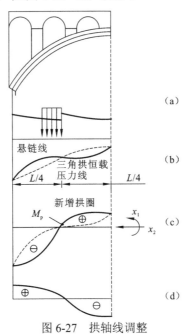

图 6-27 拱轴线调整

具体做法是：当拱脚负弯矩较大造成拱脚上缘开裂，但拱顶截面尚有一定富余时，采取减薄拱上填料厚度或桥面厚度的措施以减轻恒载重量，或用轻质填料更换原重质填料，使恒载压力线上升，在全拱圈产生一定幅度的正弯矩；此时，拱脚负弯矩减小，但拱顶正弯矩增大，如图 6-28（a）所示。当拱顶正弯矩较大造成拱顶下缘开裂但拱脚截面尚有一定富余时，可采取增加桥面厚度、增大拱上恒载重量的方法，或采用重质填料更换原桥轻质填料，使恒载压力线降低，在全拱圈范围内产生一定幅度的负弯矩；此时，拱顶的正弯矩减小，但拱脚的负弯矩将增大，如图 6-28（b）所示。通过调整拱轴线与压力线的相对位置，使全拱所有

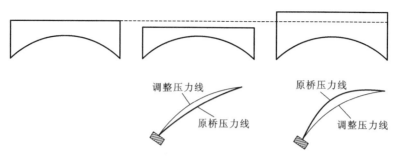

(a)升高压力线改善拱脚   (b)降低压力线改善拱顶

图 6-28 主拱圈压力线调整示意图

截面的荷载效应都不超过其抗力，从而达到提高承载力、加固补强的目的。

综上所述，由于拱受力状况与拱轴线的变化关系很大，对主拱圈变形不大的拱式桥梁可直接按上述途径调整拱轴线与压力线；对主拱圈变形过大的拱桥，尤其是双曲拱桥，实际拱轴线往往与压力线偏差较大。这种情况下，若单独采用对主拱圈截面补强的措施，已不能有效改善主拱圈的受力状况，更需要对拱轴线和压力线进行调整，改善主拱圈的受力状况，才能真正起到加固改造的作用。

3）双曲拱桥加固注意事项

需要特别指出的是：对于拱顶塌陷的双曲拱桥，不能随意采取加厚拱上填料或桥面厚度的措施来进行加固。因为拱圈的受力与拱上恒载的分布和拱轴线的形状关系密切，仅仅增加桥面厚度，特别是在拱顶区段增加厚度，不但达不到加固的目的，反而会使拱圈的受力状况进一步恶化，加剧拱顶下沉。如果需要调整拱上填料厚度或加厚桥面板，必须对拱圈的受力进行详细计算分析，确定合理的加固方案，千万不能盲目地增加拱上自重。如果遇到这种情况，通常是采取以下途径进行加固。

（1）绘制拱顶、拱脚、$L/4$ 等控制截面的压力影响线。

（2）根据影响线和拱圈的变形状况，调整拱上恒载分布。通过采用不同重度的拱上填料改变拱上填料厚度和用轻型栏杆更换石栏杆等措施，改变实际压力线的位置。

（3）局部加大拱圈截面，调整实际拱轴线的位置使其与压力线趋于吻合。

2. 顶推加固法

1）顶推工艺

建于软土地基上的拱桥，往往由于地基松软而产生水平位移和沉降，使拱轴线下沉，拱肋开裂，从而影响拱桥的正常使用。为消除拱桥产生水平位移而引起的损坏，可采用顶推工艺使拱轴复位，调整主拱圈内力，达到加固的目的。运用顶推工艺可以在恢复断面整体性完好的前提下，恢复原桥的承载能力。它比其他现有方法更经济实用，可在不损坏原桥外貌，不缩小通航净空的情况下，完成桥梁的加固工作。

所谓"顶推工艺"就是将拱桥的一端作为顶推端，设立顶推梁，横梁与拱肋紧紧相连，凿除拱脚与支座的联结，使支座自由。然后，安放千斤顶，利用千斤顶的推力沿拱轴线向上、向跨中方向顶推横梁，从而拱圈移动。当顶推位移值相当于原桥已产生的位移时，停止顶推。然后，对拱脚离开拱座的空隙上灌高强快硬水泥砂浆，待砂浆硬化后再放松千斤顶，顶推完成。

顶推过程中，由于千斤顶的合力中心在主拱轴线上，顶推端的拱脚将不存在弯矩，且主拱圈的结构图式将从无铰拱转变为单铰拱，如图 6-29 所示，图中 M_A、M_1 分别为顶推前恒载偏离弯矩和位移 Δ（包括恒载弹性压缩）所产生的弯矩；M_B、M_1 为顶推后在非顶推端产生的前述两种弯矩。

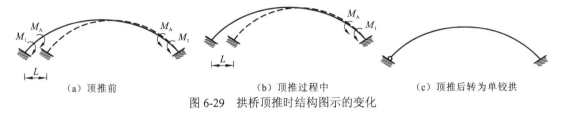

(a) 顶推前　　　　　　　　　　(b) 顶推过程中　　　　　　　(c) 顶推后转为单铰拱

图 6-29　拱桥顶推时结构图示的变化

2）顶推控制值

顶推前需进行顶推工艺的设计计算，其内容有以下几个方面。

（1）顶推横系梁的设计。设计顶推横系梁的目的是要千斤顶推力完全可靠地传给主拱圈，保证拱脚部分主拱圈受力均匀。

（2）千斤顶的布置和数量的确定。千斤顶宜沿主断面均匀布置，尽量使横系梁或主拱受力均匀，各千斤顶的合力中心应在主拱断面重心轴上。所需要千斤顶数量由恒载轴向力的大小确定，可按下式估算：

$$h \geqslant \frac{N}{K} \times P$$

式中：h 为所需千斤顶数量；N 为上部在拱脚产生的恒载内力（$N = H\cos\varphi_0 + r\sin\varphi_0$）；$H$ 为截面的水平推力；r 为拱脚的竖向反力；P 为千斤顶的最大负荷；K 为千斤顶的机械效率，取 $K = 0.8$。

（3）顶推位移值决定原则：根据实测位移量；根据拱顶实测下沉值和拱顶推力影响线推算；顶推直至桥上或缘石出现负弯矩为止。

3）顶推施工

（1）机具仪表设备的准备。

（2）人员组织配备。

（3）对全桥进行全面检测及资料准备，检测内容有：对拱轴线、桥面、桥台各控制点作水准测量；丈量跨径和矢高；记录裂缝位置和宽度等。

（4）观测设备。做好顶推过程中观测的准备工作，事先确定出仪器安装位置，并安装量测仪器。

（5）凿开支座与拱脚结合部。凿开支座与拱脚结合部的目的在于使拱脚与拱座分开并能自由移动，凿开部位如图 6-30 所示。

（6）设置横梁，安置千斤顶。用于传递顶推力的横系梁，一般可用钢筋混凝土梁，也可用钢梁（工字钢或槽钢）。用高强螺丝将横梁沿横桥方向紧固在主拱圈上，以传递顶推力。用于顶推的横梁及千斤顶的安放位置如图 6-31 所示。

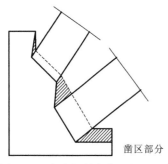

图 6-30 支座与拱脚凿开部位示意图

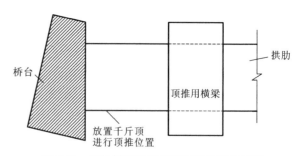

图 6-31 顶推横梁及千斤顶安放位置示意图

（7）试顶。试顶工作，在上述准备工作就绪后即可开始。通过试顶可熟悉操作过程并检查千斤顶、油路管道、仪表等是否正常，否则必须进行调整。

（8）顶推施工。正式顶推时须封闭桥上交通，以确保安全。非顶推端拱脚上部的桥面伸缩缝必须清理。根据试顶时的主拱应变增大速度，按预估的顶推量实行分级顶推。每顶一级检查一次，内容是千斤顶行程是否同步或漏油，同一断面上的上下游应变是否相等，桥上是否有新的裂缝出现等，发现有意外情况就应停止顶推，待分析原因后再确定是否继续顶推。当顶推到预定顶推量时，更应注意对各部位进行检查。

（9）浇灌快硬水泥砂浆或灌注环氧砂浆。顶推到预定顶推量或发生异常现象，需停止顶推工作时，在顶出的空隙内应立即填灌快硬水泥砂浆或灌注环氧砂浆，并做好砂浆试块。

（10）顶推结束。在上述工作全部完成后，顶推工作结束，此时卸除设备、拆下支架，顶推完成。

3. 加固实例

江苏省徐州某桥为单孔 40 m、矢跨比 1/8 的钢筋混凝土四肋刚架拱桥，桥面宽 9 m+2×1.5 m，设计荷载为汽-20、挂-100，桥台为山形空心台，土沉井基础，地基为中密亚黏土和亚砂土。1980 年 4 月通车后因南台后方农灌压力涵漏水冲刷路基，桥台缺角，至 11 月发现拱顶下缘开裂，继而裂缝增加，并迅速发展，至贯通全肋且向桥面延伸、缝宽 6 mm。桥台下沉约 10 mm，估计相对水平位移为 59 mm。

鉴于该桥自 1981 年后裂缝发展已渐缓慢，桥台位移亦趋稳定，且主拱除拱顶附近外其他部分基本完好，全桥刚度尚可，因此在竣工后 34 个月，用顶推法调整拱脚位移。该方法是在北台每肋处布置 4 台 1 MN 千斤顶并安装牛腿夹具，每肋施力至 2.28 MN（平均）时，北拱脚水平位移 67 mm（平均），桥面出现裂缝，即停止顶推。实测北拱脚相应抬升 33 mm，弦杆支点北端内移 8.7 mm，南端外移 41 mm，拱顶抬升 146 mm。停止顶推后在北拱座空缝内填塞混凝土（用早强水泥），养生 48 h 后，放松千斤顶，测得拱脚水平向回缩 47 mm，即消除已发生的水平位移 59 mm 之后，跨径比发生位移前缩短 3.3 mm。顶推后检查，拱顶区段裂缝基本闭合，所有径向裂缝均不明显。南半跨拱肋与微弯板之间的水平裂缝略有增大，南台斜撑和拱座处拱肋出现正弯矩裂缝，斜撑裂缝基本贯通，宽 2～5 mm。因此又在拱顶下缘主筋旁各焊一根 ϕ25 mm 钢筋，在上弦杆支座处垫以钢板并涂以黄油，其他部位用水泥砂浆修补。

顶推后第 4 天所做的静载试验证实，该桥位加固后，可承载重 79 t 的车辆。此后约 130 d 检查发现，在此期间拱顶下沉 10 mm，桥台相对位移 1 mm。原有裂缝修补后未再开裂，未发现新的裂缝。

第7章 下部结构加固

桥梁的承载能力是否满足正常营运的需求，不仅与上部结构有关，也与桥梁重要组成部分的下部结构有关。墩台和基础直接承受上部结构的作用（包括恒载和活载）并传递给地基。下部结构的状况，也直接影响承载能力和正常使用，部分桥梁承载能力的降低和主要病害的产生，就是由下部结构的病害引起的。因此，在桥梁加固改造工作中，下部结构的加固改造应该引起高度重视。

7.1 概　　述

7.1.1 加固的前提条件

桥梁下部结构尤其是基础部分，是隐蔽工程且多数处于水下或地下，所以难以直接观察和判断。因此，桥梁的下部构造加固改造，无论是加固前的检测与病害原因分析、判断，还是具体的加固设计与加固方法，相对于上部构造来说难度都可能更大。在针对具体的桥梁下部结构实施加固改造前，首先应在对现场检测资料分析与判断的基础上，确定下部构造是否具有加固改造的价值，然后从加固技术和施工工艺上分析能否达到加固改造的目的。具备加固改造价值，同时又能实施加固改造施工，是加固改造的前提。否则，无论是从技术与安全上，还是经济上，都应考虑拆除桥梁、重建新桥的方案。

对于跨河桥梁，应检查基础的冲刷，分析其对桥梁稳定性的影响；考虑基础的埋置深度是否满足要求，还应考虑久经压实的桥梁地基土允许承载力的提高，以及桩底和周边土支承力及摩擦力的提高系数。应分别对墩、台及基础各部位进行强度、稳定性及裂缝宽度验算，并在充分考虑已发现的病害基础上评定其使用功能及承载力。对于技术状况特别差、难以加固改造的墩、台及基础结构，或加固改造的施工工艺复杂、把握性不大的工程应慎重考虑加固利用的决策。

7.1.2 加固的方法

桥梁下部结构主要由桥墩、桥台和桥梁基础组成。其加固主要可分为墩台加固和基础加固两个方面。公路桥梁下部结构主要的加固方法如下。

（1）盖梁加固方法：施加体外预应力加固、增大截面加固、粘贴钢板、纤维复合材料加固等。

（2）桥墩加固方法：增大截面加固、嵌入式加固、体外预应力加固、钢套管加固、钢筋混凝土套箍加固、粘贴纤维复合材料加固。

（3）桥台加固方法：支撑法加固、增建辅助挡土墙加固、减轻荷载法加固、加柱（桩）加固、增厚台身加固、更换台后填土并加便梁加固。

（4）基础加固方法：增补桩基加固、扩大基础加固、静压桩加固、灌浆法加固。

7.1.3　一般构造要求

下部结构加固前应先处理裂缝、缺陷等病害。当采用预应力加固盖梁、柱、薄壁墩台、空心墩等钢筋混凝土构件时，原构件混凝土强度等级不宜低于 C25；采用其他方法加固时，原构件混凝土强度等级不宜低于 C15；当桥下净空不足，影响桥梁的安全使用时，可降低被交路路面高程、加高墩台或调整支座垫石厚度。

1. 钢筋混凝土套箍加固

（1）钢筋混凝土墩台出现环向裂缝时，沿裂缝布置一道套箍，套箍高度不小于 1.5 m，厚度为 250～400 mm。

（2）钢筋混凝土墩台竖向裂缝可用数个套箍加固，每隔一定高度设置一道，其宽度视裂缝分布和宽度而定，厚度为 100～200 mm。

（3）被加固墩台为圬工结构时，套箍宜与注浆锚杆共同使用，锚杆间距根据墩台结构尺寸确定，一般为 1.5～2.0 m。外露锚具应进行防腐处理。

（4）套箍混凝土强度等级不低于 C25，配筋率不小于 0.4%。

（5）套箍钢筋应与原结构可靠连接，当采用植筋技术时，桥梁主要构件的混凝土强度等级不得低于 C25，其他构件混凝土强度等级不低于 C20；桥梁受力植筋用胶黏剂应采用 A 级胶；仅按构造要求植筋时可采用 B 级胶；采用植筋锚固的桥梁结构，其长期使用的环境温度不应高于 60℃；对处于特殊环境（如高温、高湿、介质腐蚀等）的桥梁结构进行植筋时，除应按国家现行有关标准的规定采取相应的防护措施外，还应采用耐环境因素作用的胶黏剂。

2. 支撑梁法加固

用支撑梁法加固扩大基础桥台时，钢筋混凝土支撑梁顶面高程不得高于计算冲刷线。

3. 扩大墩台基础加固

当抗剪承载力不足时，应采取增加承台厚度、在重力式桥台两侧加设钢筋混凝土侧墙等措施，有条件时可在台前新基础上增加短桩。

4. 增补桩基加固

增补桩基加固时，新增桩的构造、布置、间距等应考虑对既有基础的影响。新增桩与旧桩的间距可适当减小。

5. 基础冲刷加固

（1）浆砌片石铺砌范围：桥墩上游 6～8 m，下游 8～12 m。

（2）扩大基础（或承台）底掏空宜采用抛石、铅丝笼等措施防护，其加固高度要达到基础底面以上 1.0 m，坡度不大于 1∶1。

6. 加桩时加固

加桩时，可以扩大原来承台尺寸或在原有承台上再加一层新承台，把上部传来的荷载通过新承台传递到新桩。为使上部荷载由墩身很好地传递给新建承台，可在新建承台与既有承台接触范围内，将原承台凿成锯齿状剪力键，设置钎钉；也可采用植筋法连接新老承台，即通过植入的钢筋承接和传导弯矩及剪力，并使新旧混凝土形成有机整体，以达到扩大原承台尺寸的目的。

7.2　盖梁加固方法

盖梁可采用施加体外预应力、增大截面、粘贴钢板或纤维复合材料等方法加固。上述几种方法的原理在前面几章已经做了详细的介绍。下面介绍盖梁加固的工程实例。

7.2.1　工程概况

某桥为三跨连续梁桥，跨径布置为 55 m+100 m+55 m，采用三角挂篮悬臂浇筑施工。中墩采用高桩承台，为减轻结构自重，桥墩采用部分空心的实体桥墩，顶面设实体墩帽即盖梁，支座垫石处总厚 2 m，支座之间墩帽 1.5 m，横向挑出墩身 1 m 设牛腿，如图 7-1 所示。2 号墩 0 号块张拉后发现盖梁有裂缝。裂缝位于盖梁南北两侧，裂缝宽度为 0.09～0.15 mm。2 号墩 1 号块浇筑，待浇筑完成后，裂缝宽度继续发展，最宽处达到 0.35 mm，裂缝位置如图 7-2 所示。1 号墩盖梁出现裂缝，裂缝宽度为 0.04～0.10 mm。

7.2.2　裂缝成因分析

从整体稳定来分析，因为设计支座中心在桥墩实体边界内 345 mm 处，所以开裂后结构强度及稳定是可以得到保证的，目前裂缝是单元受力变形引起较大拉应力、配筋不足及混凝土收缩等原因所致，分析如下。

（1）支座位置。横向两边支座布置偏外，引起偏心作用，使盖梁上端受到拉应力，如图 7-3 所示。

（2）盖梁顶面配筋。盖梁顶面配筋数量不足，导致产生裂缝。

（3）混凝土收缩。盖梁施工时，混凝土收缩受墩身的约束，可能会在接触面上出现裂缝。

（4）横梁横向预应力束张拉。由于箱梁中支座处的横梁下部横向预应力束已经张拉，而上部预应力束尚未张拉，整个横梁有起拱的趋势。通过横向计算，目前状态中支座基本不受力，而荷载均加载在边支座上使盖梁顶面拉应力增加，故产生裂缝。

（5）临时支座。临时支座采用沙箱，将原先的硫黄砂浆支座的面荷载变为点荷载，盖梁挑臂段受力集中而且更偏外，盖梁顶部产生更大的拉应力。

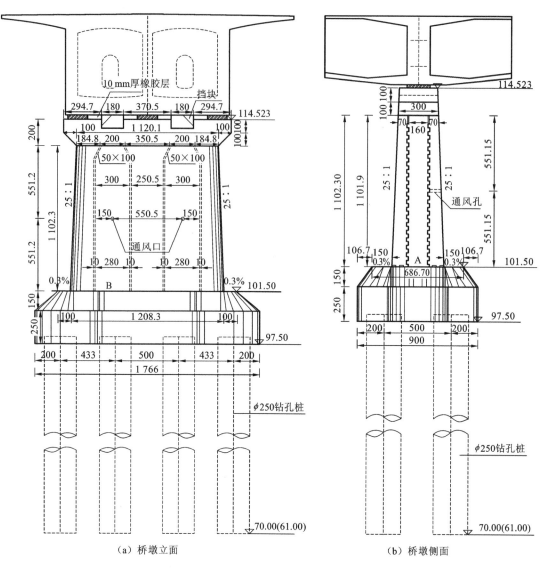

10 mm厚橡胶层
挡块
294.7 180 370.5 180 294.7
114.523
200
100 1 120.1 100
100 100
184.8 200 350.5 200 184.8
551.2
50×100 50×100
25:1
300 250.5 300
25:1
1 102.3
551.2
150 550.5 150
通风口
10 280 10 10 280 10
0.3%
0.3%
101.50
B
150
100 1 208.3 100
250
97.50
200 433 500 433 200
1 766
φ250钻孔桩
70.00(61.00)

（a）桥墩立面

114.523
100 100
300
70 70
160
100
100 100
551.15
1 102.30
1 101.9
25:1
25:1
通风孔
551.15
106.7 150
150 A 150
106.7
0.3%
0.3%
101.50
250
150
686.70
97.50
200 500 200
900
φ250钻孔桩
70.00(61.00)

（b）桥墩侧面

图7-1 桥墩构造示意图
单位：cm

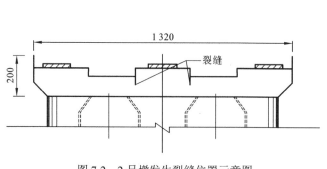

1 320
200
裂缝

图7-2 2号墩发生裂缝位置示意图
单位：cm

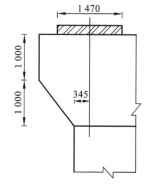

1 470
1 000
1 000
345

图7-3 支座位置示意图
单位：cm

7.2.3 加固方案比选

体外束加固方案如图 7-4 所示。

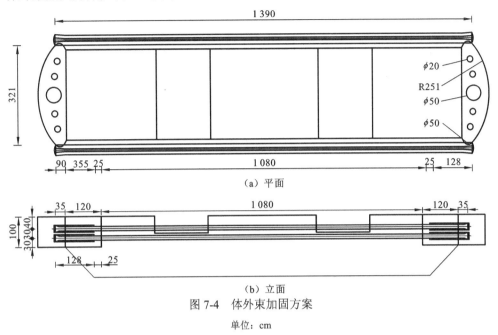

（a）平面

（b）立面

图 7-4　体外束加固方案

单位：cm

1. 体外束加固

由图 7-4 可知，在盖梁外侧采用体外预应力束进行加固，两侧各设 2 根钢束，钢束间距为 400 mm，一个盖梁设 4 根钢束。张拉的两端采用圆弧形钢板为传力结构，钢板中间开孔，可使浇注混凝土密实。

体外预应力束加固有以下优点。

（1）加固工期短。

（2）不改变桥梁现在的受力体系。

（3）可操作性较强，施工容易控制。

该方案的缺点有以下几方面。

（1）费用较高。

（2）改变了原来桥梁盖梁外观，可能造成景观上的不协调。

（3）工种配合较多，施工工序较复杂。

2. 填补槽口加强

原设计盖梁留有槽口，现考虑采用槽口补强及植入加强筋，以便增大盖梁上缘抗拉性能，并增大截面面积，如图 7-5 所示。

该方案的优点有以下几方面。

（1）操作简单，容易可行。

（2）造价较低。

图 7-5 填补槽口加强方案示意图

该方案的缺点有以下几方面。

（1）需要凿除一部分混凝土，使原钢筋外露，才能进行补强和焊接。

（2）不能彻底解决盖梁的裂缝问题，无法保证盖梁的耐久性及整体性。

3. 钻孔体内张拉预应力束＋填补槽口加强

基于方案 2，在横向盖梁的两侧钻孔后，钢束穿入孔内形成体内束张拉，并结合补槽的方式进行钢筋补强，如图 7-6 所示。

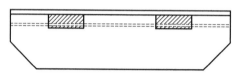
图 7-6 钻孔体内张拉预应力束+填补槽口加强加固示意图

该方案的优点主要有以下几方面。

（1）不改变结构受力状态，可操作性较强。

（2）可确保盖梁加固的耐久性和安全性。

（3）盖梁原设计尺寸和外观改变较小，保证了桥梁景观的协调性。

（4）与体外预应力束加固方案相比，工程费用低。

该方案的缺点是：钻孔是该方案的关键环节，控制有一定难度，需要有施工经验及相应设备的专业公司进行施工。

4. 支座内移

如图 7-7 所示，调整支座的位置，将两侧支座内移，减小盖梁悬臂端的受力。

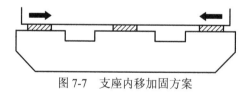
图 7-7 支座内移加固方案

该方案的优点有以下几方面。

（1）改善了悬臂端的受力情况。

（2）不改变桥梁外观。

该方案的缺点有以下几方面。

（1）操作难度极大。

（2）彻底改变了桥梁现阶段的受力情况，带来后期的一系列问题。

5. 填充悬臂端

在桥墩承台处立模，在桥墩两侧浇筑钢筋混凝土，填充原来的悬臂端。

该方案的优点是：大大改善了悬臂端的受力情况，并消除了盖梁悬臂端。

该方案的缺点有以下几方面。

（1）墩身较高，后浇混凝土对盖梁加固作用不大，且浇筑钢筋混凝土还需要重新立模，有一定养护时间，施工周期较长。

（2）改变了桥梁的墩身外形，构造不美观。

7.2.4 加固方案确定

将安全性、耐久性作为基本考虑点，以不改变现阶段结构的受力情况为出发点，并结合经济性、施工操作难度、加固时间等，经过综合比较，确定采用方案 3，即体内钻孔张拉预应力束+填补槽口加强方案。考虑对已有裂缝的不同效果，采用先张后填法一次张拉预应力束的实施方案，即在桥墩盖梁两侧施加横向体内预应力束及在墩顶凹槽处连接钢筋浇筑混凝土。该方案可以满足结构的安全性和耐久性要求，施工风险及困难均在钻孔阶段。通过咨询一些施工单位，钻孔精度可以达到要求，具有可操作性。加固措施如下。

（1）用钻机在盖梁两侧钻孔，水平向从两侧各打 3 个直线孔，在盖梁两侧悬臂下斜向上往凹槽各打 6 个孔，在盖梁凹槽处采用半径为 4 m 的弯钢管连接，以形成弯起钢束孔，采用 6 根 15 束公称直径 15.24 mm 的钢束两端弯起两端张拉，钢束的直线部分从盖梁凹槽处穿过以抵抗该处较大的横向拉应力。钢束的弯起部分从盖梁挑臂根部处穿过，以抵抗由边支座引起的该处较大的竖向剪力。

（2）将端部凿开并放置锚具及钢筋网片，凹槽处凿出原盖梁钢筋焊接补强，浇筑锚下及凹槽处的混凝土，同时对未穿钢束的孔洞注浆填充。待混凝土强度达到 90%的设计强度时张拉预应力束。盖梁两侧补齐钢筋并浇筑封锚混凝土。封锚处的钢筋布置为：下缘配置上下两层 $\phi32$ 钢筋，横向间距为@100 mm 的束筋，从而可以减小挑臂端部由纵向拉应力引起的裂缝，之后浇筑封锚混凝土，封锚后梁端高度增加至 1.8 m，如图 7-8 所示。

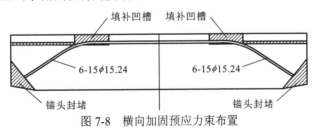

图 7-8 横向加固预应力束布置

7.3 墩柱加固方法

7.3.1 增大截面加固法

增大截面加固法是增大桥墩截面面积和配筋的一种常规加固方法，其不仅可以提高被加固桥墩的承载能力，还可以加大其截面刚度，改变自振频率，改善正常使用阶段的性能。该方法施工工艺简单，应用面广，但是现场湿作业工作量大，施工周期较长，对结构的正常使用有一定的影响；另外，由于截面面积的增加，结构的使用空间减少，结构的自重增大。在墩柱的强度、刚度、稳定性和抗裂性能不足，并且空间允许的情况下，可采用增大截面的加固方法。根据加固材料和加固工艺的不同，增大截面加固法可分为外包混凝土加固法和喷射砂浆加固法。

1. 外包混凝土加固法

外包混凝土加固法是在原有柱子的表面外包混凝土并增加纵向钢筋和箍筋，如图 7-9 所示，通过在原桥墩上植筋，绑扎钢筋以形成钢筋骨架，然后再浇筑混凝土，将新旧混凝土形成一个整体共同作用，既可以对已存在的裂缝有所补救，同时又能防止裂缝的发展和新裂缝的产生，对加固因受剪产生裂缝的桥墩效果显著。在外包厚度较小时，可应用喷射混凝土技术。增加的箍筋可提高柱子的剪切强度及延性性能；而纵向钢筋能否提高柱子的弯曲强度，则取决于纵筋是否锚固在原有墩柱盖梁及承台中，如图 7-10 所示。若纵筋在承台表面即被切断，则弯曲强度不会增加。由于外围混凝土和箍筋对核心混凝土的约束作用，柱子延性将有所提高。混凝土具有较大的可塑性，可以对各种截面形式墩柱进行加固，且加固方式可采用全截面加固法和部分截面加固法。混凝土外包加固法在设计构造方面必须解决好新加部分与原有部分的整体工作共同受力问题。

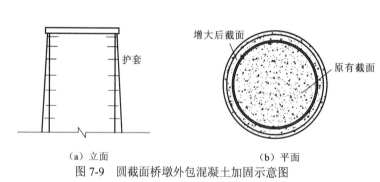

（a）立面　　　　　（b）平面
图 7-9　圆截面桥墩外包混凝土加固示意图　　　图 7-10　纵向钢筋锚固细部构造

外包混凝土加固法取材方便，施工技术简单，加固效果稳定可靠。但这种方法现场湿作业多，施工周期长，对原结构影响较大，如因截面增大而影响原有建筑效果，减小使用空间，增加结构自重，有时甚至会因结构自重的增加而必须对原结构的基础进行附加加固，从而大大增加加固成本，延长施工时间。另外，随着刚度的增大，地震力作用下对结构产生的损害也将增大。外包混凝土法在公路桥墩的加固中运用得相对比较成熟，针对铁路重力式桥墩的特点，修复加固除了恢复承载力、增加延性、提高抗震能力，还要考虑增大桥墩的刚度，减小桥墩的横向振幅，也应对墩底锚固效果进行研究。

图 7-11 所示为某外包混凝土加固桥墩实例，该桥部分桥墩墩柱与桩基结合部出现混凝土剥落、蜂窝露筋等现象，受力钢筋已开始锈蚀。桥墩墩柱根部与桩基结合部混凝土剥落厚度为 1～10 m。根据墩柱根部混凝土剥落情况及墩柱的结构形式，拟对墩柱根部采用外包混凝土加固法进行加固。其主要步骤是在桩顶周圈植入补强主筋，在主筋上绑焊环形箍筋，形成钢筋笼，在钢筋外立模板，浇筑补强混凝土。该方法操作容易，施工质量容易得到保证。原墩柱受力主筋被新增外包混凝土重新封闭，可以有效地防止锈蚀。

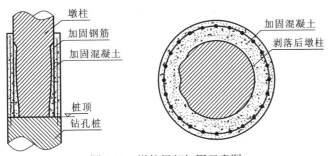

图 7-11　墩柱根部加固示意图

2. 喷射砂浆加固法

喷射砂浆加固法即在原有桥墩表面设置致密的钢筋网，采用掺有纤维的高性能砂浆喷射覆盖，最后用涂料进行外表面保护，实现对桥墩的增大截面加固。将钢筋网与砂浆联合使用，可很好地在结合面上传递拉应力和剪应力，同时在高速喷射状态下能使砂浆进入待加固的孔隙和裂缝中，使原结构得到一定程度的恢复，能大幅度地提高原有桥墩的承载力，加强整体性，这种加固技术在日本称为喷射纤维砂浆加固法。

喷射砂浆加固法具有以下特点。

（1）适用于重型施工机械不便操作及施工空间有限制的桥墩加固，加固技术简单；钢筋网的设置采用人工完成，无须大型设备，将纤维砂浆在地面经搅拌机拌和后用高压气体通过软管来输送，无须烦琐的施工工艺和特殊的施工技术，施工易操作。

（2）砂浆属于无机胶凝材料，与混凝土材性十分接近，故不会形成材质不相容的隔离层，它比有机加固材料更抗老化、耐久性更好，它与基材的协调性、相互渗透性更好。

（3）相比于混凝土外包加固法，该方法较大幅度地减少了加固后的截面面积，减轻了自重。

（4）这一加固材料中的砂浆既是胶黏材料也是保护层材料，无须另做防火保护层。

7.3.2　体外预应力加固法

体外预应力加固法由于预应力的作用可以将裂缝中的恒载效应抵消一部分，从根本上解决桥墩产生裂缝的问题，改变墩身受力状况。体外预应力加固施工工艺复杂，对原结构损伤小，在自重增加小、能够大幅度改善和调整结构的受力状况下，提高其结构刚度和抗裂性，既可以对已存在的裂缝有所补救，又能防止裂缝的发展和新裂缝的产生，是一种主动的加固方法。它尤其适用于已经开裂或要求提高抗裂性的桥墩加固，不宜用于处在高湿度环境下的混凝土结构或混凝土收缩徐变较大的混凝土结构的加固。目前用于预应力加固的材料主要为钢丝束、钢绞线和FRP，预应力施加方式为纵向和横向。

1. 桥墩横向裂缝的预应力加固技术

由于车辆竖向及水平冲击荷载、温度荷载、墩柱桩基的不均匀下沉及施工缺陷等因素引起的桥墩横向裂缝，可采用竖向预应力加固技术，通过在桥墩上钻孔施加竖向预应力，增加桥墩压应力储备，增大安全系数，间接提高结构耐久性和安全性。唐俊等（2010）介绍了采用竖向预应力锚索加固旧桥墩的工程实例，关键工艺包括钻孔、安装锚索、锚固灌浆及张拉，这种通过施加竖向预应力锚索的加固方式有效地抑制了桥墩横向裂缝的发展，提高了桥墩的承载力。

2. 桥墩竖向裂缝的预应力加固技术

桥墩由于顶部配筋不足、支座位置布置不当，混凝土收缩变形及使用荷载增加等因素引起的竖向裂缝，可采用横向张拉高强钢丝束或环向预应力加固技术来加固原有桥墩，利用体外导入预应力，对墩身形成压力和弯曲力矩，从而改善墩身的应力，加固效果良好。

3. FRP 横向预应力加固技术

Yammkaua 等（2005）提出的夹钳式方法对 FRP 片材施加预应力，并进行了横向预应力 FRP 布加固混凝土桥墩的力学性能试验研究，通过旋紧螺栓施加和控制预应力，如图 7-12 所示。预应力 FRP 布加固混凝土墩柱可以弥合既有裂缝，有效提高墩柱的耐久性，因此该技术适用于铁路与公路桥梁中大尺寸混凝土墩柱的加固。研究还表明，碳纤维增强复合材料（CFRP）片材最适合于混凝土墩柱的预应力加固，将预应力技术应用到钢筋混凝土墩柱的加固中，对减小与抑制裂缝的发展具有重要的作用。

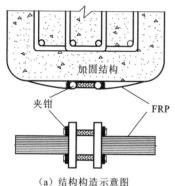
（a）结构构造示意图

（b）施工图

图 7-12　FRP 横向预应力加固技术

7.3.3　钢套管加固法

钢套管加固法是在桥墩周围外包钢套管，在钢套管内部与桥墩之间填充高性能砂浆或混凝土的一种加固方法，钢套管仅承受横向力，其作为横向约束对钢筋混凝土墩柱施以横向约束。将钢管与盖梁和基础之间预留缝隙，避免纵向应力直接传递到钢管纵向上，以及在反复荷载作用下产生局部应力集中，钢套管加固技术的端部处理如图 7-13（a）所示。由于能够对核心混凝土进行有效约束，使用钢套管修复加固可以大大提高桥墩的抗剪强度、延性和轴向承载力。这种修复法特别适用于大跨桥梁的加固，以及使用上不允许增大原始构件截面尺寸，却又要求大幅度地提高截面承载力、增加延性和刚度的构件。该方法的优点是施工简便，现场工作量较少，受力可靠；缺点是用钢量较大，维修费用较高，不宜用在具有腐蚀介质的环境中。

对于圆截面墩柱，可使用两个稍大于柱直径的滚压成型半圆薄壁钢壳，放置在需要加固的位置并现场焊接其竖向接口，用水泥砂浆充填焊接钢管与既存墩柱之间的空隙，如图 7-13（b）所示。对于矩形或方形桥墩的加固，如果采用与原截面形式相同的钢套管加固，柱墩产生较大的侧向位移时，钢套管很容易发生塑性铰区域的屈服，建议采用椭圆形钢套管的加固方式，以提供类似于圆柱套管的连续约束作用，加固结构之间的空隙可用同强度等级混凝土进行填充，如图 7-13（c）所示。一般对桥墩可采用外包压型钢板钢套管，钢套管与原桥墩一般留设 10～30 cm 空隙，采用微膨胀混凝土或微膨胀砂浆填实，为实现新旧材料的共同工作，可采用在原柱周边植筋与钢套内壁焊接的方法解决。

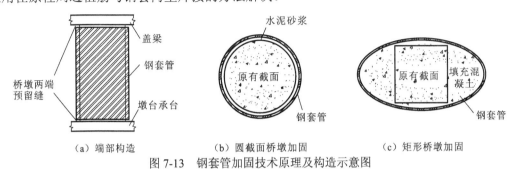

（a）端部构造　　　　（b）圆截面桥墩加固　　　　（c）矩形桥墩加固
图 7-13　钢套管加固技术原理及构造示意图

外包钢套管对圆形截面的约束提高效果最好；对于方形或矩形截面，宜进行截面的形状处理，使加固截面接近圆形。外包钢套管修复法在研究与工程实践中，提出了变矩形为椭圆形截面的方法，该方法使原矩形桥墩的极限承载力提高较大，延性性能良好，为后来采用即修复加固矩形截面桥墩提供了一种新型改进方法。

利用外包钢套管修复震后破坏的空心矩形桥墩的试验结果表明，修复后柱的承载力能够达到原始柱承载力水平，延性性能、耗能性能等显著提高。

钢套管加固法的优点是施工简便，现场工作量较少，受力较为可靠；缺点是用钢量较大，维修费用较高，不宜用在具有腐蚀介质的环境中。

7.3.4　粘贴纤维增强复合材料加固法

在钢筋混凝土桥墩的加固和修复中，粘贴纤维增强复合材料（FRP）的包裹方向分为两种，即沿桥墩横向和竖向。横向包裹的 FRP 材料可起到与箍筋相似的作用，对核心混凝土形成有效约束，提高桥墩的抗剪强度和延性，提高轴压承载力，显著提高结构的耗能能力，改善其抗震性能。而竖向的 FRP 主要是提高桥墩的抗弯能力。FRP 对圆形或矩形或截面的约束作用有较大的差别。图 7-14 为 FRP 包裹不同截面形式构造的示意图。FRP 横向包裹约束圆形截面时，FRP 沿着圆周对混凝土提供了均布的侧向约束力，整个截面都能得到均匀有效的约束，约束效果较好，强度和延性的提高都很显著。FRP 约束矩形或方形截面时，由于其侧向刚度较小，FRP 在截面边长的中部会因为混凝土的膨胀向外弯曲，对应部分的混凝土无法得到有效的约束，而截面角部相当于支点，相邻角部的弧形区域形成拱，由于这一作用，角部及截面中心部分尚能得到较好的约束。所以，在矩形或方形桥墩截面加固时，要尽量使倒角半径大些，以得到更好的加固效果。

粘贴纤维增强复合材料加固技术的优点是粘贴纤维增强复合材料轻质高强、耐腐蚀，适用面广，施工速度快，维护费用低，施工过程中不需要大型机具，用于补强加固时对原结构几乎没有影响，加固修补效果及耐久性好，缺点是材料价格较贵，防火性较差，对结构表面平整度要求较高，对处于潮湿环境或水下混凝土结构加固效果不明显。这种方法广泛适用于曲面和任意形状的混凝土桥墩的抗剪、抗震、耐腐蚀加固，耐冲击加固。

粘贴纤维增强复合材料加固法尤其适合桥墩因设计施工缺陷、材料老化、荷载等级提高等导致的耐久性缺陷，承载力不足、抗震能力不足及地震灾害后结构损伤的修复。图 7-15 所示为利用粘贴纤维增强复合材料加固混凝土桥墩的实例。

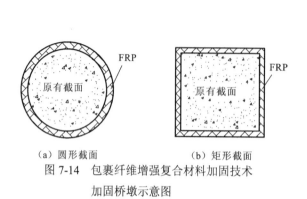

（a）圆形截面　　　　　（b）矩形截面

图 7-14　包裹纤维增强复合材料加固技术
加固桥墩示意图

图 7-15　粘贴纤维增强复合材料加固
钢筋混凝土桥墩现场图

粘贴纤维增强复合材料加固法施工工艺简便快捷，原结构截面几乎没有任何改变，加固补修效果及耐久性好。

7.3.5　钢筋混凝土套箍加固法

当桥墩结构承载能力不足、施工质量不好、水流冲刷磨损、风化剥落、排水不良及其他因素如地震、火灾、船舶和漂浮物撞击等造成损坏、变形、侧移及鼓肚等各种病害时，可以对有缺陷的桥墩采取外围浇筑一层钢筋混凝土箍套的方法进行加固补强。原则上，钢筋混凝土箍套厚度不宜小于 10～15 cm，并注意通过植入钢筋、布设化学锚栓与原结构形成整体（图 7-16）。常用的钢筋混凝土箍套加固法流程是：在桥墩上按一定间距钻孔；在桥墩上植筋或布设化学锚栓；布设钢筋网；布设模板、现浇混凝土对桥墩形成套箍，或采用喷射混凝土法施工。

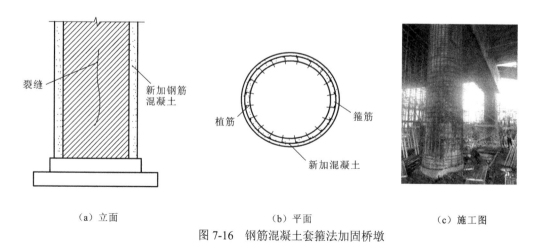

（a）立面　　　　　　　　　（b）平面　　　　　　　　（c）施工图

图 7-16　钢筋混凝土套箍法加固桥墩

7.4 桥台加固方法

7.4.1 撑壁加固法

对因墩台尺寸不足，难以承受台背土压力而往桥孔方向产生倾斜或滑移的埋置式桥台，可采用修筑撑壁加固法进行加固，如图 7-17 所示。

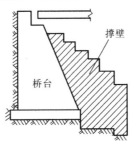

图 7-17 撑壁加固埋置式桥台示意图

对于单孔小跨径桥台，为防止桥台滑移，可在两台之间加建水平支撑，如整跨浆砌片石撑板，或用钢筋混凝土支撑梁进行加固。

7.4.2 增建辅助挡土墙加固法

对于因桥台台背水平土压力太大而引起的桥台倾斜，应设法减小桥台后壁的土压力，可在台背加建一挡土墙，以增强挡土能力，如图 7-18 所示。

图 7-18 增建辅助挡土墙加固示意图

7.4.3 减轻荷载法

筑于软土地基上的桥台，常由于填土较高而受到较大侧向土压力作用，从而使桥台产生前移，以致发生倾斜。此时，一般可更换台背填土，减小土压力，即采用减轻桥台基础所受荷载的方法进行加固，如图 7-19 所示。

7.4.4 加柱（桩）加固法

竖向承载力不足时可采用加柱（桩）加固法。一般可在台前增加一排桩，并浇筑盖梁，以分担上部结构传来的力。打桩或钻孔桩时可利用原桥面作脚手架，在桥面开洞、插桩。盖梁可单独受力，也可联结旧盖梁、旧桩共同受力。

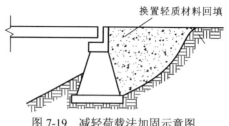

图 7-19　减轻荷载法加固示意图

7.4.5　增厚台身加固法

梁式桥台背土压力过大，台身强度不足，桥台向桥孔方向位移时采用增厚台身加固法。可挖去台背填土，加厚台身（桥台胸墙），施工时注意新旧混凝土结合牢固。

7.4.6　更换台后填土并加便梁加固法

为减轻桥后水平压力，需用具有大的内摩擦角的大颗粒土壤或干砌片石、砖石等更换桥台后面填土，同时在台后新增架设便梁。

7.4.7　工程实例：通车条件下高填土桥台倾斜综合整治对策

桥台受土压力作用向前倾斜的现象较为常见，加固处理的方式有很多，成功的经验也有很多。但高填土桥台在半幅通车情况下进行加固，确有不少困难。既要使加固效果好，费用少，又要基本维持通车，这是既对立又统一的问题。如何做到最大程度的统一，是设计人员需要费脑筋的事。

1. 病害情况

圆墩大桥位于国道 324 线广东省汕尾市海丰县境内 K766+899 km 处跨越圆墩河，上部结构为：4×16 m+3×30 m+2×16 m 简支 T 形梁，大桥全长 191.94 m，桥宽 15 m。下部结构采用双柱式墩台，1.2 m 直径的钻孔灌注桩基础，1992 年通车。十多年来，由于交通量剧增，超重车频繁，经检查发现，两个桥台均向河中倾斜，伸缩缝已不存在，台背已将 T 形梁端部顶紧，并已将部分梁端混凝土压碎，最大破碎脱落长度约为 45 cm，深度为 8 cm，破碎处钢筋外露变形、生锈。原边跨另一端的缝隙也不存在，且两端板式橡胶支座，已严重变形为上下错开约 45°，见图 7-20。由于桥台前倾，造成后台填土下沉约 20 cm，搭板脱空、破碎，台前护坡也有损坏，虽经多次填补，仍然跳车严重，且病害仍在继续发展，已严重威胁边跨梁上、下部结构的使用安全。必须尽快采取措施加固，否则两边桥墩也将被推倾斜。但如果中断交通，附近无便道可修，该线路将无法通行，每天的收费损失相当严重，因此应采取两者兼顾的方案加以解决。

2. 病害诊断

该桥加固前，业主已委托相关单位做过"特殊检查"。由于桥台为 1.2 m 的双柱式轻型桥

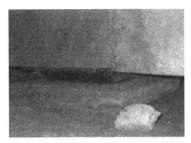

图 7-20　桥台前倾引起的支座变形

台，盖梁长 16 m，台背及盖梁总高 2.8 m，填土高度 8 m，盖梁以下有锥形护坡。从设计上讲，这种宽度及高度的填土，仅靠两根 1.2 m 直径、大部埋在细砂土中的无承台摩擦桩柱及台前护坡抵抗台后土压力是有缺陷的。实际上，造成该桥台前倾的土压力主要来自盖梁底部以上 2.8 m 的填土，这相当于一堵长 16 m、高 2.8 m 的实体挡土墙，台后填土又不符合要求，这部分的土压力就已相当大，是造成桥台前倾的主要原因。下面的土压力虽大，但作用面只有两根桩柱，且还有护坡帮助抵抗，因此还需设法减少台后的土压力。

3. 加固对策

主要考虑采用加桩加固。

方案 1：在台前加桩并设支撑肋，如图 7-21 所示，可取得较好的效果，也不影响通车，但台前开挖非常危险，因此在台前加桩不可能。

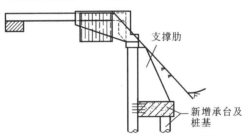

图 7-21　台前加桩并设支撑肋示意图

方案 2：台后加桩并设扶壁墙，如图 7-22 所示，也可取得较好的加固效果，但需从台后下挖较深才能做新承台及扶壁，从而必须挖断台后路基，中断交通，工期较长，工程量大，工程费用加交通损失费较高，业主难以接受。

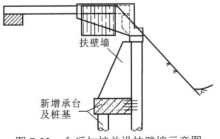

图 7-22　台后加桩并设扶壁墙示意图

方案 3：本着又要使加固效果好、还要不中断通车和节省费用的原则，经计算分析及方案比较，最终采用以下多种措施加固桥台，如图 7-23 所示。

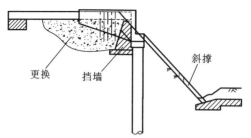

图 7-23　台前加斜撑台后设挡墙示意图

（1）在台前的护坡面上设置三道斜撑，桩柱处各一道，中间一道，斜撑下设扩大基础，以抵抗盖梁传来的水平力。结合基底地质情况，经计算确定斜撑及基础的尺寸及配筋。

（2）为减少后台土压力，轮流分半幅开挖后台路基，将搭板下破坏棱体范围内的砂土更换为砂砾石，深度到盖梁底面，约在搭板垫层下 2.3 m 处，同时在台后设置浆砌片石挡墙承受土压力。通车的另外半幅纵向设浆砌片石挡墙或临时支护，以维持通车免受相邻半幅路基开挖施工影响。斜撑与盖梁的植筋连接，在后台开挖后、回填砂砾石之前进行，以便更有效地发挥斜撑的作用。随后重做搭板和路面。这样，由盖梁传给斜撑的水平力将显著减小。

（3）后台半幅轮换施工及桥下斜撑和基础施工完成后，割开梁的两端被顶紧或连接部分，在 7 片梁下设置千斤顶，整体顶升更换边跨梁全部支座，再重做伸缩缝及桥面连续。

4. 实施方案的受力分析

将桥台作为对象，分析桥台所受的水平力，为斜撑设计提供依据。如图 7-24 所示，桥台所受的水平力分为台前和台后。台后有：台后填土主动土侧压力 $E_2 = E_2' + E_2''$；车辆引起主动土侧压力 $E_3 = E_3' + E_3''$。E_2'、E_2'' 分别为台后填土主动土侧压力分配到台背及台帽部分及桩基部分的水平力；E_3'、E_3'' 分别为车辆引起主动土侧压力分配到台背及台帽部分及桩基部分的水平力；台前有：台前 1/1.5 锥坡填土主动土侧压力 E_1；斜撑顶部水平反力为 P。

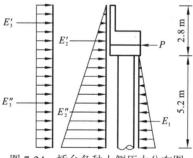

图 7-24　桥台各种土侧压力分布图

由桥台的水平力平衡得

$$P = E_2 + E_3 - E_1 = E_2' + E_2'' + E_3' + E_3'' - E_1$$

根据方案 3 的设计意图，为了减少斜撑顶部的水平力，以便减少斜撑工程量，在台后设置一矮挡墙，以承受分配到台背及台帽上的水平力 E_2' 及 E_3'。

该部分的填土深度虽然不大，但桥台计算宽度较大，为一实体墙全宽，水平力较大。因此斜撑顶部实际承受水平力：

$$P = E_2'' + E_3'' - E_1$$

下面通过定量计算分析，使这一方案更加明朗。

台前锥坡及台后填土为砂性土，容重 $\gamma = 18\ \text{kN/m}^3$，内摩擦角为 $\phi = 30°$，车辆荷载的等代均布土层厚度 $h = 1.2\ \text{m}$，桥台与填土的摩擦角 $\delta = \dfrac{1}{2}\phi = 15°$，锥坡填土表面与水平面的夹角 $\beta = -\arctan\dfrac{1}{1.5} = -33.7°$。

台后填土主动土侧压力系数：

$$\mu = \frac{\cos^2\phi}{\cos\delta\left[1 + \sqrt{\dfrac{\sin(\phi+\delta)\sin\phi}{\cos\delta}}\right]^2} = \frac{\cos^2 30°}{\cos 15°\left[1 + \sqrt{\dfrac{\sin(30°+15°)\sin 30°}{\cos 15°}}\right]^2} = 0.301$$

锥坡填土主动土侧压力系数：

$$\mu = \frac{\cos^2\phi}{\cos\delta\left[1 + \sqrt{\dfrac{\sin(\phi+\delta)\sin(\phi-\beta)}{\cos\delta\cos(-\beta)}}\right]^2} = \frac{\cos^2 30°}{\cos 15°\left[1 + \sqrt{\dfrac{\sin(30°+15°)\sin(30°+33.7°)}{\cos 15°\cos 33.7°}}\right]^2} = 0.218$$

（1）作用在台背及台帽上的水平力：桥台计算宽度 $B = 16\ \text{m}$，台背及台帽高 $H = 2.8\ \text{m}$。

$$\begin{aligned}
E_2' + E_3' &= \frac{1}{2}B\mu\gamma H^2 + B\mu\gamma hH = \frac{1}{2}B\mu\gamma H(H + 2h)\\
&= \frac{1}{2} \times 16 \times 0.301 \times 18 \times 2.8 \times (2.8 + 2 \times 1.2)\\
&= 631\ \text{kN}
\end{aligned}$$

即后台矮挡墙承受总水平力为 631 kN。

（2）作用在两根桩基上的水平力：见图 7-25，桩基横向间距大于桩径，计算宽度取 $B = 4d = 4 \times 1.2 = 4.8\ \text{m}$，地面以上桩基高 $H = 5\ \text{m}$。

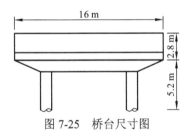

图 7-25　桥台尺寸图

台帽底部单位土压力：$0.301 \times 18 \times 2.8 = 15.17\ \text{kN/m}^2$。

地面处单位土压力：$0.301 \times 18 \times 8 = 43.34\ \text{kN/m}^2$。

$$E_2'' + E_3'' = \frac{1}{2} \times (15.17 + 43.34) \times 4.8 \times 5.2 = 892.5\ \text{kN}$$

（3）台前锥坡对桩基产生水平力：同样，计算宽度 $B = 4.8\ \text{m}$，桩基高 $H = 5.2\ \text{m}$。

$$E_1 = \frac{1}{2}B\mu\gamma H^2 = \frac{1}{2} \times 4.8 \times 0.218 \times 18 \times 5.2^2 = 254.6\ \text{kN}$$

则斜撑顶部实际承受总水平力：

$$P = E_2'' + E_3'' - E_1 = 892.5 - 254.6 = 637.9\ \text{kN}$$

按此设计斜撑最不利截面及基础的尺寸和配筋，由此可知，若后台不设矮挡墙，斜撑顶部的水平力将增大近一倍。

高填土桥台因台后土压力前倾，在维持通车的条件下，上述加固方法是切实可行、有效的。采用台前、台后综合治理，措施明确，既节省投资，又极少占用桥下空间位置，加固效果也较好。如果采用其他方法，相较于以上方法，有工程量大、全部中断交通、加固效果难以保证等缺点。本案例可为此类病害和施工条件的桥台加固提供参考。该桥全部加固施工完成后台前斜撑见图7-26。

图7-26 加固后的台前斜撑

7.5 基础加固方法

7.5.1 桥梁基础存在的问题

桥梁基础分为浅基础和深基础两类。浅基础可分为刚性扩大基础、单独和联合基础、条形基础、筏板和箱形基础；深基础可分为桩基础、沉井基础、混合基础。

1. 基础沉降和不均匀沉降

深基础都是采用嵌岩或埋入地下较深层，它所表现的沉降或位移在施工中是逐级表现的，并且在使用1～2年内达到稳定。除非特殊的外界力（如地震、滑坡等）的作用，一般它们的强度、变形和稳定性都能达到工程要求。

浅基础由于埋设浅、结构简单，施工方便、造价较低，是建筑物最为常见的基础形式。在地基压密或软土地基上的桥梁，往往出现沉降特别是不均匀沉降，对桥梁结构产生极大的危害，应加以观测、分析并做好防范工作。

2. 基础滑移和倾斜

（1）基础由于经常受到洪水冲刷而发生滑移，一般与洪水冲刷深度有密切关系。因此，关键问题在于如何确定洪水冲刷深度。

（2）由于河床在种种因素影响下，桥台前临河面地基土层的侧向压力减小，使基础产生侧向滑移。

（3）桥台基础的地基强度弱化、台背高填方路堤，如果处理不当往往会造成主动土压力过大使桥台前倾；或者土体下沉，使桥台台座前移或台顶后仰，导致基础移动、桥台倾斜。

（4）沉井和桩的抗滑移性能较好，但也有滑移和倾斜的可能。

3. 基础底面压力分布异常

刚性基础的底面压力分布与荷载、基础深度、地基刚度分布等有关。基面压力分布不当，将引发基础开裂等病害，如图 7-27、图 7-28 所示。

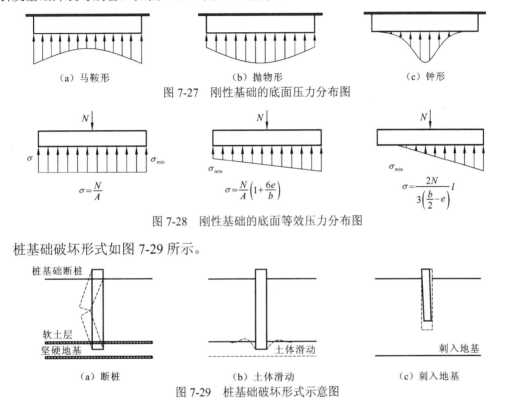

（a）马鞍形　　　　　　　（b）抛物形　　　　　　　（c）钟形

图 7-27　刚性基础的底面压力分布图

$$\sigma = \frac{N}{A}$$

$$\sigma = \frac{N}{A}\left(1 + \frac{6e}{b}\right)$$

$$\sigma = \frac{2N}{3\left(\frac{b}{2} - e\right)}l$$

图 7-28　刚性基础的底面等效压力分布图

桩基础破坏形式如图 7-29 所示。

（a）断桩　　　　　　　（b）土体滑动　　　　　　　（c）刺入地基

图 7-29　桩基础破坏形式示意图

7.5.2　桥梁基础加固方法

墩台基础加固的常用方法有：扩大基础加固法、增补桩基加固法（打入桩或钻孔灌注桩）、静压桩加固法和灌浆法等。

1. 扩大基础加固法

扩大桥梁基础底面积的加固方法，称为扩大基础加固法。该法适用于基础承载力不足，或埋置太浅，而墩台又是砖石或混凝土刚性实体式基础的情况。扩大基础底面积应由地基强度验算确定。当地基强度满足要求而缺陷仅仅表现为不均匀沉降变形过大时，采用扩大基础面积的方法进行加固，主要由地基变形计算来加以选定。

在刚性实体式基础周围加石砌圬工或混凝土，以扩大基础的承载面积，如图 7-30 所示。扩大基础加固法可按下列顺序进行。

（1）通常在必须加宽的范围内先打板桩围堰，如墩台基底土壤不好时，应做必要的加固。

（2）挖去堰内土壤至必要的深度，以保证墩台的安全。

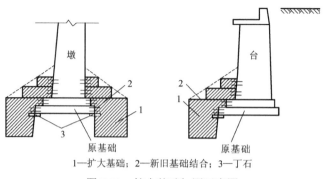

1—扩大基础；2—新旧基础结合；3—丁石

图 7-30　扩大基础加固示意图

（3）在堰内把水抽干后铺砌石块（浆砌），或做混凝土基础。

（4）新旧基础要注意牢固结合，施工时可加设连接（锚固）钢筋或插以钢销，以使加固扩大基础和旧基础牢固地结合成一个整体。

（5）立模，浇筑混凝土并养护。

对于拱桥，可在桥台两侧加设钢筋混凝土实体耳墙，并将耳墙与原桥台用钢销联结起来，从而达到增大桥台基础面积、提高桥台承载力的目的。加固后耳墙与原桥台联结在一起，因此，既增加了竖向承压面积，又由于耳墙的自重而增加了抗水平推力的摩阻力，如图 7-31 所示。

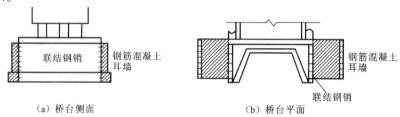

（a）桥台侧面　　　　　　　　　（b）桥台平面

图 7-31　拱桥桥台加设耳墙

当拱脚前有一定的填土时，可在台前加建新的扩大基础，并可将改建为变截面的拱肋支承到新基础上，新基础与原基础之间用钢销进行联结，有条件时在台前新基础上增加短桩，以提高承载力，如图 7-32 所示。

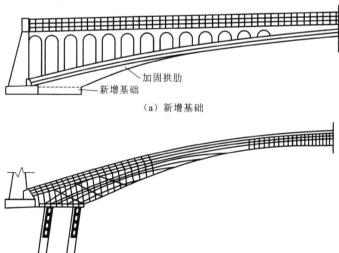

（a）新增基础

（b）增加短桩

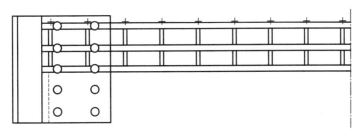

（c）平面布置

图 7-32　拱桥桥台加固

2. 增补桩基加固法

在桩式基础的周围补加钻孔桩或打入钢筋混凝土预制桩并扩大原承台，以此提高基础承载力，增加基础稳定性。这种加固法称为增补桩基加固法，如图 7-33 所示。

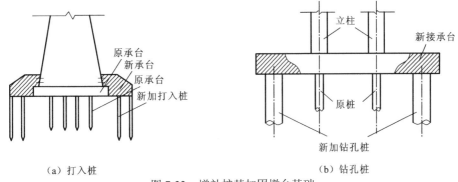

（a）打入桩　　　　　　　　　　　　　　（b）钻孔桩

图 7-33　增补桩基加固墩台基础

增补桩基加固法需要保证新加桩基与原有墩柱通过承台连接成一个整体，因此，一般将承台范围内原墩柱混凝土表面凿毛，要求打成网状沟槽，沟槽深度不小于 6 mm，间距不大于 150 mm；原墩柱混凝土表面凿毛后应冲洗干净，浇筑混凝土前，原墩柱混凝土表面用水泥浆等界面剂进行处理，以加强新旧混凝土的结合。新加桩基顶部高出锥坡处在承台下面用浆砌片石围挡。

图 7-34 所示为某桥增补桩基加固应用实例，通过加桩，增设十字托梁，加强对承台的支撑，改善承台的受力状况，稳定承台的开裂及变形，以保证结构安全。在承台两对称轴上增加 4 根钻孔灌注桩，上设 2 片交叉的托梁支撑承台。加桩，托梁布置要求对称，桩中距满足支承桩的要求，加桩桩径为 1.5 m。由于淤泥层较厚，加桩按支承桩设计；托梁采用预应力混凝土结构。

增补桩基法加固墩台基础的优点是不需要抽水筑坝等水下施工作业，且加固效果显著。该法缺点是需搭设打桩架和开凿桥面，对桥头原有架空线路及陆上、水上交通均有影响。

对单排架桩式桥墩采用打桩（或钻孔灌注桩）加固时，如原有桩距较大（在 4~5 倍桩径时），可在桩间插桩。如原有桩距较小且通航净跨允许缩小时，可在原排架两侧增加桩数，成为三排式的墩桩。

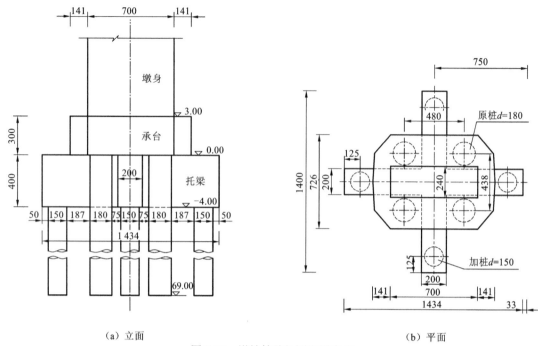

（a）立面

（b）平面

图 7-34　增补桩基加固应用实例

尺寸单位：cm

如在桩间加桩，可凿除原有盖梁并浇筑新盖梁，将新旧桩顶连接起来。但此时必须检查原有盖梁在加桩顶部能否承受与原来方向相反的弯矩，如不能承受则必须加固原有盖梁或重新浇筑盖梁。加固原有盖梁时，可在盖梁顶部增设钢筋。

当桥台垂直承载力不足时，一般可在台前增加一排桩并浇筑盖梁，以分担上部结构传来的压力。打桩（或钻孔桩）时，可利用原有桥面作脚手架，在桥台上开洞插桩。增浇的盖梁可单独受力，也可连接在一起，使旧盖梁、旧桩和新桩一起受力，如图 7-35 所示。

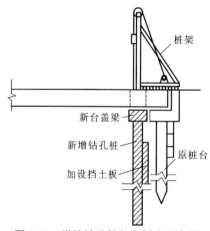

图 7-35　增补钻孔桩加固桥台示意图

3. 静压桩加固法

静压桩加固法是利用原桥的上部结构自重，以大吨位千斤顶，将预制桩无振动无噪声地嵌入土中。对一些结构良好的原桥实施下部结构的加固，通常受桥下净空影响，不能满足常规机械的进入，可采用千斤顶实现静压施工来解决。

确定补桩数量之后，使上部恒载与单桩下沉的极限阻力之比控制在 2:1~1.5:1。压入桩的承台与施工反梁合二为一，既为静压施工传递上部恒载的反梁，又为加固的桥墩提供一个新老桩基共同受力的承台。利用小体积大吨位的千斤顶，使该工艺在实践上具有可操作性。静压桩加固法的主要工艺流程为：承台（反梁）浇筑→基坑初步开挖→预制桩就位→静力压桩→接桩续压→桩台湿接。

设计与施工要点如下：合理划分方桩的节段长度，划分时要考虑千斤顶本身的高度与行程，河床与反梁的高差、节头构造对接桩空间的要求，同时尽可能减少规格；施压前在反梁顶面设置供观测用的千分表，第一节桩施压时要设置可靠的侧向限位措施，否则会偏斜；压桩垫块的高度要比千斤顶行程略小 2 cm，因千斤顶回油，桩身会反弹；尽可能缩短接桩的辅助时间，以免桩土固结而增大沉桩阻力；所有桩基终压前的处理要在桩顶与反梁之间施加预压力，再将主筋与反梁底的钢板相焊，最大限度地使新桩能与老桩一起共同承受上部荷载。

采用静压桩加固法，既能适应拱桥下的窄小空间，又能最大限度地保持原桥的设计风格与造型。静压施工无噪声、无振动，对原桥桩基无扰动，施工安全，承载力可靠。该工艺不仅可对桩柱式桥墩实施，对实体桥墩同样可进行加固，示意图如图 7-36 所示。

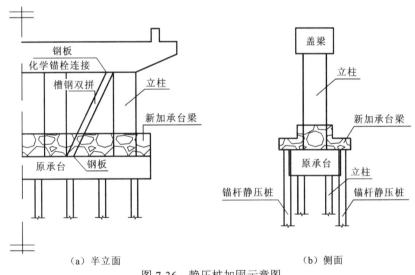

（a）半立面 　　　　　　　　　（b）侧面

图 7-36　静压桩加固示意图

4. 灌浆法

利用灌浆法加固桥梁基础是运用液压、气压、电化学原理，在压力作用下将浆液注入桥梁基础的裂缝和空隙中，从而达到填补裂缝、加固基础的目的。灌浆法的主要作用是通过灌浆来改善基础的化学性质及物理性质，在灌浆过程中，浆液渗透到裂缝和孔隙中，并形成浆脉，进而形成浆柱体，浆柱体与桥梁基础结合后形成复合基础，从而有效提高桥梁基础的承载能力，并减轻墩台不均匀沉降的问题。

灌浆法加固公路桥梁隧道基础的施工流程为：成孔→安放浆管和封堵孔口→搅浆→灌浆→待凝→成孔→安放灌浆管和封堵孔口→搅浆→灌浆→封孔。

对于多跨拱桥，为预防因其中某一跨遭到破坏使整体失去平衡而引起其他拱跨的连锁破坏，可根据情况，对每隔若干拱跨中的一个支墩采取加固措施。该方法是在支墩两侧加斜向支撑，或加大该墩截面，使得一跨遭到破坏时只影响若干拱跨而不致全部毁坏。受桥下净空影响，拱桥桥墩的加桩可采用静压加桩方法。

增补桩基加固墩台基础的优点是不需要抽水筑坝等水下施工作业，且加固效果显著。该方法的缺点是需搭设打桩架（或钻孔架）和开凿桥面，对桥头原有架空线路及陆上、水上交通均有一定的影响。

7.5.3 工程实例 1：拱桥扩大基础加固维修工程

1. 工程概况

某钢筋混凝土双曲拱桥，跨径组合为 6×30 m，桥梁全长 210 m。桥面净宽：净 6.0 m 行车道+（2×0.55 m）防撞护栏，全宽 7.1 m。桥梁设计荷载：汽车-超 20 级，挂车-120。

1）上部结构

上部结构采用钢筋混凝土双曲拱形式。

2）下部结构

下部结构采用钢筋混凝土墩台，扩大基础。该桥布置形式如图 7-37 所示。

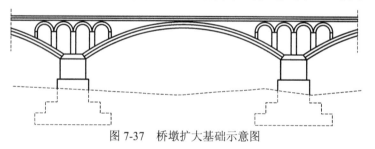

图 7-37 桥墩扩大基础示意图

2. 主要病害现状

该桥基础存在的主要病害为：桥墩、桥台渗水泛白，基础少许偏位。

1）墩台检查结果

墩台身混凝土渗水、泛白，如图 7-38 和图 7-39 所示。

图 7-38 墩身渗水泛白

图 7-39 台身渗水泛白

2）基础检查结果

经现场检测，该桥 2#、4#桥墩基础及 0#基础少许倾斜，基础周围填料松散。

3．病害成因分析

（1）墩台身混凝土渗水、泛白。现场检测结果表明，桥面系的损毁、拱上填料及拱波的破坏是造成墩台身混凝土渗水泛白的根本原因。雨水从桥面下渗到拱上填料，由拱波开裂造成进一步的下渗就产生了墩台身处的渗水现象；水对混凝土的长期作用是出现泛白的主要原因。

（2）基础倾斜。纵观该桥墩台处填料现状，存在填料松散现象，此外水流的长期冲刷作用使得墩、台的扩大基础地面填料不规律地缺失和松散，这是造成桥台及桥墩基础少许倾斜的直接原因。

4．加固维修措施

针对该桥基础填料的松散造成的基础倾斜病害，遵循施工方式简便、工程费用低和耐久性好等原则，该桥基础部位具体加固措施如下。

（1）对墩帽处损毁部分混凝土进行修补处理。

（2）对两侧桥台扩大基础进行基础注浆处理。

（3）为防止基础被进一步冲刷，对桥台及桥墩采用石笼防护。

5．施工要点

对该桥采取基础注浆、石笼防护、混凝土修补等处理措施，其加固施工技术要点如下。

（1）基础注浆：钢花管间距为 2.5 m，与承台基础距离为 50 cm。每根长度暂定 10 m，采用 110 mm 钻头冲击成孔钻进。

灌浆及浆液配置要求：灌浆压力控制在小于 0.8 MPa，采用 425 号普通硅酸盐水泥，水泥浆水灰比为 1∶1，灌浆扩散半径按 1.5 m 进行考虑。

（2）石笼防护：抛石所用的块石要求石质坚硬，遇水不易破碎或水解，石头强度等级≥MU80，软化系数 k≥0.75，密度不小于 2.65 t/m³，粒径为 0.15～0.45 m，单块重量不得小于 10 kg。不允许使用薄片、条状、尖角等形状的块石。

（3）混凝土修补：在混凝土破损区域清理完成及钢筋除锈、阻锈处理工作完毕后进行；按照桥梁维修加固相关规定及要求，采用环氧修补砂浆或环氧混凝土（对破损区域过大处使用）对破损区域进行修补，要求修补后结构表面平整密实。

所用环氧砂浆或环氧混凝土应具有较低的膨胀系数、收缩率和放热温度，并且还应具有较高的黏结力、硬度及抗冲击性能，环氧砂浆或环氧混凝土的配合比根据试验确定。

修补区域如处于潮湿状态，应采取相应措施使修补位置保持干燥，或选用能在潮湿状态下施工的材料，确保修补质量。

应根据材料物理化学特性、修补厚度及气候条件等因素做好养护工作。

7.5.4　工程实例 2：采用静压灌浆加固桥墩地基

广东省东源县蓝口东江大桥为 2×50 m 刚架拱＋5×16 m 简支 T 形梁,1997 年 4 月建成通车。但通车不久后出现刚拱架下挠、混凝土开裂等病害，1999 年 2 月对其中一跨刚架拱和 1 号主桥墩进行了重建和加固，2003 年 10 月又对另一孔刚架拱和主桥墩进行了加固，下面主要介绍 1 号主桥墩的加固情况。

1. 桥墩基础病害及原因

1 号主桥墩由重力式墩身、承台及双排桩基础组成。主要病害为桥墩下沉引起上部结构开裂。从原设计图及地质情况看，桩基为嵌岩桩，持力层为微风化花岗岩，但却明显下沉且沉降不稳定，估计是桩基深度不够或桩底清孔较差造成。过去已在承台下抛铺大量块石，但不起作用仍在下沉。

2. 加固方法

考虑到承台下已经抛铺大量块石，本次加固将分为两部分。

（1）抛石层加固，将承台及抛石层组合成一个扩大基础，支承于砂层上，以减少桩基所受外力，即对桩基进行部分卸载。

（2）下面的砂层加固，在桩基周围的砂层里面灌水泥浆，使之固结，增大桩基摩擦力，提高桩基承载力，阻止桩基础下沉。要求在枯水期施工。先施工抛石层，后施工砂层。抛石层和砂层的灌浆必须满足设计要求，灌满相应的范围，才能达到预期目的。

3. 抛石层加固

（1）首先靠人工抛填片石将承台下尚未填满的空间全部填实，工程数量中按高 1 m 的空间计抛石量。

（2）人工采用干混凝土草袋和黏土草袋，将抛石层表面铺砌封实，以防灌浆时漏浆，铺砌前应人工将抛石斜面找平顺。

（3）灌浆方法：采用钻杆注浆法灌注水泥浆。边喷灌边提升，让浆液填充空隙，包裹块石。

灌浆标准：填充石块间空隙，将石块固结成整体，提高承载能力，填充物 28 d 的抗压强度应大于 5 MPa。

浆液材料：425#普通硅酸盐水泥，粉煤灰（球磨灰，粒径越小越好），氯化钙，三乙醇胺。

灌浆范围：承台下所有抛石体。不同位置的孔深可能会不同，但要求钻孔至抛石体底部，图 7-40 中按平均 3.4 m 计。考虑抛石体间的空隙虽有砂填充，但渗透系数可能较大，初定浆液扩散半径为 0.8～1.0 m。

钻孔布置：按图 7-40 的孔位，分 A、B、C、D（A、B 与 C、D 对称）4 种不同的孔型钻斜孔。

临时工程：施工时需要围绕承台四周搭设工作平台。

4. 砂层加固设计

下面就砂层加固设计与抛石层加固设计的不同之处进行说明。

（1）抛石层注浆施工完成后，对其下 4.6 m 深的砂层进行灌浆加固。

（2）灌浆仍采用钻杆注浆法灌注水泥浆。

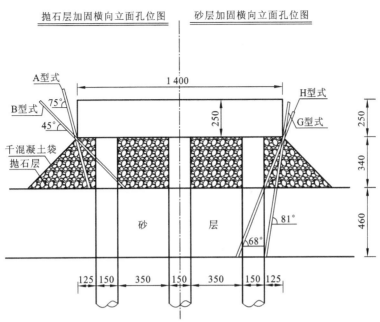

图 7-40　抛石层注浆加固、砂层注浆加固横向立面布孔图

尺寸单位：cm

（3）灌浆标准：固结砂层，提高砂层与桩基的摩阻力及承载能力，固结体 28 d 的抗压强度应大于 8 MPa。

（4）灌浆材料：425#普通硅酸盐水泥，三乙醇胺。

（5）灌浆范围：抛石层下 4.6 m 深砂层，初定浆液扩散半径为 0.6～0.8 m。

（6）钻孔布置：按图 7-40 的孔位，分 E、F、G、H（E、F 与 G、H 对称）4 种不同的孔型钻斜孔。

第8章　支座与桥面系加固

8.1　桥梁支座分类

8.1.1　按支座变形可能性分类

1. 固定支座

固定支座实际上是固定铰支座，承受两个水平力、一个垂直力，两个方向的剪切变形。

2. 单向活动支座

单向活动支座承受一个水平力、一个垂直力，两个方向的剪切变形，一个水平变形。

3. 多向活动支座

多向活动支座实际上是球形铰支座，承受一个垂直力，两个方向的剪切变形，两个水平变形。

8.1.2　按支座用材料分类

1. 钢板支座

钢板支座有平板支座、弧形支座、摇轴支座和轮轴支座4种。

钢板支座通过钢的接触面传力。支座的变位主要通过钢和钢的滚动及滑动来实现，如图8-1所示。

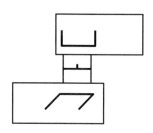

图 8-1　钢板支座示意图

2. 聚四氟乙烯支座

该支座以聚四氟乙烯板和不锈钢板作为支座的相对滑动面，其滑动摩擦系数远小于钢对钢的滑动摩擦。

3. 混凝土摆式支座

该支座由两块钢板和一个混凝土摆轴组成，上下两块钢板设有齿板，与桥墩和桥梁上的预埋含有齿槽钢板相对应，通过左右摆动和铰的效应达到桥梁的自由伸缩和转动，适用于 20 m 及 20 m 以上的钢筋混凝土梁桥，如图 8-2 所示。这种支座不必做防锈处理，而且可不进行养护，在特定条件下是一种较好的支座形式。

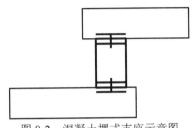

图 8-2　混凝土摆式支座示意图

4. 橡胶板支座

橡胶板支座包括：板式橡胶支座、盆式橡胶支座、四氟板式橡胶支座，如图 8-3 所示。

盆式橡胶支座是由一块圆形截面较薄的非加筋橡胶板，密封在不锈钢盆内组成的一种支座形式。它可以根据工作特性设计成：固定支座、单向活动支座、多向活动支座形式，具备构造简单、结构紧凑、滑动系数小、转动灵活、承载力大的特点，适用于大、中桥梁或异形桥梁的支座工作，如图 8-4 所示。

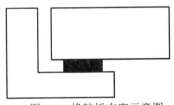

图 8-3　橡胶板支座示意图

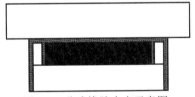

图 8-4　盆式橡胶支座示意图

5. 球形橡胶支座

它是盆式橡胶支座的改进形式，主要区别在于：盆式橡胶支座通过钢盆中橡胶的转动来满足梁体的转动，这种情况的转动反力矩与橡胶直径、厚度和硬度有关，而橡胶支座的厚度有一定限制，一般为橡胶直径的 1/15～1/10，其转角一般为 0.012 rad；球形橡胶支座是靠球冠衬板与球面四氟板之间的滑动来满足支座转动的需求，转角的大小与转动矩无关，因此球形橡胶支座可以适应各种转角的需要。

8.1.3　支座受力类型

支座是一种承受高应力的结构部件，上部结构的荷载通过支座集中作用在一个很小的面积上，无论哪一种支座的受力状态都可分为三大类：点与面接触、点与线接触、面与面接触，如图 8-5 所示。

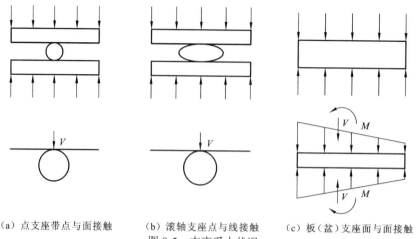

| （a）点支座带点与面接触 | （b）滚轴支座点与线接触 | （c）板（盆）支座面与面接触 |

图 8-5　支座受力状况

随着桥梁技术的发展，支座的类型不断增加。在 20 世纪 60 年代以前，几乎全部桥梁都是钢支座，混凝土摆式支座，简易的沥青油毡支座；其中钢支座占绝大多数。1964 年板式橡胶支座诞生以来，20 世纪 70 年代相继研制了四氟板式橡胶支座、盆式支座，到目前我国几乎 100%都是使用板式橡胶支座、盆式橡胶支座和球形橡胶支座。

8.2　桥梁支座损坏及其原因

8.2.1　支座损坏分类

1. 支座本身结构损坏形式

油毛毡支座破裂、脱落、老化、损坏，从而失去作用。钢结构切线弧形支座滑动面、滚动面生锈、位移超限、转角超限，钢结构变形过大、磨损和有裂纹等，活动支座不能自由转动。混凝土摆柱支座的混凝土脱皮、露筋或出现其他异常现象。活动支座的滑动面不平整、生锈咬死；轴承有裂纹，切口或偏移等失去（或影响）活动功能。橡胶支座出现老化、变质现象；不均匀鼓凸、脱胶、脱空，剪切超限和支座位置串动等。盆式橡胶支座钢件裂纹和变形、钢件脱焊、锈蚀，聚四氟乙烯滑板磨损、支座位移超限、支座转角超限和锚栓剪断。

2. 支座锚固部位损坏

钢结构支座锚固失效，即定位件失效，包括：螺栓剪断、支座锚（螺）栓松动及剪断、压板咬死与折断。盆式橡胶支座固件失效包括：钢件出现裂纹、支座钢板发生翘曲、锚固件剪断、座板焊缝开裂。

3. 支座相连接的结构部位损坏

梁和墩的预埋件出现锈蚀，引起混凝土部位的脱落。由于伸缩装置的渗漏，支座部位的混凝土软化、腐蚀、填充砂浆开裂，支座板混凝土压坏、剥离、掉角。

8.2.2 支座损坏原因

支座损坏的原因见表 8-1。

表 8-1　支座损坏的原因

支座损坏原因	具体内容
设计原因	形式的选定与布置错误； 材料的选择错误； 制作的预留边缘宽度不够； 支座垫石的补强钢筋不够； 对螺栓、螺母等的脱落研究不够
施工原因	铸件材料的质量问题； 金属的防腐防锈处理不可靠； 砂浆填充不可靠
管理原因	滑动面、滚动面夹杂尘埃、异物； 由于防水问题，支座锈蚀； 螺母、螺栓松动、脱落，又没有及时维修
其他	桥台、桥墩产生不均匀沉降、倾斜与水平变位，以及上部结构位移，影响支座的正常使用

8.3　支座更换方法

8.3.1　支座的更换方法概述

桥梁支座是连接桥梁上部结构和下部结构的重要构件，一旦出现病害，将影响上下部结构的使用寿命和交通安全。目前，很多新建的公路桥梁选用橡胶支座。特别是对于高速公路，桥梁橡胶支座的用量大，病害时有发生。因此，桥梁支座特别是橡胶支座的更换问题，是桥梁加固的一项重要内容。

常见的支座更换方法有以下几种。

1. 枕木满布式支架法

工作原理：在地面上设置枕木，以枕木为基础，设置满布式或部分木支架至桥梁梁体处，在支架上安置千斤顶顶升梁体，如图 8-6 所示。

优点：架设设备比较简单，施工方法简单易于操作。对于小跨度的梁桥，用支架法施工具有一定的优势。

缺点：支架法施工工期长，支架和模板用钢材、木材量大，成本高，不适宜桥墩过高的场合。

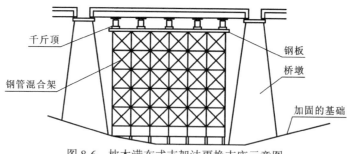

图 8-6　枕木满布式支架法更换支座示意图

2. 桥面钢导梁法

工作原理：支撑位置在桥面上，支撑面为顶升梁相邻跨的梁体，在顶升梁上绑扎钢带，安置钢梁，以相邻跨梁体为支撑基础，配合顶升设备，抬升梁体，如图 8-7 所示。

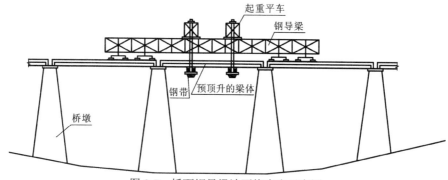

图 8-7　桥面钢导梁法更换支座示意图

优点：对桥下场所无要求，适用于多种桥梁类型，整个起梁过程都在桥上进行，不影响桥下通航、通车要求。

缺点：钢梁长度有限制，跨径不可过大；要求用较大吨位千斤顶，对桥面局部压力较大，有可能损伤梁体。

3. 端部整体顶升法

工作原理：以地面为支撑，在墩台两侧建立顶升基础，然后用贝雷梁，槽钢、螺栓连接成受力钢梁（也可用钢管墩作为传力构件），受力钢梁上架千斤顶，在梁两端同步整体顶升，如图 8-8 所示。

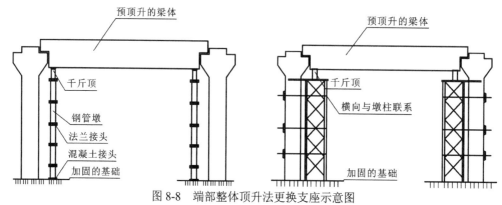

图 8-8　端部整体顶升法更换支座示意图

优点：对上部结构的约束条件影响小，可以有效地避免施工过程中内力变化引起的结构损伤。

缺点：对桥跨下的地基基础要求较高，需建顶升基础，工序时间长，工期较长。

4. 鞍形支架法

工作原理：用桥墩本身做支撑在盖梁上搭设支架，设计成"鞍形支架"，放置千斤顶来顶升梁体，如图8-9所示。

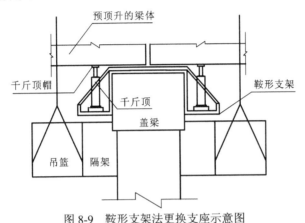

图 8-9　鞍形支架法更换支座示意图

优点：施工方便，该方法不受河床地质、桥下水深和桥梁高度的限制。

缺点：顶升过程中盖梁会发生偏心受压现、局部承压过高及支架变形过大的现象，顶升前需进行严格的验算。

5. 钢扁担梁法

工作原理：支撑位置在桥面上，支撑面为顶升梁相邻跨的梁体；在顶升梁上打孔，绑扎钢带，安置钢扁担梁，以相邻跨梁体为支撑基础，配合顶升设备，抬升梁体，如图8-10所示。

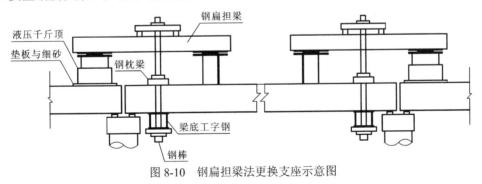

图 8-10　钢扁担梁法更换支座示意图

优点：对桥下场所无要求，适用于多种桥梁类型，整个起梁过程都在桥上进行，不影响桥下通航、通车要求。

缺点：钢扁担梁结构设计较为复杂，需进行专门计算；要求用较大吨位千斤顶，对桥面局部压力较大，有可能损伤梁体。

6. 扁形千斤顶法

工作原理：把超薄的液压千斤顶安放在主梁与盖梁的狭小空间内，直接顶升梁体，如图 8-11 所示。

图 8-11　扁形千斤顶法更换支座示意图

优点：机具设备很少，成本低廉；工序简单，施工快速，中断交通时间很短；对桥下场所无要求，适用于多种桥梁类型。

缺点：扁形千斤顶的构造特殊，其行程较短，可能需要多次顶升才能到位。

上述 6 种桥梁支座更换方法各自有不同的优缺点，适应不同的环境，更换方法上各有长处。现针对高墩简支转连续梁桥提出三种新的支座更换方法：钢蝴蝶梁法、钢套箍法和气囊顶升法。

7. 钢蝴蝶梁法

工作原理：支撑位置在盖梁上，通过液压千斤顶顶升蝴蝶梁的翅梁来提升梁体，如图 8-12 所示。

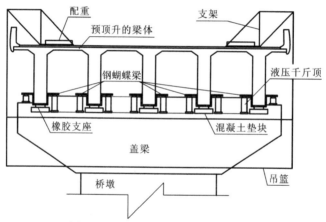

图 8-12　钢蝴蝶梁法更换支座示意图

优点：充分利用盖梁这个平台，施工方便，无大型机具设备；对环境的适应能力很强，不受河床地质、桥下水深和桥梁高度的限制。

缺点：要求盖梁较为宽大，能安放液压千斤顶且千斤顶数量较多。

8. 钢套箍法

工作原理：通过圆箍与桥墩混凝土之间的摩擦力提供竖向支撑，放置液压千斤顶顶升梁体，如图 8-13 所示。

优点：充分利用桥梁本身的结构，可以通过增加钢套箍的长度提高其承载能力，对环境的适应能力很强，不受河床地质、桥下水深和桥梁高度的限制。

缺点：要求盖梁较为宽大，能安放液压千斤顶且千斤顶数量较多。

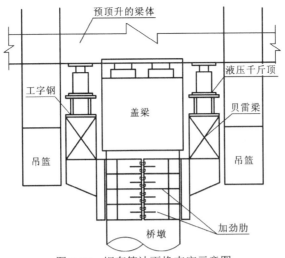

图 8-13 钢套箍法更换支座示意图

9. 气囊顶升法

工作原理：用集群气囊替换液压千斤顶，上述所有支座更换方法只要用气囊取代千斤顶都可以称为气囊顶升法。

工作特点：起重量不受限制，通过气动提升系统的扩展组合，能满足百吨级甚至千吨级桥梁构件的顶升；同步控制，安全受控；可操作性好，气动提升系统体积大、重量轻；顶升过程平稳，无附加冲击荷载；对顶升的基础要求低，特别适合临时预制构件的工程；有利于保护桥梁构件，采用分布荷载，避免了液压起重的集中荷载。

8.3.2 梁体顶升方法

梁体顶升实例及多液压缸同步控制系统示意图如图 8-14～图 8-18 所示。

图 8-14 金山某桥顶升

图 8-15 兰州某桥顶升

图 8-16 宁波某桥顶升

图 8-17 衢州某桥顶升

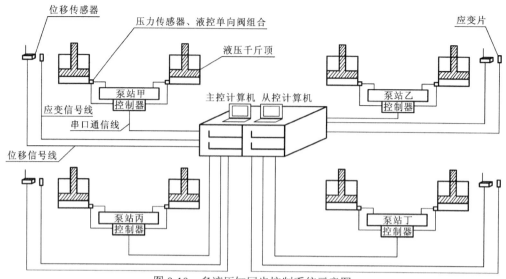

图 8-18　多液压缸同步控制系统示意图

8.3.3　支座更换实例一

1. 桥梁概述

丫髻沙大桥位于广州环城高速路西南环段，跨越珠江主、副航道和丫髻沙岛。大桥全长1 084 m，主桥采用三跨连续自锚中承式钢管混凝土拱桥桥型，其主跨以 360 m 一跨跨过珠江的主航道。丫髻沙大桥主桥跨径组合为 76 m+360 m+76 m，桥宽 36.5 m，双向六车道，大桥在 2000 年 6 月建成通车。该桥支座型号、数量与性能见表 8-2，全貌见图 8-19。

表 8-2　广州丫髻沙大桥支座型号、数量与性能

位置	支座类型	数量/个	单个支座顶升吨位/t	设备
边跨 8 号、11 号墩顶部	GPZI12500DX 盆式橡胶支座	4	1 900	
钢横梁下及立柱顶部	抗震球形钢支座 960 mm×700 mm×180 mm	4	300	1 000 t 千斤顶
钢横梁下及立柱顶部	抗震球形钢支座 960 mm×700 mm×210 mm	60	300	
合计		68		

图 8-19　丫髻沙大桥全貌

2. 支座病害情况

丫髻沙大桥主桥受到环境及车辆超载严重的影响，支座出现严重锈蚀、扭转及异常声响等无法修复的问题。支座病害如图8-20所示。

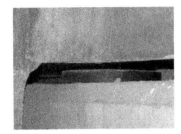

图8-20　支座病害

3. 支座更换方案

对全桥支座进行更换。新支座采用性能较好的抗震球形钢支座替换原桥的盆式支座。采用同步顶升工艺进行全桥支座的更换（图8-21）。

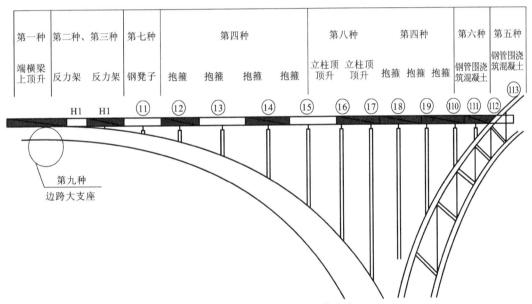

图8-21　丫髻沙大桥支座更换方案

1）新支座防腐体系

支座主体结构采用ZG20Mn低合金钢，摩擦副的不锈钢材料为316L不锈钢，采用耐腐蚀、耐老化的全封闭密封防腐系统，从而提高支座的耐久性。

2）新支座优点

新支座照片如图8-22所示。新支座有以下优点。

（1）球形支座通过球面传力，不会出现力的缩颈现象，作用在混凝土上的反力比较均匀。

（2）球形支座通过球面的滑动来实现支座的转动过程，特别适用于大转角的要求。

（3）球形支座各向转动性能一致，无橡胶老化影响。

图 8-22　新支座照片

4. 支座更换施工

1）施工特点

（1）整个施工过程在不中断交通的情况下进行，对道路通行没有任何影响。

（2）现场支座情况比较复杂，受限制条件多，根据现场情况制订多种更换方案（全桥 68 个支座，有 9 种更换方案）。

（3）12 500 kN 盆式支座，顶升力吨位大、自重大，现场空间小，拆除和安装新支座难度大。

（4）施工过程中的顶升力和位移控制要求高，确保结构安全，更换过程都是在顶升高度 5 mm 的情况下进行。

2）施工流程

搭设施工平台→安装千斤顶及布置临时支撑→更换整体顶升及支座→安装新支座及卸除临时支撑→梁复位，安装保护罩。

8.3.4　支座更换实例二

1. 工程概况

新岭河桥位于线路直线段，跨径组合为 3×20 m，桥宽 45.5 m。上部结构采用 20 m 跨径 C50 预应力混凝土空心板梁 105 片，单片梁重约 35 t。支座采用 ϕ250×41 mm 圆板式橡胶支座，全桥共设置 420 块该支座。通过设置台阶状支座垫石及梁底楔形钢板来实现桥梁横纵向线形，并确保橡胶支座呈水平放置状态。梁体预埋钢板规格尺寸为 14 mm×300 mm×300 mm，楔形找平钢板尺寸为 30 mm×250 mm×250 mm。横断面见图 8-23。

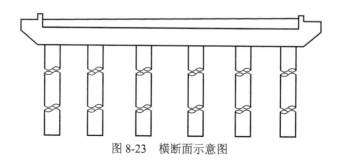

图 8-23　横断面示意图

2. 支座病害情况

施工过程中发现桥梁右幅多个橡胶支座出现剪切变形、偏压、错位、脱空等现象，如图 8-24 和图 8-25 所示。

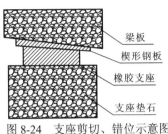

图 8-24　支座剪切、错位示意图

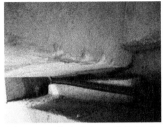

图 8-25　支座剪切、错位现象

原因分析：由于单片空心板梁采用的是 4 个支座承载设计，梁底预埋钢板与梁底呈平行设置，通过楔形钢板实现横纵向找平调整。四条"腿"板凳式的设计，虽然支座结构体系较为简单，但施工难度极高，因梁底预埋钢板在板梁浇筑时出现上浮或支承垫石标高控制不严等问题，梁体安装之后，极易出现橡胶支座放置不水平导致剪切变形、偏压，甚至脱空。

支座更换及调整后照片分别如图 8-26、图 8-27 所示。

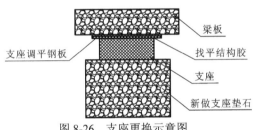

图 8-26　支座更换示意图

图 8-27　支座调整后照片

3. 桥梁顶升方案

考虑桥梁结构特点，采用"纵向逐墩、横向同步顶升梁体"的方式进行右幅全桥面同步顶升。将梁体顶升到位后，对支座、垫石及梁底进行更换和维修改造。即在更换支座施工过程中，采用沿着纵向逐一对各墩台上需要更换的支座进行同步顶升（落梁）的方式进行。为保证更换支座过程中梁体结构不受影响，梁体顶升（或落梁）过程中，同一墩台上各支点必须同步顶升（或落梁）。对桥梁结构在顶升、抬高过程中，进行位移和顶升力双控，确保构件在重载顶升中的安全。必须进行试顶升以检验各支点处的顶升力量值是否与设计相符，顶升力的总体分配是否正常，应根据试顶升称重的实际情况调整千斤顶布置方式和油路连接方式，同步顶升设备必须具备称重功能；根据千斤顶的行程以顶升 1~2 mm 作为一个阶段，缓慢、平稳顶升，控制各墩、台处的顶升量不大于 5 mm；根据实际监测位移情况，在监理方和监控方监督下进行施工，一旦出现位移超限或其他异常情况立即停止顶升；布置千斤顶及临时支撑确保梁体在同步顶升过程中的平衡；事先准备 10 个性能完好的千斤顶作为备用。

在梁体顶起时，对裂缝变化情况进行观测，如果有裂缝等异常情况出现则停止顶升，查找原因，经采取措施和查出原因后，再进行顶升。对各支点的支撑情况细致观察，如有松动或移位立即停止。监控系统的应变控制有急剧变化等异常状况，立即停止顶升，查明并解决问题后再顶升。

4. 支座更换施工

当顶升至合适高度后，安置临时支撑，临时支撑与板梁底面、墩帽顶面之间放置厚 10 mm 的钢垫板。临时支撑应可以微调，且采用机械锁定，防止锁定松动。具体步骤如下：施工准备→搭设施工平台等→施工准备安装千斤顶及同步设施→设置监控系统→试顶升、称重→整体同步顶升梁体→顶升就位后自锁式千斤顶锁定（临时支撑）→第一次落梁→支座更换和调整施工→再次同步顶升→自锁式千斤顶解锁（拆除临时支撑）→落梁确保梁体平整。

8.4　桥梁伸缩缝维修与养护

8.4.1　专用名词术语

1. 桥面伸缩装置

为使车辆平稳通过桥面并满足桥梁变形的需要，在桥面伸缩接缝处设置的各种装置的总称。

2. 伸缩量

以设置伸缩装置为基准，把桥梁结构在温度升高引起的伸长量、温度降低引起的收缩量、混凝土的徐变、收缩引起的收缩量等全部绝对值的和，即收缩装置的拉伸量和压缩量的总和，称为伸缩量。

3. 富余量

考虑桥梁结构的挠度产生的变位，结构形式的必要余量，以及伸缩装置加工和安装时的误差等因素的影响而预留的量，称为富余度，它包括伸缩装置的拉开与压缩两种状态下的预留值。

4. 伸缩缝

为适应材料胀缩变形对结构的影响而在结构中设置的间隙，如图 8-28、图 8-29 所示，计算如下：

$$伸缩间隙 = 伸缩量 + 富余量$$

以钢齿板型伸缩装置为例，可得到梁（桥）端间隙、桥面板间隙、接缝间隙、钢齿间隙（图 8-29）。

在图 8-28 中：1 与 3 之间为安装间隙；1、2、4、5 之间为最小间隙；1 与 5 之间为最大间隙。

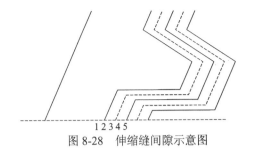

图 8-28 伸缩缝间隙示意图

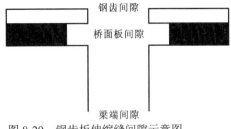

图 8-29 钢齿板伸缩缝间隙示意图

5. 初始压缩量

对于橡胶型伸缩装置，设置时必须预先压缩其伸长量，以在最大间隙时，橡胶伸缩体不出现拉力现象，在最小间隙时，橡胶体不致出现挤压鼓出现象，这时的压缩量称为初始压缩量。

8.4.2 伸缩装置构造

1. 伸缩装置

桥梁在温度变化、混凝土徐变、干燥收缩、荷载作用等因素的影响下，会引起梁端变形。为满足这种变形要求，通常在梁端之间、梁端与桥台之间设置伸缩装置。

2. 伸缩装置构造要求

伸缩装置构造要求如下。
（1）在平行、垂直于桥梁轴线的两个方向上均能自由伸缩。
（2）牢固可靠。
（3）车辆通过平顺、无突跳，无噪声。
（4）能防止雨水、垃圾和泥土渗入。
（5）安装、检查、养护、清除污物等工作简易方便。
此外，在设置伸缩装置处，栏杆与桥面铺装层都要断开，伸缩装置构造必须与桥面牢固连接，埋设要达到一定深度，以防在车辆不断冲击作用下，伸缩装置附近的桥面铺装崩碎破坏。

3. 伸缩装置的分类

1）填塞对接式伸缩装置

该装置是在铺筑桥面之前就安装的对接缝结构装置。这种结构形式多用于中小跨径桥梁，常见的结构为：注入填塞式伸缩装置（图 8-30）、经沥青浸润过的木板填塞伸缩装置、U 形镀锌铁皮伸缩装置（图 8-31）、矩形橡胶（板）条伸缩装置（图 8-32）、组合式橡胶条伸缩装置。

2）嵌固对接式伸缩装置

该装置是在铺筑桥面以后安装的对接缝结构装置。一般是将铺装部分切去一块，将接缝隅角部位以钢材、树脂等加固，并在接缝部位塞进封缝橡胶料，使其黏结起来。这种类型较多，虽然形状、材料、施工方法等各有不同，但是封缝橡胶条不承载车轮荷载，如图 8-33、图 8-34 所示。

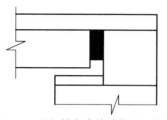

图 8-30 注入填塞式伸缩装置示意图

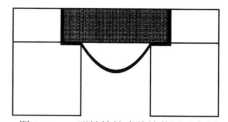

图 8-31 U 形镀锌铁皮伸缩装置示意图

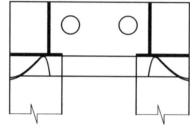

图 8-32 矩形橡胶（板）条式伸缩装置示意图

图 8-33 M 形橡胶伸缩装置示意图

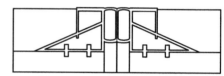

图 8-34 E 形橡胶伸缩装置示意图

3）钢制式伸缩装置

钢制式伸缩装置使用钢材装配而成，能直接承受车轮的荷载。常见的形式是梳齿板型、折板型、叠合（悬背）式伸缩装置，如图 8-35、图 8-36 所示。

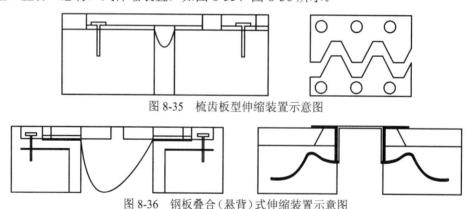

图 8-35 梳齿板型伸缩装置示意图

图 8-36 钢板叠合（悬背）式伸缩装置示意图

4）模数支承式伸缩装置

模数支承式伸缩装置采用吸震缓冲性能好又易密封的橡胶材料，是与强度高、刚度好的异型钢材相组合的，能满足大位移的情况下还能承受车辆荷载的各类型模数的伸缩缝装置系统，以前称为组合伸缩缝装置，如图 8-37 所示。

5）无缝伸缩装置

在桥梁端部的伸缩间隙中，填入弹性材料并铺上防水材料，然后在桥面铺装层铺筑黏弹性复合材料，使伸缩缝处的桥面铺装与其他铺装部分形成一个连续体，以连接缝的沥青混凝土等材料的形变承受伸缩的一种构造，如我国常用的桥面连续、弹塑体等，如图8-38所示。这类伸缩装置的主要特点为：能适应桥梁上部构造的伸缩变形和少量转动变形，使桥面铺装形成连续体，行车时不致产生冲击、振动等，舒适性较好。这类伸缩装置能形成多重防水构造，防水性也较好。在寒冷地区，适宜机械化除雪养护，不致破坏接缝，施工简单。

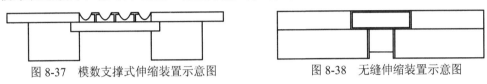

图8-37　模数支撑式伸缩装置示意图　　　　图8-38　无缝伸缩装置示意图

6）三维方向变形的桥梁伸缩装置

前面诸多形式的伸缩装置，都只能适应桥梁结构的纵向与竖向变形；三维方向变形的桥梁伸缩装置，适应于纵、横、竖三向变形的需要。

8.4.3　伸缩装置破坏形式及原因

1. 对接式

1）U形镀锌铁皮型

破坏形式：夏季桥梁伸长，缝隙中填料被挤出、上鼓，引起跳车；冬季拉开断裂造成漏水等。

原因：主要是结构上不合理，铁皮或铝皮较薄，容易出现断裂；填料常用的沥青砂、聚乙烯胶泥容易脱落，造成漏水并失去伸缩作用。目前该类装置基本不再使用。

2）橡胶条型

破坏形式：热天鼓起、冬天脱落、锚固件破坏和两侧混凝土（路面）破损。

原因：产品有单孔、三孔、四孔的胶条，在使用过程中要使胶条一直处于压缩状态下，设计理论合理，但是安装却很难达到设计的理想状态，不是紧就是松；这种构造较小，锚固件与梁体预埋件连接较弱，混凝土铺装层的覆盖层薄，振捣不够，造成密实度和强度都有一定问题，两侧混凝土容易破损。所以，该类装置破坏的主要原因可归结为施工原因，因此应加强施工工艺及铺固件不利因素的研究。

3）橡胶组合剪切式（板式橡胶型）

破坏形式：橡胶剥离，预埋钢板外露、脱落、断裂，锚固螺栓剪断脱孔飞出，两侧混凝土开裂破碎，出现坑槽等多种破坏现象，造成整体破坏等。

原因：该类伸缩装置主要原理是利用上下凹槽之间的橡胶剪切变形来满足梁体伸缩的需要，伸缩体内又埋设有钢板，跨越梁端间隙承受荷载，两端有锚固钢板，通过螺栓与梁端连接，采用每米分块安装，整体性差，同时，还要考虑板式橡胶装置在拉伸及压缩时的水平摩阻力问题，见表8-3。

表 8-3　板式橡胶拉伸及压缩时的水平阻力

伸缩量/mm	拉伸时		压缩时	
	摩阻力/（kN/m）	最大变形/mm	摩阻力/（kN/m）	最大变形/mm
30	15.7	15	19.0	−15
40	24.1	20	23.8	−20
40	18.7	20	23.4	−20
40	17.1	20	24.0	−20
80	19.6	30	25.7	−40
100	20.3	30	24.8	−50
平均值	19.25	—	23.45	—
总平均摩阻力/（kN/m）	21.35			

2. 钢制支承式

破坏形式：钢制支承式伸缩装置，包括钢梳齿板型和钢平板叠合型。出现破坏的主要形式为焊口开焊，由于工艺上的问题，个别焊缝不容易焊牢，出现整体钢板脱落，锚固件薄弱造成松动，由于伸缩量较大，易进水造成腐蚀，缝隙内杂物不易清除而失去伸缩功能等。

原因：设计、加工工艺、施工、管理、养护原因等。特别是加工工艺和使用过程中容易产生变形，难以使齿板与底板贴合，一旦产生间隙，在荷载反复作用下，引起部件过早疲劳，螺栓松动影响伸缩；杂物、污水的环境对结构产生腐蚀。

3. 模数支承式

破坏形式：模数支承式系列伸缩装置，是国内近几年来为适应大位移量桥梁工程需要研究开发的产品，用量不算很大，使用期还不长，暴露出的问题也不明显。但除国外引进的产品外，国内产品经实际应用后仍出现一些问题。

原因：国内目前所生产的异型钢材的组合结构质量不稳定，焊接头过多，出现开裂似乎不可避免；压条和螺钉扣紧密封橡胶带的扣件容易锈蚀断裂。有些产品的伸缩均匀性差。路面石子的挤入，会造成缝条刺破现象。安装该类伸缩装置时，锚固筋较多给混凝土浇筑带来困难，容易出现咬口、裂纹，逐步出现坑槽，如不及时处理会导致锚固部位的全面破坏。

4. 无缝式（暗缝式）

考虑在温度作用下，它的变形与桥面相协调，桥台和桥墩位移受影响；总之，伸缩装置产生缺陷的主要原因见表 8-4。

表 8-4　桥梁伸缩装置产生缺陷的主要原因

产生原因	内容
交通量	车辆增多，重车增多，道路与桥梁超负荷运营、车辆的冲击加大
设计方面	桥面板的刚度不够，翼板较薄、横向联系较弱，桥面变形过大； 很多设计是将伸缩装置的锚固件置于桥面铺装层中，与主梁（板）连接的部分很少，在荷载作用下容易造成开焊、脱落，力的分布不容易传递，微小的变形可能演变成大的位移，最终导致混凝土黏结力失效； 伸缩量的计算不准确，没有考虑伸缩装置安装时的实际温度对伸缩装置的影响等，使得选型不当，造成伸缩装置破坏； 设计尚未对伸缩装置两侧的后浇混凝土和铺装层材料选择，配合比、密实度和强度提出严格的要求或规定； 对于大跨径桥梁、斜拉桥及弯桥等设计，没有形成与一般桥梁（板）结构相符合的构造形式和锚固方法； 在黏结材料、橡胶材料等新型材料的伸缩装置中，错误地选择构造和材料且防水设施不完善造成锚固件锈蚀，梁端和支座严重侵蚀，造成破坏
施工方面	对桥梁伸缩装置施工工艺要求重视不够，未按严格的施工工艺标准和安装工序进行施工； 锚固件焊接质量不能保证； 赶工期，放松了伸缩装置的施工质量，甚至不按图纸要求施工； 伸缩装置的两侧铺装结合不好，碾压不结实，容易产生开裂、脱落
管理维护方面	对伸缩装置堵塞的砂石，杂物清理不够，使它的伸缩量得不到保证； 桥梁逐渐老化，维修又没能跟上，使损坏不断扩大； 超重车的运营管理不够； 地震等其他恶劣气候条件的影响

8.4.4　伸缩装置修补

1. 修补前的分析

前面已经讨论伸缩装置产生破损的各种原因，在进行各种调查后要对它进行详尽的分析，主要考虑以下几方面。

（1）伸缩装置设计所采用的最大间隙和设计伸缩量。

（2）设计伸缩量的验算：温度变化的影响、干燥收缩和徐变影响、车辆荷载引起的梁端转角移动量的影响。

（3）采用最大间隙时，除考虑上述因素外，还要注意安装误差、施工误差及在恒载的作用下引起的变形造成的影响。

最后将以上引起的变化诸多因素进行归纳、综合得到最终的设计伸缩量、设计的最大间隙量，为伸缩装置的修补提供必要的数据（以上各个量值的计算公式可查相应的桥梁工程方面的有关书籍）。

2. 伸缩装置的修补

首先，认真研究施工条件和一般注意事项；其次，研究作业时间，减少施工污染，包括噪声，振动和废物；然后，办理交通管理手续和发布公告；最后，研究施工中和养护中的交通疏导，注意选择修补材料。

（1）从破损原因着手，分析问题的症结，决定修补的方法、接缝材料，而重点落在后铺材料的选择上。这不但要考虑材料的工作性能，还要考虑必要的养护时间以选择开放交通时间。

（2）注意修补事项：要认真处理局部修改或部件更换问题，明确工作区域并给予注明。

锌铁皮和橡胶后嵌对接形式伸缩装置的修补程序：决定修补宽度，做修补记号，清理和凿去不良的混凝土，安置模板浇筑后铺材料，养护，安置，封闭橡胶伸缩缝，检查验收，开放交通。

对接式橡胶（及模数支撑式）的修补程序：决定修补宽度，做修补记号，清理和凿去不良的混凝土，安置模板，安装器调整（橡胶伸缩缝部分的修补程序：锚固螺栓、锚固杆、角钢等），安置主筋，分布钢筋，加固钢，浇筑后铺材料（混凝土、树脂混凝土）养护，取下安装器和模板，安置橡胶条块，检查验收，开放交通。

橡胶组合剪切式（模板橡胶型）的修补程序与对接式橡胶类似。

钢管支撑式伸缩装置的修补程序：要注意修补与更换的问题，更换程序与对接式橡胶相同，修补注重局部修理或钢齿的焊接工艺与周边部件的协调处理。

8.5 桥面铺装维修与养护

8.5.1 水泥混凝土桥面铺装层的维修

1. 裂缝填充

裂缝小于 0.2 mm 并且周边材质没有破碎现象，可采用环氧树脂浆法进行注浆封闭；裂缝较大并且周边材质没有破碎现象，可以采用沥青材质进行填充封闭。

2. 坑槽、破裂等缺陷修补

对于发展为坑槽或破裂的部位，可以对原结构进行修补，将原水泥混凝土铺装层的表面凿毛，并尽可能深一些，使骨料露出，用清水冲洗干净并充分湿润，再涂上同强度等级的水泥砂浆（或其他黏结材料），最后铺筑一层厚 4～5 cm 的水泥混凝土铺装层（注意应达到荷载要求）。

3. 磨光、脱皮，露骨等缺陷处理

除修补外，如果整体的性能较好，可以采用加铺一层厚 2～3 cm 的沥青混凝土磨耗层进行处理。

4. 全面翻修

如果桥面铺装层已损坏严重，可以采用重筑的方法修补。新铺的层面可采用普通混凝土或者使用钢纤维混凝土等其他材料。

8.5.2 沥青混凝土桥面铺装层的维修

（1）采用注入法封闭常见裂缝工艺程序：清理、清扫、注入沥青、检查、整理。

（2）用沥青混凝土修补损伤铺装层方法：清理出修补面（面积 $>1\ m^2$，深度达桥面板）、洒涂沥青黏结剂、骨料粒径 $\Phi=5\sim10\ cm$，沥青混凝土进行超填、碾压、撒粉（砂）修饰。

（3）用切削法处理纵横面波：对付车辙的一种有效方法，一般还要采用同时加热的工序。

（4）泛油处理：局部采用撒布粗砂和小石子，进行碾压处置；如果泛油程度严重，应结合切削施工法共同处置。

（5）磨光：应用刻槽施工法、树脂加硬骨料黏结路面施工法。

（6）老化产生的裂缝：采用乳化沥青喷雾或沥青砂封面、填充小裂缝、表面孔隙和坑槽。

（7）翻修：依据桥面铺装损伤程度，可以采用全部翻修铺装厚度、仅翻修面层、翻修部分任意厚度铺装层三种方式。施工要注意原施工结构的清理工作、修补断面的处理、材料的设计、碾压养护等各项工作的程序。

8.5.3　桥面铺装层的养护

应经常清扫桥面，保持桥面清洁和有一定的路拱。桥面在雨后应随时将积水扫到泄水管口排除，不要积存。冬天结冰或在下雪后，应及时清除桥面上的冻块或积雪。严禁在桥面上堆置杂物或占为晒场等，以保证车辆过桥时行驶的安全。此外，桥面防水层如有损坏也要及时进行修理。

总之，要精心检验、精心施工，应优先选用经过实践检验的新技术、新材料，特别应优先选用优质新型沥青、橡胶沥青、环氧沥青和纤维沥青等新型材料。

参 考 文 献

蔡钊雄, 2012. 基于多足爬墙机器人平台的桥梁裂缝检测方法研究. 广州: 华南理工大学.

陈旭勇, 2010. 基于非概率理论模型的在役 RC 桥梁可靠性研究. 武汉: 华中科技大学.

侯海涛, 邱雄, 范洪祥, 等, 2022. 基于机器人技术的道路病害自动化检测系统应用研究. 科技创新与应用, 3: 1-6.

刘宇飞, 樊健生, 孔思宇, 等, 2020. 多视角几何三维重建法识别工程结构缺损与变形. 工程力学, 37(9): 103-111.

唐俊, 李飞, 2010. 竖向预应力锚索在旧桥墩加固利用中的应用. 探矿工程: 岩土钻掘工程, 2: 62-63.

王贝, 2017. 钩爪抓取式粗糙壁面攀爬机器人建模与研究. 南京: 南京邮电大学.

叶见曙, 2012. 公路旧桥病害与检查. 北京: 人民交通出版社.

张劲泉, 晋杰, 汪云峰, 等, 2023. 公路桥梁智能检测技术与装备研究进展. 公路交通科技, 40(1): 1-27.

中华人民共和国交通部, 2004. 公路桥涵养护规范: JTG H11—2004. 北京: 人民交通出版社.

中华人民共和国交通运输部, 2008. 公路桥梁加固设计规范: JTG/T J22—2008. 北京: 人民交通出版社.

中华人民共和国交通运输部, 2011. 公路桥梁技术状况评定标准: JTG/T H21—2011. 北京: 人民交通出版社.

中华人民共和国交通运输部, 2015a. 公路桥涵设计通用规范: JTG D60—2015. 北京: 人民交通出版社股份有限公司.

中华人民共和国交通运输部, 2015b. 公路桥梁荷载试验规程: JTG/T J21-01—2015. 北京: 人民交通出版社股份有限公司.

中华人民共和国交通运输部, 2018. 公路钢筋混凝土及预应力混凝土桥涵设计规范: JTG 3362—2018. 北京: 人民交通出版社股份有限公司.

中华人民共和国交通运输部, 2020a. 公路工程结构可靠性设计统一标准: JTG 2120—2020. 北京: 人民交通出版社股份有限公司.

中华人民共和国交通运输部, 2020b. 公路工程水泥及水泥混凝土试验规程: JTG 3420—2020. 北京: 人民交通出版社股份有限公司.

中华人民共和国交通运输部, 2020c. 公路桥涵施工技术规范: JTG/T 3650—2020. 北京: 人民交通出版社股份有限公司.

中华人民共和国交通运输部, 2021. 公路桥涵养护规范: JTG 5120—2021. 北京: 人民交通出版社股份有限公司.

中华人民共和国交通运输部, 2023. 2022 年交通运输行业发展统计公报. https://www.gov.cn/lianbo/bumen/202306/content_6887539.htm[2023-06-21].

中华人民共和国住房和城乡建设部, 2010. 混凝土强度检验评定标准: GB/T 50107—2010. 北京: 中国建筑工业出版社.

中华人民共和国住房和城乡建设部, 2011. 回弹法检测混凝土抗压强度技术规程: JGJ/T 23—2011. 北京: 中国建筑工业出版社.

中华人民共和国住房和城乡建设部, 2013. 混凝土结构现场检测技术标准: GB/T 50784—2013. 北京: 中国建筑工业出版社.

中华人民共和国住房和城乡建设部, 2015. 混凝土结构工程施工质量验收规范: GB 50204—2015. 北京: 中国建筑工业出版社.

中华人民共和国住房和城乡建设部, 2016. 钻芯法检测混凝土强度技术规程: JGJ/T 384—2016. 北京: 中国建筑工业出版社.

中华人民共和国住房和城乡建设部, 2019. 混凝土中钢筋检测技术规程: JGJ/T 152—2019. 北京: 中国建筑工业出版社.

中华人民共和国铁道部, 2004. 铁路桥梁检定规范(铁运函〔2004〕120 号). 北京: 中国铁道出版社.

钟新谷, 彭雄, 沈明燕, 2019. 基于无人飞机成像的桥梁裂缝宽度识别可行性研究. 土木工程学报, 52(4): 52-61.

AASHTO LRFD, 2020. Bridge Design Specifications. Washington D. C.: American Association of State Highway and Transportation officials.

ASJODI A H, DAEIZADEH M J, HAMIDIA M, et al., 2021. Arc length method for extracting crack pattern characteristics. Structural Control and Health Monitoring, 28(1): e2653.

ATHA D J, JAHANSHAHI M R, 2018. Evaluation of deep learning approaches based on convolutional neural networks for corrosion detection. Structural Health Monitoring, 17(5): 1110-1128.

AYELE Y Z, ALIYARI M, GRIFFITHS D, et al., 2020. Automatic crack segmentation for UAV-assisted bridge inspection. Energies, 13(23): 6250.

BAE H, JANG K, AN Y K, 2021. Deep super resolution crack network (SrcNet) for improving computer vision-based automated crack detectability in in situ bridges. Structural Health Monitoring, 20(4): 1428-1442.

BEN-HAIM Y, 1993. Convex models of uncertainty in radial pulse buckling of shells. Journal of Applied Mechanics, 60(3): 683-688.

CHA Y J, CHOI W, BÜYÜKÖZTÜRK O, 2017. Deep learning-based crack damage detection using convolutional neural networks. Computer‐Aided Civil and Infrastructure Engineering, 32(5): 361-378.

CHEN S, LAEFER D F, MANGINA E, et al., 2019. UAV bridge inspection through evaluated 3D reconstructions. Journal of Bridge Engineering, 24(4): 05019001.

DORAFSHAN S, THOMAS R J, MAGUIRE M, 2018a. Fatigue crack detection using unmanned aerial systems in fracture critical inspection of steel bridges. Journal of Bridge Engineering, 23(10): 04018078.

DORAFSHAN S, THOMAS R J, MAGUIRE M, 2018b. Comparison of deep convolutional neural networks and edge detectors for image-based crack detection in concrete. Construction and Building Materials, 186: 1031-1045.

DUNG C V, 2019. Autonomous concrete crack detection using deep fully convolutional neural network. Automation in Construction, 99: 52-58.

DUNG C V, SEKIYA H, HIRANO S, et al., 2019. A vision-based method for crack detection in gusset plate welded joints of steel bridges using deep convolutional neural networks. Automation in Construction, 102: 217-229.

ELISHAKOFF I, 1995. Essay on uncertainties in elastic and viscoelastic structures: From A. M. Freudenthal's criticisms to modern convex modeling. Computers and Structures, 56(6): 871-895.

JAHANSHAHI M R, MASRI S F, 2012. Adaptive vision-based crack detection using 3D scene reconstruction for condition assessment of structures. Automation in Construction, 22: 567-576.

LE K, TO A, LEIGHTON B, et al., 2020. The SPIR: An autonomous underwater robot for bridge pile cleaning and condition assessment//2020 IEEERSJ International Conference on Intelligent Robots and Systems (IROS). IEEE: 1725-1731.

LI G, ZHAO X, DU K, et al., 2017. Recognition and evaluation of bridge cracks with modified active contour model and greedy search-based support vector machine. Automation in Construction, 78: 51-61.

LI X, SUN H, SONG T, et al., 2022. A method of underwater bridge structure damage detection method based on a lightweight deep convolutional network. IET Image Processing, 16(14): 3893-3909.

LIM R S, LA H M, SHAN Z, et al., 2011. Developing a crack inspection robot for bridge maintenance. 2011 IEEE International Conference on Robotics and Automation (ICRA). IEEE: 6288-6293.

LIM R S, LA H M, SHENG W, 2014. A robotic crack inspection and mapping system for bridge deck maintenance. IEEE Transactions on Automation Science and Engineering, 11(2): 367-378.

LIU Z, CAO Y, WANG Y, et al., 2019. Computer vision-based concrete crack detection using U-net fully convolutional networks. Automation in Construction, 104: 129-139.

MAZUMDAR A, ASADA H H, 2009. Mag-foot: A steel bridge inspection robot, 2009//2009 RSJ International Conference on Intelligent Robots and Systems (IROS). IEEE: 1691-1696.

METNI N, HAMEL T, 2007. A UAV for bridge inspection: Visual servoing control law with orientation limits. Automation in Construction, 17(1): 3-10.

MORGENTHAL G, HALLERMANN N, 2014. Quality assessment of unmanned aerial vehicle (UAV) based visual inspection of structures. Advances in Structural Engineering, 17(3): 289-302.

MYEONG W, MYUNG H, 2018. Development of a wall-climbing drone capable of vertical soft landing using a tilt-rotor mechanism. IEEE Access, 7: 4868-4879.

OMAR T, NEHDI M L, 2017. Remote sensing of concrete bridge decks using unmanned aerial vehicle infrared thermography. Automation in Construction, 83: 360-371.

PHAM N H, LA H M, 2016. Design and implementation of an autonomous robot for steel bridge inspection// 2016 54th Annual Allerton Conference on Communication, Control, and Computing (Allerton). IEEE: 556-562.

PRASANNA P, DANA K J, GUCUNSKI N, et al., 2014. Automated crack detection on concrete bridges. IEEE Transactions on Automation Science and Engineering, 13(2): 591-599.

SEKHAR P, BHOOSHAN R S, 2014. Duct fan-based wall climbing robot for concrete surface crack inspection//2014 Annual IEEE India Conference (INDICON). IEEE: 1-6.

TSAO S, KEHTARNAVAZ N, CHAN P, et al., 1994. Image-based expert-system approach to distress detection on CRC pavement. Journal of Transportation Engineering, 120(1): 52-64.

WARD P K, MANAMPERI P, BROOKS P, et al., 2014. Climbing robot for steel bridge inspection: Design challenges. Austroads Bridge Conference (ABC). ARRB Group.

XU F, WANG X, WANG L, 2011. Cable inspection robot for cable‐stayed bridges: Design, analysis, and application. Journal of Field Robotics, 28(3): 441-459.

XU F, WANG X, LI X, 2012. Modeling method for wall-climbing robot based on grasping claws//2012 IEEE International Conference on Mechatronics and Automation (ICMA). IEEE: 1663-1668.

XU F, WANG L, WANG X, et al., 2013. Dynamic performance of a cable with an inspection robot: Analysis, simulation, and experiments. Journal of Mechanical Science and Technology, 2013, 27(5): 1479-1492.

XU F, HU J, WANG X, et al., 2014. Helix cable-detecting robot for cable-stayed bridge: design and analysis. International Journal of Robotics and Automation, 29(4): 406-414.

XU F, HU J, JIANG G, 2015. The obstacle-negotiation capability of rod-climbing robots and the improved mechanism design. Journal of Mechanical Science and Technology, 29(7): 2975-2986.

XU F, JIANG Q, LV F, et al., 2018. The dynamic coupling analysis for all-wheel-drive climbing robot based on safety recovery mechanism model. Applied Sciences, 8(11): 2123.

XU F, DAI S, JIANG Q, et al., 2021. Developing a climbing robot for repairing cables of cable-stayed bridges. Automation in Construction, 129: 103807.

XU Y, BAO Y, CHEN J, et al., 2019. Surface fatigue crack identification in steel box girder of bridges by a deep fusion convolutional neural network based on consumer-grade camera images. Structural Health Monitoring, 18(3): 653-674.

YAMAKAWA T, BANAZADEH M, FUJIKAWA S, 2005. Emergency retrofit of shear damaged extremely short RC columns using pretensioned aramid fiber belts. Journal of Advanced Concrete Technology, 3(1): 95-106.

YEUM C M, DYKE S J, 2015. Vision-based automated crack detection for bridge inspection. Computer-Aided Civil and Infrastructure Engineering, 30(10): 759-770.

YEUM C M, CHOI J, DYKE S J, 2019. Automated region-of-interest localization and classification for vision-based visual assessment of civil infrastructure. Structural Health Monitoring, 18(3): 675-689.

ZHANG A, WANG K C P, LI B, et al., 2017. Automated pixel-level pavement crack detection on 3D asphalt surfaces using a deep-learning network. Computer-Aided Civil and Infrastructure Engineering, 32(10): 805-819.

ZHENG Z, YUAN X, HUANG H, et al., 2018. Mechanical design of a cable climbing robot for inspection on a cable-stayed bridge//2018 13th World Congress on Intelligent Control and Automation (WCICA). IEEE: 1680-1684.

ZHENG Z, DING N, 2019. Design and implementation of CCRobot-II: A palm-based cable climbing robot for cable-stayed bridge inspection//2019 International Conference on Robotics and Automation (ICRA). IEEE: 9747-9753.

ZHENG Z, ZHANG W, FU X, et al., 2021. CCRobot-IV: An obstacle-free split-type quad-ducted propeller-driven bridge stay cable-climbing robot. IEEE Robotics and Automation Letters, 7(4): 11751-11758.

ZHENG Z, DING N, CHEN H, et al., 2022. CCRobot-V: A silkworm-like cooperative cable-climbing robotic system for cable inspection and maintenance. 2022 International Conference on Robotics and Automation (ICRA). IEEE: 164-170.

ZHU Z H, FU J Y, YANG J S, et al., 2016. Panoramic image stitching for arbitrarily shaped tunnel lining inspection. Computer-Aided Civil and Infrastructure Engineering, 31(12): 936-953.